LA GRANDE KABYLIE

ÉTUDES HISTORIQUES.

ALGER. — IMPRIMERIE CH. MONGINOT.

LA
GRANDE KABYLIE

ÉTUDES HISTORIQUES

PAR

M. DAUMAS

colonel de spahis, directeur central des affaires arabes à Alger

ET

M. FABAR

capitaine d'artillerie, ancien élève de l'Ecole Polytechnique

ouvrage publié

AVEC L'AUTORISATION DE M. LE MARÉCHAL DUC D'ISLY

Gouverneur-Général de l'Algérie

L. HACHETTE ET Cⁱᵉ

LIBRAIRES DE L'UNIVERSITÉ ROYALE DE FRANCE

A PARIS	A ALGER
RUE PIERRE-SARRASIN, 12	RUE DE LA MARINE, N° 117
(Quartier de l'École de Médecine)	(Librairie centrale de la Méditerranée)

CHEZ TOUS LES LIBRAIRES DE L'ALGÉRIE

1847

AVANT-PROPOS.

—◆—

Ceci n'est point, à proprement parler, un livre d'histoire, mais plutôt une chronique contemporaine.

L'histoire de l'Algérie Française ne saurait être écrite de sitôt. Elle comporte, sur les hommes et sur les faits, des jugements qui n'appartiennent qu'à l'avenir.

Pour apprécier avec sagesse tous les détails, toutes les phases de l'immense entreprise que notre pays s'est imposée sur la côte d'Afrique, il faut attendre, de la force des choses et du temps, la réalisation d'un ensemble complet, d'un état stable.

Porter dès aujourd'hui un arrêt digne de l'histoire sur les hommes qui doivent y figurer un jour, en raison de leur rôle actif dans l'occupation de l'Algérie, c'est également une tâche bien ardue, sans doute au-dessus de nos forces, et que nous interdisent d'ailleurs les convenances de notre position. Ces personnages marquants sont nos chefs ou nos frères d'armes : comment pourrions-nous leur infliger le blâme ? comment l'éloge, dans notre bouche, ne deviendrait-il pas suspect?

Mais, placés depuis de longues années derrière eux ou à côté d'eux, nous avons vu leurs actes, nous pouvons les conter avec autorité. Sur ce point, notre prétention s'est bornée là, et volontiers nous eussions emprunté l'épigraphe d'un beau livre : SCRIBITUR AD NARRANDUM.

D'une autre part, le contact assidu des indigènes, une participation constante à leur affaires politiques, l'étude attrayante de leurs mœurs et la possession d'un grand nombre de documents du plus haut intérêt pittoresque, nous ont permis d'entrer en quelque sorte dans le camp de nos adversaires, de contempler leur vie réelle, et d'en offrir quelques tableaux où l'inexpérience de notre touche pourrait seule faire méconnaître la richesse de la palette.

Nous vivons dans un siècle ennemi des mystères. La politique même, incessamment percée à jour par les discussions publiques, semble abjurer sa dissimulation immémoriale. Or, parmi tous ses petits secrets, les moins utiles à garder sont assurément ceux qui concernent les indigènes de l'Algérie; et il n'en est peut-être pas dont la révélation puisse influer plus avantageusement sur la marche de nos affaires, soit en guidant des chefs nouveaux, soit en rectifiant sur bien des points l'opinion de la métropole. Toutefois, comme les réglements militaires ne nous laissaient point juges à cet égard, hâtons-nous d'abriter les remarques précédentes derrière l'autorité de M. le Maréchal duc d'Isly, qui a bien voulu permettre et même encourager cette publication dans les termes les plus bienveillants.

Nous nous sommes efforcés de planer au-dessus des tristes débats dont l'Algérie est continuellement l'objet ou le prétexte. Nous avons négligé volontairement de remuer les questions à l'ordre du jour, qui ne sont guères, en général, que des questions d'un jour. D'ailleurs, si nous sommes assez heureux pour soulever le voile épais qui couvre une grande contrée de l'Algérie, aucun des doutes, aucun des différends qui se sont produits sur son compte n'embarrassera nos lecteurs; si nous les amenons à bien voir, nous les aurons mis en état de juger sainement.

Août 1847.

Traduction des mots arabes employés le plus fréquemment dans l'ouvrage.

Abd, serviteur ; entre dans la composition d'un très-grand nombre de noms propres. *Abd-Allah*, serviteur de Dieu ; *Abd-el-Kader*, serviteur du Puissant, *Abder-Rahman*, serviteur du Miséricordieux, etc.

Aman, grâce, pardon, sauf-conduit.

Ben, fils ; sert à composer beaucoup de noms propres d'hommes ou de tribus, aussi bien qu'*Ouled, Ould*, ou, qui signifient à peu près la même chose, mais plus littéralement : enfant, descendant. Exemple tiré du nom de l'émir : Abd-el-Kader *ben* Mahy-ed-Din, *ould* Sidi-Kada-ben-Mokhtar ; Abd-el Kader *fils* de Mahy-ed-Din, *descendant* de Sidi-Kada-ben-Mokhtar.

MOTS DE LOCALITÉ. — *Bordj*, fort. *Oued*, rivière. *Djebel*, montagne.

MOTS DE HIÉRARCHIE. — *Khalifa*, lieutenant ; *Calife*, lieutenant du Prophète. *Khalifa* du chef de l'état, première dignité politique et militaire. *Agha* et *Bach-Agha* (agha en chef) fonctionnaires immédiatement inférieurs.

Caïd, Amine, magistrats de localité. *Cadi*, juge. *Marabout*, homme de Dieu, lié à Dieu. *Cheikh*, vieux, ancien, vénéré. *Taleb*, savant, au pluriel, *Tolbas*. *Khodja*, secrétaire.

Bou, père, qui possède : s'emploie fréquemment dans les sobriquets. *Bou-Maza*, l'homme à la chèvre.

Chérif, nom propre de la famille du Prophète.

Djemmâ, assemblée, conseil, mosquée. (*Ecclesia*.)

Fatah, prière d'invocation.

Gâda, cheval ou présent de soumission.

Maghsen, terme qui désignait les tribus du gouvernement et, par extension, toutes les dépendances de l'autorité.

Sid, Si, sieur ou seigneur. *Sidi*, monseigneur.

CHAPITRE PREMIER.

PRÉLIMINAIRES.

I. Cadre de l'ouvrage.— II. Étymologie du mot Kabyle.— III. Langue kabyle. — IV. Résumé historique jusqu'à 1830.

I.

L'idée que l'on se fait en général du continent d'Afrique, et l'extension donnée à des renseignemens partiels ont accrédité depuis longtemps, au sujet de l'Algérie, une erreur fort étrange. On la regarde comme un pays de plaines et de marécages, tandis que les accidents et la sécheresse du sol en forment au contraire le trait caractéristique.

Le littoral de l'Algérie surtout est presque toujours montueux. Entre la frontière marocaine et la Tafna règne le massif des Traras. Oran a, comme Alger, son Sahel mamelonné.

Depuis l'embouchure du Chélif jusqu'à celle de Mazafran, c'est-à-dire sur une longueur de soixante lieues et sur une profondeur de dix à douze, s'élève, se ramifie la chaîne du Dahra. Celle du petit Atlas s'y rattache par le Zaccar et ferme l'hémicycle de la Mitidja. Arrivé en ce point, le système se réhausse, s'élargit, se complique et garnit toute l'étendue de la côte jusqu'au voisinage de Bône. Ce n'est pas tout : il faut compter, dans l'intérieur, l'Ouarensenis qui fait face au Dahra, le domine en hauteur et le surpasse en étendue ; puis, d'autres grandes masses parallèles aux précédentes, et qui séparent le Tell du Sahara comme celles-ci l'ont isolé de la Méditerranée ; tels sont : le Djebel-Amour (1), les Auress, etc.

Ces régions de montagnes embrassent à peu près la moitié du territoire algérien ; elles sont presque toutes habitées par des Kabyles, race ou agglomération de races entièrement distincte des Arabes. Les différentes Kabylies n'ont entr'elles aucun lien politique : chacune même ne constitue qu'une sorte de fédération nominale où figurent, comme autant d'unités indépendantes, des tribus riches ou pauvres, faibles ou puissantes, religieuses ou guerrières, et subdivisées à leur

---

(1) *Djebel* veut dire montagne.

tour en fractions, en villages également libres. Quoiqu'il existe entr'elles une frappante analogie de mœurs, d'origine et d'histoire, la disjonction des faits impose la nécessité de les considérer séparément. Autant de Kabylies, autant de pages détachées : il y aura celle des Traras, de l'Ouarensenis, du Dahra, du petit Atlas, du Jurjura et beaucoup d'autres. C'est la dernière nommée que nous nous proposons d'écrire, l'histoire de la Kabilie du Jurjura, que beaucoup d'écrivains nomment exclusivement la *Kabylie*, et que nous appellerons, nous, eu égard à son importance relative, la Grande Kabylie.

Cette région embrasse toute la superficie du vaste quadrilatère compris entre Dellys, Aumale, Sétif et Bougie. Limites fictives, en ce sens qu'elles ne résultent point de la configuration géographique, limites rationnelles au point de vue de la politique et de l'histoire.

Plus qu'aucune autre Kabylie, celle qui va nous occuper a fixé l'attention publique en France. Diverses causes y contribuèrent. Son étendue, sa richesse, sa population; son voisinage d'Alger, source de quelques relations commerciales; sa vieille renommée d'indépendance et celle d'inaccessibilité faite aux grandes montagnes qui la couvrent; enfin, depuis ces dernières années, un très-grand partage d'avis sur la politique à suivre envers elle.

Des évènements considérables viennent de trancher cette dernière question; ils ont fait jaillir en même temps des lumières nouvelles qui en éclairent toutes les faces : n'est-ce pas le moment de jeter un double coup-d'œil sur l'avenir et sur le passé ? Faisons comme ces voyageurs qui ont marché toute la nuit dans des défilés difficiles; au point du jour ils s'arrêtent, ils voient. La route qui leur reste à suivre se dessine claire et sûre devant eux; et, s'ils regardent en arrière, ils ne peuvent contenir un saisissement mêlé de satisfaction, en comptant les obstacles de celle qu'ils ont parcourue dans les ténèbres.

II.

On ne s'accorde point sur l'étymologie du mot *Kabyle*. Des érudits lui assignent une origine phénicienne. Baal est un nom générique de divinités syriennes, et K, dans la langue hébraïque, sert à lier les deux termes d'une comparaison (*k-Baal*, comme les adorateurs de Baal). A l'appui de cette hypothèse, qui déterminerait aussi le berceau primitif des Kabyles, on cite des analogies de noms propres : *Philistins* et *Flittas* ou *Flissas*; *Moabites* et *Beni-Mezzab* (1) ou *Mozabites*; quelques autres encore.

---

(1) *Beni*, c'est-à-dire, enfants. *Beni-Mezzab* : les enfants de Mezzab.

Nous rejetons cette étymologie, parce qu'il lui manque la consécration des écrivains de l'antiquité. Dans Hérodote seulement, on trouve le nom *Kbal* appliqué à quelques tribus de la Cyrénaïque, mais on ne le rencontre nulle autre part; aucune trace n'en existe chez les nombreux auteurs de l'époque romaine, historiens ou géographes, qui ont laissé tant de documents sur les Mauritanies.

Les montagnards de l'Afrique septentrionale ne commencent réellement à être appelés *Kabyles* qu'après l'invasion des Arabes; ce serait donc dans la langue arabe qu'il faudrait chercher de préférence l'origine de ce nom. Dès lors on ne peut plus guère hésiter qu'entre les racines suivantes :

Kuebila : tribu.
Kabel : il a accepté.
Kobel : devant.

La première s'expliquerait par l'organisation même des Kabyles en tribus fédérées.

La seconde par leur conversion à l'Islam. Vaincus et refoulés, ils n'auraient eu, comme tant de peuples, aucune autre ressource, pour se soustraire aux violences du vainqueur, que d'embrasser sa religion. Ils auraient *accepté* le Koran;

La troisième n'est pas moins plausible. En appelant les Kabyles ses *devanciers*, l'Arabe aurait seulement constaté un fait en harmonie avec toutes les traditions, et conforme d'ailleurs au génie de l'histoire qui nous montre toujours les autochtones, puis les races vaincues, refoulées tour à tour dans les montagnes par suite des conquêtes successives de la plaine.

Chez les Kabyles, le mélange du sang germain, laissé par la conquête des Vandales, se trahit maintenant encore à des signes physiques : les étymologistes y joignent quelques rapprochements de noms : *Suèves* et *Zouaouas*, *Huns* et *Ouled-Aoun* (1), etc. Nous n'insisterons pas davantage sur toutes ces consonnances plus curieuses que décisives.

III.

La langue est la vraie pierre de touche des nationalités. Les communautés d'origine, les influences étrangères, la grandeur ou la décadence des peuples, l'attraction ou l'antipathie des races, tout cela s'y réflète comme dans un miroir; et l'on serait tenté de dire, avec l'écrivain allemand : *une nation est l'ensemble des hommes qui parlent la même langue.*

Cette unité de langage existe, elle établit la parenté la plus certaine entre toutes les tribus kabyles non

---

(1) *Ouled* signifie enfant, descendant. *Ouled Aoun* : enfant d'Aoun.

seulement de l'Algérie, mais de la côte barbaresque, et cela seul suffirait pour vider sans retour la question des origines. Des tribus parlent exclusivement arabe, par conséquent elles viennent d'Arabie. D'autres conservent un idiôme différent, celui, sans aucun doute, qui régnait dans le pays avant l'invasion. De qui le tiendraient-elles, sinon de leurs ancêtres ?

Les Kabyles dérivent donc d'un seul et même peuple, autrefois compact, autrefois dominateur du pays entier; mais, plus tard, refoulé dans les montagnes, circonscrit par des conquérants qui s'approprièrent les plaines, et morcelé de la sorte en grandes fractions devenues à la longue presqu'étrangères l'une à l'autre.

Depuis ce moment, la langue aborigène qu'on nomme *berberïa* : berbère, ou *kebailia* : kabyle, dut subir, en chaque point, des altérations diverses, par suite du contact plus ou moins immédiat, plus ou moins fréquent des Arabes, et par l'absorption variable des premiers conquérants européens. Il en est résulté plusieurs dialectes que voici :

1º Le *Zenatia* : il existe chez les tribus kabyles qui, remontant vers l'ouest, s'étendent depuis Alger jusqu'à notre frontière du Maroc.

2º Le *Chellahya* : c'est celui dont se servent presque tous les Kabyles du Maroc.

3º Le *Chaouiah* : il appartient à toutes les tribus kabyles qui se sont mêlées aux Arabes, et, comme eux, vivent sous la tente, entretiennent de nombreux troupeaux. Comme eux encore, elles comptent plus de cavaliers que de fantassins, et sont nomades sur un territoire délimité. Naturellement, beaucoup de mots arabes se sont glissés dans ce dialecte : il est très-répandu dans la province de Constantine.

4° Le *Zouaouïah :* il est parlé depuis Dellys et Hamza jusqu'à Bône. Il représente l'ancien idiôme national dans sa plus grande pureté. On y remarque toutefois, chez les tribus à l'est de Gigelly, une légère altération qui proviendrait du commerce avec les Arabes. Aussi sont-elles traitées, par les Kabyles purs, de *Kebaïls-el-Hadera*, Kabyles de la descente.

Chez toutes les tribus kabyles, mais principalement chez celles qui parlent le *Zouaouïah*, il existe encore un langage que l'on nomme *el Hotsia :* le Caché. C'est une sorte d'argot inventé depuis longtemps déjà par les malfaiteurs de profession. Les voleurs, les assassins, les baladins, l'emploient pour converser ensemble, sans que personne puisse les comprendre. En Kabylie, comme chez nous, ce langage de convention est repoussé, flétri par les honnêtes gens.

L'alphabet berbère est perdu. Dans tout le pays kabyle, il n'existe pas aujourd'hui un seul livre écrit en berbère. Les Tolbas (1) kabyles, et ils sont nombreux,

(1) *Taleb :* savant ; au pluriel : *Tolbas.*

prétendent que tous leurs manuscrits, toutes les traces de leur écriture ont disparu lors de la prise de Bougie, par les Espagnols, en 1510. Cette assertion, d'ailleurs, ne supporte point la critique : mais il est plus facile de la réfuter que de la remplacer par une autre.

De nos jours, le berbère ne s'écrit plus qu'avec des caractères arabes. La Zaouïa de Sidi Ben-ali-Cherif, dont nous reparlerons ailleurs, possède, dit-on, plusieurs manuscrits de ce genre.

Un Arabe n'apprend point l'idiôme berbère; il en retient quelques mots pour son usage, s'il a des relations fréquentes avec les Kabyles.

Tout Kabyle, au contraire, étudie forcément l'arabe, ne fût-ce que pour réciter des versets du Koran. Celui qui commerce ou voyage éprouve la nécessité de savoir l'arabe vulgaire : bientôt il l'entend et le parle avec facilité. Aucun chef important ne l'ignore.

IV.

Les Romains appelaient le Jurjura *Mons Ferratus*; et *Quinque Gentii* les habitants de la région environnante. Ce nom qui signifie les cinq nations ou les cinq tribus, si l'on veut, révèle déjà, dans cette haute antiquité, une sorte de fédéralisme analogue à celui des Kabyles actuels.

Ces *Quinque Gentii* n'écoutèrent quelques prédications chrétiennes que pour embrasser violemment le schisme *Donatiste* ou l'hérésie furieuse des *Circoncellions*. On voit, vers l'an 300, l'empereur Maximien diriger en personne, contre eux, une guerre d'extermination. Un demi-siècle après, on les retrouve en armes pour soutenir l'Anti-César Firmus, et, depuis cette époque jusqu'à l'invasion arabe, aucun conquérant ne paraît se hasarder dans leurs montagnes.

Plusieurs villes romaines ont existé sur les côtes de la grande Kabylie : Baga, Choba, Salvæ, Rusucurrum. Tour à tour, on les a placées toutes à Bougie, que les Européens connaissent depuis long-temps; mais enfin, l'opinion du docteur Shaw, confirmée depuis par la découverte d'une inscription romaine, fixe décidément à Bougie la colonie militaire Salvæ. Aujourd'hui encore, des ruines de maisons, et surtout un vieux mur d'enceinte, dont le développement total n'excède pas 2,500 mètres, constatent en ce point l'existence d'une cité antique, mais assez peu considérable.

L'intérieur du pays renferme également quelques ruines de l'ère romaine ou chrétienne.

A cinq lieues de Bougie, à côté des Beni-Bou-Messaoud, on voit debout six colonnes très-hautes, en pierres de taille. Elles portaient des inscriptions devenues illisibles. Tout autour gisent des décombres qui attestent de grandes constructions.

D'un autre côté, à six lieues environ de Bougie, existe une ville souterraine qui renferme plus de deux cents maisons en briques, bien conservées, avec des rues voûtées et des murs très-épais. On y descend par un escalier d'une douzaine de marches. D'après le dire des Kabyles, cette cité ténébreuse, qu'ils nomment Bordj Nçara, *le fort des Chrétiens*, aurait été bâtie par les Romains de la décadence. Le chef de toutes ces contrées y demeurait, disent-ils, avec ses gardes.

Koukou renferme des ruines sur lesquelles on découvre encore quelques inscriptions.

A Tiguelat, entre les Ayt-Tanzalet et les Fenayas, les traces d'une ville subsistent. Les remparts ont trois à quatre mètres d'élévation. On y voit encore debout une statue, que les Kabyles appellent Sour-el-Djouahla.

Chez les Senadjas, dans un village appelé Tissa, il existe, parmi des ruines importantes, une fontaine très-bien conservée; et une autre pareillement chez les Beni-Bou-Bekheur, à Akontas, village bâti au milieu d'une ancienne enceinte qui, sur certains points, était double.

Chez les Beni-Oudjal, à Aïn-Fouka, on trouve les restes d'une ville surmontée de trois forts. Elle renferme encore une fontaine qui donne beaucoup d'eau. On l'appelle El-Kueseur-El-Djouahla.

Ces ruines et quelques autres, qu'on place à Tighebine, sur le territoire des Beni-Chebanas, comprennent toute l'étendue des renseignements kabyles. Nos excursions nous ont fait reconnaître près d'Akbou des ruines sans importance, et à Toudja, les restes d'un aqueduc romain, quinze ou seize pilastres supportant le conduit qui amenait les eaux de la montagne à Bougie.

En somme, ces vestiges de l'occupation romaine semblent moins répandus en Kabylie que dans aucune autre portion du littoral; on n'y reconnaît point d'ailleurs l'assiette, l'étendue, la magnificence monumentale qui caractérisent de puissantes cités. N'est-il pas permis d'en conclure que la conquête de ce pays fut toujours une œuvre incomplète, même à l'époque des conquérants du monde ?

Au Ve siècle, l'invasion vandale s'abattit sur Bougie. Genseric en fit, jusqu'à la prise de Carthage, la capitale de son empire naissant. Puis, on recommence à perdre de vue cette ville dans les ténèbres historiques de la grande barbarie, dans le chaos de cette époque où toutes les races, où toutes les croyances viennent se heurter confusément.

Mais à la fin du VIIe siècle, un vif éclair part du Levant : c'est l'immense invasion arabe, conduite par Okba. Elle balaie toutes les plaines de ses flots successifs, et déborde jusqu'aux montagnes. En 666 d'abord, plus tard en 708, Bougie est enlevé d'assaut. Moussa-Ben-Noseïr en est le conquérant définitif : les habitants sont massacrés ou convertis.

Ce fut sans doute aussi vers le même temps, et de la même manière, que les Kabyles du voisinage *acceptèrent* la foi musulmane.

Englobée dans le mouvement de l'Islam et soumise à toutes ses révolutions dynastiques, Bougie traverse des phases peu connues et peu intéressantes jusqu'au milieu du XIV° siècle, où on la trouve incorporée dans un vaste empire berbère dont le centre était à Tlemcen. Elle en est alors détachée par Igremor-Solthan, chef de la dynastie des Beni-Isseren, et donnée à son fils Abd-el-Aziz. Elle devient ainsi la capitale d'un petit royaume indépendant. C'est son ère de prospérité. Elle s'enveloppe d'une muraille de 5,000 mètres, dont on voit encore les ruines. Le commerce, la piraterie accroissent ses richesses ; mais le pouvoir des Maures y subit à la longue cette décadence qui prépare sa chute universelle au début du XVI° siècle.

Bougie comptait dix-huit mille habitants sous le règne d'Abd-el-Hamet, quand une flotte espagnole de quatorze gros bâtiments sortit d'Ivice, une des Baléares, avec cinq mille combattants d'élite et une artillerie formidable. De plus, cette expédition était conduite par le fameux Pierre de Navarre. Son départ avait eu lieu le 1ᵉʳ janvier 1510; le 5, elle était devant Bougie.

Le roi maure, terrifié, s'enfuit dans les montagnes, quoiqu'il comptât autour de lui huit mille guerriers. Bougie fut prise et livrée au pillage.

Malgré ce facile succès, malgré le coup de main hardi que Pierre de Navarre exécuta trois mois plus tard, en surprenant, au bord de la Summam, le camp du prince maure dont l'équipage et toutes les richesses tombèrent en son pouvoir; les rudes montagnards ne cessèrent d'inquiéter les Espagnols jusque dans Bougie même, et cette guerre d'embuscade obligea les vainqueurs à s'abriter derrière des forts. Celui de Moussa fut bâti près des ruines d'un château romain; un autre s'éleva sur l'emplacement de la Casbah actuelle; enfin, au bord de la mer, à l'endroit où se trouve aujourd'hui le fort Abd-el-Kader, on restaura celui qui existait déjà.

Ces défenses procurent aux Espagnols une certaine sécurité dans la ville, mais ils y sont hermétiquement bloqués et tenus sous la menace perpétuelle du prétendant maure.

En ce moment, de nouveaux acteurs viennent prendre part à la lutte religieuse de l'Orient contre l'Occident, et le bassin de la Méditerranée, qui lui sert d'immense théâtre, voit déborder les Turcs demi sauvages à l'une de ses extrémités, tandis qu'à l'autre s'évanouissent les Maures chevaleresques.

Deux aventuriers, fils de rénégat et corsaires, Baba-

Aroudj et Khair-ed-Din (1), livrent leur voile errante au vent de la fortune musulmane qui les porte sur la côte d'Alger pour en faire deux pachas célèbres. Mais ces terribles écumeurs de mer ne sont pas toujours et partout également heureux. Deux fois Baba-Aroudj se présente devant Bougie (1512, 1514), et deux fois il est repoussé, malgré la coopération des Kabyles de l'intérieur. Quarante-deux ans après, Salah-Raïs, son deuxième successeur, venge glorieusement ces échecs (1555). Vingt-deux galères bloquent le port, trois mille Turcs et une nuée de Kabyles attaquent les remparts : les forts Moussa, Abd-el-Kader, sont enlevés tour à tour. Enfermé dans le grand château (aujourd'hui la Casbah), le gouverneur D. Alonso de Peralta signe une capitulation qui stipulait, pour tous les Espagnols, la vie sauve, la liberté et le transfert dans leur patrie. Ces clauses ne furent respectées que pour lui et une vingtaine des siens. On les reconduisit en Espagne ; mais (telle était l'animosité de la lutte) Charles-Quint, irrité d'un si grand revers, livra le malheureux gouverneur à des juges qui le condamnèrent, et sa tête roula sur la place de Valladolid.

Loin de reprendre, sous le gouvernement des pa-

---

(1) *Baba* signifie père. *Baba Aroudj*, le père Aroudj. Nous en avons fait Barberousse. *Khair-ed-Din*, veut dire le bien de la religion. Ce nom est devenu Chérédin.

chas, son ancienne splendeur, Bougie déclina de plus en plus, se dépeupla, se couvrit de ruines. Trois compagnies turques de l'Oudjak y exerçaient un pouvoir despotique et inintelligent. Par leur état de guerre continuel avec les tribus de la montagne, elles anéantirent le commerce de la ville et ne lui laissèrent pour ressource que les chances aléatoires de la piraterie. Ce port fut en effet signalé à l'attention spéciale des croisières françaises pendant le règne de Louis XIV.

La grande Kabylie, qui ne s'était jamais liée beaucoup aux destinées de sa capitale, en resta séparée complètement depuis la conquête espagnole. Elle donna longtemps asile et prêta son concours à l'ancienne famille régnante, dans toutes ses entreprises de restauration. Enfin, le vœu d'une nationalité distincte éclata encore dans quelques tentatives assez obscures qui semblent remonter à cette époque. Plusieurs personnages influens s'efforcèrent, à diverses reprises, de reconstituer un royaume kabyle et d'en placer la capitale en quelque point de l'intérieur. Ce fut ainsi que Sidi-Ahmed-Amokhrane, ancêtre des khalifas actuels de la Medjana, releva ou bâtit, il y a quatre siècles, la ville de Kueláa, l'arma de plusieurs canons venus des Chrétiens, on ne sait trop comment; enfin joua, dans ce district, le rôle d'un véritable souverain.

Un nommé Bel-Kadi fit en tout point la même chose à Djemâat-Sahridje, petite ville qui subsiste encore.

Sous une influence pareille, Koukou vit quelques habitations se relever au milieu de son enceinte romaine ; il en reste à peu près cinquante aujourd'hui.

L'avortement de tous ces essais d'unité servit bien la cause des Turcs. Ils s'emparèrent de Djemâa-Saridje ; Kuelâa, fatiguée de ses petits sultans, se rangea volontairement sous leur pouvoir. Mais ni ces points d'appui, ni la sanction morale que leur prêtait l'autorité religieuse du sultan de Constantinople ne réussirent à fonder leur domination sur une base solide. Ils y ajoutèrent des forts sans plus de résultat, n'ayant pu les porter assez loin dans le pays kabyle.

Les plus avancés qui restassent, en 1830, étaient : sur le versant septentrional, Borj-Sebaou et Bordj-Tiziouzou ; sur le versant méridional, Bordj-el-Boghni ; et Bordj-Bouira, dans le district de Hamza. Ce dernier, du reste, marquait une double retraite : deux forts plus éloignés avaient été successivement détruits par les gens de la montagne. Bien plus, sous le règne d'Omar-pacha, une petite armée turque, envoyée pour réduire les Ben-Abbas, n'avait réussi à brûler quelques-uns de leurs villages qu'en essuyant des pertes écrasantes suivies d'une véritable défaite.

En somme, les Turcs n'exercèrent jamais d'autorité durable, ne prélevèrent d'impôts proprement dits, que sur quelques fractions kabyles des pentes inférieures, obligées de cultiver en plaine, et, par conséquent, saisissables dans leurs personnes ou dans leurs biens. Mais celles-là se trouvaient en butte aux mépris des tribus voisines, pour avoir préféré le déshonneur à la mort. Il n'était sorte d'avanies dont on ne les abreuvât. La plus commune consistait à s'emparer de quelqu'un des leurs : on l'affublait d'un vêtement complet de vieille femme; on lui faisait un collier avec les intestins d'un animal, et on le promenait ainsi dans les marchés, au milieu des huées générales. Cet usage est encore en vigueur.

Au demeurant, les Kabyles disaient volontiers la prière pour le sultan de Constantinople, mais on n'en tirait pas d'autre tribut; il fallait négocier pour obtenir à des gens du pacha le passage sur leur territoire. S'élevait-il un différend ? on le vidait par les armes, comme avec un peuple étranger; souvent on préférait s'en venger par des vexations sur ceux qui fréquentaient les marchés de la plaine; il en résultait même de longues interruptions dans le commerce.

Si incomplète que soit cette esquisse des précédens historiques de la Grande Kabylie, elle aura suffi pour prouver que ses fiers habitans possèdent, en effet, quelque droit à se vanter, comme ils le font, de leur indépendance immémoriale.

CHAPITRE II.

TABLEAU DE LA SOCIÉTÉ KABYLE.

MOEURS : I. Aspect et superstitions. — II. Industrie. — III. Caractère et usages. — IV. Famille.

INSTITUTIONS : V. Soffs. — VI. Amines. — VII. Marabouts. — VIII. Administrés. — IX. Zaouïas. — X. Anaya. — XI. Conclusion.

I.

Si nous prétendions suivre une marche chronologique dans l'exposé de nos connaissances, il est incontestable que le tableau de la société kabyle devrait être relégué aux dernières pages de ce livre et faire suite à la conquête. En effet, la conquête seule nous a livré les secrets du pays avec une entière certitude.

Toutefois, les lumières qu'un exposé préalable des mœurs et des institutions pourra jeter sur nos récits, nous semblent tellement indispensables, que nous n'y saurions renoncer. En les mettant à profit pour lui-même, notre lecteur devra se souvenir qu'elles n'éclairaient ainsi ni le gouvernement français, ni surtout ses premiers agens. Dans le principe, un malheureux esprit d'induction conduisit toujours à conclure du fait arabe qu'on connaissait peu, au fait kabyle qu'on ignorait entièrement et qui ne lui ressemblait en rien. Des années s'écoulèrent avant qu'une observation intelligente, dirigée soit de Bougie (1), soit d'Alger, inaugurât enfin la vérité.

Ici, pour mieux la mettre en évidence, nous opposerons fréquemment la physionomie du Kabyle à celle de l'Arabe, que le hasard de la conquête a beaucoup plus vulgarisée en France.

L'Arabe a les cheveux et les yeux noirs. Beaucoup de Kabyles ont les yeux bleus et les cheveux rouges; ils sont généralement plus blancs que les Arabes.

---

(1) Nous devons surtout mentionner les ouvrages d'un commandant supérieur de Bougie, M. Lapène, actuellement colonel d'artillerie. En parcourant l'intérieur du pays, nous nous sommes étonnés plus d'une fois de l'exactitude des renseignements qu'il avait su se procurer, sans sortir jamais de sa place, si ce n'est les armes à la main. Sur plusieurs points, nous n'avons pu nous dispenser de coïncider entièrement avec lui.

L'Arabe a le visage ovale et le cou long. Le Kabyle au contraire, a le visage carré; sa tête est plus rapprochée des épaules.

L'Arabe ne doit jamais faire passer le rasoir sur sa figure. Le Kabyle se rase jusqu'à ce qu'il ait atteint vingt à vingt-cinq ans; à cet âge, il devient homme et laisse pousser sa barbe. C'est l'indice du jugement acquis, de la raison qui devient mûre.

L'Arabe se couvre la tête en toute saison, et, quand il le peut, marche les pieds chaussés. Le Kabyle, été comme hiver, par la neige ou le soleil, a toujours les pieds, la tête nus. Si par hasard on en trouve un chaussé, c'est accidentellement et d'une simple peau de bête fraîchement abattue. Ceux qui avoisinent les plaines portent quelquefois le chachia. Le Kabyle a pour tout vêtement la *chelouhha*, espèce de chemise de laine qui dépasse les genoux et coûte de sept à huit francs; il garantit ses jambes avec des guêtres sans pied, tricotées en laine, que l'on appelle *bougherous*. Pour le travail, il met un vaste tablier de cuir, coupé comme celui de nos sapeurs. Il porte le burnous quand ses moyens le lui permettent; il le garde indéfiniment, sans aucun souci de ses taches ni de ses déchirures; il l'a tenu de son père, il le lègue à son fils.

L'Arabe vit sous la tente; il est nomade sur un territoire limité. Le Kabyle habite la maison; il est fixé au sol. Sa maison est construite en pierres sèches ou en briques non cuites, qu'il superpose d'une façon assez grossière. Le toit est couvert en chaume, en tuiles chez les riches. Cette espèce de cabane s'appelle *tezaka*. Elle se compose d'une ou de deux chambres. Le père, la mère et les enfans occupent une moitié du bâtiment, à droite de la porte d'entrée. Ce logement de la famille se nomme *dounès*. L'autre partie de la maison, que l'on appelle *âdaïn*, située à gauche, sert d'étable, d'écurie pour le bétail et les chevaux. Si l'un des fils de la maison se marie et doit vivre en ménage, on lui bâtit son logement au-dessus.

L'Arabe se couvre de talismans; il en attache au cou de ses chevaux, de ses levriers, pour les préserver du mauvais œil, des maladies, de la mort, etc. Il voit en toutes choses l'effet des sortilèges. Le Kabyle ne croit point au mauvais œil et peu aux amulettes. « Ce qui est écrit par Dieu, dit-il, doit arriver; il n'est rien qui puisse l'empêcher. » Cependant, il concède à certaines vieilles femmes un pouvoir d'influence sur les ménages, sur les amours; il admet les sorts propres à faire aimer, à faire haïr un rival, à faire divorcer la femme que l'on desire, etc.

Ses superstitions d'un autre ordre sont nombreuses. Nous indiquerons les principales :

Quiconque entreprend un voyage, doit partir le lundi, jeudi ou samedi; ces jours sourient aux voyageurs. Heureux celui qui commence sa route le samedi. Le prophète préférait ce jour aux deux autres. On voyage, il est vrai, le mercredi, le vendredi et le dimanche; mais l'inquiétude ne quitte pas le voyageur pendant toute sa course.

Ne livrez jamais de combat un mardi.

C'est le jeudi qu'il faut choisir pour introduire sa future sous le toit conjugal; cela sera d'un bon augure, parce que la femme s'y réveillera un vendredi, qui est le jour férié des Musulmans.

Ne plaignez pas celui qui meurt pendant le rhamadan (1); car, pendant le rhamadan, les portes de l'enfer sont fermées, et celles du paradis toujours ouvertes.

Voir un chacal en se levant, présage heureux; deux corbeaux au moment de se mettre en route, signe d'un voyage prospère.

Voir un lièvre le soir, mauvais augure; apercevoir un corbeau seul, avant que de se mettre en route, motif d'inquiétude.

Les Kabyles, si incrédules au sujet des sortilèges, le sont beaucoup moins sur la question des démons. Ils disent qu'il y en a en toute saison, excepté dans le Rhamadan, parce que Dieu les force à rester en enfer, pendant le mois sacré. Ils les craignent horriblement;

---

(1) *Rhamadan* : mois sacré des Musulmans, pendant lequel on jeûne jusqu'au coucher du soleil.

jamais un Kabyle ne sortira la nuit de sa maison, sans les conjurer, au nom de Dieu le puissant, le miséricordieux. Il en fera autant quand il passera près d'un endroit où il y a eu du sang versé; car les démons qui aiment le sang n'ont pas manqué de s'y donner rendez-vous.

Il existe aussi, si ce n'est un préjugé, du moins un mépris général de l'ânesse; et à un tel point que, dans certaines tribus, un Kabyle, pour rien au monde, ne voudrait en voir une entrer dans sa maison. On raconte une légende qui expliquerait cette aversion par un acte hors nature du temps des anciens Kabyles.

II.

L'Arabe déteste le travail; il est essentiellement paresseux : pendant neuf mois de l'année, il ne s'occupe que de ses plaisirs. Le Kabyle travaille énormément et en toute saison ; la paresse est une honte à ses yeux.

L'Arabe laboure beaucoup; il possède de nombreux troupeaux qu'il fait paître ; il ne plante point d'arbres. Le Kabyle cultive moins de céréales, mais il s'occupe beaucoup de jardinage. Il passe sa vie à planter, à greffer; il a chez lui des lentilles, des pois chiches, des fèves, des artichauts, des navets, des concombres, des ognons, des betteraves, du poivre rouge, des pastèques, des melons. Il cultive le tabac à fumer ; il plante des pommes de terre depuis quelque temps ; il possède des fruits de toute espèce : olives, figues, noix, oranges, poires, pommes, abricots, amandes, raisins.

La principale richesse du pays consiste dans ses oliviers dont beaucoup sont greffés et qui atteignent quelquefois les dimensions du noyer. Les olives d'excellente qualité entrent pour une grande part dans la nourriture des Kabyles ; mais il en reste énormément à vendre soit comme fruit, soit comme huile. Celle-ci s'exporte dans des peaux de bouc, à Alger, à Bougie, à Dellys, à Sétif, sur tous les marchés de l'intérieur.

La terre de labour n'étant pas très-abondante, eu égard à la population, les Kabyles n'en négligent aucune parcelle. Ils donnent deux façons à la terre et la couvrent d'engrais, mais ne lui laissent presqu'aucun repos ; on la trouve rarement en jachères ; ils ne pratiquent point l'assolement.

Leurs champs sont en général assez bien nettoyés et quelques-uns rendent jusqu'à 25 pour 1. Le blé, battu de la façon la plus barbare, au moyen de taureaux qui travaillent en cercle sur l'aire, et vanné grossièrement avec un bout de planche, ne passe point au crible ; il est conservé comme celui des Arabes dans des silos (en arabe : *metmora*), ou bien encore dans de grands paniers en osiers, qui sont très-évasés en bas et étranglés du haut.

L'Arabe voyage quelquefois pour trouver des pâturages; mais il ne sort jamais d'un certain cercle. Chez les Kabyles, un des membres de la famille s'expatrie toujours momentanément pour aller chercher fortune; aussi en trouve-t-on à Alger, à Sétif, à Bône, Philippeville, Constantine, Tunis, partout. Ils travaillent comme maçons, jardiniers, moissonneurs; ils font paître les troupeaux... Lorsqu'ils ont amassé un peu d'argent, ils rentrent au village, achètent un fusil, un bœuf, et puis se marient.

L'Arabe n'a point d'industrie, proprement dite, quoiqu'il confectionne des selles, des harnachemens, des mors, etc. Le Kabyle, au contraire, est industrieux : il bâtit sa maison, il fait de la menuiserie, il forge des armes, des canons et des batteries de fusil, des sabres (*flissas*), des couteaux, des pioches, des cardes pour la laine, des socs pour la charrue. Il fabrique des bois de fusil, des pelles, des sabots, les métiers pour tisser. Chez lui se travaillent les burnous et les habayas, vêtements de laine; les haikhs de femme, les chachias blanches : sa poterie est renommée. Il fait de l'huile avec les olives qu'il récolte dans sa propriété, et confectionne lui-même les meules de ses pressoirs. La forme la plus commune des pressoirs est celle-ci : un vaste bassin en bois, d'un seul morceau; à chaque extrémité de l'un de ses diamètres, un montant vertical qui s'entrave dans une barre horizontale; celle-ci, percée au milieu, laisse passer une vis en bois, terminée par une meule d'un diamètre un peu inférieur à celui du bassin. La vis exerce une pression sur les olives placées sous la meule et qu'on a d'abord fait bouillir.

Les Kabyles dressent encore des ruches pour les abeilles; ils font la cire, et ne se servent pour les pains, que de moules travaillés chez eux. Ils savent cuire les tuiles dont le cent coûte de 2 fr. à 2 fr. 50 cent. Dans certaines localités, on confectionne des dalles de liège. Ils connaissent la chaux; ils en sont, du reste, fort avares, et ne l'emploient que pour blanchir les mosquées et les koubbas des marabouts. Pour leurs maisons ils utilisent le plâtre, qui paraît abonder chez eux. La carrière de Thisi, chez les Beni-Messaoud, à une lieue et demie de Bougie, en fournit une grande quantité.

Ils font du savon noir avec l'huile d'olive et la soude des varechs ou la cendre de laurier-rose, tressent des paniers pour porter les fardeaux, confectionnent des nattes en palmier-nain, ou bien encore filent des cordes en laine et en poils de chèvre ; enfin, ils poussent l'habileté industrielle jusqu'à produire de la fausse monnaie. Nous allons nous étendre sur quelques-unes des branches d'industrie précitées. Commençons par la dernière.

Depuis un temps immémorial, les Kabyles établis à Ayt-el-Arba, village considérable de la tribu des Beni-Ianni, se livrent à cette coupable industrie. D'autres ateliers moins considérables se trouvent encore au village d'Ayt-Ali-ou-Harzoun, à quinze lieues sud-est d'Ayt-el-Arba, éloigné, lui-même, d'Alger, d'une quarantaine de lieues.

La position du repaire de ces faux-monnayeurs est au sommet d'une montagne protégée par un défilé très-étroit et presqu'inaccessible. C'est là, qu'à l'abri de toute attaque, ils imitent les monnaies de cuivre, d'argent et d'or de tous les pays du monde. Les matières premières leur sont fournies en partie par des mines voisines. Le cuivre, l'argent leur viennent de tous les points du pays barbaresque, du Sahara même, par des hommes qui, non seulement apportent à Ayt-el-Arba, les produits de leur pays, mais encore viennent y acheter des espèces falsifiées. On les paie avec des monnaies de bon aloi sur le pied de 25 pour %. La simple inspection d'une pièce contrefaite prouve que le procédé employé, pour l'obtenir, est généralement celui de la fusion. En effet, toutes les pièces présentent un diamètre tant soit peu inférieur à celui des modèles, résultat forcé du retrait qu'elles ont subi par le refroidissement, à la sortie d'un moule provenant des pièces véritables. Le relief des figures, des lettres, est ordinairement mal accusé, et l'aspect du métal est terne ou cuivreux. Il faut le dire cependant, et tous ceux qui en ont vu l'affirmeront, la plupart de ces fausses pièces tromperaient le premier coup-d'œil : quelques-unes exigent un examen assez minutieux.

Les moyens de répression, employés sous les Turcs pour s'opposer à l'invasion des fausses monnaies, étaient en tout conformes aux procédés despotiques et arbitraires que pouvait alors se permettre l'autorité.

Les gens d'Ayt-el-Arba et ceux d'Ali-ou-Harzoun, ne sortant jamais de leur retraite, étaient obligés de confier à d'autres le soin de colporter leurs produits; car si les Kabyles protègent les fabricants de fausse monnaie, ils sont impitoyables pour celui qui chercherait à la mettre en circulation dans le pays. Il fallait donc la faire sortir de la Kabylie ; c'étaient les Beni-Ianni, les Beni-Menguelat, les Beni-Boudrar, les Beni-Ouassif qui étaient ordinairement chargés de cette mission. De là vient sans doute l'éloignement des autres Kabyles pour ces tribus. Tous ces gens étaient surveillés d'une manière particulière, et ne pouvaient voyager dans l'intérieur sans la permission du caïd de Sebaou, qui ne l'accordait pas sans percevoir un droit de deux douros d'Espagne. Faute de présenter ce permis, qu'on refusait d'ailleurs à tous les gens suspects du trafic des monnaies, le premier voyageur venu subissait la confiscation de ses marchandises, mulets, etc.

Trois ans avant l'entrée des Français à Alger, la fausse monnaie s'était multipliée d'une manière effrayante. L'Agha-Yahia, qui jouissait d'une grande réputation chez les Arabes, furieux de voir sa surveillance en défaut, fit arrêter, un même jour, sur les marchés d'Alger, de Constantine, de Sétif et de Bône, les hommes de toutes les tribus, connues pour se livrer à cette émission. On incarcéra de la sorte une centaine d'individus que le pacha annonça devoir mettre à mort, si on ne lui livrait les moules ou matrices qui servaient à la fabrication. Les gens d'Ayt-el-Arba, pour sauver leurs frères, envoyèrent tous leurs instrumens, et les prisonniers ne furent encore mis en liberté qu'après avoir payé une forte amende. Cet échec éprouvé par les faux-monnayeurs ne les dégoûta point du métier. Ayt-el-Arba ne perdit rien de sa prospérité, et le nombre de commerçans, qui viennent s'y approvisionner de tous les points, du Maroc, de Tunis, du Sahara, de Tripoli, n'en fut aucunement diminué.

Un Kabyle pris en flagrant délit d'émission de fausse monnaie était mis à mort, sans aucune forme de procès. C'était le seul cas pour lequel la justice fût inexorable, et dans lequel l'argent, qui rachetait tous les autres crimes, ne put faire incliner sa balance.

Des industries plus honorables, ne piquant pas autant la curiosité, sont peut-être un peu moins connues. La fabrication de la poudre est concentrée dans la tribu des Reboulas; elle s'y fait en grand et par des procédés analogues aux nôtres. Le salpêtre abonde dans les cavernes naturelles ; il effleurit sur leurs parois. Recueilli comme le salpêtre de houssage, il est lavé, puis obtenu par l'évaporation. Le charbon provient du laurier-rose et il jouit des meilleures propriétés ; le soufre arrive du dehors.

Le dosage est réglé comme chez nous ; le séchage s'opère au soleil. Cette poudre kabyle, un peu moins forte que la nôtre, n'est ni lisse, ni égale, mais elle ne tache point la main et elle satisfait aux conditions d'une bonne poudre de guerre. Les cartouches kabyles sont bien roulées ; elles se vendent en plein marché. Le prix moyen de la cartouche est 0 fr. 40 cent., ce qui doit paraître excessif.

Les balles sont en plomb et fort irrégulières. L'exploitation du plomb a lieu, sur une échelle très-considérable, dans la tribu des Beni-Boulateb, près Sétif. On en trouve aussi dans une montagne près de Msila, et dans un autre nommé Agouf, encore chez les Reboulas ; ce dernier passe pour argentifère. Dans tous les cas, on l'obtient par la simple fusion, et on l'exporte en saumon ou en balles.

Le cuivre se rencontre également en Kabylie. On l'extrait, on l'emploie dans les bijoux de femme. Fondu avec le zinc, il compose un laiton fort utile pour les poires à poudre, montures de flissas, manches de poignards, etc.

Deux mines de fer très-abondantes sont signalées

dans la grande Kabylie : l'une chez les Berbachas, l'autre chez les Beni-Slyman.

Le minerai en roche est traité par le charbon de bois dans un bas fourneau, à l'instar de la méthode catalane; les soufflets sont en peau de bouc et fonctionnent à bras d'hommes.

La tribu des Flissas confectionne l'arme blanche qui porte son nom avec le fer des Berbachas et de l'acier venu d'Orient. Les principaux fabricants d'armes à feu sont les Beni-Abbas : leurs platines, plus renommées que leurs canons, réunissent l'élégance et la solidité; elles s'exportent jusqu'à Tunis. Leurs bois de fusil sont en noyer. Ils montent l'arme toute entière.

A côté de cette vaste industrie des hommes, les femmes ne restent point oisives; elles filent la laine et tissent avec cette matière l'étoffe blanche qui sert à vêtir les deux sexes. Leurs métiers sont établis sur le modèle de ceux d'Alger.

Le lin, recueilli en petites bottes, puis séché sur l'aire, est broyé, filé par les femmes, et procure une grosse toile employée à divers usages.

Les femmes concourent à la confection des burnous qui, dans quelques tribus, Beni-Abbas et Beni-Ourtilan par exemple, dépassent de beaucoup les besoins locaux et deviennent un objet d'exportation.

L'Arabe ne s'occupe point d'entretenir ses armes;

cela lui demanderait quelques soins: un chien noir, dit-il, mord aussi bien qu'un chien blanc. Le Kabyle, au contraire, met tout son luxe dans son fusil. Il le préserve de la rouille, et quand il le sort de son étui, il le tient avec un mouchoir pour ne pas le salir.

III.

L'Arabe, paresseux de corps, se ressent un peu dans tous les mouvements du cœur de cette inertie physique. Chez les Kabyles, la colère et les rixes atteignent d'incroyables proportions. En voici un récent exemple:

Un homme de la tribu des Beni-Yala rencontre, au marché de Guenzate, un autre Kabyle qui lui devait un barra (7 centimes). Il lui réclame sa dette. « Je ne te donnerai point ton barra, répond le débiteur. — Pourquoi? — Je ne sais. — Si tu n'as point d'argent, j'attendrai encore. — J'en ai. — Eh bien! alors — Eh bien! c'est une fantaisie qui me prend de ne point te payer. »

A ces mots, le créancier, furieux, saisit l'autre par son burnous et le renverse à terre. Des voisins prennent part à la lutte. Bientôt deux partis se forment, on court aux armes; depuis une heur de l'après-midi jusqu'à sept heures du soir, on ne peut séparer les combattants ; quarante-cinq hommes sont tués, et cela pour un sol et demi. Cette querelle date de 1843 ; mais la guerre soulevée par elle n'est point encore éteinte. La ville, depuis, s'est divisée en deux quartiers hostiles, et les maisons qui se trouvaient sur la limite sont devenues désertes.

L'Arabe est vaniteux. On le voit humble, arrogant tour-à-tour. Le Kabyle demeure toujours drapé dans son orgueil. Cet orgueil prête de l'importance aux moindres choses de la vie, impose à tous une grande simplicité de manières, et, pour tout acte de déférence, exige une scrupuleuse réciprocité. Ainsi, l'Arabe baise la main et la tête de son supérieur avec force compliments et salutations, s'inquiétant peu, du reste, qu'on lui rende ou non ses politesses. Le Kabyle ne fait pas de compliments : il va baiser la main, la tête du chef ou du vieillard ; mais quelle que soit la dignité, quel que soit l'âge de celui qui a reçu cette politesse, il doit la rendre immédiatement. Si-Saïd-Abbas, marabout des Beni-Haffif, se trouvait un jour au marché du vendredi des Beni-Ourtilan ; un Kabyle, nommé Ben-Zeddam, s'approcha de lui et lui baisa la main. Le marabout, distrait sans doute, ne lui rendit pas ce salut : « Par le péché de ma femme, dit Ben-Zeddam, qui se campa bien en face de Si-Saïd, son fusil à la main, tu vas me rendre ce que je t'ai prêté tout à l'heure, ou tu es mort. » Et le marabout s'exécuta.

L'Arabe est menteur. Le Kabyle regarde le mensonge comme une honte.

Les Arabes, dans la guerre, procèdent le plus souvent par surprise et par trahison. Le Kabyle prévient toujours son ennemi, et voilà comment il le fait : le gage de la paix entre deux tribus consiste dans l'échange d'un objet quelconque, d'un fusil, d'un bâton, d'un moule à balles, etc. C'est ce que l'on appelle le *mezrag* : la lance. Tout porte à croire qu'ayant l'invention des armes à feu, le dépôt d'une lance était effectivement le symbole de trêve et de bonne amitié. Quand une des deux tribus veut rompre le traité, son chef renvoie simplement le mezrag, et la guerre se trouve déclarée.

Les Arabes se contentent de la *dia*, prix du sang, en expiation d'un meurtre commis sur l'un des membres de leur famille. Chez les Kabyles, il faut que l'assassin meure. Sa fuite ne le sauve pas ; car la vengeance est une obligation sacrée. Dans quelque région lointaine que le meurtrier se retire, la vendetta le suit.

Un homme est assassiné, il laisse un fils en bas âge. La mère apprend de bonne heure à ce dernier le nom de l'assassin. Quand le fils est devenu grand, elle lui remet un fusil et lui dit : « Va venger ton père ! » Si la veuve n'a qu'une fille, elle publie qu'elle ne veut point de dot (1) pour elle, mais qu'elle la donnera seulement à celui qui tuera l'assassin de son mari.

L'analogie est saisissante entre ces mœurs et celles de la Corse; elle se dessine encore davantage dans les traits suivants. Si le vrai coupable échappe à la vendette et lasse sa persévérance, alors celle-ci devient *transversale*; elle tombe sur un frère ou l'un des parents les plus proches, dont la mort nécessite à son tour de nouvelles représailles. Par suite, la haine entre les deux familles devient héréditaire. De part et d'autre des amis, des voisins l'épousent. Il en sort des factions; il peut en résulter de véritables guerres.

Les Arabes donnent l'hospitalité; mais ils y mettent plus de politique et d'ostentation que de cœur. Chez les Kabyles, si l'hospitalité est moins somptueuse, on devine au moins dans ses formes l'existence d'un bon sentiment; l'étranger, quelle que soit son origine, est toujours bien reçu, bien traité. Ces égards sont encore plus grands pour le réfugié que rien au monde ne pourrait forcer à livrer. Les Turcs, l'émir Abd-el-Kader ont toujours échoué dans leurs demandes ou leurs efforts contraires à ce noble principe.

Citons encore une coutume généreuse. Au moment où les fruits, les figues, les raisins, etc., commencent à mûrir, les chefs font publier que, pendant quinze ou

---

(1) Les Kabyles achètent leurs femmes; on le verra plus loin.

vingt jours, personne ne pourra, sous peine d'amende, enlever aucun fruit de l'arbre. A l'expiration du temps fixé, les propriétaires se réunissent dans la mosquée, et jurent sur les livres saints que l'ordre n'a pas été violé. Celui qui ne jure pas paie l'amende. On compte alors les pauvres de la tribu, on établit une liste, et chaque propriétaire les nourrit à tour de rôle, jusqu'à ce que la saison des fruits soit passée.

La même chose a lieu dans la saison des fèves, dont la culture est extrêmement commune en Kabylie.

A ces époques, tout étranger peut aussi pénétrer dans les jardins, et a le droit de manger, de se rassasier, sans que personne l'inquiète; mais il ne doit rien emporter, et un larcin, doublement coupable en cette occasion, pourrait bien lui coûter la vie.

Les Arabes, dans les combats, se coupent la tête; les Kabyles, entre eux, ne le font jamais.

Les Arabes volent partout où ils peuvent, et surtout dans le jour. Les Kabyles volent davantage la nuit, et ne volent que leur ennemi. Dans ce cas, c'est un acte digne d'éloges; autrement, l'opinion le flétrit.

L'Arabe a conservé quelques traditions en médecine et en chirurgie. Le Kabyle les a négligées; aussi, rencontre-t-on chez lui beaucoup de maladies chroniques.

L'Arabe ne sait pas faire valoir son argent; il l'enfouit, ou s'en sert pour augmenter ses troupeaux. Le Kabyle, contrairement à la loi musulmane, prête à intérêts, à très-gros intérêts, par exemple à 50 pour 100 par mois; ou bien il achète, à bon marché et à l'avance, les récoltes d'huile, d'orge, etc.

Les Arabes classent les musiciens au rang des bouffons : celui d'entr'eux qui danserait, serait déshonoré aux yeux de tous. Le Kabyle aime à jouer de sa petite flûte, et chez lui, tout le monde danse, hommes et femmes, parents et voisins. Les danses s'exécutent avec ou sans armes.

IV.

Chez les Arabes, quand on célèbre un mariage, on exécute des jeux équestres avant d'emmener la fiancée. Chez les Kabyles, les parents ou amis du marié tirent à la cible. Le but est ordinairement un œuf, un poivron, une pierre plate. Cet usage donne lieu à une grande explosion de gaîté : ceux qui manquent le but sont exposés à de nombreuses plaisanteries.

Lorsqu'un Kabyle veut se marier, il fait part de son désir à un de ses amis qui va trouver le père de la jeune fille recherchée, et transmet la demande. On fixe la dot qui sera payée par le mari; car ce dernier achète littéralement sa femme, et le grand nombre des filles est regardé comme une richesse de la maison. Ces dots s'élèvent moyennement à une centaine de douros. Il

arrive quelquefois que le futur mari ne possède point
la somme toute entière; on lui accorde, pour la réunir,
un ou deux mois; et, pendant ce temps, il peut fréquenter la maison de celle qui doit être sa femme.
Quand il s'est acquitté, il l'emmène en qualité de
fiancée, la promène d'abord dans le village, armée d'un
yatagan, d'un fusil et d'une paire de pistolets, puis
l'amène sous son toit. Cette cérémonie se fait en grande
pompe. Chaque village a sa musique composée de
deux espèces de clarinettes turques et de tambours.
Ces musiciens figurent dans le cortège nuptial; ils chan-
tent en s'accompagnant; les femmes, les enfants font
retentir l'air de leurs cris joyeux ; *you! you! you!*
On tire une multitude de coups de fusils, et les jeunes
gens du village, en totalité ou en partie, selon la richesse de l'époux, sont conviés à un grand repas.

Chez les Arabes, quand il naît un enfant mâle on se
réjouit, on se complimente, mais la fête reste en famille; si la mère est accouchée d'une fille, les femmes
seules font une réjouissance. Chez les Kabyles, la naissance d'un enfant mâle donne lieu à la convocation de
tous les voisins et des amis des villages environnants.
On fait des décharges d'armes, on tire à la cible. Sept
jours après, le père donne un grand repas. La circon-
cision n'a pas lieu avant six ou huit ans, bien qu'elle
devienne alors plus douloureuse. Si c'est une fille qui
vient au monde, on ne change rien aux habitudes de

la vie, à l'aspect de la maison, parce qu'elle n'accroît en rien la force de la tribu : l'enfant devenu grand se mariera et quittera peut-être le pays pour suivre un nouveau maître.

Chez les Arabes, lorsqu'une famille perd quelqu'un des siens, les amis et voisins assistent à l'inhumation, et puis chacun s'en retourne à ses affaires. Chez les Kabyles, tout le village est présent aux funérailles. Personne ne doit travailler; tous se cotisent, à l'exception des parents du défunt, pour donner l'hospitalité aux Kabyles des autres villages qui sont venus apporter leur tribut de douleur. Les morts ne sont point déposés dans une bière. Après les avoir soigneusement lavés, on les enveloppe d'une espèce de drap; puis, on les confie à la terre.

Les femmes kabyles ont une plus grande liberté que les femmes arabes; elles comptent davantage dans la société.

Ainsi, la femme kabyle se rend au marché pour faire les provisions de la maison, pour vendre, pour acheter. Son mari aurait honte d'entrer, comme l'Arabe, dans de semblables détails.

La femme arabe ne peut paraître aux réunions avec les hommes; elle garde toujours son mouchoir, ou se voile avec le kaïk. La femme kabyle s'assied où elle veut; elle cause, elle chante, son visage reste découvert. L'une et l'autre portent, dès l'enfance, de petits tatouages sur la figure; mais le tatouage de la femme kabyle présente une particularité bien remarquable : il affecte ordinairement la forme d'une *croix*. Sa place habituelle est entre les deux yeux ou sur une narine. Les Kabyles perpétuent cet usage, sans pouvoir en faire connaître l'origine, qui semble dériver de l'ère chrétienne. Un fait digne de remarque appuierait cette conjecture en apparence: c'est qu'aucun taleb ou marabout n'épouse une femme, ainsi tatouée, sans lui faire disparaître le signe par une application de chaux et de savon noir. Mais il convient aussi de remarquer que tous les tatouages sont défendus par le Koran, qui les flétrit du nom de *ketibet el chytan*, écriture du démon.

La femme arabe ne mange pas avec son mari, encore moins avec ses hôtes. La femme kabyle prend ses repas avec la famille; elle y participe même lorsqu'il y a des étrangers.

La femme arabe n'est jamais réputée libre de ses actions. La femme kabyle, abandonnée par son mari, rentre dans la maison de son père ou de son frère; et, tant que son isolement dure, elle jouit d'une entière liberté de mœurs. La femme divorcée se trouve dans le même cas. Cette licence expliquerait la prétendue coutume que plusieurs historiens attribuent aux Kabyles, d'offrir leurs femmes ou leurs filles à des hôtes de distinction.

L'existence, dans chaque tribu, d'un certain nombre

de femmes libres, semble avoir préservé les Kabyles d'un genre de débauche contre nature, si fréquent parmi les Arabes, et qui, chez eux, serait puni de mort.

Dans certaines tribus, notamment chez le Yguifsal, les femmes et les filles livrées à la prostitution paient, chaque année, au jour de l'an, une espèce de patente, qui ne s'élève pas à moins de cinq douros : cet argent est versé au trésor public. Elles cessent de payer quand elles se marient ou renoncent à leur état. Mais cet usage n'est pas général. D'après ce qui précède, on sera médiocrement surpris d'apprendre que les Kabyles affichent beaucoup moins haut que les Arabes leurs prétentions à la virginité des jeunes filles qu'ils épousent.

La femme arabe qui est sans nouvelles de son mari depuis un an ou deux, ou qui n'a point de quoi vivre chez lui, demande le divorce, et la loi prescrit au cadi de le prononcer.

La femme kabyle ne peut se remarier que lorsqu'elle a la preuve certaine de la mort de son époux. Si sa position est malheureuse, on lui donne du travail, ou la tribu vient à son secours. Le divorce toutefois est très usité chez les Kabyles; mais il est pour ainsi dire livré au caprice du mari. Celui qui veut divorcer, dit à sa femme : *je te quitte pour 100 douros*, et la femme se retire avec cette somme chez ses parents. Si elle se remarie, elle doit rendre l'argent à son premier époux;

mais si elle ne contracte pas de nouveaux liens, elle le conserve en toute propriété pour subvenir à ses besoins. Ce qui rend cette mesure nécessaire, c'est que les filles n'ont aucun droit à l'héritage de la famille. La raison en est que la femme étant forcée de suivre son mari, pourrait augmenter les ressources d'une tribu étrangère. Le Kabyle est d'autant plus riche qu'il a plus de filles, puisqu'il reçoit une dot pour chacune, et qu'il ne leur donne jamais rien.

La femme du peuple chez les Arabes est ordinairement sale. La femme kabyle est plus propre; elle doit faire deux toilettes par jour : le matin, elle se lave; le soir, elle se pare de tous ses ornements; elle met du henné, etc. Cette coutume vient de ce qu'elle paraît à la table des hôtes. Il est possible que cette recherche ait contribué à établir la réputation qu'ont les femmes kabyles de surpasser les femmes arabes en beauté. Toujours est-il que ce renom existe; il se rapporte principalement à la distinction des formes.

Enfin, non seulement les femmes kabyles sont plus libres, plus considérées, plus influentes que les femmes arabes; mais elles peuvent même aspirer aux honneurs et au pouvoir dévolus à la sainteté. La Koubba de Lella Gouraya, qui domine Bougie, éternise la mémoire d'une fille célèbre par sa science et sa piété. La légende raconte qu'elle revenait, après sa mort, instruire les disciples fidèles, qui s'assemblaient encore sur son tombeau. Il y a dans la Kabylie d'autres koubbas consacrées à des femmes; et sans sortir des exemples vivants, on peut citer, comme jouissant d'une haute réputation de ce genre, la fille du fameux marabout Sidi Mohamed-ben-Abder-Rahman (1) el Kafnaouï, qui reçoit elle-même les offrandes religieuses au tombeau de son père, et que tous les Kabyles connaissent sous le nom de *bent-el-cheikh* (2) : la fille du cheikh.

V.

Politiquement parlant, la Kabylie est une espèce de *Suisse sauvage*. Elle se compose de tribus indépendantes les unes des autres, du moins en droit, se gouvernant elles-mêmes comme des cantons, comme des états distincts, et dont la fédération n'a pas même de caractère permanent, ni de gouvernement central. Autant de tribus, autant d'unités; mais ces unités se groupent diversement selon les intérêts politiques du jour. Il en résulte des ligues offensives et défensives qui portent le nom de *soff* (rang, ligne). Les tribus ainsi alliées disent : nous ne faisons qu'un

---

(1) *Sid*, ou *si* par abréviation : sieur, seigneur. *Sidi* : monseigneur. *Abd* : serviteur; *rahman* : miséricordieux. Abd-er-Rahman : serviteur du miséricordieux.

(2) *Cheikh* : vieux, vénérable ; et par suite, chef.

rang, qu'une seule et même *ligne*. Des intérêts communs, des alliances anciennes ou nouvelles, des relations de voisinage, de transit, de commerce, telles sont les causes qui déterminent la formation d'un *soff*.

Le soff oblige les tribus contractantes à partager la bonne et la mauvaise fortune. Il se proclame dans une assemblée générale de leurs chefs. On y règle aussi le plan des opérations militaires, le nombre, l'ordre des combattants, leur point de réunion ; enfin, on élit un chef. Quand c'est une tribu qui a particulièrement réclamé le soff, pour se garantir ou se venger d'un ennemi, c'est elle qui fournit en général le chef de l'expédition. Toutefois les auxiliaires qui viennent combattre, sur le territoire et pour la cause d'un allié, n'en apportent pas moins leurs vivres et leurs munitions. La tribu secourue ne les fournit que dans le cas où la guerre se prolongeant au-delà des prévisions, elle prierait ses défenseurs de demeurer chez elle, après qu'ils auraient consommé leur approvisionnement.

Certaines tribus passent fréquemment d'un soff dans un autre, soit par inconstance d'humeur, soit par une mobilité politique inhérente à leur situation, quelquefois parce qu'elles se laissent gagner à prix d'argent. Dans ce dernier cas, elles perdent beaucoup dans l'estime publique ; on s'en sert en les méprisant. Il se forme des soffs par suite d'inimitiés communes à plusieurs tribus. Ceux-là se font la guerre entr'eux. C'est l'image de la ligue des cantons catholiques contre les cantons protestants, en Suisse.

Il y a des soffs accidentels, momentanés; d'autres ont des motifs si stables qu'ils durent depuis des siècles. En cas de péril universel, il se constitue spontanément de grands soffs pour assurer la défense commune. Que les marabouts prêchent le *djehad* (guerre sainte), que l'on redoute l'invasion des Chrétiens, et toute la Kabylie ne forme plus qu'un soff. Il en naîtra plusieurs, mais animés du même esprit, si l'on apprend que l'ennemi doit déboucher par un certain nombre de points à la fois. Les tribus menacées dans chaque direction se concentrent alors en autant de soffs particuliers qui cherchent, autant que possible, à lier leurs opérations ensemble. Mais l'égoïsme et les rivalités s'y opposent presque toujours. Dans les réunions trop nombreuses, certaines familles rivales aspirent au commandement; l'amour-propre et l'intrigue se mettent de la partie. Tantôt on se sépare sans avoir rien pu décider, tantôt des dissidents abandonnent la cause commune.

Il existe en effet chez les Kabyles (étrange disparate au milieu des mœurs les plus républicaines), il existe quelques grandes familles d'origine religieuse ou militaire, dont l'influence incontestée domine plusieurs tribus tout à la fois. Ce sont elles qui fournissent des chefs à tous les soffs un peu considérables; devant leurs membres, tout autre candidat se retire. C'est aussi dans leur sein que tous les gouvernements prétendant à la domination sur les Kabyles se sont efforcés de prendre leurs intermédiaires; ils ont alors conféré à ceux-ci des titres de khalifas, d'aghas (1), etc. Cette politique fut celle des pachas turcs et ensuite d'Abd-el-Kader; elle est devenue la nôtre par la force des choses.

Nous reviendrons plus loin et en détail sur ces familles prépondérantes; elles joueront un très-grand rôle dans le cours de notre récit. Ce qu'il importe ici de constater, c'est le caractère essentiellement mobile des confédérations, l'absence de tout lien permanent, de toute administration centrale, et d'en conclure qu'il faut descendre au sein de la tribu proprement dite, pour commencer à trouver l'apparence d'un gouvernement régulier.

VI.

On appelle *arch* ou *kuebila*, une tribu entière. Les fractions, *ferka* de la tribu, se nomment encore *krarouba, fekhed, âreg* : kraroube, cuisse, veine.

---

(1) *Khalifa* : lieutenant. Employé seul, ce mot signifie lieutenant du chef suprême, ou même du Prophète. Dans ce dernier sens, nous l'avons traduit par : Calife.

Agha, chef immédiatement inférieur, presque toujours militaire.

Ces fractions se décomposent quelquefois à leur tour en *déchera*, villages.

Au dire du Kabyle, la tribu, *arch*, est le corps de l'homme; *fekhed, âreg*, en sont les membres ou les veines; et *déchera*, les doigts qui terminent les pieds ou les mains.

La tribu et ses fractions trouvent également leur image dans le fruit du caroubier, car il se compose d'une cosse où sont contenues plusieurs graines : *krarouba*.

Chaque déchera se nomme un chef que l'on appelle *amine* (1). Cette élection repose sur le suffrage universel : tout Kabyle y prend part, et la volonté générale ne s'y voit renfermée dans aucune limite ; cependant on sait, là comme ailleurs, l'influencer en faveur des droits de la naissance, l'intimider par l'entourage, la séduire par les richesses, la captiver par l'éloquence.

Ces grandes assemblées sont des djemmâs (2); mais, dans un sens plus spécial, la djemmâ d'une tribu est l'assemblée de tous les amines élus, comme il vient d'être dit, par ses diverses fractions, et délibérant en commun sur les intérêts nationaux, rendant des jugements, prenant des mesures générales, etc.

Cette même djemmâ procède à l'élection d'un pré-

---

(1) Ce titre répond à celui de caïd chez les Arabes.

(2) *Djemmâ* veut dire aussi mosquée.

sident parmi les membres qui la composent; celui-ci porte le nom d'*amin el oumena :* amine des amines. Il devient ainsi le chef régulier de toute la tribu, et le commandement des guerriers qu'elle met sur pied lui appartient dans un jour de combat. Ses prérogatives restent d'ailleurs fort limitées, à moins qu'une illustre naissance ne lui en confère d'autres fondées sur l'appui moral de l'opinion publique. Dans tous les cas, et ne fût-ce que pour la forme, il prend l'avis de la djemmâ sur les moindres affaires. En elle, à proprement parler, réside le gouvernement.

La durée du pouvoir dévolu aux chefs n'est pas la même dans toutes les circonscriptions territoriales. Chez certaines tribus ils sont renouvelés tous les six mois, chez d'autres tous les ans; mais, dans toutes, une mauvaise conduite peut appeler leur destitution immédiate, de même que des services signalés autorisent souvent une prolongation. Dans tous les cas, c'est le peuple qui prononce.

Les amines sont chargés du maintien de l'ordre public, ainsi que de l'observance des lois et des coutumes. Ici, nous allons constater une série de faits toute particulière aux Kabyles.

Seuls parmi les nations musulmanes, ils possèdent un code à eux, dont les prescriptions ne dérivent ni du Koran, ni des commentaires sacrés, mais d'usages antérieurs qui se sont maintenus à travers les siècles, à travers même les changements de religion. C'est ce droit coutumier que les amines consultent en toute occasion. Les vieillards, les savants l'ont reçu traditionnellement; ils en conservent le dépôt pour le transmettre intact à leurs enfants. Voici les dispositions pénales pour les délits les plus fréquents :

1° Tirer son yatagan sans frapper. 8 boudjous.
2° . . . . . id. . . . . et frapper 16   »
3° Armer son fusil sans tirer. . . 10   »
4° . . . . . id. . . . . . et tirer . . 30   »
5° Lever son bâton sans frapper. . 1   »
6° . . . . id. . . . . et frapper. . 3   »
7° Brandir une faucille sans frapper 2   »
8° . . . . . id. . . . . et frapper . 4   »
9° Faire le geste de frapper avec une pierre 1   »
10° . . . . . id. . . . . et frapper . 6   »
11° Frapper à coups de poings . . . 0   1/4
12° Injures sans motifs 4   »
13° Être convaincu de vol. 100   »
14° Entrer dans une maison dont le maître est absent 100   »
15° Ne pas monter sa garde. 1   »
16° Paraître au lavoir des femmes . 2   »

Chez les Arabes, les hommes et les femmes se trouvent mêlés à la fontaine. Chez les Kabyles, on désigne une fontaine pour les hommes, une fontaine pour les femmes. Toutefois, l'étranger qui se présenterait à cette dernière ne serait passible d'aucune amende pour cette infraction à la loi, parce qu'il est censé pouvoir l'ignorer.

Toutes ces amendes, ce sont les amines qui les imposent et les perçoivent jusqu'à un certain taux, au-dessus duquel ils doivent en déposer le montant chez l'amine des amines. Ce dernier l'emploie à acheter de la poudre. Le jour du combat, cette poudre sera distribuée aux plus nécessiteux de la tribu. Le reste est employé à secourir les pauvres. Rien n'en demeure jamais abandonné au gaspillage des chefs, comme dans l'administration arabe.

En toute circonstance, et quelque autorité qu'il ait, un amine est contraint de se renfermer dans l'application rigoureuse du texte légal. Nul arrêt arbitraire ne peut être rendu; l'égalité devant la loi forme aussi le premier article de la charte kabyle. Cette charte n'est pas écrite, mais elle est observée depuis deux mille ans.

On a pu remarquer qu'il existe une pénalité pour le vol; il n'en existe pas pour le recel. Des recéleurs autorisés, qu'on nomme *oukaf*, vendent publiquement les effets dérobés. Il semble que le but de cette législation blessante soit de faciliter au propriétaire lésé le rachat de son bien à bas prix. On conçoit qu'autrement, vu les petites dimensions de chaque état, tous les produits du vol seraient exportés de suite, et leur recouvrement deviendrait impossible.

Nous n'avons point parlé du meurtre : la loi kabyle à ce sujet, mérite bien l'attention d'un peuple civilisé. On sait que le Koran prescrit d'une manière absolue la peine du talion : « Dent pour dent, œil pour œil. » Cependant, la djemmâ kabyle ne prononce jamais une sentence de mort : l'exécuteur des hautes-œuvres n'est pas connu dans cette société barbare. Le meurtrier cesse d'appartenir à sa tribu, sa maison est détruite, ses biens sont confisqués, un exil éternel le frappe : voilà la vindicte publique. Mais le champ reste encore libre à la vengeance particulière : c'est aux parents de la victime à appliquer le talion dans toute sa rigueur. La loi ferme les yeux sur ces sanglantes représailles; l'opinion les exige, et le préjugé les absout.

Il ne nous reste plus qu'une remarque à faire sur le code précédent: la bastonnade n'y figure point. Contrairement aux idées reçues chez les Arabes, cette punition est infamante aux yeux des Kabyles ; aucun amine n'oserait l'ordonner dans l'étendue de son commandement. On juge par là combien il pourrait être dangereux d'employer des agens peu familiarisés avec les mœurs des différentes races algériennes.

VII.

On a dû remarquer que le rôle des amines se borne à la police intérieure des tribus; leurs privilèges sont assez restreints; leur influence ne suffirait pas pour maintenir l'ordre et la paix publique dans le pays. Aussi, n'ont-ils point à sortir de leurs petites attributions. Pour les grandes affaires, il existe un vague pouvoir, fort au-dessus de leur autorité précise: c'est le pouvoir des marabouts.

Marabout (1) vient du mot *mrabeth*, lié. Les marabouts sont des gens liés à Dieu.

Lorsque des inimitiés s'élèvent entre deux tribus, les marabouts seuls ont le droit d'intervenir, soit pour rétablir la paix, soit pour obtenir une trêve plus ou moins longue. A l'époque de l'élection des chefs, ce sont les marabouts qui ont l'initiative pour proposer au peuple ceux qui leur paraissent les plus dignes. Ils disent ensuite le fatah (2) sur les élus.

Lorsqu'une tribu considérable a remporté un avantage sur une autre plus faible, et que cette dernière

---

(1) Les Français ont donné par extension le nom de marabouts aux petits monuments qui renferment des tombeaux de marabouts, et qui s'appellent en réalité *koubbas* : dômes.

(2) *Fatah* : prière spéciale pour appeler le succès sur une entreprise quelconque.

est résolue à périr plutôt que de se rendre, les marabouts obligent la tribu victorieuse à se déclarer vaincue. Admirable entente du cœur humain qui a su donner à chacun sa part de vanité. Les faits de ce genre ne sont pas rares; et tel est le caractère de ce peuple, qu'il n'est pas d'autre moyen d'empêcher le faible orgueilleux de se faire anéantir.

Lorsque des circonstances graves nécessitent une réunion de tribus, les chefs en ordonnent la publication dans les marchés; à l'exception des malades, des vieillards, des femmes et des enfants, personne ne manque au rendez-vous, si grande que soit la distance à parcourir. Au jour fixé, les tribus étant groupées séparément, les marabouts s'avancent au centre et font expliquer par le crieur public le but de la réunion, en demandant le conseil à suivre. Chacun a la parole, chacun est écouté, quelle que soit sa classe. Les opinions diverses étant recueillies, les marabouts se réunissent en comité, et le crieur public fait connaître au peuple leur décision. S'il ne s'élève aucune voix pour faire de nouvelles réclamations, on invite l'assemblée à battre des mains en signe de consentement. Cela fait, tous les Kabyles déchargent leurs armes, ce que l'on nomme *el meïz* : la décision.

Les choses que l'on raconte de l'influence des marabouts dans le pays kabyle sont tellement surprenantes, qu'on hésite à les croire. Les montagnards, dit-on, ne craindraient pas d'égorger leurs propres enfants, s'ils en recevaient l'ordre d'un marabout. Le nom de Dieu, invoqué par un malheureux que l'on veut dépouiller, ne le protège pas; celui d'un marabout vénéré le sauve.

Les marabouts commandent aux marchés, et l'autorité des amines s'efface devant la leur.

Les marchés sont libres, exempts d'impôts, de taxes ou de droits, et de plus, ils sont inviolables. Chez les Arabes, un homme qui a commis un délit ou un crime peut être arrêté en plein marché; sur le leur, les marabouts ne tolèrent ni arrestation, ni vengeance, ni représailles, pour quelque motif que ce soit.

Cette influence des marabouts est d'autant plus remarquable, que le peuple kabyle est bien loin des idées religieuses du peuple arabe. Il ignore les prières, il observe mal le jeûne et les ablutions; il borne à peu près toute sa religion à ceci : « Il n'y a qu'un seul Dieu, et Mahomet est son prophète. » On dit qu'il y a des tribus kabyles où les gens pauvres ne craignent point de manger du sanglier. Ils boivent presque tous de l'eau-de-vie de figue fabriquée par les Juifs qui sont en grand nombre dans le pays. Les préceptes de la religion ne sont suivis que par les chefs, les marabouts et les tolbas.

La cause de cette obéissance passive du peuple est donc toute entière dans son esprit industriel, qui lui fait comprendre à quel point l'ordre et la paix importent au commerce.

Les marabouts, du reste, ont profité de ce respect général pour instituer une des belles coutumes du monde, l'*anaya*, que nous ferons connaître un peu plus loin.

La vénération publique pour les marabouts ne se traduit pas seulement en honneurs, en déférence, en privilèges. Ils vivent sur le peuple et par le peuple; on pourrait dire que tous les biens de la nation leur appartiennent. Leurs zaouïas ou habitations communes, dont nous parlerons ailleurs, sont réparées, pourvues, sans qu'ils aient à s'en occuper, sans qu'ils aient besoin même d'exprimer un désir. On prévient tous leurs vœux, on s'occupe de tous les détails de leur vie privée; on leur apporte l'eau, le bois, la nourriture, etc. Vont-ils quêter dans les villages; chacun s'empresse au-devant d'eux, s'enquiert de leurs besoins, leur offre des montures, les comble de présents.

VIII.

Les Kabyles paient des impôts. Ce sont la *zekkat* et l'*achour*, prescrits par le Koran, et fixés au centième pour les troupeaux, au dixième pour les grains. Mais, contrairement aux Arabes qui donnent ces contributions à leur sultan, les Kabyles, organisés en républiques, les apportent à leurs mosquées. On les emploie à défrayer les écoles, à secourir les pauvres, à nourrir les voyageurs, à entretenir le culte, à donner l'hospitalité, à acheter de la poudre et des armes pour les malheureux de la tribu qui sont appelés, comme les autres, à marcher le jour du combat.

Car, chez le peuple kabyle, dès qu'il s'agit de venger une injure ou de repousser une agression, tous doivent se lever, armés ou non. Ceux qui n'ont point de fusil prennent des bâtons, lancent des pierres, et se tiennent à portée des combattants; leur devoir est d'emporter les morts ou les blessés. Les femmes même, quelquefois, assistent à ces drames sanglants, afin d'encourager leurs frères, leurs maris; elles leur apportent des munitions, et si l'un des guerriers vient à fuir, elles lui font avec du charbon une large marque sur son burnous ou sur sa chemise de laine, pour le désigner au mépris de tous.

On régularise le concours général à la défense publique par une formalité qui se rapproche beaucoup de notre recrutement. Lorsqu'un garçon a accompli son premier rhamadan, c'est-à-dire 14 ou 15 ans, suivant sa constitution, il se présente à la djemmâ. Alors il est déclaré bon pour porter un fusil. On l'inscrit au nombre des défenseurs de la tribu, dont il aura désormais à courir les bonnes ou les mauvaises chances. On lit sur lui le fatah, et si son père est pauvre, on lui achète un fusil sur les fonds publics.

Par conséquent, tout homme doit être considéré

comme un soldat qui sert depuis quinze ans jusqu'à
soixante au moins. C'est donc une méprise étrange, et
trop commune pour être tue, que celle d'évaluer la population kabyle d'après la quantité de fusils, ou réciproquement, sur le pied d'un guerrier par six personnes,
comme on fait en Europe. Les combattants, dans ce pays,
doivent former le tiers de la population complète; en
calculant sur cette base, on se trompera peu.

Les Kabyles sont en outre assujettis à la corvée,
touiza, mais non point comme les Arabes qui la doivent pour faire valoir les biens du beylik. Le Kabyle ne
connaît la touiza que pour sa mosquée, ses marabouts,
la fontaine commune, les chemins qui peuvent être
utiles à tous. Il fait encore la corvée pour creuser la
tombe de l'un de ses compatriotes.

Voilà toutes les dettes du Kabyle envers l'État. On
voit comment il contribue de sa personne et de sa
bourse au maintien de la chose publique; mais ce qu'on
cherche vainement, c'est une administration capable
de régulariser tous ces efforts et d'en tirer le meilleur
parti possible; ce qu'on ne trouve pas non plus, c'est
la force publique en mesure de les exiger au besoin.
Il semble que l'opinion soit le seul tribunal auquel
puissent être renvoyés tous les délits contre l'État.

Telle est la fierté kabyle, tel est son penchant ins-
tinctif pour l'égalité absolue et peut-être aussi son om-
brageuse défiance, qu'il a pris à tâche, pour ainsi dire,

de supprimer tous les dépositaires du pouvoir social. Les marabouts qui en possèdent la principale part, l'exercent avec ménagement et par voie de persuasion. Quant aux amines, leur moindre abus d'autorité se heurte promptement à un refus d'obéissance exprimé dans les termes les plus énergiques: *enta cheikh, ana cheikh;* littéralement: toi chef, moi chef.

Si l'on se faisait une idée de la vie réelle des Kabyles d'après les conséquences vraisemblables d'un gouvernement comme celui qui vient d'être esquissé, quel effrayant tableau n'aurait-on pas sous les yeux? point d'unité dans le pouvoir, point de cohésion dans les masses; partout l'intrigue et les rivalités politiques, partout la prérogative privée bravant l'intérêt général; nulle hiérarchie sociale, nulle autorité préventive, prévoyante, douée d'initiative; l'opinion sans consistance, l'impunité du fort, l'oppression du faible, tous les désordres à leur comble: voilà ce que l'on attendrait. Mais heureusement cette société primitive se sauve par un phénomène inverse de celui qui caractérise les vieilles nations. Tandis que nos formes gouvernementales les plus savantes, les plus sages, sont faussées scandaleusement par l'atteinte de nos mauvaises mœurs, ici tout au contraire, des institutions religieuses, des coutumes inviolables, corrigent admirablement l'insuffisance du rouage politique. Ainsi, ce peuple républicain jusqu'à l'individualisme a cependant une providence terrestre et un sultan. Sa providence, c'est l'institution des *zaouïas;* et son sultan, c'est une coutume sacrée qui porte le nom d'*anaya*. Nous nous efforcerons de les mettre au grand jour.

IX.

Toute zaouïa se compose d'une mosquée, d'un dôme (*koubba*) qui couvre le tombeau du marabout dont elle porte le nom, d'un local où on ne lit que le Koran, d'un second réservé à l'étude des sciences, d'un troisième servant d'école primaire pour les enfants, d'une habitation destinée aux élèves et aux tolbas qui viennent faire ou perfectionner leurs études; enfin, d'une autre habitation où l'on reçoit les mendiants et les voyageurs; quelquefois encore d'un cimetière destiné aux personnes pieuses qui auraient sollicité la faveur de reposer près du marabout. La zaouïa est tout ensemble une université religieuse et une auberge gratuite : sous ces deux points de vue, elle offre, avec le monastère du moyen-âge, une multitude d'analogies dont il est impossible qu'on ne soit pas frappé à la lecture des détails suivants.

Tout homme riche ou pauvre, connu ou inconnu dans le pays, qui se présente à la porte d'une zaouïa quelconque, y est reçu et hébergé pendant trois jours. Nul ne peut être éconduit : l'exemple d'un refus de ce genre n'existe même pas. Ni le matin, ni le soir, les gens de la zaouïa ne prendront leur repas sans s'être assurés que les hôtes ont eu leurs besoins satisfaits. Le principe d'hospitalité s'étend même si loin dans ce lieu, qu'un cheval, un mulet égarés, y arrivant sans conducteur et par hasard, seront toujours reçus, installés et nourris jusqu'à ce qu'on vienne les réclamer.

Cet accueil absolu dans la maison de Dieu fait que les tourments de la faim et le vagabondage proprement dit restent ignorés des Kabyles. La vie du pauvre devient un long pélerinage de zaouïas en zaouïas.

Considérées sous le rapport universitaire, les zaouïas renferment, toutes, trois degrés d'instruction.

L'école primaire est ouverte à tous les enfants kabyles ou arabes. Quelques parents en envoient de très-loin, plutôt que d'avoir recours aux petites écoles des tribus. On paie six douros de première mise pour chaque enfant, moyennant quoi il est nourri, logé et habillé aux frais de l'établissement, jusqu'à l'époque de son départ : ceci est la règle commune; mais nous verrons plus tard que les gens riches ajoutent à ce versement des cadeaux très-considérables. L'enfant apprend d'abord la formule religieuse de l'Islam : « Il n'y a de » Dieu que Dieu, et Mahomet est son prophète; » puis une demi-douzaine de prières et quelques versets du Koran. La plupart des Kabyles n'en savent pas plus long; ils rentrent au sein de la famille, pour prendre part à ses travaux dès que leur développement physique le permet.

Ceux qui prolongent leur éducation apprennent à lire et à écrire, à réciter le texte du Koran, etc. Après six ou sept ans, cette instruction secondaire leur permet de rentrer dans les tribus comme tolbas, et d'y ouvrir de petites écoles pour les enfants du peuple.

Quand l'élève quitte la zaouïa, ses maîtres se rassemblent; un d'eux lit le fatah sur lui. Le jeune homme, à son tour, les remercie, et il le fait ordinairement par cette formule à peu près consacrée : « Ô mon » maître, vous m'avez instruit, mais vous vous êtes » donné pour moi beaucoup de mal. Si je vous ai causé » quelque peine, je vous en demande le pardon au jour « de la séparation. »

Il convient d'ajouter en passant que le voisinage des zaouïas se ressent quelquefois de la turbulence propre aux nombreuses réunions de jeunes gens. Ce sont des querelles, des vols; c'est la fréquentation des femmes kabyles que la loi a émancipées, etc. Les chefs des zaouïas passent leur vie à arranger les contestations que soulève chaque jour quelque nouvelle folie de leurs disciples.

Enfin, les études transcendantes réunissent, surtout dans quelques zaouïas plus renommées, des tolbas de toutes les régions. Il en vient, non seulement des divers points de l'Algérie, mais de Tunis, de Tripoli, du Maroc et de l'Égypte même. Ces savants paient, à leur entrée, quatre boudjous (1) et demi pour toute la durée du séjour qui reste entièrement à leur discrétion.

On apprend dans les zaouïas :

1° La lecture et l'écriture.

2° Le texte du Koran, jusqu'à le réciter intégralelement sans une faute, et avec la psalmodie ou l'intonation convenable qui sert à maintenir la pureté du langage.

3° La grammaire arabe (*djayroumia*). On n'enseigne le berbère nulle part : ses éléments n'existent plus.

4° Les diverses branches de la théologie (*touhhid el tassaououf*).

5° Le droit, c'est-à-dire, le commentaire du Koran au point de vue légal, par sidi Khelil, qui fait foi dans tout le rite Maleki, et, en conséquence, chez les Arabes.

6° Les conversations du Prophète (*hadite sidna Mohammed*).

7° Les commentaires sur le Koran (*tefessir-el-Koran*), c'est-à-dire, l'interprétation du texte saint. On compte sept à huit commentaires ayant autorité : El Khazin est le plus estimé.

8° L'arithmétique (*haçal eb ghrobari*) ; la géométrie (*haçab el-member*) ; l'astronomie (*aem-el-faleuk*).

---

(1) *Boudjou* : pièce d'argent de la valeur d'environ 1 fr. 75 cent.

9° Enfin, la versification (*Alem-el-Aaroud*). Presque tous les tolbas sont poètes.

Les différentes zaouïas nourrissent entr'elles des dissidences et des rivalités universitaires; l'opinion les classe, l'esprit de corps s'en mêle, un taleb n'émigrerait point de la sienne dans une autre : il n'y serait pas même accueilli.

Les zaouïas les plus fameuses sont :
Sidi Ben—Ali-Chérif (chez les Ioullen).
Sidi Moussa Tinebedar (chez les Beni Ourghlis).
Sidi Abd-er-Rahman (près de Bordj el Boghni).
Sidi Ahmed-Ben-Driss (chez les Ayt-Iboura).

Celles-là comptent un personnel considérable. Sidi Ben-Ali-Chérif, par exemple, renferme en permanence deux ou trois cents tolbas et élèves, avec un nombre variable de passagers, dont la moyenne journalière peut être évaluée à plus d'un cent, et le maximum au quadruple.

Les zaouïas sont donc, à proprement parler, des institutions de bienfaisance ; elles fournissent l'hospitalité gratuitement, l'éducation presque pour rien ; elles le font sur une vaste échelle et nécessairement à grands frais. En quoi consistent leurs ressources ?

Les zaouïas sont un objet de vénération particulière pour le peuple. C'est là que les Kabyles provoquent le serment, lorsqu'ils ont quelques réclamations, ou quelque discussion à propos de dettes, vols, etc. Les

Kabyles, sur lesquels viennent fondre plusieurs malheurs, s'y rendent de très-loin en pélerinage, pour demander à Dieu, par l'intermédiaire des saints marabouts, la fin des maux qui les affligent. La mère qui ne peut élever ses enfants, qui les voit mourir en bas âge, vient prier Dieu de les lui conserver. La femme stérile s'y fait conduire par son père ou son mari, espérant la grâce d'une postérité.

La mosquée de Koukou est la plus renommée pour les miracles de ce dernier genre. On les attribue au bâton de Sidi Ali-Taleub, que la femme stérile doit agiter en tous sens, dans un trou pratiqué au milieu même de la mosquée. On en frotte également le dos des malades pour les guérir. D'après la tradition, Sidi Ali-Taleub n'avait qu'à mettre en joue son ennemi, avec ce bâton merveilleux, pour le faire tomber raide mort. Les malades emploient aussi, comme remède, la pierre du tombeau sacré qu'ils broient et qu'ils avalent.

Les croyances superstitieuses varient pour chaque zaouïa. Dans les époques de sécheresse, autour de toutes indistinctement, on fait de grandes processions pour demander la pluie. (Frappant rapport avec nos Rogations!) Enfin, quoique chaque tribu ait sa mosquée, les gens religieux ne manquent jamais d'aller faire leur prière du vendredi dans la zaouïa la plus proche.

Celle-ci reçoit, dès lors, une portion de l'achour et de la zekkat dévolus aux mosquées. En outre, elle a certaines tribus du voisinage qui se sont déclarées ses *serviteurs*, et tiennent à honneur de lui faire des présents (*ziarah*); elles lui apportent continuellement de l'huile, du miel, des raisins secs, des figues, des poules, etc.; elles envoient des moutons, des chèvres, quelquefois même de l'argent. Les pèlerins, et surtout ceux qui implorent une faveur céleste, font de riches présents. Une famille, dont les enfants s'instruisent à la zaouïa, lui donne également en raison de ses moyens. Voilà pour le casuel.

Les zaouïas ont de plus des propriétés foncières, soit que les fondateurs les aient constituées sur un bien à eux appartenant, soit quelles en aient acquis par des extinctions de *habous* (1). Elles confient la culture de ces terres à leurs propres serviteurs, ou, selon l'usage arabe, à des métayers qui prélèvent le cinquième de tous les produits.

Au besoin, elles font appel à la piété des croyants, et ceux-ci leur fournissent alors une corvée générale (*touiza*). Mais les revenus fixes n'entrent pas en comparaison avec le produit des offrandes volontaires. Telle

---

(1) Le *habous* est une donation d'immeuble faite à une institution religieuse, avec maintien de la jouissance usufruitière pour les héritiers du testateur. Quand la famille s'éteint, le bien retourne aux légataires.

CHAPITRE DEUXIÈME

zaouïa ne possède pas un pouce de terrain, qui l'emporte en richesses sur les mieux lotics.

Chaque zaouïa est placée sous l'autorité d'un chef suprême, et cette autorité passe héréditairement de mâle en mâle dans la famille du fondateur. Quand celle-ci vient à s'éteindre, tous les tolbas de la zaouïa se réunissent : l'un d'eux est élu chef pour un an seulement. Si ce personnage justifie le choix dont il a été l'objet, s'il maintient à l'établissement sa réputation de sainteté, il conserve le pouvoir et devient la souche d'une nouvelle famille de chefs. Dans le cas contraire, on renouvelle l'élection chaque année, jusqu'à ce qu'elle soit tombée sur un homme vraiment digne de l'emploi.

C'est le chef permanent de la zaouïa qui l'administre dans les moindres détails, par l'intermédiaire de ses tolbas et de ses serviteurs ; mais quand le chef est seulement annuel, les tribus qui desservent la zaouïa choisissent elles-mêmes l'administrateur de ses biens.

On sait qu'il existe chez les musulmans des ordres religieux, et qu'ils sont répandus en Algérie. Parmi les zaouïas kabyles, un petit nombre seulement compte des frères (*kouan*) ; nous en dirons néanmoins quelques mots.

L'ordre le plus répandu de beaucoup est celui de Sidi Mohammed Ben Abd-er-Rhaman, *bou kobereïn* (1).

---

(1) *Bou* veut dire père, maître, possesseur. *Bou kobereïn*, qui a deux tombes.

Ce surnom est fondé sur une légende merveilleuse, quoiqu'assez récente. Sidi Mohammed venait de mourir et de recevoir la sépulture dans le Jurjura, lorsque des habitants d'Alger, où ses vertus étaient en grand renom, allèrent prier la nuit sur sa tombe. On négligea de les surveiller, et ceux-ci, par une fraude pieuse, s'approprièrent le corps du marabout qu'ils vinrent déposer près de la route du Hammà, un peu avant d'arriver au *Café des Platanes*, au lieu où s'élève aujourd'hui la koubba de ce marabout. Mais bientôt la rumeur publique apprit cet évènement aux Kabyles; ils en conçurent une indignation terrible, et de longues vengeances se seraient sans doute exercées, quand on leur donna le conseil d'ouvrir la tombe qu'ils possédaient chez eux. Ils l'ouvrirent, et, chose miraculeuse, les restes du marabout s'y trouvèrent aussi.

Les *derkaouas* ou révoltés sont les puritains de l'islamisme, en révolte, en lutte perpétuelle contre l'autorité des sultans, contre la hiérarchie sociale. Dans la Kabylie on les trouve surtout près de Zamora, chez les Beni-Yala. Leur chef est un homme important, Hadj-Moussa bou hamar (maître de l'âne), que nous verrons plus loin entrer en lutte contre l'émir.

On appelle *dérouïches* (*détachés*), les hommes détachés du monde; sous ce rapport, les derkaouas sont des espèces de dérouïches; mais il existe en Kabylie une secte beaucoup plus digne de ce nom, et remarquable par son affinité avec nos solitaires ascétiques de la Thébaïde. Dans le pays des Beni-Raten, un marabout célèbre, Cheikh-el-Madhy, prétend conduire ses disciples à l'état de sainteté de la manière suivante : chacun d'eux est rigoureusement renfermé dans une petite caverne ou cellule qui lui permet à peine quelques mouvements, à peine la position droite. Sa nourriture est diminuée progressivement pendant quarante jours, jusqu'à ne point dépasser le volume d'une figue; il en est même dont la subsistance, pour vingt-quatre heures, ne consiste qu'en une cosse de caroubier. A mesure qu'ils subissent cet entraînement hors de la vie matérielle, les disciples acquièrent la seconde vue; il leur vient des songes d'en haut; enfin, la relation mystique finit par s'établir entre le marabout et eux lorsque leurs rêves coïncident, lorsqu'ils rencontrent les mêmes visions Alors Cheikh-el-Madhy donne un burnous, un kaïk, un objet quelconque, enseigne d'investiture, à l'adepte accompli, et l'envoie par le monde faire des prosélytes. Il existe, en effet, des succursales de l'établissement-modèle chez les Beni-Ourghliss, chez les Beni-Abbas, chez les Beni-Yala : on en compterait peut-être une cinquantaine. Leurs pratiques reposent toujours sur l'ascétisme le plus rigoureux : la proscription de tout plaisir, des femmes, du tabac, s'y maintient scrupuleusement. L'état de prière ou de contemplation est l'état perpétuel.

Les initiés font remonter cette institution à Sidi Ali-ben-Ali-Thaleb, le fameux gendre du prophète. Ce qu'il y a de sûr, c'est qu'elle fut apportée de l'Égypte par Sidi Ben-Abd-er-Rahman, disciple de Sidi Salem-el-Hafnaoui, et que le christianisme a laissé dans l'Égypte la puissante tradition des extases mystiques, des abstinences prodigieuses et de la solitude cellulaire.

X.

L'anaya est le sultan des Kabyles; aucun sultan au monde ne lui peut être comparé; il fait le bien et ne prélève point d'impôt. Un Kabyle abandonnera sa femme, ses enfants, sa maison, mais il n'abandonnera jamais son anaya.

Tels sont les termes passionnés dans lesquels le Kabyle exprime son attachement pour une coutume véritablement sublime, qu'on ne trouve chez nul autre peuple.

L'anaya tient du passeport et du sauf-conduit tout ensemble, avec la différence que ceux-ci dérivent essentiellement d'une autorité légale, d'un pouvoir constitué, tandis que tout Kabyle peut donner l'anaya; avec la différence encore, qu'autant l'appui moral d'un préjugé l'emporte sur la surveillance de toute espèce de police, autant la sécurité de celui qui possède l'anaya, dépasse celle dont un citoyen peut jouir sous la tutelle ordinaire des lois.

Non seulement l'étranger qui voyage en Kabylie sous la protection de l'anaya défie toute violence instantanée, mais encore il brave temporairement la vengeance de ses ennemis, ou la pénalité due à ses actes antérieurs. Les abus que pourraient entraîner une extension si généreuse du principe sont limités, dans la pratique, par l'extrême réserve des Kabyles à en faire l'application.

Loin de prodiguer l'anaya, ils le restreignent à leurs seuls amis; ils ne l'accordent qu'une fois au fugitif; ils le regardent comme illusoire s'il a été vendu; enfin ils en puniraient de mort la déclaration usurpée.

Pour éviter cette dernière fraude, et en même temps pour prévenir toute infraction involontaire, l'anaya se manifeste en général par un signe ostensible. Celui qui le confère délivre, comme preuve à l'appui, quelqu'objet bien connu pour lui appartenir, tel que son fusil, son bâton; souvent il enverra l'un de ses serviteurs; lui-même escortera son protégé, s'il a des motifs particuliers de craindre qu'on ne l'inquiète.

L'anaya jouit naturellement d'une considération plus ou moins grande, et surtout il étend ses effets plus ou moins loin, selon la qualité du personnage qui le donne. Venant d'un Kabyle subalterne, il sera respecté dans son village et dans les environs; de la part d'un homme en crédit chez les tribus voisines, il y sera renouvelé par un ami qui lui substituera le sien, et ainsi de proche en proche. Accordé par un marabout, il ne connaît point de limites. Tandis que le chef arabe ne peut guère étendre le bienfait de sa protection au-delà du cercle de son gouvernement, le sauf-conduit du marabout kabyle se prolonge même en des lieux où son nom serait inconnu. Quiconque en est porteur peut traverser la Kabylie dans toute sa longueur, quels que soient le nombre de ses ennemis ou la nature des griefs existants contre sa personne. Il n'aura, sur sa route, qu'à se présenter tour à tour aux marabouts des diverses tribus; chacun s'empressera de faire honneur à l'anaya du précédent, et de donner le sien en échange. Ainsi, de marabout en marabout, l'étranger ne pourra manquer d'atteindre heureusement le but de son voyage.

Un Kabyle n'a rien plus à cœur que l'inviolabilité de son anaya : non seulement il y attache son point d'honneur individuel, mais ses parents, ses amis, son village, sa tribu toute entière, en répondent aussi moralement. Tel homme ne trouverait pas un second pour l'aider à tirer vengeance d'une injure personnelle, qui soulèvera tous ses compatriotes s'il est question de son anaya méconnu. De pareils cas doivent se présenter rarement, à cause de la force même du préjugé; néanmoins, la tradition conserve cet exemple mémorable :

CHAPITRE DEUXIÈME 73

L'ami d'un zouaoua (1) se présente à sa demeure pour lui demander l'anaya. En l'absence du maître, la femme, assez embarrassée, donne au fugitif une chienne très-connue dans le pays. Celui-ci part avec le gage de salut. Mais bientôt la chienne revient seule; elle était couverte de sang. Le zouaoua s'émeut, les gens du village se rassemblent, on remonte sur les traces de l'animal, et l'on découvre le cadavre du voyageur. On déclare la guerre à la tribu sur le territoire de laquelle le crime avait été commis ; beaucoup de sang est versé, et le village compromis dans cette querelle caractéristique porte encore le nom de *da-cheret el kelba*: village de la chienne.

L'anaya se rattache même à un ordre d'idées plus général. Un individu faible ou persécuté, ou sous le coup d'un danger pressant, invoque la protection du premier Kabyle venu. Il ne le connaît pas, il n'en est point connu, il l'a rencontré par hasard; n'importe, sa prière sera rarement repoussée. Le montagnard, glorieux d'exercer son patronage, accorde volontiers cette sorte d'anaya accidentel. Investie du même privilège, la femme, naturellement compatissante, ne refuse presque jamais d'en faire usage. On cite l'exemple de celle qui voyait égorger par ses frères le meurtrier de

---

(1) *Zouaoua* : nom d'une tribu kabyle. On le donne aussi, par extension, à toutes celles de la crête du Jurjura, entre Dellys et Bougie.

son propre mari. Le malheureux, frappé de plusieurs coups et se débattant à terre, parvient à lui saisir le pied, en s'écriant : « Je réclame ton anaya ! » La veuve jette sur lui son voile ; les vengeurs lâchent prise.

Il est connu dans tout Bougie qu'au mois de novembre 1833, un brick tunisien fit côte, en sortant de la rade, et que ses naufragés furent tous mis à mort, comme amis des Français, à l'exception de deux Bougiotes, plus compromis encore que les autres, mais qui eurent la présence d'esprit de se placer sous la sauve-garde des femmes.

Ces traits épars, et qu'il serait facile de multiplier, indiquent une assez large part faite aux sentiments de fraternité, de merci. Leur présence au milieu d'une société musulmane, si âpre d'ailleurs, ne saurait être constatée sans éveiller quelque surprise. Chez un peuple très-morcelé, très-peu gouverné, fier, et toujours en armes, où doivent abonder par conséquent les dissensions intestines, il était nécessaire que les mœurs suppléassent à l'insuffisance des moyens de police, pour rendre à l'industrie et au commerce la sécurité du transit. L'anaya produit cet effet. Il assoupit en outre bien des vengeances, en favorisant l'évasion de ceux qui les ont suscitées. Enfin, il étend sur tous les Kabyles un immense réseau de bienfaits réciproques.

Nous voilà certes loin de cet inexorable fatalisme, de cet abus rigoureux de la force, de ce sacrifice complet des individualités qui partout ont suivi la marche du Koran sur le globe. D'où viennent donc ici des tendances plus humaines, des velléités charitables, des compassions subites? Ne sommes-nous pas en droit de les considérer avec attendrissement comme une lueur affaiblie de la grande clarté chrétienne, qui a jadis illuminé l'Afrique septentrionale ?

XI.

Nous venons d'esquisser à grands traits un tableau général de la société kabyle. Ou nous nous trompons fort, ou ce tableau ne parlera point seulement aux yeux ; il dévoilera clairement à l'esprit le grand amalgame de races et de croyances qui s'est élaboré, pendant les siècles, sur ce point peu connu de la côte d'Afrique. De cet ensemble, une seule impression résulte : elle est facile à résumer.

Les indigènes que nous avons trouvés en possession du sol algérien constituent réellement deux peuples. Partout ces deux peuples vivent en contact, et partout un abîme infranchissable les sépare; il ne s'accordent que sur un point : le Kabyle déteste l'Arabe, l'Arabe déteste le Kabyle.

Une antipathie si vivace ne peut être attribuée qu'à un ressentiment traditionnel, perpétué d'âge en âge entre la race conquérante et les races vaincues. Corroborée par l'existence indélébile de deux langues distinctes, cette conjoncture passe à l'état de certitude.

Physiquement, l'Arabe et le Kabyle offrent une dissemblance qui constate leur diversité de souche. En outre, le Kabyle n'est point homogène ; il affecte, selon les lieux, des types différents, dont quelques-uns décèlent la lignée des barbares du Nord.

Dans les mœurs, mêmes divergences. Contrairement aux résultats universels de la foi islamite, en Kabylie nous découvrons la sainte loi du travail obéie, la femme à peu près réhabilitée, nombre d'usages où respirent l'égalité, la fraternité, la commisération chrétiennes.

Passons à l'examen des formes sociales et des lois; le phénomène s'y révèle encore mieux. Tandis que tous les Musulmans du globe s'en tiennent au Koran, comme au code complet, universel, qui embrasse la vie entière de l'homme, et règle jusqu'aux moindres détails de sa conduite publique ou privée, les Kabyles, par exception, observent des statuts particuliers qu'ils tiennent de leurs ancêtres, qu'ils font remonter à des temps antérieurs. Sur plusieurs points fort importants, tels que la répression du vol, du meurtre, etc., ces statuts ne s'accordent point avec les arrêts du Koran; ils semblent incliner davantage vers nos idées en matière pénale ; enfin, ces statuts portent un nom qui conserve admirablement le cachet de leur origine chrétiennue, ils s'appellent *kanôuns* (1).

Ainsi, l'on constate d'abord une dualité nationale qui résiste, au bout des siècles, à la communauté religieuse et au contact le plus multiplié; indice irrécusable de l'incompatibilité des races. Celles-ci, comme certains métaux, ne pouvaient former un alliage; la force et le hasard ne réussirent qu'à les amalgamer.

Puis, si l'on abandonne ce parallèle pour approfondir spécialement les mystères de la société kabyle, plus on creuse dans ce vieux tronc, plus, sous l'écorce musulmane on trouve de sève chrétienne. On reconnaît alors que le peuple kabyle, en partie autochtono, en partie germain d'origine, autrefois chrétien tout entier, ne s'est pas complètement transfiguré dans sa religion nouvelle. Sous le coup du cimeterre, il a accepté (1) le Koran, mais il ne l'a point embrassé; il s'est revêtu du dogme ainsi que d'un burnous, mais il a gardé, par dessous, sa forme sociale antérieure, et ce n'est pas uniquement dans les tatouages de sa figure qu'il étale devant nous, à son insu, le symbole de la Croix.

---

(1) Du mot grec *kanôn* : règle. Les canons de l'Église.
(2) *Il a accepté* : Kebel, Kabyle; l'une des étymologies.

CHAPITRE III.

OCCUPATION DE BOUGIE
Par les Français.

I. Prise de Bougie. — II. Tribus voisines. — III. Le lieutenant-colonel Duvivier. — IV. La paix ou l'évacuation. — V. Visite du maréchal Clauzel. — VI. Le commandant Salomon de Musis. — VII. Ses successeurs.

I.

La première phase de l'occupation française en Algérie, embrasse la conquête des principales villes du littoral. A Bougie, notre coup d'essai fut un avortement.

Le 3 août 1830, un jeune Bougiote nommé Mourad, se présenta chez M. le comte de Bourmont, comme le chef d'un parti considérable qui, à la moindre démonstration des conquérants d'Alger, leur ouvrirait les portes de Bougie. Les prétentions de cet intrigant étaient le titre de caïd pour lui-même, et celui de capitaine du port en faveur d'un de ses adhérents qu'il avait amené.

On accueillit ses ouvertures, on lui fit des présents; il reçut un diplôme avec un cachet de caïd. Enfin, escorté d'un brick de l'état qui avait mission de l'appuyer, il fit voile pour Bougie sur une embarcation frêtée par le capitaine du port et par lui. Ces malheureux, en débarquant, trouvèrent les choses bien changées, ou peut-être s'étaient-ils toujours abusés sur les dispositions de leurs concitoyens. Quoi qu'il en soit, ils furent massacrés de suite, et le brick qui se tenait en rade, accueilli à coups de canon, fut obligé de regagner Alger.

Trois années s'écoulèrent sans que la France parut avoir à cœur de venger ni la mort d'un caïd investi par elle, ni l'insulte faite à son pavillon, et les Bougiotes durent en concevoir un certain mépris de sa puissance. Leur conduite du moins le prouva. En 1831, ils égorgèrent l'équipage d'un brick de l'État qui avait fait naufrage sur leur côte. En 1832, le *Procris*, brick anglais, fut insulté devant Bougie et contraint de prendre le large. Au mois d'octobre de la même année, le *Marsouin*, brick de guerre français, étant au mouillage dans la rade, y subit une attaque et dut répondre au feu des forts.

Les griefs du *Procris* prirent un caractère inquiétant par la manière dont les exploita la diplomatie britannique; car elle annonça hautement que si le gouvernement français ne savait pas faire respecter les pavillons amis sur les côtes dont il revendiquait la possession, celui de l'Angleterre prendrait à cet égard des mesures directes. On vit dans ces paroles une menace d'occuper Bougie; tentative que l'extrême jalousie de nos rivaux ne rendait pas invraisemblable, et qui eût entraîné tôt ou tard les conflits les plus graves.

Bougie était signalée d'ailleurs comme un centre d'intrigues, où figuraient le nom d'Hussein-Dey et celui, beaucoup plus dangereux, d'Ahmed, bey de Constantine, qui maintenait encore le drapeau turc dans presque toute la région de l'est.

Ce fut aussi sur une intrigue que le duc de Rovigo, alors gouverneur-général de l'Algérie, essaya d'abord de baser ses projets de conquête.

Le chef d'une grande famille kabyle, dont l'influence s'exerçait sur des tribus voisines de Bougie, Si Saad-Oulid-ou-Rabah, était un homme habile, astucieux et intéressé. Il pressentait, dans le fait de l'occupation française, l'avenir d'un grand commerce avec Alger; et les immenses profits à en tirer, par la méthode orientale du monopole, s'offraient naturellement à son esprit. Deux personnages d'une moindre importance, s'associèrent à ses projets : le sieur Joly, négociant français établi à Alger, et le maure Boucetta, capitaine du port à Bougie. Leur entrée en relations s'explique par l'entremise des Kabyles qui n'avaient pas discontinué de fréquenter individuellement Alger. Quant à leur plan, il était simple : Bougie aurait été ouvert au commerce français, et le sieur Joly, nommé consul, avec l'appui d'un stationnaire ou même d'une petite garnison dans l'un des forts, eût reçu, par l'intermédiaire de Boucetta, tous les produits de la contrée kabyle, qu'aurait fait arriver Si Saâd-Oulid-ou-Rabah.

A supposer que l'influence du chef kabyle eût réellement suffi pour installer sans coup férir notre consul, et assurer nos transactions, il restait à mettre en balance les inconvénients d'un monopole avec les avantages problématiques d'une position qui n'était ni la conquête, ni même une influence à l'abri de toute vicissitude. Au reste, ces projets furent bientôt abandonnés; nous ne les avons exposés que pour faire connaître l'inconstance, le tâtonnement et l'excentricité qui caractérisaient alors les conseils du pouvoir.

Le plan d'une conquête proprement dite exigeait d'autres renseignements que ceux de Boucetta et d'Oulid-ou-Rabah. D'une part, on pouvait en suspecter un peu la véracité, surtout en ce qui concernait leur influence personnelle; d'une autre, l'ignorance où ils étaient de nos moyens d'attaque, les rendait fort inaptes à nous éclairer sur les difficultés réelles de l'entreprise. Un jeune officier des zouaves, le capitaine de Lamoricière, alors chef du bureau arabe d'Alger, conçut l'idée audacieuse de faire lui-même une reconnaissance des lieux. Boucetta, qui d'ailleurs était homme de tête et d'exécution, s'offrit pour le conduire.

Ils s'embarquèrent tous les deux à bord du brick le *Zèbre* et descendirent sans éclat dans la maison de Boucetta lui-même, très-voisine du port. Mais à peine s'y trouvaient-ils depuis une demi-heure, que le bruit du débarquement d'un Français, courant la ville, y soulevait une véritable émeute. Prévenus à temps, le capitaine de Lamoricière, avec son guide, regagnèrent en hâte leur embarcation; ils s'éloignaient à peine du rivage qu'une foule menaçante et armée l'envahissait déjà. On comprendra difficilement qu'après une manifestation pareille, l'autorité française ait conservé l'espoir d'une conquête facile; mais ses illusions furent entretenues par l'auteur même de la reconnaissance. Quant à Boucetta, plus animé qu'auparavant, après ce mauvais accueil de ses compatriotes, il trouva moyen d'en gagner quatre, alors présents à Alger, au nombre desquels le kabyle Medani que nous retrouverons plus tard, et, s'appuyant sur leur assertion conforme, réussit à colorer les derniers faits aux yeux du nouveau gouverneur : c'était alors le lieutenant-général Voirol, chargé de ce commandement par intérim.

Toutefois, on rejeta l'idée précédemment admise

de confier le coup de main à un seul bataillon, encore qu'on eût fait choix, pour le commander, de l'officier supérieur qui jouissait alors en Afrique de la plus haute réputation, le chef de bataillon Duvivier. Le ministre de la guerre décida de former à Toulon un corps expéditionnaire, en dehors de l'effectif de l'armée d'Afrique; il y mit le plus grand secret. Le maréchal-de-camp Trézel, chef d'état-major à Alger, le capitaine de Lamoricière, Boucetta et ses quatre concitoyens durent se rendre à Toulon, sans aucun avis officiel de leur destination ultérieure. Ils y trouvèrent, en apprêts de départ, deux bataillons du 59º, deux batteries d'artillerie, une compagnie de sapeurs du génie, une section d'ouvriers d'administration et une petite escadre composée de la *Victoire*, frégate; l'*Ariane* et la *Circé*, corvettes; le *Cygne*, brick; l'*Oise*, la *Durance* et la *Caravane*, gabarres.

Le général Trézel reçut alors une lettre ministérielle qui lui confiait le commandement de l'expédition.

L'escadre, sous les ordres du capitaine de vaisseau Parceval, appareilla le 22 septembre 1833; elle entra le 29, au point du jour, dans la rade de Bougie.

Qu'on se figure, au bord de la mer, une plage étroite et rocheuse, puis un escarpement fort raide, jusqu'à la hauteur de vingt mètres; ensuite une pente plus douce, une sorte de plateau qui vient se heurter brusquement aux flancs abrupts du Gouraya ; et tout-à-coup ce mont, comme un rideau jeté derrière la ville, dressant sa crête dentelée à près de sept cents mètres au-dessus du niveau de la mer.

Tel est le site de Bougie. On y remarque un accident essentiel : le ravin de Sidi-Touati, qui partage la ville en deux et déverse les eaux pluviales du Gouraya sous la porte de la Marine, presqu'au point de débarquement. Vue du large, cette coupure laisse à droite la croupe et le quartier de Bridja, dont une pointe extrême vient fermer le mouillage de la ville, et le commande par les feux du fort Abd-el-Kader; à gauche, la croupe et le quartier de Moussa qui dominent le revers opposé, et renferment deux forts susceptibles d'une bonne defense : la Casbah, presqu'au bord de la falaise, et Moussa, faisant face à la montagne.

Le plan d'attaque auquel l'opinion des militaires semble s'être arrêtée après coup, c'est-à-dire après une connaissance des localités plus parfaite qu'on ne la possédait alors, eût été d'appuyer avec toutes ses forces vers la position de gauche, parce que l'occupation de la Casbah et de Moussa faisait nécessairement tomber l'autre quartier sans coup férir. Au lieu de cela, une attaque de front fut dirigée sur tous les points ; l'ordre en était donné, d'ailleurs, avec beaucoup de précision et de clarté :

« Dans la nuit qui précédera le débarquement, prendre les

vivres à bord pour deux jours, une ration de vin bue dans le moment, l'autre pour le lendemain. — Une heure avant le branle-bas, distribuer armes, fourniments, sacs, ustensiles de campagne, trois paquets de cartouches, vestes à manches, pantalons de drap, guêtres de toile; — capotes roulée sur le sac, couvertes en bandoulière; — armes chargées sans bruit, sans baïonnettes.

» Débarquement par compagnie ou section dans chaque chaloupe, et toutes les chaloupes chargées à la fois. Aussitôt débarqués, formation sur le rivage, face à la ville, les ustensiles, les couvertes en tas, à droite des compagnies sous la garde d'un caporal.

» Trois colonnes. — Première, lieutenant Molière; grenadiers du 1er bataillon, deux compagnies, 25 sapeurs : haches, pinces, masses pour briser les fermetures des portes et poudres pour les faire sauter au besoin; deux échelles d'assaut, dont une à crochets, entre les deux compagnies de fusiliers; pour guide Allégro et un indigène; enlever la batterie de Sidi-Hussein, la Casbah, Bouac. — Deuxième colonne, capitaine Saint-Germain; 3e et 4e compagnies, 15 sapeurs, une échelle; occuper Sidi-Abd-el-Kader et la batterie de Sidi-Hamad. — Troisième colonne, capitaine Lamoricière; quand le drapeau flottera sur la Casbah, avec voltigeurs, 5e et 6e de fusiliers, plus le chef de bataillon, deux obusiers, 25 sapeurs, instruments et échelles plus nombreux, enlever Moussa.

» En cas de résistance, rendre compte au général et demander les moyens qui manquent. — Maîtres des forts, garnir les parapets, s'y défendre ayant un tiers du monde en réserve. — Les officiers reconnaîtront les forts et y prépareront les moyens de se mettre à l'abri d'un coup de main. L'artillerie visitera les magasins et batterie, et utilisera pièces et munitions.

» Le 2e bataillon en réserve est prêt, ainsi que les troupes de l'artillerie, du génie et de l'administration. Le matériel de chaque arme déchargé et groupé, et des instructions de détail données par les chefs. — Ordre des objets à débarquer : pinces, outils, masses du génie, échelles d'attaque, 20 ou 30 cartouches d'infanterie par homme ; — quelques barils à poudre, 2 obusiers de campagne à quinze coups, l'ambulance. »

On s'attendait à peu de résistance de la part des Bougiotes, mais à une très-vive fusillade des Kabyles voisins, qui ne manquèrent pas d'arriver au premier éveil. Cette pensée fort juste avait déterminé le général à brusquer le débarquement et l'attaque.

Dès que l'on fut à bonne distance, l'opération s'effectua sous un feu presque insignifiant des forts auxquels celui de notre escadre imposa promptement silence; et les premières compagnies prirent terre, malgré la fusillade des Bougiotes, dont les intentions sérieusement hostiles ne laissaient plus aucun doute. Néanmoins, tous les forts, Abd-el-Kader, Moussa et la Casbah, sont enlevés facilement : on les occupe, ainsi que la porte de la Marine. La journée du 29 est remplie.

Le 30, on reconnaît l'intervention successive des contingents de la montagne au degré de résistance toujours croissant que l'on rencontre sur la croupe Moussa et à l'extrémité du plateau de Bridja. Pénétrant à leur gré dans la ville par la porte *Fouka* (porte supérieure), qui n'est point en notre pouvoir, les Kabyles se glissent dans les jardins, dans les maisons, dans les ruelles dont l'enchevêtrement leur est familier ; ils attaquent des pièces que l'on conduit au fort Moussa. Pendant la nuit, leur audace redouble; ils descendent jusqu'à la Marine et y tuent trois hommes aux compagnies de garde. L'inquiétude commence à se faire sentir. Le général envoie demander promptement des renforts à Alger. Des compagnies de la marine débarquent.

Cette guerre de rues se prolonge trois jours, et, comme à l'ordinaire, exalte la férocité du soldat. La hideuse mutilation d'un cadavre français lui sert de stimulant; Boucetta, qui a des vengeances à exercer dans sa patrie, se charge d'en diriger les coups. Quatorze vieillards, femmes ou enfants, sont massacrés chez le cadi avec un stupide sang-froid; soixante autres ne doivent la vie qu'à l'énergique intervention des officiers. La population entière périt ou s'exile à jamais.

On gagne pourtant du terrain. Le marabout de Sidi-Touati et la porte Fouka, dont on ignorait l'existence, sont enfin occupés. En murant cette porte et en élevant à la hâte un blokhaus sur l'emplacement futur du camp retranché supérieur, on devient maître de l'entrée du ravin, et l'on se ferme dans la ville.

Au milieu de ces luttes énergiques, le lieutenant d'artillerie d'Oriac est frappé mortellement; le général Trézel reçoit une blessure, il demeure à son poste.

Pendant la nuit du 2 au 3 octobre, Boucetta se mêlait aux travailleurs, lorsqu'un soldat du 59ᵉ le prit pour un Kabyle, et, d'un coup de fusil, l'étendit raide mort. Cette fin tragique nous fut sensible, tant à cause des services qu'un homme si déterminé pouvait nous rendre encore, qu'en vue de la réprobation dont elle sembla frapper ceux qui l'imiteraient par la suite. Les Musulmans y virent le doigt de Dieu, et comme le cadavre du malheureux Bougiote, inhumé trop négligemment, dans cette époque de précipitation, resta découvert en partie, les fanatiques s'écrièrent que sa terre natale qu'il avait livrée à l'ennemi le rejetait elle-même de son sein.

On était maître de la ville (1). Restait à s'emparer des positions qui la commandent de plus près. Le 3, celles des tours et des ruines sont enlevées par quelques compagnies. Une petite colonne est lancée sur le Gouraya, mais la masse considérable de Kabyles qui s'y est concentrée l'écrase de ses feux plongeants, et l'oblige à la retraite. Cent marins de la *Victoire* viennent l'appuyer fort à propos. Les pertes ne se montent qu'à quatre hommes tués et onze blessés, dont trois officiers.

Le 5 octobre, arrivent d'Alger deux bateaux à vapeur, le *Crocodile* et le *Ramier* : ils débarquent le colonel du génie Lemercier, un bataillon du 4º de ligne, deux compagnies du 2º bataillon d'Afrique, des munitions et du matériel pour la défense. Ces renforts pouvaient ne plus paraître indispensables, puisque Bougie était à la rigueur entre nos mains, et qu'après

---

(1) Voir la note A.

s'y être affermi, on eût enlevé le Gouraya tôt ou tard, ne fût-ce que par surprise; mais ils n'étaient pas moins de la plus grande utilité, pour accélérer l'installation et opposer aux attaques des Kabyles une résistance capable de les décourager.

L'ennemi continuait d'occuper en force le village de Dar-Nassar, le moulin de Demous situé en avant, et les crêtes du Gouraya. De ces points, il contrariait nos moindres mouvements en dehors de la ville. Le 6, on s'était emparé avec peine de la position de Bou-Ali pour la couronner d'un blokhaus; le lieutenant du génie Mangin, en dirigeant cette opération, avait été frappé d'un coup mortel.

Chaque jour, c'était une fusillade nouvelle à soutenir tout le long des remparts, soit du côté de la montagne, soit du côté de la plaine. On se trouvait comme assiégé. Le général Trézel arrête le projet d'une vigoureuse offensive. Elle s'exécute le 12 octobre.

Longtemps avant le jour, deux colonnes sont sorties de la ville; elles gravissent en silence les pentes du Gouraya, n'éprouvent à sa partie supérieure qu'une faible résistance de la part des Kabyles surpris et en trop petit nombre; enfin, convergeant au sommet, elles prennent possession du marabout de Lella-Gouraya qui doit devenir un poste français permanent. Des travaux de défense y sont commencés aussitôt, et continuent jour et nuit sans interruption.

Une troisième colonne s'était portée directement sur la position du moulin de Demous, qui n'avait pas cessé de réunir, pendant les journées précédentes, une masse de 2,000 Kabyles.

Le premier choc nous en rend maîtres ; mais bientôt on voit accourir, au bruit de la double fusillade, tous les guerriers des villages voisins, et ceux que notre occupation du Gouraya oblige à abandonner les sommets culminants. Ces divers groupes fondent sur la petite colonne engagée à Demous et la contraignent de rétrograder un moment; toutefois, elle reprend le dessus; des compagnies de la marine viennent la renforcer. Les Kabyles refoulés sur tous les points sont poursuivis jusqu'au village de Dar—Nassar. Ils avaient présenté dans ce combat environ 3,000 combattants, et essuyé des pertes très-sensibles. Leur audace en fut refroidie pour quelque temps (1).

Le général Trézel profita de ce repos pour fixer son attention sur des détails moins urgents que ceux de la guerre, mais non pas moins indispensables, tels que : le casernement de la troupe, l'installation d'un hôpital provisoire, la police de la ville et du port, les mesures à prendre envers la population européenne qui se présenterait et envers la population indigène qui s'était enfuie. Vainement rappela-t-on cette dernière par

---

(1) Voir la note B.

des proclamations garantissant le respect des personnes, des biens, de la religion. Effrayée des scènes terribles qu'elle avait eues sous les yeux, ou retenue par les Kabyles de la montagne, elle ne reparut point. Qu'aurait-elle trouvé d'ailleurs? ses maisons en ruines, dont les soldats continuaient la démolition chaque jour pour en brûler le bois, ses vergers dépouillés, où la hache ne cessait d'ouvrir des communications nécessaires à notre genre de vie et à notre sécurité.

Les travaux extérieurs de défense étaient continués avec ardeur. Ils se composaient des blockhaus de Bou-Ali et de l'avancée couvrant le plateau de Moussa, des trois blockhaus Salem, Rouman et Khalifa, situés sur le plateau ouest, pour assurer les communications de la maison crénelée dite *du marché* à l'extrémité gauche de la ligne précédente, et celles du fort Gouraya où le colonel Lemercier jetait les bases d'un très-bel ouvrage.

Ces opérations ne laissaient pas d'être interrompues quelquefois par les insultes des Kabyles, bien qu'ils parussent en moins grand nombre et moins déterminés qu'auparavant. Tantôt c'est à la maison du marché, tantôt c'est au blockhaus Salem, tantôt à la porte Fouka, qu'ils viennent attaquer les travailleurs. Parmi ces escarmouches, les plus chaudes sont celles du 25 octobre et du 1er novembre.

Le 4 novembre, l'ennemi se présente encore; mais cette fois les ouvrages de fortification se trouvant terminés, on n'est pas obligé de le combattre en rase campagne, on l'éloigne à coups de canon.

Ce résultat marquait, pour ainsi dire, un terme au commandement du général Trézel. Chargé de la conquête, il avait accompli sa tâche, si ce n'est conformément aux espérances dont on s'était bercé, du moins avec une extrême vigueur en présence de réalités difficiles. Un commandant supérieur permanent arriva d'Alger, le 6 novembre, et le général Trézel l'investit sans délai de toute l'autorité, quoiqu'il demeurât de sa personne encore près d'un mois sur les lieux.

II.

Avant d'aller plus loin, arrêtons-nous pour jeter un coup-d'œil, sinon vers les profondeurs mystérieuses du pays kabyle, au moins sur la banlieue de Bougie, sur les populations les plus intéressées dans le brusque changement qui venait de s'accomplir.

Le *Gouraya* règne à l'est et au nord de la ville, se lie dans l'intérieur au mont *Toudja*, et, par son prolongement en mer, donne naissance au cap Carbon. Au sud, une jolie baie s'arrondit comme pour recevoir la *Summam*. Celle-ci vient alors d'achever son cours à travers une plaine agréable, mais d'étendue médiocre, dont tous les horizons du côté de la terre offrent un rude profil de montagnes.

Bougie, suspendue entre des rochers qui semblent prêts à l'engloutir et des vagues qui rongent ses bases, ne communique avec la riante vallée étendue sous ses yeux que par une langue de terre assez étroite. Ce sont donc les gens de la montagne qui forment son voisinage le plus direct, ajoutons le plus redoutable, en raison de l'état des lieux et d'autres circonstances accidentelles. Il se trouve en effet que la tribu des *Mzaïas*, en possession de ces hauteurs, passe pour belliqueuse, pauvre et sauvage entre toutes. Son territoire est soigneusement cultivé; mais les parcelles de terre végétale n'y abondent pas assez pour nourrir tous les habitants. Aussi un certain nombre s'en va travailler au-dehors, et le reste ne recule jamais devant aucune entreprise de vol, de guerre ou de pillage. Ils peuvent mettre huit cents fantassins sous les armes. La plaine appartient à deux tribus, les *Beni-bou-Msaoud* et les *Beni-Mimoun*, comptant chacune de cinq à six cents fusils avec un petit nombre de cavaliers. On trouve là plus de prospérité ; par exemple: de beaux troupeaux, des céréales, du lin, beaucoup de ruches à miel, des oliviers, quelques villages assez florissants.

Toutefois, comparées aux populations centrales de la grande Kabylie, ces deux dernières tribus ne pouvaient passer pour riches, ni aucune des trois pour puissante. Elles n'étaient réunies d'ailleurs par aucun lien fédéral, qui dût interdire à notre politique l'espérance de les diviser profondément.

Mais, derrière les *Beni-bou-Msaoud*, il existait un soff réellement considérable, ayant son centre à *Tamzalet* sur la *Summam*, et les *Ouled-Abd-el-Djebar* pour tribu principale. Son chef était précisément ce *Saâd-Oulid-ou-Rabah* qui nous avait offert son alliance au prix d'un monopole commercial, et qui ne tardera point à renouer avec nous d'autres négociations.

III.

Le successeur du général Trézel était le chef de bataillon Duvivier, désigné dès le principe pour commander Bougie et même pour en opérer la prise de possession. Le maintien de ce choix, quelques talents qu'on supposât d'ailleurs à celui qui en était l'objet, semblait indiquer la pensée de réduire le plus tôt et le plus possible l'importance du corps d'occupation détaché en ce point. Toutefois, vu l'état des choses, on maintint l'effectif à 3,000 hommes; il fut même élevé plus tard à 4,000 et 4,500. C'était, à proprement parler, l'emploi d'un officier-général. Au reste, quelques mois après son arrivée, le commandant fut élevé au grade de lieutenant-colonel.

La place, comme nous l'avons dit, se trouvait à l'abri d'une insulte, mais elle ne possédait en propre qu'un petit rayon de terrain montueux sous le feu des blockhaus, et ce terrain n'offrait ni parcours, ni pâturages au troupeau de la garnison. L'absence de toute relation commerciale avec l'intérieur menaçait de durer longtemps; il fallait tirer de la mer tous ses moyens de subsistance, et les bestiaux, déjà fort affaiblis par une traversée, dépérissaient de plus en plus, ou même succombaient rapidement par suite du manque d'air, d'exercice et de nourriture convenables. Les mêmes inconvénients ressentis par la troupe y développaient peu à peu le germe de nombreuses maladies: au bout de quelques mois, l'effectif disponible de la garnison en fut diminué d'une manière très-sensible.

Par ces motifs, le commandant supérieur voulut prendre pied dans la vallée qui lui offrait au moins des pâturages. Il prescrivit l'installation d'un blockhaus dit *blockhaus de la plaine*. Les travaux en furent contrariés, à diverses reprises, par les Kabyles du voisinage, dans les journées des 5 et 6 janvier. Convaincus de leur insuffisance, ils invoquèrent sans doute des contingents plus éloignés; car, le 18 janvier, dès la pointe du jour, on vit sur tous les contreforts, en avant de nos postes, des groupes d'ennemis formant ensemble à peu près 4,000 hommes. Leur attaque se porta principalement sur les ouvrages du côté de la plaine; mais une vive fusillade et la concentration de toute l'artillerie sur ce point, joints au feu du brick stationnaire le *Loiret*, leur imposèrent victorieusement. Ils se retirèrent à deux heures de l'après-midi, emportant un assez grand nombre de morts et de blessés.

Depuis la prise de Bougie jusqu'à cette époque, l'offensive était toujours venue des Kabyles. Ce n'était pourtant pas dans le seul but d'attendre, derrière des postes retranchés, les attaques incessantes de l'ennemi, et de les repousser avec des pertes plus ou moins grandes, qu'on avait laissé dans Bougie une si forte garnison. Le but était évidemment d'agir sur les populations voisines, de les forcer d'abord à reconnaître notre installation sur la côte comme un fait accompli sans retour, puis d'ouvrir avec elles des relations commerciales si nécessaires au bien-être de la garnison; enfin, de leur imposer peu à peu notre domination, ou tout au moins notre influence. Ces résultats ne pouvaient être amenés que par une excellente politique, appuyée sur les opérations militaires les plus hardies.

Le colonel Duvivier tenta l'un et l'autre moyen.

Après une petite reconnaissance dirigée le 2 mars, sur les bords d'un ruisseau et dans des terrains marécageux situés au-dessous de Demous, le 5 mars, dès la pointe du jour, une colonne se porta rapidement sur le village de Kialna, l'un des plus proches de Bougie. Les habitants qui appartenaient à la tribu des Mzaïas l'évacuèrent à la hâte. Le commandant y fit mettre le feu et commença à rétrograder sur la ville. Alors, de tous les points, des Kabyles exaspérés par la vue de l'incendie viennent le harceler avec acharnement. Il exécute sa retraite en échelons, avec ordre et sang-froid : une charge faite à propos par un escadron de chasseurs d'Afrique, récemment arrivé, laisse vingt-cinq Kabyles sur le carreau et dégage la colonne, qui rentre dans les lignes avec quatorze blessés, dont trois mortellement.

L'action de la garnison au-dehors se maintient encore pendant le mois d'avril. Les Kabyles étaient venus attaquer nos postes dans les journées du 18, du 19 et du 20. Le commandant supérieur se proposa de les châtier encore par la destruction de quelques villages, unique moyen de les atteindre dans leurs intérêts matériels. Le 25, une nouvelle sortie s'exécute ; on refoule un parti kabyle concentré à Demous ; les villages de Der Nassar et de Gumra tombent en notre pouvoir ; ils deviennent la proie des flammes.

Enfin, le 29 avril, voyant des groupes considérables occuper le moulin de Demous et le marabout du marché, le colonel Duvivier fait sortir l'escadron de chasseurs, et lui ordonne d'exécuter une charge, en l'appuyant lui-même de quelques compagnies. Cinquante cadavres et quatre prisonniers restent en notre pouvoir ; les Kabyles se dispersent.

Ces premiers combats semblaient annoncer l'intention d'une offensive entreprenante : il est permis de croire qu'en y persévérant, qu'en laissant croître son audace avec ses succès, le commandant supérieur eût fini par dompter les tribus les plus proches, surtout celle des Mzaïas, qui tenait la clé de nos relations avec l'intérieur. Malheureusement le système d'occupation paraît se modifier tout-à-coup. Durant les sept mois qui suivent, on se contente d'opposer une défense passive aux attaques réitérées de l'ennemi; nulle sortie pour le refouler, nul coup de main sur les villages pour en tirer vengeance; on multiplie les ouvrages défensifs : camp supérieur, camp inférieur; comme si l'on eût réduit ses prétentions au rôle modeste de tenir, le plus pacifiquement possible, un poste éternellement bloqué du côté de la terre. Deux circonstances contribuèrent sans doute à nous faire entrer dans cette seconde phase.

Le colonel Duvivier s'était occupé sérieusement d'ouvrir des relations politiques avec les indigènes du voisinage. Il avait pris, pour intermédiaires auprès d'eux, le frère de Boucetta, l'iman de la mosquée de Bougie, appelée *Ben Rabdan*, et ce même sieur Joly, que nous avons déjà vu mêlé dans l'intrigue de Saâd-Oulid-ou-Rabah. Bientôt, il en fut très-peu satisfait et les suspecta de travailler plutôt dans leur intérêt particulier que dans celui de la cause publique, ce qui n'étonnera personne. Sur ce motif, il les expulsa de Bougie. Non seulement il se priva ainsi des services que l'on peut encore tirer, même des agents les moins sûrs, mais il renonça pour l'avenir à toute négociation, surtout avec Si Saâd-Oulid-ou-Rabah. Ce dernier, comme l'expérience l'a prouvé par la suite, était assez sincère dans ses ouvertures; seulement placé entre certaines vues ambitieuses ou cupides qui pouvaient lui conseiller notre alliance, et l'opinion de ses concitoyens, si ardente à la réprouver, il se trouvait dans une situation très-équivoque dont il fallait lui tenir compte. Le colonel Duvivier passait pour avoir étudié très-profondément la nationalité arabe : mais celle des Kabyles en est tellement éloignée, comme nous l'avons fait voir, que la connaissance de l'une pouvait entraîner aisément à de fausses inductions sur l'autre. Par exemple, dans la conjoncture actuelle, rien ne ressemblait moins à l'initiative absolue du grand chef arabe féodal, que l'assujettissement de l'amine kabyle au vœu de ses électeurs.

D'une autre part, l'état sanitaire du petit corps d'occupation s'aggrava insensiblement. Quoique le site de Bougie fût réputé très-sain, les maladies sévirent avec une intensité terrible, pendant toute la durée des chaleurs; une situation journalière des malades, à la fin du mois de juillet, donna : 337 à l'hôpital central, 84 à l'hôpital externe, 667 aux infirmeries régimentaires; total : 1,088, c'est-à-dire, plus du quart de l'effectif.

Le service intérieur, devenu très-considérable par le développement des ouvrages, absorbait une partie des valides ; on trouvait donc fort peu de monde à déployer en rase campagne, et le moral avait quelque peu subi l'influence de toutes ces causes énervantes.

Ainsi, l'improbabilité d'arriver à la paix par la continuation d'une guerre offensive et l'affaiblissement trop réel de la garnison, joints au scrupule de la fatiguer encore plus, tels furent les premiers motifs qui condamnèrent à la stérilité notre occupation de Bougie. Les Kabyles, eux, ne se rebutaient pas : leurs agressions les plus fâcheuses furent celles du 5 juin, du 23 juillet et du 9 octobre.

Déjà ils s'y étaient essayés le 8 mai, en se portant sur les blockhaus supérieurs ; mais un feu bien nourri et surtout un violent orage les avaient dispersés. Le 5 juin, leur démonstration eut lieu du côté de la plaine. On évalua le nombre des assaillants à 3,000 fantassins et 400 cavaliers. A la nuit tombante, quelques-uns des plus déterminés franchissent le fossé de la redoute de la plaine, escaladent le parapet et vont se rendre maîtres de l'ouvrage ; plusieurs canonniers sont déjà tués sur leurs pièces, lorsque heureusement ceux qui restaient, faisant rouler à la main des obus enflammés sur les bermes et dans le fossé, jettent la confusion parmi les assaillants : ils abandonnent la partie.

Le 23 juillet fut signalé par un évènement bien désastreux pour la garnison. Des cavaliers s'étaient embusqués pendant la nuit sur le revers du mamelon de Demous, non loin du passage ordinaire des bœufs. Vers huit heures du matin, voyant le troupeau très-avancé et presque hors de protection du blockhaus de la plaine, ils fondent rapidement sur lui et enlèvent 357 têtes. L'escadron de chasseurs, lancé le plus tôt possible à la poursuite de l'ennemi avec quelques compagnies de réserve, ne peut rentrer en possession de ce précieux bétail : il n'en résulte qu'une perte nouvelle, 18 hommes tués ou blessés. La garnison déjà très-malheureuse sous le rapport alimentaire, se voit réduite à vivre de viande salée. Le capitaine de service à la garde du troupeau est traduit devant un conseil de guerre, qui l'acquitte.

Le 13 août, 800 Kabyles seulement cherchent à attirer nos troupes hors de l'enceinte : on se contente de leur répondre à coups de canon.

Le 9 octobre, un rassemblement plus nombreux, après avoir attaqué de nuit le Gouraya, se jette sur les ouvrages supérieurs et leur fait éprouver le plus grand danger qu'ils eussent couru jusqu'alors. Depuis sept heures du matin jusqu'à minuit, trente hommes se défendent dans le blockhaus Salem, avec une énergie désespérée. L'âpreté de ce combat redouble à mesure que l'ennemi, repoussé du camp supérieur et des autres points, s'accumule avec plus de fureur autour de celui-ci. Les balles vomies à travers les créneaux, et les grenades enflammées s'échappant des machicoulis, frappent à coup sûr dans leur foule compacte ; mais, de plus en plus déterminés, ils parviennent à incendier les gabions qui revêtent la redoute, et le blockhaus est sur le point de devenir la proie des flammes, quand l'artillerie mobile et celle du camp supérieur, profitant des lueurs sinistres qui éclairent momentanément cette scène, balaient avec l'obus et la mitraille les abords du blockhaus qui se trouve enfin délivré.

Les Kabyles, après cet échec dans l'attaque opiniâtre d'un petit poste, semblent avoir compris leur impuissance contre tous nos ouvrages, et désormais on ne les verra plus s'y obstiner ainsi. Il en résulte que l'ardeur des tentatives militaires s'est également attiédie de part et d'autre, par la difficulté sensible d'atteindre un résultat. Le commandant français avait déjà perdu l'espoir d'amener les Kabyles à composition ; ceux-ci comprennent à leur tour qu'ils ne réussiront jamais à chasser les chrétiens de Bougie. Double persuasion qui pouvait devenir la source de quelque arrangement pacifique ou tout au moins commercial.

Quoique le colonel Duvivier ne se fût pas rebuté sans raisons, c'était une chose que le gouvernement ne perdait pas de vue. Il lui fallait produire quelques résultats, pour justifier l'occupation très-onéreuse et très-critiquée de Bougie. La controverse élevée sur ce point durait depuis le premier jour de la conquête, et devait se prolonger longtemps. Les avis officiels demeuraient même partagés.

Dès le principe, la froideur du général Voirol avait formé contraste avec l'enthousiasme du plus grand nombre de ses officiers. Le 20 octobre 1833, plusieurs membres de la commission d'Afrique, et M. le lieutenant-général Bonnet, son président, avaient relâché quelques heures à Bougie; l'examen de sa position politique et militaire, leur avait fait porter sur cette conquête un jugement défavorable. Au mois d'août 1834, des bruits si alarmants s'étaient répandus à Alger sur l'état de la garnison de Bougie, qu'on envoya le général Trézel sur les lieux, pour en faire un rapport exact; mais ce rapport, en constatant le mauvais état sanitaire et les grandes fatigues de nos troupes, ne conclut point à l'abandon du poste. Toutefois, l'incertitude continua de peser sur les esprits, et peut-être contribua-t-elle à l'inaction momentanée du commandant supérieur. N'était-ce pas assez de défendre avec intrépidité une position que l'on pouvait abandonner d'un jour à l'autre? Fallait-il sacrifier en outre beaucoup d'hommes, pour frapper au loin des coups dont on avait la presque certitude de ne recueillir aucun fruit? Ce qui donnerait une certaine valeur à l'observation précédente, c'est que les derniers mois de commandement du colonel Duvivier furent marqués par un retour sensible à ses premiers principes d'offensive, et que ce retour suivit immédiatement le passage à Bougie du nouveau gouverneur, le comte d'Erlon, qui, le 2 novembre, visita la place et les ouvrages avancés, prescrivit l'abandon du camp inférieur, comme trop malsain, mais accueillit quelques autres projets défensifs, et, en somme, se prononça pour le maintien de l'occupation.

A la première occasion qui suivit cette visite, c'est-à-dire le 5 décembre, jour où les Kabyles, au nombre d'environ 2,500, parurent dans la plaine et sur les hauteurs de Demous, le commandant supérieur sortit avec 1,200 hommes, fit charger tout ensemble la cavalerie et l'infanterie, et poussa l'ennemi jusqu'au fond de la plaine, pendant plus d'une lieue. On s'arrêta sur le gradin inférieur du col de Thisi, et la rentrée en ville s'opéra sans qu'aucun ennemi parut.

Trois jours après, l'initiative vint de nous : notre colonne traversa la plaine et fit de l'autre côté une reconnaissance des deux rives de la Summam. Les habitants surpris, s'enfuirent de toutes parts ; mais on négligea de frapper leurs habitations les plus proches, et l'on se remit en marche sur Bougie après une simple inspection des lieux. Ce mouvement exécuté avec lenteur, puisqu'on ne rentra qu'à la nuit, détermina tous les guerriers kabyles à venir engager sur nos derrières une vive fusillade. Toutefois, comme la retraite en échelons s'effectuait avec ordre et sous la protection de l'artillerie, on n'eût éprouvé presqu'aucune perte sans la méprise de deux compagnies du bataillon d'Afrique, qui se compromirent elles-mêmes. Malgré tout, il n'y eut que vingt-deux blessés; l'ennemi en compta davantage, et d'ailleurs un grand résultat était atteint, celui de faire comprendre que tous les villages kabyles situés dans un rayon de plusieurs lieues, se trouvaient réellement à notre discrétion.

Malheureusement, les choses ne furent pas vues ainsi d'Alger : l'opération y fut peu accueillie, comme trop excentrique et n'ayant pas un but assez déterminé. Ce jugement sévère dut empêcher d'autres tentatives analogues. On ne peut s'empêcher de remarquer ici l'influence des temps : aujourd'hui de semblables démonstrations encourraient le reproche contraire, celui d'une excessive timidité; aujourd'hui l'on s'étonnerait qu'une garnison pouvant mettre habituellement 5,000 hommes sous les armes, fût serrée de si près par des tribus kabyles qui, même dans leurs plus forts rassemblements, ne lui auraient jamais opposé plus de 4,000 à 4,500 fusils.

Les mois de janvier, février, mars 1838, ne furent signalés par aucun événement militaire. Un hiver rigoureux paralysait de chaque côté toutes les résolutions, et ce fut seulement au 1ᵉʳ mars, que le colonel Duvivier trahit sa volonté persévérante de dominer la plaine, par un grand déboisement qu'il ordonna jusque vers les hauteurs du col, et par l'ouverture d'un grand nombre de passages dans les ravins ou les fourrés. Au reste, les projets que semblaient annoncer de semblables préparatifs, restèrent ignorés, car un incident imprévu vint mettre fin au commandement de cet officier.

Dès le premier jour de la conquête, on s'était empressé d'établir à Bougie un sous-intendant civil, qui dut bientôt changer ce titre ambitieux contre celui de commissaire du roi près de la municipalité : municipalité imaginaire d'ailleurs, aussi bien que les fonctions du délégué royal. Le bénéficiaire de cette sinécure imagina, sans doute pour se rendre utile, d'entrer en relations avec Si Saâd-Oulid-ou-Rabah, par l'intermédiaire du bougiote Medani. Le 27 mars, il s'embarqua en compagnie de ce dernier sur un canot du port, pour aller à un rendez-vous du chef kabyle. La conférence commençait à peine sur les grèves, à l'embouchure de la Summam, qu'elle fut interrompue à coups de fusils par des Kabyles opposants. Une petite collision s'en suivit, et les gens d'Oulid-ou-Rabah coupèrent deux ou trois têtes à leurs agresseurs. Pendant ce temps, le commissaire royal, fort effrayé, regagnait à la nage son embarcation et, malgré les instances du cheikh, qui lui montrait comme preuve de sa bonne foi, les trophées sanglants du combat, il n'en voulut entendre ni voir davantage

Or, le théâtre de cette conférence avortée, se trouvait, comme on sait, sous les yeux de Bougie. On en distingua parfaitement tous les détails; le commandant supérieur en fut instruit de suite; il fit courir une embarcation au-devant de celle qui rentrait, et le négociateur fut conduit à bord du *Liamone*, brick-stationnaire, comme inculpé d'intelligences illégales avec l'ennemi, crime que nos lois punissent de la peine de mort.

Mais l'étonnement devint extrême, quand on eut de plus amples informations. Il résulta, d'une lettre officielle, que le gouverneur même avait autorisé directement cette négociation clandestine, à l'insu du commandant supérieur. La dignité de celui-ci, les moindres notions politiques ou militaires, ne pouvaient être méconnues plus gravement. Le pis fut qu'on persévéra dans cette voie, et qu'on sacrifia tous les principes à l'espoir d'un traité de paix quelconque. Le colonel du génie Lemercier vint à Bougie avec la mission spéciale d'en poser les bases.

Ici, on ne sait vraiment pas ce qu'il faut admirer davantage, de l'insolence du chef kabyle qui exigea, pour première condition, le rappel du colonel Duvivier, ou de la faiblesse du gouverneur français qui put prêter l'oreille à une ouverture semblable. Grâce au ciel, l'apparence fut un peu sauvée; sur ces entrefaites, le commandant supérieur qui blâmait la négociation dans le fond comme dans la forme, et dont la susceptibilité se trouvait fortement émue, demanda du service en France. Il remit, le 11 avril, le commandement provisoire de Bougie au colonel Lemercier, et quitta cette ville le 14, après un séjour de dix-huit mois, qui avait profité singulièrement à sa renommée militaire.

IV.

Dans l'intervalle, c'est-à-dire le 12 avril, avait été conclu le traité de paix avec Si Saâd-Oulid-ou-Rabah (1). Ce traité qui ne reçut jamais une ombre d'exécution, restera comme un monument curieux d'ignorance en ce qui concerne les mœurs, la politique et le gouvernement kabyles. Douze jours après sa signature, (24 avril), une agression nouvelle avait lieu, et l'on hésitait presque à la repousser, s'imaginant qu'elle ne pouvait venir que d'un malentendu. Le surlendemain (26 avril), ce sont trois hommes isolés qui sont surpris et massacrés. Au milieu du mois suivant, tentatives nocturnes autour de la maison crénelée, qui aboutissent à la mort du cheikh Ou-Bellil. Les Mzaïas réclament son cadavre, et obligent la garnison à diriger une sortie contre eux.

(1) Voir la note C.

Le marché qui devait s'ouvrir aux portes de Bougie, et sur lequel on fondait des rêves chimériques d'influence, ce marché n'est jamais tenu. Enfin, l'auteur même du traité, appréciant mieux la situation militaire comme commandant supérieur, qu'il n'avait entrevu, en qualité de plénipotentiaire, la question politique, donna la mesure de la confiance que cette pacification lui inspirait, en prenant pour la garde du troupeau des précautions inouïes, en augmentant de beaucoup la force des ouvrages, et en améliorant leur disposition.

Son commandement très-court laissa, sous ce rapport, les plus honorables souvenirs. Le 10 juin, il le remit au lieutenant-colonel d'état-major Girod, et alla reprendre à Alger son poste de directeur des fortifications.

Le nouveau chef ne séjourna qu'un peu plus de trois mois à Bougie, mais il y laissa trace en se prononçant le premier pour l'abandon complet du poste. La prise de possession en avait été blâmée plusieurs fois, comme nous l'avons vu, et plus récemment encore, en février 1835, par le lieutenant-général Rapatel, à la suite d'une courte inspection. Néanmoins, il y avait encore une certaine distance de cette critique rétrospective à un projet d'évacuation. L'intervalle fut comblé par les déceptions cruelles du traité. Non seulement son existence ne ralentit en rien les attaques des tribus voisines, mais Si Saâd, qui s'était obligé à les combattre dans ce cas, finit tout au contraire par les imiter. Dans les mois de juillet, d'août et de septembre, ses cavaliers recommencèrent à couvrir la plaine, à diriger des tentatives sur le troupeau, et par une fatale coïncidence, nos moyens de répression diminuaient de jour en jour. Le bataillon de la légion étrangère s'embarquait le 10 juillet pour l'Espagne, sans être remplacé; la situation de l'hôpital s'élevait insensiblement jusqu'à atteindre, au mois de septembre, le chiffre de 880 hommes. Il semblait donc qu'on eût essayé sans succès toutes les voies possibles, celle des négociations comme celle des armes; dans la dernière, tantôt la défense passive, tantôt les retours agressifs; et, en fait d'offensive, alternativement les moyens de rigueur, ou une générosité palpable à ménager ce qu'on pouvait détruire. Tout avait échoué; l'occupation se retrouvait après deux ans au même point qu'après deux jours : bloquée dans ses ouvrages, réduite à une surveillance, à une défensive de tous les instants, et en outre, dénuée d'avenir, odieuse dans les rangs de l'armée, l'affaiblissant par une diversion stérile.

Ces griefs agirent à tel point sur l'esprit du maréchal Clausel, nouvellement nommé gouverneur, qu'il annonça le 12 septembre, par un avis confidentiel, l'évacuation prochaine de Bougie. Toutefois, avant de prendre un parti si tranché, si irrémédiable, et que le colonel Lemercier combattait avec de puissantes raisons, il résolut de voir par ses propres yeux. Le 28 octobre, il débarqua du *Styx* sur la plage de Bougie.

V.

Depuis un mois déjà, le commandant supérieur n'était plus le lieutenant-colonel Girod, mais bien le lieutenant-colonel de la Rochette, du 63ᵉ de ligne. Le pouvoir chez nos principaux ennemis venait également de passer en d'autres mains. Si Sâad—Oulid-ou-Rabah était mort; son frère, Mohammed-ou-Amzian, était devenu le personnage le plus important du pays. Il paraissait enclin à renouer avec nous les négociations astucieuses de son prédécesseur.

Le maréchal Clausel examina les lieux, et ce fut lui qui décida quel allait être le sort de Bougie pendant une douzaine d'années. Comme la conquête entière du littoral entrait dans ses prévisions, l'abandon d'un poste important où l'on s'était déjà fortifié à grands frais lui parut trop impolitique. Mais il était en même temps homme de guerre : il sentait la nécessité de mobiliser les troupes dans sa main pour frapper les coups décisifs, et n'en voulait disséminer que le moins possible sur des points secondaires ou stériles.

Or, qu'était celui-ci ? Stérile, puisqu'un corps de 4,500 hommes n'avait pu s'y créer d'influence au-dehors ; secondaire, car les embarras pressants de notre domination existaient partout ailleurs que dans la Kabylie.

En conséquence, conserver Bougie, réduire au minimum l'effectif nécessaire à sa défense, tels furent les principes posés alors, et dont on ne devait plus se départir jusqu'à la conquête intérieure du pays.

Le maréchal Clausel joignit à cette solution politique un nouveau plan de défense avancée, reposant sur l'occupation des hauteurs de Demous et sur l'abandon de la plaine. Les travaux, dans ce sens, commencèrent immédiatement : le chef de bataillon du génie Charron leur donna l'impulsion la plus rapide ; nous citerons seulement les principaux : achèvement d'un mur d'enceinte à peu près dirigé comme celui des Romains, dans le but de restreindre la place, terminé et armé le 22 novembre ; érection du grand fort Clausel à Demous ; transfert près de lui du blockhaus de la plaine, sous le nom de blockhaus Rapatel ; remaniement de la maison crénelée, avec addition d'un réduit en forme de tour ; postes de Toati, du cimetière ; celui de Mangin et le blockhaus d'Oriac, qui rappellent la mémoire des jeunes officiers tués à la prise de Bougie ; chemins et rampes pour communiquer facilement entre ces divers points en cas d'attaque ; enfin, à l'intérieur, achèvement de l'hôpital Bridja, élargissement des rues, création de places d'armes et de rassemblement, etc.

La construction du fort Clausel, sur un point avancé, offrait une de ces occasions d'attaque dont les Kabyles n'avaient jamais manqué de profiter. Fidèles à leurs antécédents, ils s'y présentèrent à diverses reprises, depuis le 7 jusqu'au 19 novembre (1), particulièrement dans les journées des 10 et 11, où leur nombre dépassa 4,000. Partout la garnison, numériquement très-inférieure, les repoussa victorieusement; il y eut là quelques épisodes glorieux pour le corps des zouaves.

Ainsi, l'occupation de Bougie semble changer complètement de nature, et s'asseoir en conséquence sur des bases nouvelles. On renonce à l'espoir d'y créer soit par les armes, soit par le commerce, un centre d'influence française sur la Grande Kabylie. Ce n'est plus qu'un point de la côte où l'on maintient la conquête comme un fait accompli, et dans des prévisions d'avenir à peu près indéterminées.

Par conséquent aussi, le rôle de la garnison, celui de commandant supérieur, prennent un autre aspect. Le chef n'a plus à se préoccuper d'aucun résultat politique; ses forces ne sont pas assez respectables pour lui permettre d'y prétendre. Militairement, il se renfermera

---

(1) Voir la note D.

dans une défensive absolue; de petites sorties lui sont permises pour se dégager au besoin, mais l'offensive réelle est interdite. Les instructions précises du gouvernement central ne cessent d'insister sur ce rôle modeste, et d'en conclure à des économies nouvelles soit en hommes, soit en argent.

On calcule déjà qu'environ cent baïonnettes pour le fort Gouraya et ses accessoires, autant pour le fort Clausel avec ses dépendances, et un millier au corps de place devraient parfaitement suffire, et qu'ainsi, l'effectif total pourrait descendre peu à peu jusqu'à 1,800 ou 1,500 hommes. Le colonel de la Rochette entreprend de faciliter cette réduction, d'abord par l'appel sous les armes de tous les habitants civils qui forment de suite une compagnie de cent hommes; en second lieu, par la création d'une compagnie franche, composée des soldats du bataillon d'Afrique les plus déterminés, les plus propres à la guerre d'embuscade. Cent cinquante, choisis, armés, équipés et instruits tout exprès, seront placés sous les ordres du capitaine Blangini, l'officier le plus apte à former un corps spécial de ce genre. En effet, à peine organisée, la compagnie franche fait ses preuves, le 15 avril, par une charge vigoureuse sur cinq cents Kabyles embusqués près du fort Clausel, et par l'incendie du village d'Eydoun, au-delà duquel s'était étendue la poursuite.

VI.

Le 20 avril 1836, le commandant supérieur, élevé depuis plusieurs mois au grade de colonel, quitte Bougie. Le chef de bataillon Salomon de Musis, du 2e bataillon d'Afrique, est investi du commandement provisoire. Cet officier, moins pénétré que son prédécesseur des vues restreintes du gouvernement sur Bougie, se flatte d'y jouer un rôle politique, et reprend avec Mohammed-ou-Amzian des négociations que l'expérience paraissait avoir condamnées. Mais au lieu d'un simple avortement, elles produisirent, cette fois, la plus horrible catastrophe.

Deux versions principales ont été émises sur les causes de l'attentat dont on va lire le récit. Selon la première, Mohammed-ou-Amzian serait devenu suspect aux Kabyles par ses relations continuelles avec les chrétiens. De plus, son neveu, jeune homme de seize ans, fils de Saad-Ould-ou-Rabah, l'avait encore compromis en amenant des bœufs, lui-même, au marché de Bougie. A ce propos, il avait même été question de lui imposer une amende. Enfin, quelques intrigues nouées avec le bey de Constantine auraient également pesé dans la balance, et conduit Amzian à donner, aux uns comme aux autres, une éclatante garantie de rupture éternelle avec les chrétiens. Cette explication empruntée à certaines idées, à certaines réminiscences de politique européenne, nous satisfait beaucoup moins que la suivante, toute conforme aux mœurs kabyles.

Voici cette seconde explication. Malgré plusieurs tendances de rapprochement entre Amzian et le nouveau commandant supérieur, les Kabyles avaient renouvelé, dans les premières journées de juin, leurs attaques contre nos postes; et le 7, en particulier, le blockhaus d'Oriac avait été très-compromis. Dans la soirée, un Kabyle qui fut reconnu, plus tard, pour être marabout et intime ami d'Amzian, s'acheminait du côté de la ville, quoique la fusillade s'y prolongeât encore. Cet homme était à la vérité désarmé; mais soit faute d'y avoir pris garde, soit par suite de l'échauffement trop commun après une affaire sérieuse, on fit feu sur lui, et le malheureux tomba mort près de la maison crénelée. C'était, avons-nous dit, un marabout, un ami d'Amzian, et, de plus, il en avait reçu l'anaya.

Les renseignements donnés plus haut sur l'anaya en général suffisent pour expliquer le reste.

Amzian envoya de suite exposer son grief au commandant supérieur. Celui-ci, mieux informé des mœurs kabyles, aurait sans doute rejeté sur l'ignorance ou l'inattention le viol d'un sauf-conduit si vénéré; mais n'y attachant pas grande importance et irrité dans ce moment contre le cheikh, à cause des dernières agressions, il rudoya son émissaire, qui publia partout le mépris manifeste du commandant chrétien pour l'anaya kabyle. Dès lors entrait en jeu non seulement l'amour-propre d'Amzian, mais l'amour-propre national ; l'injure devenait publique, et le préjugé, trop aveugle pour apprécier des nuances d'intention, réclamait, à grands cris, une vengeance mémorable.

En pareil cas, les Kabyles entr'eux se déclarent une guerre loyale qui n'exclut pas toujours l'assassinat ; mais ici, la guerre existait déjà, et ses phases antérieures permettaient difficilement d'en attendre la réparation voulue. Entraîné par son propre ressentiment ou par les reproches sanglants de ses concitoyens, Amzian ne recula devant aucune perfidie pour obtenir cette satisfaction sanglante.

Un guet-apens est préparé ; le penchant déplorable du commandant Salomon de Musis pour les négociations politiques, doit l'y faire tomber. En effet, c'est une entrevue qu'Amzian lui envoie demander par lettre ; et, de loin, on aperçoit le cheikh dans la plaine, suivi de quelques cavaliers. Mais laissons raconter ces détails par un témoin presque oculaire (1) :

Le cavalier arrive à Bougie, à dix heures du matin, et presse le commandant de descendre. Celui-ci hésite, ne veut pas ; il est

---

(1) M. le chef d'escadron d'artillerie Lapène. — Voir en outre la note E.

malade et languissant dans son lit. Dans tous les cas, il déclare ne vouloir dépasser la maison crénelée. Le cavalier, pour augmenter l'assurance de M. Salomon dans les bonnes dispositions d'Amzian, lui répète ce langage perfide, déjà tenu par Béchir, depuis son arrivée, le 2, que les Fenaïas et les Mzaïas ont retiré leurs burnous des mains d'Amzian, et que la guerre est déclarée entre celui-ci et les deux tribus. Ce cavalier est connu à Bougie; il circule en ville et dans les lieux publics, et répand cette nouvelle. Le malheureux commandant, entraîné par la fatalité, se décide, et, d'une main appesantie par la maladie, dicte à l'iman pour Amzian, les lignes que voici, les dernières qu'il ait écrites : « Je te fais savoir, mon cher ami, que j'ai été très-
» fâché du mal qu'on a fait à Abderakman. Si tu avais été réelle-
» ment mon ami, tu aurais empêché tout cela; tu dois bien penser
» que je ne suis pas content d'une pareille chose. Si tu veux faire
» la paix avec moi, viens ce soir, à six heures, à la maison
» crénelée; nous parlerons de nos affaires et tout s'arrangera à
» l'amiable; mais il faut de la franchise et point de détours. »

M. Salomon envoie cette lettre par le cavalier. Il est positif qu'il voulait ajourner l'entrevue, et la remettre au dimanche suivant, 7 août. Il ne se décide à descendre que sur cette perfide insinuation, qu'Amzian lui fait faire par l'espion Béchir, que si le commandant ne s'empresse pas, il ira, lui Amzian, conclure directement la paix avec le lieutenant-général, à Alger. Ces mots troublent le commandant Salomon; il n'est plus à lui, tant il a peur de manquer l'occasion favorable. Il sort donc avec le kaïd, l'interprète Taponi et l'arabe Belkassem, employé à la police maure, et descend à la maison crénelée. M. le sous-intendant militaire Fournier, qui est présent, parlant d'affaires, l'accompagne; il est bien aise d'assister à cette conférence où peuvent même être traitées quelques questions utiles pour le futur approvisionnement de bœufs.

Cependant Amzian refuse avec obstination d'arriver jusqu'à la maison crénelée. Ceci provoque plusieurs allées et venues de cavaliers et de kodjas. Medani lui-même, à cheval, s'avance par ordre du commandant supérieur; mais joint par quelques cavaliers, il reconnaît distinctement plusieurs Fenaïas. Medani se replie, effrayé, sur M. Salomon. Il lui dit à plusieurs reprises : « Il y a » là des figures inconnues; cela n'indique rien de bon. » Il lui conseille de ne pas s'avancer. De son côté, Amzian, que l'interprète Taponi et Belkassem avaient été joindre à 1,600 mètres de la ville, refusait obstinément d'aller plus loin. Le Kabyle prétend qu'il voit luire, dans les broussailles les plus rapprochées de la place, quelques baïonnettes, et qu'il n'avancera pas; ou plutôt c'est un terrain de son choix et plus sûr qu'Amzian réclame pour l'exécution de son projet. Le crime est arrêté dans son esprit; il sera consommé.

On tombe enfin d'accord sur le terrain de la conférence : c'est celui de la tour du rivage. Le commandant Salomon s'y trouve, avec l'interprète, le kaïd, M. Fournier et le capitaine Blangini, de la compagnie franche, Belkessem, Béchir, plus deux soldats du 2ᵉ bataillon, sans armes, apportant les cadeaux et devant servir le café. Un chasseur d'ordonnance à cheval croise à peu de distance; six autres sont à 300 mètres vers la ville. Les premières baïonnettes de la compagnie franche étaient à 130 mètres, mais cachées et embarrassées dans les broussailles. Les cadeaux sont distribués; ils consistent en un burnous rouge et une pièce de calicot pour Amzian, du calicot et du sucre pour les cavaliers. Ceux-ci avaient reçu ces dons à l'écart; mais, le café pris, ils se rapprochent peu à peu du lieu, au nombre de quinze, entourent bientôt le commandant et cherchent même à le déborder, à l'isoler entièrement du capitaine Blangini et du sous-intendant, qui se tiennent discrètement à quelques pas. L'officier en fait la remarque à M. Salomon, et, d'un signe impératif, ordonne aux cavaliers de s'arrêter. Le malheureux commandant opposait moins de volonté que de résignation en répondant au capitaine Blangini;

il lui laisse comprendre qu'il reconnaît tout le danger de sa situation, mais ne fait rien pour y échapper. Que pouvait-il, n'ayant pas d'escorte de cavalerie et s'étant engagé dans cet infernal guet-apens, sans défiance, sans moyen aucun d'en sortir?

Dans l'intervalle, la conférence avait, comme de coutume, commencé au mieux. Les paroles les plus bienveillantes, les protestations, les poignées de main, avaient été échangées, les cadeaux reçus, et rien n'indiquait l'horrible catastrophe qui va suivre. Le jour baissait; il était sept heures moins vingt minutes.

Amzian dut donner le signal. Il s'est du moins vanté plus tard qu'il avait jugé à la préoccupation et aux regards inquiets de sa malheureuse victime, que la défiance de celle-ci croissant, elle pouvait rompre subitement la conférence et échapper à la mort. Le cavalier, porteur de l'arme courte, chargé du rôle de principal assassin, le même à qui, un instant auparavant, le commandant, à cause de sa bonne mine guerrière, avait donné cinq francs, se glisse entre M. Salomon et les autres spectateurs; placé absolument derrière lui, il se penche sur son cheval pour armer son fusil court ou tromblon, et l'appuyant directement au dos du malheureux commandant, il fait feu. Cette subite détonation frappe tous les Français présents de surprise, d'horreur et de consternation. Le commandant tombe penché en avant sur son cheval. Trois autres coups de fusil, tirés à bout portant à l'aine et au bas-ventre, le renversent sur le carreau, sans vie et dans le plus horrible état. L'interprète Taponi est entouré; il a la poitrine brisée par la décharge d'un canon lançant huit balles, tirées à bout portant. D'autres blessures succèdent. Le kaïd, qui venait de céder son cheval, reçoit cependant deux blessures graves, une au cou, une au bras. Le capitaine Blangini, placé au milieu des coups de fusils, est manqué; mais il est terrassé, ainsi que son cheval, par un Kabyle de taille colossale qui lui assène un violent coup de crosse sur l'épaule; le sous-intendant, M. Fournier, se retire de cette bagarre, comme par miracle, sain et sauf. Il en est de même des quatre hommes de suite, ou servant le café. Le kaïd Medani, renversé d'abord, se relève seul, et par un instinct puissant de conservation, fuit vers la maison crénelée; là, ses forces lui manquent et il tombe. Cependant le capitaine Blangini, que sa chute avait préservé de blessures plus graves, étendu à terre, fortement luxé, n'est pas un instant abandonné par son intelligence habituelle et son courage. Au milieu des balles et du piétinement des chevaux des cavaliers, qui achevaient le commandant et l'interprète, il crie : Aux armes ! en avant! L'à-propos de cet officier et le calme au milieu d'un évènement si étrangement horrible, avec lesquels il provoque l'arrivée des secours, le sauvent, ainsi que le sous-intendant, le kaïd et les quatre autres spectateurs de l'entrevue. C'en était fait d'eux tous, si les tirailleurs de la compagnie franche n'eussent accouru sur le terrain et ôté aux cavaliers ennemis le temps de recharger leurs armes. L'engagement fut court, mais vif. Le capitaine Blangini, l'épaule luxée, presque démise, était déjà debout à l'arrivée de ses hommes, les disperse en tirailleurs et poursuit les cavaliers. Ceux-ci voulaient assassiner, mais non se battre; leur but était atteint. Aussi, après la première décharge, Amzian avait donné le signal de la fuite, en tournant de suite bride le long de la mer. Quelques coups de canon de la maison crénelée accélèrent la retraite; mais une poursuite plus longue était sans but; en outre, la présence des troupes était plus nécessaire ailleurs.

Les chevaux des deux victimes étaient entraînés; les cadavres nous restaient, et la catastrophe qu'une partie de la garnison, située sur le rempart, craignait et tremblait de voir se réaliser n'était malheureusement que trop réelle. Le chef d'escadron d'artillerie Lapène et le chef de bataillon du génie Charron se se trouvaient en ce moment retenus chez le commissaire du roi, mandés pour une affaire importante. C'est le seul motif qui les empêcha d'aller joindre le malheureux commandant Salomon au lieu de la conférence; car le cavalier du matin, piquant à dessein leur curiosité, les y avait fortement engagés. Le premier prit de suite le commandement supérieur par ancienneté de grade. Il se transporta au-devant des restes inanimés de son malheureux collègue, et fit visiter son corps mutilé et celui de l'interprète, pour s'assurer s'il y avait quelques lueurs d'espoir; il n'en restait aucune. Le premier avait quatre blessures horribles dont la moindre était mortelle; le coup de tromblon l'avait comme brisé en deux à hauteur du tronc. L'interprète Tapohi avait la principale blessure à la poitrine; les poumons étaient traversés. Il en portait de moindres sur le corps. C'était un bon et brave jeune homme, d'origine maltaise, intelligent, réservé, mais surtout dévoué aux Français.

Ce meurtre épouvantable fut à peine commis qu'il excita, même chez les Kabyles, de vives réprobations; un grave dissentiment en résulta au sein des tribus voisines de Bougie. Les moins passionnées dans leur haine contre l'étranger déclarèrent que cet acte avait dépassé les bornes d'une représaille légitime; et Amzian, obligé de courber la tête sous ce jugement des siens, après avoir d'abord fait parade de son crime, chercha bientôt toutes les occasions de s'en disculper aux yeux de ses compatriotes et aux yeux des Français.

D'autre part, le même attentat creusait un abîme profond, infranchissable, entre les conquérants de la ville et les habitants du pays. Dorénavant, aucun des chefs français ne pouvait plus entrer en négociations avec l'assassin impuni de son prédécesseur; il fallait donc se résigner au blocus perpétuel et ménager sa garnison en la tenant sur une défensive absolue. C'étaient bien là les instructions récentes de l'autorité supérieure ; mais l'histoire leur imprimait un sceau sanglant, plus propre que celui du pouvoir à en assurer l'observance rigoureuse. De leur côté, les Kabyles, après avoir essuyé tant d'échecs sous les murs de la place, désespéraient depuis longtemps d'en chasser les chrétiens. L'immobilité de ceux-ci, mettant d'ailleurs un terme à leur inquiétude, ils ne devaient plus en général commettre d'agression que par l'intempérance momentanée d'une humeur belliqueuse.

Les combats opiniâtres que nous avons décrits allaient dégénérer en coups de main sur le troupeau, en embuscades près des avant-postes; hostilités continuelles où la garnison et les officiers de Bougie firent preuve d'une vigilance, d'un courage à toute épreuve; mais hostilités partielles, sans résultat possible et que l'histoire, par suite, ne saurait enregistrer un à un.

Immédiatement après l'assassinat, le chef d'escadron d'artillerie Lapène fut appelé, par son ancienneté de grade, au commandement supérieur.

Il parvint à calmer l'effervescence de la garnison, et sut promptement opposer des ressources suffisantes aux efforts qu'il redoutait de l'ennemi. Du reste, l'évènement ne justifia pas ses prévisions, et ce fut seulement les 25 et 26 septembre qu'on vit reparaître des Kabyles. Une sortie très-animée les refoula plus loin que Dar Nassar, où des discordes intestines achevèrent leur dissolution.

VII.

Le lieutenant-colonel d'état-major Chambouleron, nommé commandant supérieur, entre en fonctions le 1ᵉʳ octobre 1836.

Pendant les quinze mois que dure son séjour à Bougie, on ne cite qu'un engagement de quelque importance : il est remarquable par l'incendie du village de Tarmina, vis-à-vis Dar Nassar. De nouvelles additions sont faites aux ouvrages de défense; ce sont : le fort *Lemercier*, les tours *Doriac* et *Salomon*.

Admis à la retraite le 1ᵉʳ janvier 1838, cet officier supérieur est remplacé par le lieutenant-colonel Bedeau, de la légion étrangère.

Le nouveau commandant se voit appelé, par exception, à sortir du rôle passif et à opérer une sortie plus étendue qu'aucune de celles de ses prédécesseurs. Il ne s'agissait toutefois que de démonstrations; celles-ci avaient pour but d'attirer fortement sur Bougie l'attention des Kabyles de l'est, pendant qu'une expédition toute préparée allait faire la conquête de Gigelly. Mieux connues aujourd'hui, les populations de ces montagnes ne nous paraissent pas offrir un ensemble qui puisse justifier des diversions aussi lointaines. Quoi qu'il en soit, le colonel Bedeau s'empara du col de Thisi, sans coup férir, par une marche de nuit, et domina la plaine durant plusieurs jours (12, 13, 14 mai 1839). Tantôt en se portant jusqu'au village de Mellala, tantôt en affectant l'intention de passer la Summam, il réussit à attirer devant lui des masses de Kabyles assez imposantes, et à les occuper loin du point où l'on redoutait leur présence. Sa marche rétrograde sur Bougie fut, comme à l'ordinaire, le signal d'une attaque générale. La colonne repoussa victorieusement ses agresseurs, et rentra dans la ville sans autre mal qu'une vingtaine d'hommes hors de combat.

Sur ces entrefaites, le commandant supérieur reçut une demande de renfort pressée, pour le corps expéditionnaire de Gigelly. Il envoya, de suite, par un bâtiment à vapeur, toutes les forces qui ne lui étaient pas strictement indispensables, et cette réduction d'effectif lui interdit d'autres sorties.

Les successeurs du colonel Bedeau furent :

En octobre 1839, le lieutenant-colonel d'état-major de Tussac ;

En décembre 1839, le colonel d'état-major Dubarret ;

En août 1840, le colonel comte de Polignac ;

En décembre 1840, le lieutenant-colonel Dauguetin ;

En décembre 1841, le lieutenant-colonel d'état-major Gaulier ;

En mai 1842, le chef de bataillon Ducourthial, de l'état-major des places;

En mai 1846, le chef-d'escadron d'état-major Morlot de Wengy.

De ces dernières années d'occupation, une moitié, la première, n'offre aucun fait qu'on désire sauver de l'oubli; et, pendant sa durée, l'honneur du drapeau français n'est même pas toujours sauvegardé contre l'insolence des montagnards. Si des besoins d'un ordre supérieur empêchaient d'immobiliser, à Bougie, des forces suffisantes, peut-être eût-il été possible d'y débarquer, à l'improviste, plusieurs bataillons qui eussent infligé en quelques jours, à la tribu des Mzaïas, un juste et mémorable châtiment. Le nombre de nos bâtiments à vapeur, et la proximité d'Alger, facilitaient singulièrement un pareil coup de main.

La période suivante offre un heureux contraste.

On y suit, à vue d'œil, les progrès de notre influence. D'abord, ce sont des reconnaissances dirigées avec succès par le commandant Ducourthial, dans les montagnes environnantes; puis une attention soutenue de ce chef et de son successeur à ne laisser aucune insulte sans répression. Le commandant Morlot de Wengy parvient à intervenir avec poids dans les affaires des tribus voisines : tour à tour il les frappe, les intimide ou les attire, et finit par en recevoir quelques offres de soumission.

Si honorables qu'ils fussent pour la garnison de Bougie, ces succès n'étaient toutefois que le contre-coup des victoires remportées par nos colonnes actives dans le sein même de la Grande Kabylie. Les commandants de la petite place avaient seulement tiré le meilleur parti possible d'une situation nouvelle qu'ils n'avaient ni créée, ni pu créer eux-mêmes. Par ce motif, nous n'avons point à nous appesantir sur les détails de leurs opérations; par ce motif aussi, nous éloignons notre lecteur d'une scène devenue secondaire, pour l'introduire enfin sur celle où la destinée du pays doit s'accomplir.

CHAPITRE IV.

GÉOGRAPHIE

ET

Caractères Politiques.

I. La Kabylie à vol d'oiseau. — II. Vallée de l'Adjeb. — III. Vallée du Sebaou. — IV. Vallée de la Summam. — V. Ben-Mahy-ed-Din. — VI. Abd-el-Kader.

I.

Nous avons appelé Grande Kabylie ce vaste quadrilatère dont les sommets reposent sur Aumale, Dellys, Bougie et Sétif. Ses côtés se composent des lignes plus ou moins brisées que voici :

Entre Aumale et Dellys, la nouvelle route d'Alger l'Oued-ben-Ahmoud jusqu'à son confluent avec l'Isser au pont de Ben-Hini; l'Isser jusqu'à Bordj-Menaïel l'Oued-Sebaou, depuis le Bordj du même nom jusqu'à son embouchure.

De Dellys à Bougie, le bord de la mer.

De Bougie à Sétif, une ligne droite, ou peu s'en faut.

De Sétif à Aumale, la route des Bibans, suivie en 1838 par la colonne venant de Constantine; puis, l'Oued-Lekal (1), à partir de Kaf-Radjala.

Le pays ainsi limité occupe une superficie d'environ 500 lieues carrées. Les renseignements qu'on a pu recueillir font évaluer sa population au moins à 250,000 âmes, ce qui la répartirait en moyenne sur le pied de 500 habitants par lieue carrée. Ce chiffre ne répondrait pas à l'idée qu'on aurait pu s'en faire en parcourant, à la suite de nos colonnes, les vallées de la Summam, du Sebaou et de l'Adjeb, aussi peuplées que la plupart de nos départements; mais il faut faire entrer en ligne de compte la solitude qui règne nécessairement sur beaucoup de cîmes rocheuses et sur les flancs trop escarpés de certaines montagnes.

Nous n'entreprendrons pas d'exposer, dans tous ses détails, la géographie politique et physique de cette contrée. Ce serait un travail ingrat qui, par la multiplicité des faits secondaires, le morcellement indéfini des intérêts et l'abondance des noms propres difficiles à retenir, fatiguerait l'esprit du lecteur, sans y laisser

---

(1) Oued signifie rivière.

aucune empreinte nette. Au contraire, l'esquisse large des grands accidents naturels et des groupes sociaux les plus considérables fixera l'attention sans la disséminer. On suivra d'autant mieux la marche des évènements que leur théâtre sera moins encombré.

Une frappante analogie subsiste entre la configuration matérielle et la physionomie morale du pays. Le sol nous montre, séparées par les grandes chaînes dominantes, un petit nombre de belles vallées, véritables artères où circulent les principes vitaux. En examinant de plus près ces bassins du premier ordre, nous y découvrons l'épanouissement de plusieurs vallées secondaires, dont les flancs sont des contreforts du massif principal et lui en déversent les eaux. Ces petites rivières à leur tour reçoivent des torrents, ces torrents des ruisseaux ou des chutes; ainsi l'on remonte, par un enchaînement de systèmes perpendiculaires les uns aux autres, des bassins aux vallées, des vallées aux vallons, des vallons aux ravins; et chacun de ces éléments géographiques a son nom, ses détails; chacun comporterait une description particulière. Mais, pour simplifier la carte, pour en faciliter l'entente, nous nous arrêterons à la nomenclature des grandes vallées, au nombre de trois: celle de l'Oued-Adjeb qui n'est toutefois qu'un affluent, et les deux bassins principaux du Sebaou et de la Summam, débouchant dans la mer.

Le premier de ces cours d'eau descend des environs

de Sétif, où il porte le nom de Bou-Sellam, et, rencontrant le mont Guergour, s'ouvre un passage étroit à travers ses masses rocheuses. Mais cette coupure est inaccessible partout; aussi la route de Sétif à Bougie ne peut rejoindre que plus bas le cours de la rivière. Celle-ci continue jusqu'à la Summam de traverser un pays âpre, de contourner des montagnes d'une hauteur médiocre, mais irrégulières, confuses et difficilement viables. Ce sol si tourmenté n'en est pas moins couvert de bonnes terres végétales, de même qu'il recèle beaucoup de mines dans son sein.

La chaîne du Jurjura, c'est-à-dire le massif le plus élevé du pays, détermine l'existence et la forme des deux autres bassins, à peu près concentriques, de la Summam et du Sebaou. Cette chaîne court parallèlement au littoral compris entre Bougie et Dellys. Ses crêtes rocheuses dominent à plus de deux mille mètres le niveau de la mer. A part quelques arêtes dénudées, quelques ravins inextricables, quelques arrachements accidentels, le sol y est en général garni d'une épaisse couche de terre végétale, terre facile et productive qui ne manque ni de bois ni d'eau, présente rarement des obstacles insurmontables, et, sous tous les rapports, se prête beaucoup mieux au parcours que la plupart des autres Kabylies.

La ligne de partage des eaux devient naturellement une frontière politique et géographique entre les versants nord qui regardent la Méditerranée, et les versants méridionaux d'où l'œil projette à l'infini montagnes sur montagnes, pitons contre pitons, et embrasse pour ainsi dire une mer de vagues solides. Non seulement les bassins de la Summam et du Sebaou tracent, l'un en dedans, l'autre en dehors du Jurjura, deux anneaux concentriques, mais encore leur topographie contraste symétriquement; leurs pentes suivent des mouvements opposés: le Sebaou coule de l'est à l'ouest pour tomber dans la mer, après avoir enveloppé Dellys; tandis que, plus loin, la Summam descend en sens inverse du couchant au levant, mais enveloppe également Bougie avant de s'épancher dans la mer.

Jetons maintenant les yeux sur la population qui couvre ce vaste territoire. On y saisit de même, au premier coup-d'œil, un petit nombre de masses distinctes et compactes, ralliées fortement autour de certains intérêts communs, de certaines familles populaires, de certaines zaouïas vénérées; quelques tribus seulement flottent d'un groupe à l'autre en raison des évènements ou des passions du jour. Mais si l'on examine de plus près l'intérieur des confédérations, on ne tarde pas d'y reconnaître aussi des rivalités intestines, des dissidences égoïstes, en un mot l'individualisme de la tribu. Que l'on approfondisse encore davantage, et dans la tribu même on discernera bientôt les fractions, les villages, comme autant de nuances d'une couleur unique, comme autant de flèches du faisceau.

Or, c'est ici surtout que nous voulons éviter à l'esprit du lecteur une fatigue inutile, et le préserver de la plus dangereuse confusion. Loin de promener son attention dans ce dédale d'intérêts secondaires, de groupes en sous-ordre, nous la concentrerons exclusivement sur les grandes masses agglomérées.

II.

Commençons par celles qu'on rencontre en descendant le cours de l'Adjeb; nous passerons ensuite en revue les vallées plus considérables de la Summam et du Sebaou.

Les premières intéressent surtout notre politique, par leur présence sur la seule voie de communication possible de Bougie à Sétif.

L'occupation de Sétif, dont l'histoire ne serait ici qu'un hors-d'œuvre, produisit de bonne heure un certain cercle de soumission qui s'étendit jusqu'au Guergour, et isola déjà des ligues kabyles un petit noyau de tribus capable de lever environ mille fusils.

Immédiatement au-dessous, on rencontre la plus forte confédération de toute cette vallée. Six tribus la composent, et la principale lui donne son nom; c'est celle des Beni-Hala, qui compte 800 guerriers. Viennent ensuite les Reboulas dont nous avons déjà noté l'esprit industriel, et les Beni-Brahim : toutes ensemble offrent un effectif de 2,350 fusils. Cette région semble ouverte surtout aux influences religieuses : tantôt on la voit secouée par le fameux agitateur, Si Moussa-bou-Hamar, derkaouï et marabout, tantôt cédant à l'action plus douce de la famille des Sidi Ben-Ali-Chérif, fortement établie sur la Summam.

En aval du territoire des Reboulas, un lacet prononcé de l'Adjeb enveloppe, sur la rive gauche, trois tribus : les Beni-Haffif, Beni-Chebana et Beni-Djemati, dont le soff peut mettre sur pied près de 1,500 fusils.

Sur la rive opposée s'étendent les Ouled-el-Khraff, qui n'appartiennent, avec leurs 300 guerriers, à aucune confédération déterminée, mais s'unissent le plus souvent aux tribus du Guergour.

Les Beni-Ourtilan offrent de même un petit groupe isolé, susceptible de mettre 800 hommes sur pied.

Enfin, le grand angle formé, sur la rive gauche de l'Adjeb, par le confluent de cette rivière avec la Summam, embrasse plusieurs tribus alliées dont le contingent militaire peut monter à 1,860 fusils. Ce sont les Imoulas, Seddoug, Beni-Moali, etc. Leur fraction la plus faible, celle des Mzitas, confine aux célèbres Bibans (1). (Portes de Fer).

(1) *Bibans* signifie seulement portes ; c'est le pluriel de *bab*.

Une famille antique et vénérée, les chérifs El-Mioub, appartenant à la noblesse religieuse, gouverne presque sans rivalités ce pays riche et difficile.

III.

Le Sebaou, dans la partie inférieure de son cours, où il s'appelle Oued-Neça, sépare la Kabylie proprement dite du territoire des Issers. Ceux-ci furent soumis en 1842, et rattachés directement à l'administration centrale d'Alger. Nous n'en parlerons jamais que par occasion; ils n'entrent point dans notre cadre.

La banlieue de Dellys est occupée par un certain nombre de petites tribus qui confondent en grande partie leurs intérêts avec ceux de la ville, et qu'à ce titre on doit considérer comme une confédération distincte. Ses membres principaux sont les Beni-Slyems, les Beni-Thour. Elle peut lever 1,400 fusils.

Le soff de Taourga enveloppe au sud et à l'est la banlieue de Dellys; il compte trente-un villages et 6,600 fusils. Ses tribus les plus fortes sont les Beni-Djenad, les Beni-Ouaguenoun, les Flisset-el-bhar, ou Flissas du bord de la mer.

La vallée du Sebaou, dans sa partie la plus fertile et la plus riche, appartient aux Ameraouas, puissante tribu de quarante villages, et qui peut marcher seule avec son effectif de 3,300 fusils.

En appuyant vers l'est, on rencontre immmédiatement la grande confédération du Sebaou-Supérieur, ou plutôt de l'Oued-Safsaf, car tel devient son nom. Elle renferme cent vingt-cinq villages et 11,550 fusils. Citons les plus fortes tribus qui entrent dans sa composition : Beni-Raten, Beni-Ferraousen, Beni-bou-Chaïb, Beni-Grobry, Beni-Hidjer. On trouve dans la haute région deux villes dont nous avons déjà parlé : Djemmâa-Sahridje et Koukou.

Malgré la distinction qui vient d'être établie entre les Ameraouas, le soff de Taourga et celui du Haut-Sebaou, presque toujours ils font cause commune ensemble. Depuis une dizaine d'années, les uns et les autres reconnaissent une même influence, celle de Bel-Kassem-ou-Kassy (1).

Bel-Kassem-ou-Kassy, dont la famille originaire des Beni-Ouaguenoun jouit d'une considération très-ancienne, se trouve réunir ainsi sous son autorité cent-quatre-vingt-dix-sept villages et 21,400 fusils. Il passe chez les Kabyles pour un homme très-brave et très-juste. S'il eût joint à ces éléments de puissance celui d'appartenir à la noblesse religieuse, nul doute que le premier rôle dans la lutte contre les chrétiens ne lui

---

(1) Ce ou veut dire fils.

eût été dévolu. Mais nous le verrons au contraire, en pareille occurrence, décliner cet honneur et s'effacer devant un marabout.

Il convient de citer encore, dans cette région, Aômar-ben-Mahy-ed-din comme un chef de haute importance.

Deux confédérations, les plus sauvages et les moins accessibles de toutes, confinent à la précédente. La première, assez faible, occupe tout le reste du littoral jusqu'aux environs de Bougie; elle renferme quarante-deux villages et 1,710 fusils; elle reconnaît l'autorité de Sid Mohammed-ou-Cheikh, appartenant à la tribu des Oulad-Sidi-Ahmed-ben-Youssef.

La seconde est celle des Zouaouas ou Gaouaouas. Montagnards parmi les montagnards, ils garnissent tous les coins de terre productive ou habitable, disséminés dans la cîme rocheuse du Jurjura. Quatorze tribus, dont trois ou quatre seulement dépassent 1,000 fusils, en offrent un total de 9,950, et la nature des lieux ajoute infiniment à cette force déjà respectable.

Comme ce sont à coup sûr les Kabyles les moins mêlés, leur nom sert fort souvent de désignation générique pour tous ceux qui habitent quelque portion du Jurjura.

Le chef de la région des crêtes, issu d'une famille de marabouts du pays, s'appelle Sid-el-Djoudi. Ses propriétés principales sont situées à Ighril ou Gouammas, dans la tribu des Ouadyâa. Il y possède une mosquée renfermant le tombeau de ses ancêtres. Une autre habitation et un âzib (1) lui appartiennent encore à Ytedla, chez les Mechedallas.

Sid-el-Djoudi est un homme de haute taille, bien constitué ; il a les yeux et la barbe noire, les dents belles ; il peut être âgé maintenant de quarante-cinq à cinquante ans. Sa jeunesse fut très-remarquée des Kabyles à cause d'une austérité rare. On venait de fort loin le visiter ; sa renommée touchait au merveilleux ; on lui attribuait la possession d'une mule qui ne mangeait point l'orge des mauvais musulmans. Le temps lui a fait perdre une partie de ce prestige, à mesure qu'il en concevait un orgueil de plus en plus exorbitant.

IV.

Nous avons parcouru les bassins de l'Adjeb et du Sebaou ; il ne nous reste plus qu'à remonter celui de la Summam, le plus considérable des trois.

Cette rivière change très-fréquemment de nom, ou plutôt il s'est établi sur ce point une confusion qui nous paraît facile à éclaircir. Le cours d'eau n'a, suivant l'usage, que deux noms génériques : l'un pour sa partie basse, Summam, l'autre pour sa région supérieure, Oued-Sahel. De plus, comme désignation lo-

---

(1) *Azib* : sorte de ferme habitée pendant la saison des travaux agricoles.

cale, on donne tour à tour à chacun de ses tronçons le nom de la tribu dont il arrose le territoire.

Nous n'avons rien à dire des populations qui avoisinent son embouchure. Ce sont les Mzaïs, les Beni-bou-Msaoud et les Beni-Mimoun. Leurs relations fréquentes avec la garnison de Bougie nous a conduits à en parler plus haut.

Derrière elles s'étendent deux confédérations séparées par le cours de la Summam. Sur la rive droite, celle des Abd-el-Djebar, des Beni-Ourghlis, Beni-Mansour et neuf tribus secondaires, possède quatre-vingt-six villages avec 6,090 fusils. Elle a été citée plusieurs fois, dans l'histoire de l'occupation de Bougie, comme soumise à l'influence des Oulid-ou-Rabah, cette grande famille du pays. On se souvient de son chef, Si Sâad, qui mourut quelque temps après avoir signé l'éphémère traité du colonel Lemercier. On doit se rappeler encore mieux le frère, Mohammed-ou-Amzian, qui recueillit l'héritage du pouvoir, et s'acquit, par l'assassinat du commandant Salomon de Musis, une triste célébrité.

La rive gauche appartient à une confédération de six tribus : trois petites et trois grandes. Celles-ci sont les Ayt-Amer, les Tendjas et les Fenaïas. La dernière, comme la plus puissante, donne son nom au soff, qui peut lever 3,050 fusils, disséminés dans trente-sept villages.

C'est sur le territoire de ces deux confédérations que la vallée de la Summam se rétrécit de manière à former, sur une largeur de huit à dix kilomètres, le dangereux défilé de Fellaye.

Au-dessus, les deux rives se trouvent occupées par une petite ligne toute exceptionnelle. Son centre, son lien politique est la célèbre zaouïa de Sidi Ben-Ali-Chériff, située à Chellata; son chef n'est autre que le marabout héréditaire qui dirige l'établissement sacré. Quarante-un villages sont peuplés des serviteurs de cette zaouïa, et lui fournissent au besoin 2,800 défenseurs. Mais sa défense la plus sûre consiste dans la vénération religieuse qu'elle inspire à tous les Kabyles.

En remontant un peu la rive droite de la Summam, on arrive au milieu d'une population industrielle et laborieuse entre toutes celles de la Kabylie. Les Beni-Abbas se comportent comme un soff isolé. Leurs dix-neuf villages peuvent mettre 4,000 hommes sous les armes. La ville de Kueláa se trouve sur leur territoire. Ils touchent aux Bibans et à la plaine de la Medjaṇa. Celle-ci leur doit la grande famille des Ouled-Mokhranis, qui y commande actuellement et qui conserve encore une partie de son influence sur les Beni-Abbas; en sorte qu'elle s'appuie en même temps, particularité très-rare, sur des Kabyles et sur des Arabes.

Les traditions sont prolixes, mais souvent contradictoires, en ce qui concerne les ancêtres des Mokranis.

Il paraît que quatre ou cinq siècles se sont écoulés depuis l'apparition dans le pays du premier de ce nom, appelé Bouzid. Chérif et marabout, il venait, selon les uns de Fez, selon d'autres du Sahara tunisien. Quoi qu'il en soit, sa famille prospéra chez les Beni-Abbas. Un de ses descendants fonda la capitale d'un petit état indépendant à Kueláa, dont il devint sultan. Plus tard se levèrent les jours d'adversité : la famille Mokhrani descendit dans la Medjana, suivie d'une smala considérable, et bientôt y conquit, à peu de chose près, la souveraineté qu'elle venait de perdre sur les gens de la montagne.

Un Mokhrani eut deux fils, que des songes prophétiques lui présentèrent comme destinés à devenir la source de deux branches hostiles, et vouées, l'une à la guerre, l'autre aux études religieuses. Que cette prédiction soit ou non rétrospective, elle n'en consacre pas moins un fait réel. Dès le commencement de leurs relations avec la Medjana, les Français y trouvèrent, outre un centenaire impotent du nom de Mohammed-ben-Abd-allah, deux Mokhranis rivaux : Abd-el-Salem, surnommé *El-Tobal* (le boiteux), homme de religion ; et Sid Hamed-ben-Mohammed, l'homme de poudre, qui devait par la suite embrasser notre cause. Ce dernier est devenu le vrai chef de sa famille, par la mort de Salem et d'Abdallah. Généreux, hospitalier, aimant les honneurs, le pouvoir, la représentation ; très-fin sous l'apparence de la bonhomie, très-conteur et très-gai, d'une bravoure chevaleresque, il offre un des types les plus agréables du grand seigneur arabe.

Les tribus qui garnissent la Haute-Summam, forment un soff considérable de 8,100 fusils; ses plus forts contingents sont ceux des Guechtoula et des Beni-Yala.

Nous devons en rapprocher la confédération des Beni-Djâd, 2,600 fusils; car elle embrasse les sources de la Summam ainsi que de l'Isser, et sa politique se lie à celle du groupe qui précède, à cause de leur dévouement commun envers la famille des Ben-Salem.

Sid Ahmed-ben-Salem, destiné à jouer le premier rôle dans les agitations de la Kabylie, est un homme de taille moyenne; il a la barbe et les yeux noirs, la peau blanche, les dents belles; son âge doit être aujourd'hui quarante à quarante-cinq ans. On le dit sage et très-bon musulman; il a prouvé longtemps, par des sacrifices de tout genre, son attachement à ses principes religieux. Les tolbas le citent comme un homme instruit, laborieux et plein de dignité dans ses manières; les guerriers vantent sa prudence au conseil, sa bravoure dans le combat, et les Arabes mêmes son habileté à manier un cheval.

Il appartient à la noblesse religieuse; sa famille originaire des Beni-Djâd, y possède depuis fort longtemps une zaouïa très-célèbre, située à Bel-Kraroube, avec une koubba sous laquelle reposent les restes de ses ancêtres. Les serviteurs de cet établissement sont nombreux; il n'en est pas de plus dévoués que les Beni-Chafâa.

Le père de Sid Hamed-ben-Salem, se nommait Si Salem-ben-Maklouf. C'était un homme très-pieux; il s'était acquis l'affection d'Hussein-Dey, dernier pacha d'Alger, qui l'avait entouré d'honneurs et de considération, jusqu'à lui donner le droit de grâcier les criminels qui auraient le bonheur de faire sa rencontre par hasard en marchant au supplice. On conçoit qu'il était facile de venir en aide à ce hasard.

Un Musulman n'aurait pas juré en vain par le tombeau de Ben-Salem, et la bénédiction de Ben-Maklouf était recherchée comme une précieuse faveur. Cependant il avait des ennemis; car, après la chute des Turcs, on profita contre lui des désordres qui s'élevèrent principalement dans cette portion de Kabylie contiguë à la Mitidja, et Sidi Salem-ben-Maklouf périt assassiné par un autre marabout, Sid Hamed-ben-Tahar.

Notre énumération des groupes kabyles va se trouver close par ceux qui ont figuré comme acteurs principaux dans les agitations de ces derniers temps. Au nord du vaste territoire où commandent les Ben-Salem, nous trouvons le soff énergique des Flisset-oum-el-lil, avec sa puissante famille des Ben-Zamoun; au sud, la région de Hamza, gouvernée par les Ben-Mahy-ed-Din.

Flisset-oum-el-lil signifie les Flissas enfants de la nuit. Ils furent ainsi nommés, dit-on, depuis qu'ils eurent détruit plusieurs camps turcs par des combats de nuit très-audacieux. Cette tribu domine entièrement la confédération qu'elle forme avec ses voisins les Beni-Khalfoun, les Nezlyouas et quatre autres fractions beaucoup moins importantes. Ses villages sont au nombre de cent-quarante-six en tout, et peuvent mettre sous les armes 6,260 guerriers.

Les Ben-Zamoun, leurs chefs, passent pour des *douaoudas*, gentilhommes (*gentiles homines*, gens de la première invasion arabe). Ils étaient fixés du côté de Kairouan, et tirent leur nom de *Zâana*, *Tâam* ou *Tâann*. La qualification résultant de ces racines, serait: *homme à hautes prétentions*, ou *qui donne à manger*, ou enfin *qui frappe de la lance*. Peut-être la réunion de ces trois qualités, jointe à la consonnance de termes que les Arabes affectionnent beaucoup, fit-elle perpétuer comme nom de famille un sobriquet heureux. Persécutés par la suite, les Ben-Zamoun se réfugièrent dans la Kabylie avec des cavaliers dont les chevaux portaient une sorte de besace, *semate*. De là leur vint le nom de Hall-Semate. C'est encore au milieu de cette fraction que les propriétés et les intérêts des Ben-Zamoun se trouvent à peu près concentrés aujourd'hui ; toutefois, leur influence s'étend beaucoup plus loin : elle domine toutes les branches de l'immense tronc des Flissas. De tout temps ils se sont fait aimer des montagnards, par les secours qu'ils donnaient aux tolbas et aux pauvres, par leur courage, et surtout leur esprit de justice.

Celui de tous les Ben-Zamoun qui acquit le plus d'importance, se nommait El-Hadj-Mohammed-ben-Zamoun. « Il n'agissait qu'après avoir mûrement ré-
» fléchi, disent les Kabyles, prenait conseil des gens
» renommés pour leur sagesse, et ne laissait jamais
» sortir une parole malveillante de sa bouche. Sa mai-
» son était la maison de Dieu, à cause de la magnifi-
» cence de son hospitalité. L'injure lui était incon-
» nue. » Cette conduite lui valut l'amitié des Turcs, qui reconnurent la puissance de sa parole sur les Kabyles, et ne tardèrent pas à l'entourer de considération. Il entrait quand il le voulait chez le dernier pacha d'Alger, honneur dont on était très-avare ; il avait même un cachet reconnu par le gouvernement. En échange de ces égards, il avait décidé beaucoup de tribus à commercer avec Alger, à maintenir la sûreté des communications. C'est lui qui, lors de la prise d'Alger, amena au pacha Hussein cette armée de guerriers kabyles, dont les Turcs ne surent tirer aucun parti. Plus tard, il reparut à la tête de quelques braves dans les premiers combats de notre armée contre les Arabes de la

Mitidja. La turbulence et l'indécision de ces derniers finirent par le dégoûter, et il resta dans ses montagnes.

V.

Au sud et à l'ouest du pays des Ben-Salem, on trouve le Hamza et l'influence des Ben-Mahy-ed-Din. A proprement parler, ces contrées qui débordent le cercle de Sour-Ghozelan (Aumale), n'appartiennent plus à la Grande Kabylie; mais elles en sont la clé, et l'importance du chef Si Mohammed-ben-Mahy-ed-Din, que nous y avons rencontré, nécessite une digression.

Sid Mohammed-ben-Mahy-ed-Din (1), aujourd'hui notre ancien et fidèle khalifa de l'est, appartient à une famille de chérifs qui, du Mogrob, vint se fixer chez les Beni-Slyman, et y bâtit, dans le quartier des Beni Outhas, une zaouïa nommée *Boutouchatin*, dont la réputation ne tarda pas à s'étendre au loin.

Le grand-père de Sid Mohammed-ben-Mahy-ed-Din était un homme pieux, aimant Dieu, jeûnant le jour et priant la nuit; on le nommait l'ami des pauvres. Il avait plusieurs filles : l'une d'elles, Aïcha, fut épousée par le bey Hassen qui gouvernait alors le Titteri; ce fut là l'une des causes principales de la fortune et de

---

(1) *Mahy-ed-Din* : conservateur de la religion.

la grandeur actuelles des Ben-Mahy-ed-Din. Sidi Hamed, père de notre futur khalifa, devint chef de la zaouïa *Boutouchatin*, et conserva cette dignité jusqu'après la prise d'Alger par les Français. Alors commencèrent les jours d'épreuve pour une contrée qui n'étant pas, comme les autres états kabyles, à peu près indépendante des Turcs, se trouva privée tout-à-coup de gouvernement régulier. Les désordres grandirent, se multiplièrent dans des proportions effrayantes. Sid Hamed traversa ces temps difficiles, en cherchant à faire le bien et en repoussant l'anarchie. Il mourut après avoir réuni tous les grands du pays et leur avoir fait les recommandations suivantes :

« O mes frères, restez unis, et soutenez-vous réci-
» proquement; car vous vivez dans une époque ora-
» geuse qui nous a été envoyée par Dieu, pour nous
» punir de nos péchés et de ceux de nos pères. Mon
» fils me remplacera et vous dirigera vers le bien;
» écoutez donc ses avis.

» Et vous, mon fils, mettez le plus vénéré des ma-
» bouts à la tête de notre zaouïa; occupez-vous ensuite,
» sans relâche, du bien de tous; traitez les tolbas
» comme vos frères, les Arabes comme vos enfants,
» et Dieu vous bénira.

» Souvenez-vous surtout que la terre et ses richesses
» n'ont pas même, aux yeux de Dieu, la valeur de
» l'aile d'un moucheron. »

Si Mohammed suivit les conseils de son père. En voyant ses compatriotes, les rênes sur le cou, se livrer à tous les excès, il cherchait un principe d'autorité supérieure qui le mît en état de les réduire ; lui-même se sentait capable, en sous-ordre, de maintenir la tranquillité publique, la confiance et la paix. D'abord il jeta les yeux sur Sid El-Hadj-Seghrir, de la grande famille des Oulad-Sidi-Embareck, de Koleah ; mais il ne tarda pas à s'apercevoir que cet homme n'était nullement de taille à réunir toutes les volontés, à briser toutes les résistances, à créer enfin un gouvernement capable de détruire l'anarchie ; il patienta encore, tout en maintenant intacte l'influence de sa famille, et, cela, par une politique très-habile.

Enfin, Si Mohammed entendit prononcer le nom du jeune Abd-el-Kader. On vantait l'ordre qu'il avait établi du côté de Mascara ; on parlait avec enthousiasme de ses vertus, de son courage et de plusieurs combats qu'il avait livrés aux chrétiens d'Oran. Si Mohammed crut aussitôt avoir trouvé l'homme qu'il cherchait depuis longtemps, et, toujours dominé par le desir de substituer l'ordre légal au trouble des mauvaises passions, au despotisme de la force brutale, il ne recula point devant un voyage difficile, dans l'état du pays, pour se rallier à celui vers lequel semblaient converger, désormais, toutes les sympathies et tous les vœux des Musulmans.

Cette détermination assez frappante en elle-même devint, par l'importance de ses résultats, une sorte d'acte providentiel, un de ces faits qu'on peut citer pour établir à quel point les volontés humaines les plus perspicaces sont d'aveugles instruments aux mains d'une providence insondable. Celui qui devait être par la suite un mortel ennemi d'Abd-el-Kader et l'agent le plus actif de la domination française dans la Kabylie, celui-là même se mettait en route au-devant d'Abd-el-Kader, il allait lui ouvrir les portes de la Kabylie; il ajoutait une complication nouvelle au nœud inextricable que devait trancher notre épée.

Quoiqu'amené d'une manière épisodique, ce dernier personnage étant de ceux qui dominent la scène, nous lui consacrerons de suite quelques pages, ne fût-ce que pour compléter la galerie des figures indigènes que les évènements ultérieurs doivent mettre en saillie.

VI.

Abd-el-Kader (1) ben-Mahy-ed-Din-Ould-Sidi-Kada-ben-Moktar, c'est-à-dire fils de Mahy-ed-Din et descendant de Sidi Kada-ben-Moktar, est né de Lella-Zohra-bent-Sidi-Omar-ben-Douba, troisième femme du ma-

---

(1) *Abd-el-Kader* : serviteur du puissant.

rabout Sidi Mahy-ed-Din, très-vénéré chez les Hachems. Il n'a qu'une sœur utérine; mais sa famille provenant des trois autres lits est fort considérable, et plus encore, celle de Sidi Aly-bou-Thaleb, son oncle. Dans l'une il a souvent trouvé d'amers chagrins, dans l'autre des ennemis inquiétants, à commencer par Sidi Ali-bou-Thaleb, dont il a cependant épousé une des filles, nommée Khrera. La naissance d'Abd-el-Kader doit être placée vers 1802.

Ce fut pendant un voyage à la Mecque, ou plutôt au retour, que le marabout Mahy-ed-Din commença de préparer les destinées de son fils, en faisant déjà circuler quelques récits de visions où était annoncée sa future grandeur. Ces bruits, joints à la manière dont le jeune homme prédestiné se distinguait dans ses études, à Oran, éveillèrent l'attention du gouvernement turc, très-ombrageux de sa nature, et encore moins scrupuleux sur l'emploi des mesures préventives.

Mahy-ed-Din averti s'enfuyait vers la Mecque avec son fils, quand ils furent arrêtés au bord de la Mina, par les ordres du bey d'Oran. Les plus grands chefs arabes intervinrent en leur faveur, excepté toutefois El-Mezary, qui déjà semblait pressentir sa haine future contre les Mahy-ed-Din. Grâce à leur puissant patronage, ceux-ci obtinrent la faveur d'être oubliés pendant qu'ils iraient faire le pélerinage de la Mecque.

La petite caravane, où plusieurs parents et amis

se joignirent aux deux personnages principaux, arriva par terre à Tunis et s'y embarqua pour Alexandrie. Le jeune Abd-el-Kader puisa, dans ce qu'il vit en Égypte, les premières notions d'un gouvernement rationnel : elles se gravèrent fortement dans son esprit. Arrivé à la Mecque, il visita la chambre de Dieu (*Bit-Allah*). L'excursion fut prolongée jusqu'à Bagdad, en vue d'une visite à la tombe du plus grand marabout de l'Islam, Sidi Abd-el-Kader-el-Djelali.

Les pélerins y arrivèrent accablés de fatigue, de chaleur; ils allaient en franchir le seuil, quand tout-à-coup un nègre sortit lui-même du tombeau et leur offrit des dattes, du lait et du miel; mais ils n'eurent pas plus tôt mangé une seule datte que leur faim se trouva rassasiée.

Le lendemain, pendant qu'Abd-el-Kader était allé faire paître les chevaux, le même nègre se présenta de nouveau à Mahy-ed-Din et lui demanda d'une voix sévère où était le sultan. « Seigneur, il n'y a pas de
» sultan parmi nous, répondit Mahy-ed-Din; nous
» sommes de pauvres gens craignant Dieu et venant
» de la Mecque.

» — Le sultan, répartit son interlocuteur avec au-
» torité, est celui que vous avez envoyé conduire vos
» chevaux dans la plaine, comme si ces fonctions con-
» venaient à l'homme qui doit un jour commander
» tout le Gharb. »

Et comme le marabout lui représentait que ces imprudentes paroles attireraient sur eux l'attention dangereuse des Turcs, l'inconnu compléta sa prédiction en ajoutant : « Le règne des Turcs touche à sa fin ! »

Telle est la célèbre légende, devenue populaire et diversement racontée, qui contribua tant par la suite à la grandeur d'Abd-el-Kader.

Quoi qu'il en soit, à leur rentrée en Algérie, vers la fin de 1828, Mahy-ed-Din et son fils, comprenant bien que l'époque n'était pas encore venue, cherchaient à se faire ignorer du pouvoir, en s'abstenant de toute participation aux affaires politiques; mais se conciliant de plus en plus la vénération du peuple par des aumônes, des bienfaits de tout genre, une conduite exemplaire, une piété très-apparente. On les voyait souvent, sans suite et simplement vêtus, visiter le tombeau de Sidi Bou-Medine, à Tlemcen. De cette époque date dans la famille une affectation de simplicité qui ne s'est jamais démentie, même au sein de la plus brillante fortune.

Cependant les Français venaient de s'emparer d'Alger, puis le bey d'Oran s'était remis à leur discrétion. Toutes les tribus algériennes passaient subitement d'un joug de fer à une liberté effrénée. Nous avons dit qu'il en résulta de grands désordres à l'est de la Mitidja; ils furent bien autrement graves dans la province d'Oran, qui renfermait des populations plus riches et plus belliqueuses, dont quelques-unes, en qualité de maghzen des Turcs, avaient souvent pillé ou combattu les autres. Le jour de la vengeance luisait enfin pour ces dernières; chez toutes, les instincts de guerre et de cupidité naturels à l'Arabe se réveillèrent au premier signal. Les brigandages, les violences, l'anarchie ne connurent bientôt plus de bornes.

Ici, le neveu du sultan marocain assiégeait Tlemcen défendu par les Courouglis, puis un hadar (1) investi du firman de Muley Abd-er-Rhaman, cherchait à s'y rendre le maître et assiégeait ses ennemis dans le Méchouar. A Mascara, les hostilités éclataient entre les faubourgs et la ville; on se disputait le contenu des magasins et 130 beaux chevaux qu'avaient laissés les Turcs. Les Hachems demandaient qu'on leur livrât les Mozabites et les Juifs; ils détruisaient les jardins, coupaient les arbres, abattaient la maison du Bey, aux portes de la ville. Mêmes excès dans les petites cités du Dahra de l'Ouarencenis, à Mazouna, à Kalâ; mêmes excès partout. Enfin, Oran était troublé par la tentative ridicule du bey tunisien, auquel la France venait de déléguer une autorité qui ne lui appartenait pas encore et que son mandataire n'avait aucun moyen de réaliser.

Il fallait une conduite habile pour maintenir son in-

---

(1) *Hadar*, habitant de la ville, mais d'origine arabe, par opposition aux Courouglis, de race turque.

fluence intacte au milieu d'un tel bouleversement. La famille Mahy-ed-Din faillit, dès le principe, compromettre la sienne par une démarche impolitique. L'ancien bey d'Oran, ne sachant où fuir, avait demandé un asile précisément à ceux qui lui faisaient ombrage quelques années auparavant, et cette faveur ne lui fut refusée que sur les vives représentations du jeune Abd-el-Kader, seul opposant parmi tous les membres de la famille, mais opposant si convaincu, si adroit à faire ressortir la faute impardonnable d'une alliance avec les Turcs oppresseurs et déchus, que tout le monde finit par se ranger à son avis.

Bientôt, par suite de la renonciation du bey tunisien, les troupes françaises occupèrent Oran. La guerre s'était allumée entre elles et les tribus arabes. Dans ces combats du commencement de 1832, le jeune Abd-el-Kader se distingua par son sang-froid et son audace; il eut son cheval tué sous lui près du fort Saint-Philippe, et sa réputation ne cessa de grandir.

Le père, de son côté, tenait le premier rang parmi les hommes sages, en dehors de tous les partis, effrayés des malheurs publics et se dévouant à y porter remède. Ce remède bien connu, mais difficile à rencontrer, consistait dans le choix d'un chef unique, assez vigoureux pour briser toutes les résistances provenant de mauvaises passions. On savait en effet que, semblable à son coursier, l'Arabe a besoin d'un maître qui sache manier avec une égale hardiesse le mors et le chabir (1).

Les chefs des trois plus grandes tribus de la province, Hachems, Beni-Amer et Garabas, poussés à bout par la misère publique, se réunirent dans la plaine d'Eghrës, avec l'intention de prendre un parti définitif; ils offrirent le pouvoir à Mahy-ed-Din, pour lui-même ou pour son fils Abd-el-Kader, disant qu'ils le rendraient responsable devant Dieu des maux qui pourraient résulter de son refus.

Se sentant maître de la situation, Mahy-ed-Din l'exploita très-habilement par une suite de refus et de délais bien calculés. Les instances se renouvelèrent avec d'autant plus d'énergie; enfin, un marabout célèbre, âgé de cent-dix ans, Sidi El-Aratch, appuya ses sollicitations sur le récit d'un songe qu'il avait eu, où le jeune Abd-el-Kader lui était apparu sur un trône et rendait la justice. Or, cette même vision s'était offerte à Mahy-ed-Din, et de plus Abd-el-Kader-el-Djelali, le grand marabout de Bagdad, était venu lui rappeler son ancienne prédiction, ajoutant que si lui, Mahy-ed-Din, acceptait le pouvoir, son fils ne vivrait pas, et qu'au contraire s'il lui abandonnait la place, ce serait lui-même qui mourrait bientôt.

---

(1) *Chabir*, éperon des Arabes. C'est une tige de fer pointue, dont le cavalier laboure les flancs ensanglantés de son cheval.

Vaincu par tant de preuves de la volonté céleste, Mahy-ed-Din fit appeler son fils et lui demanda comment il entendait l'exercice du pouvoir et de la justice. Abd-el-Kader lui répondit :

« Si j'étais sultan, je gouvernerais les Arabes avec
» une main de fer, et si la loi ordonnait de faire une
» saignée derrière le cou de mon propre frère, je l'exé-
» cuterais des deux mains. »

A ces mots Mahy-ed-Din annonça solennellement sa fin prochaine, prit son fils par la main, et sortant avec lui de la tente qu'entourait une foule inquiète, il s'écria : « Voilà le fils de Zohra, voilà le sultan qui
» vous est annoncé par les prophètes! »

Aussitôt s'élevèrent des acclamations unanimes. La musique des anciens beys fut amenée de Mascara, pour donner plus d'éclat à la fête de l'avènement, et d'innombrables cavaliers la célébrèrent par leurs fantasias. Cette scène se passait à Gresibia, le 22 novembre 1832. Le héros en était un jeune homme de vingt-huit ans, au front pâle, au regard inspiré, au vêtement simple, à la physionomie majestueuse. Il montait un cheval magnifique et toute sa richesse numéraire consistait en quatre oukyas (1 fr. 25 cent.) noués dans un coin de son haïk, à la manière des Arabes. Un chef l'en plaisanta et il répondit en riant: « Dieu m'en
» donnera d'autres. » En effet, on vint de toutes parts lui offrir des cadeaux magnifiques; le soir même, sa

maison était montée convenablement, et le lendemain, quand il entra dans Mascara, les Mozabites et les Juifs, frappés d'une contribution, lui livrèrent 20,000 boudjous.

L'éclat d'un si beau jour n'éblouit point le jeune Abd-el-Kader.

Trois tribus l'avaient proclamé, une seule peut-être avec un dévouement inaltérable parce qu'il en était sorti. « Les autres, disait Mahy-ed-Din, sont mes habits; les Hachems sont ma chemise. »

Or, quelle œuvre n'était-ce pas de rallier successivement toutes les populations algériennes, en faisant taire et leurs rivalités, et les prétentions de leurs chefs, et tant de haines, et tant d'amours-propres; mobiles essentiellement contraires à la création d'une vaste unité nationale. Cependant il y en avait un autre, mais un seul, capable de contrebalancer tous ceux-ci : c'était la guerre sainte.

A peine entré dans Mascara, Abd-el-Kader se rend droit à la mosquée. Là, dans un sermon fort habile, il réclame la paix et la soumission de tous les Musulmans, au nom de la guerre sainte qu'il s'engage à conduire avec la plus grande énergie. Puis, il entre dans l'*akouma* (1), écrit à toutes les tribus pour leur apprendre son élévation au pouvoir et le saint emploi

---

(1) *Akouma :* chambre du conseil.

qu'il veut en faire; il leur nomme des chefs choisis parmi les membres de leurs grandes familles, dont il redoute le moins les dispositions personnelles, et envoie des présents magnifiques au sultan du Maroc. Afin de s'en ménager l'appui, le jeune chef prenait seulement dans les prières publiques le titre de khalifa. Cette politique lui réussit : Abd-er-Rhaman ne tarda point à ratifier l'élection du peuple, et comme chef de la religion, prescrivit d'obéir au chef de la lutte religieuse contre les infidèles.

Mais bientôt les courriers qui avaient sillonné toute la province, rapportaient à leur maître les réponses des diverses tribus, et toutes s'accordaient à le réveiller tristement de son beau rêve; toutes annonçaient un grand respect pour les brillantes qualités d'Abd-el-Kader et la sainteté de Mahy-ed-Din, mais toutes lui refusaient ouvertement l'obéissance.

Le nouveau sultan avait donc son royaume à conquérir presqu'en entier avec trois tribus seulement. Il se mit de suite à l'œuvre, évitant d'attaquer d'abord les plus puissantes, telles que les Douers et les Smelas, placées sous l'influence d'El-Mezary et du fameux Mustapha-ben-Ismaël; telles que les Flittas et les Arabes de la Mina, dont le chef illustre, Si Laribi, avait rejeté le titre de son khalifa; il crut pouvoir se hasarder contre les Kabyles du Riou, et échoua même dans cette tentative secondaire. Mais infatigable, il finit par enlever, sur l'Habra, le caïd des Bethyouas qu'on accusait de vendre des chevaux aux chrétiens, et il le fit périr dans les supplices. Cet acte de vindicte publique, joint à la capture de 4,000 chevaux, releva considérablement ses forces morales et matérielles. Bientôt les Arabes s'émurent au bruit de sa sagesse, de sa piété, de ses mœurs austères, à l'aspect de la bonne administration qu'il mettait en vigueur à Mascara, de la justice impartiale et sévère qu'il déployait en toute occasion. Si l'on avait contesté l'empire universel à l'élu de quelques tribus, on sentait peu à peu l'importance d'y laisser parvenir celui qui se montrait, à l'œuvre, digne en effet de commander sur tous.

Néanmoins Abd-el-Kader se fût épuisé en longs efforts avant de réaliser ces vagues promesses de l'opinion publique, s'il n'avait su trouver dans ses ennemis mêmes les artisans de sa fortune. Il en jeta les bases réelles par son traité avec le général Desmichels qui commandait les Français à Oran : ce fut là le chef-d'œuvre de sa politique, et le triomphe le plus complet de l'astuce barbare sur l'ignorance civilisée.

CHAPITRE V.[1]

ABD-EL-KADER EN KABYLIE.

I. Premières tentatives. — II. Razzia des Zouathnas. — III. Ben-Salem Khalifa. — IV. Embarras de son gouvernement. — V. Abd-el-Kader chez les Zouaouas.

I.

On imagine quel horison durent ouvrir devant Abd-el-Kader les discours d'un chef religieux et de grande famille, venant de Cheurg (Orient), sur le seul bruit de sa renommée, pour lui offrir

[1] Dans ce chapitre et les suivants, des discours, des extraits de lettres arabes se trouvent fréquemment mêlés au récit. Nous croyons devoir prévenir nos lecteurs que toutes ces citations reposent, soit sur le dire de témoins auriculaires, soit sur des pièces originales qui sont ou ont été entre nos mains.

une extension d'autorité que ses rêves les plus audacieux n'auraient pu jusqu'alors embrasser sans folie. Il était homme à ne reculer devant aucun enjeu de la fortune. Sultan proclamé de la veille, et par trois tribus seulement du Gharb (ouest), contesté partout ailleurs, avec beaucoup d'ennemis sur les bras, et le poids de la guerre sainte en lui personnifiée, il n'hésita cependant pas à recevoir comme souverain la visite de Ben Mahy-ed-Din, de ses parents et des chefs de tribus qui l'avaient escorté. Il leur annonça hautement sa mission providentielle de fonder un empire musulman. Il l'imprima dans leur esprit à force d'éloquence et de conviction. Enfin, après s'être engagé à faire prochainement une tournée chez eux, il les renvoya chargés de circulaires qui réclamaient partout l'obéissance envers le nouveau sultan des Arabes, en menaçant de peines très-sévères tous ceux qui, dans un délai de six mois, ne l'auraient point reconnu et proclamé.

Six mois lui suffirent en effet pour arriver au sein du Tittery; car il cheminait sûrement, à l'ombre de son traité avec le général Desmichels, et même il en violait impunément les stipulations les plus formelles, sans lasser la patience du gouverneur-général, comte d'Erlon. Ce fut ainsi qu'après avoir vaincu et subjugué les tribus du Chélif, il arriva devant El-Cantara, osa franchir le pont et entrer dans Milianah, dont les habitants l'accueillirent avec des transports d'enthousiasme. Il commença de suite l'organisation du pays, en s'appuyant sur deux grands chefs, El-Adj-Sghir et Mohammed-ben-Aïssa-el-Berkani, ce dernier d'une famille illustre. Mais tandis qu'il fondait sa puissance dans l'ouest du Tittery, un orage se formait à l'est.

Abd-el-Kader, à cette époque, jouait encore un double rôle : d'une part, il était engagé dans une alliance avec les chrétiens; de l'autre il se posait, en toute circonstance, comme le champion de la foi et la futur expulseur des infidèles. Beaucoup d'Arabes attendaient patiemment l'issue de cette astucieuse politique, sans douter que le mobile religieux ne fût sincère; mais, d'une attitude suspecte naissent toujours quelques embarras passagers. Un sectaire fougueux, dont le zèle s'accommodait mal de ces tempéraments habiles, Si Moussa-bou-Hamar (le maître de l'âne), que nous avons déjà cité comme un chef important des Derkaouas, et qui, en cette qualité, ne s'attaquait guère plus aux infidèles qu'aux sultans de toute espèce, Si Moussa venait d'exciter, dans le fond du Tittery, un soulèvement général; il s'était emparé de Médédh, et menaçait ouvertement Abd-el-Kader. Celui-ci vint à sa rencontre. Les deux ennemis se livrèrent bataille près de Haouch-Amouze, sur le territoire des Soumatas. Moussa, complètement battu, s'enfuit dans le désert. Ses femmes, ses bagages, étaient tombés au pouvoir du vainqueur, qui les lui renvoya généreusement, après être entré en triomphe dans la ville de Médéah.

Dès lors, et par suite des ouvertures antérieures de Si Mohammed-ben-Mahy-ed-Din, la province de Tittery se trouvait entièrement conquise jusqu'aux limites du pays kabyle. Abd-el-Kader en donna le commandement à Si Mohammed—ben-Aïssa-el-Berkani, avec le titre de son khalifa. Quant à Ben Mahy-ed-Din, il fut nommé seulement agha de la cavalerie des Beni-Slymans. Cette part lui sembla trop faible, ce rang trop secondaire; il n'en fallut pas davantage pour jeter dans son âme le premier germe d'une irritation vivace contre le maître ingrat qu'il était allé chercher si loin.

Sous l'empire d'un tel sentiment, Ben Mahy-ed-Din ne tarda point à se brouiller avec El-Berkani. Celui-ci le dénonça à l'émir comme un homme très dangereux, obtint l'autorisation de le faire arrêter avec toute sa famille et de l'interner à Médéah. Il en résulta pour Ben Mahy-ed-Din une sorte de captivité qui dura neuf mois, et se fût sans aucun doute prolongée bien davantage, si le khalifa n'eût été contraint d'avouer son impuissance à maintenir la tranquillité chez les Beni-Slymans, et de leur restituer, sur l'ordre d'Abd-el-Kader, le seul chef capable de les commander. Ces traverses avaient encore aigri bien davantage les ressentiments du jeune agha; mais déjà trop habile pour en laisser rien soupçonner, il parut déployer, au service de l'émir, le même zèle qu'auparavant. Dissimulation prudente, car la puissance du maître atteignait en ce moment son apogée.

Une nouvelle période de guerre sainte venait d'embraser tout le Gharb, et, quoiqu'entrecoupée de succès et de revers, elle avait mis le comble à la réputation d'Abd-el-Kader. L'amour-propre national, ingénieux à se flatter, devint son auxiliaire enthousiaste : on l'appelait sultan depuis la frontière de Maroc jusqu'à l'extrémité du Tittery; enfin, les Français même lui décernèrent, dans le traité de la Tafna, le titre d'*Emir-el-Moumenin*, commandeur des croyants.

En paix avec le chrétien, il appliqua toutes ses vues aux moyens de consolider et d'accroître sa vaste domination sur les indigènes. Il prétendait rallier à lui toutes les forces musulmanes de l'Algérie, dans l'expectative d'une dernière lutte religieuse que déjà couvait sans relâche son fanatisme réfléchi. Son royaume, car il lui donnait ce nom, enveloppait d'une large ceinture nos établissements disséminés. L'expérience des premières guerres l'avait induit dans une dangereuse erreur sur l'étendue de nos ressources et sur les facultés mobiles de nos colonnes. Aussi fondait-il avec confiance, vers la limite extérieure du Tell, des établissements qui devaient mettre en sûreté ses trésors, ses munitions, ses ateliers, ses magasins. Ainsi s'élevèrent Sebdou, Saïda, Tekedemt, Boghar,

Taza, comme autant de bases d'opérations inaccessibles à nos armes.

Mais il ne lui suffisait point de s'asseoir, Abd-el-Kader voulait également s'étendre : il convoitait surtout la Grande Kabylie, et par mille raisons. Il y voyait une pépinière de fusils, un sang opiniâtre et belliqueux, le mariage d'un sol riche en produits et en métaux avec une race laborieuse qui, sachant s'y suffire, pouvait alimenter éternellement la guerre. Il appréciait surtout les grandes difficultés topographiques de ce pays. Jointes à sa proximité d'Alger, elles le rendaient, pour la rapidité de l'offensive comme pour la sécurité de la retraite, un admirable foyer d'entreprises contre la Mitidja. Il sentait que, d'une position semblable, il pourrait, chaque jour et sans risque, frapper au cœur son ennemi.

Depuis déjà longtemps s'était glissé auprès de lui un homme de cette contrée, homme ambitieux qui, devançant ses rivaux, sollicitait l'investiture et se flattait d'être obéi de la région du Sebaou. Il se nommait El-Hadj-Ali-Ould-Si-Sáadi, et appartenait à la tribu considérable des Beni-Khalfoun. Abd-el-Kader se rendit aux instances dont on l'obsédait, nomma le postulant son khalifa dans une portion assez vague de la Kabylie, et le fit partir avec des lettres de recommandation pour le fameux Ben-Zamoun, chef de la tribu des Flissas, pour Bel-Kassem-ou-Kassy, non moins puissant chez les Ameraouas, ainsi que pour d'autres personnages notables. Tous ces écrits annonçaient la prochaine visite de l'émir, et réclamaient, en attendant, la bienveillance, le concours des fidèles envers son premier représentant. En 1837, El–Hadj-Ali-Ould-Si-Saadi se présenta dans le pays kabyle, suivi d'une vingtaine de cavaliers seulement. Mais sitôt qu'il eût exhibé ses lettres et fait connaître ses prétentions, son insuffisance éclata. On le rebuta sans détour, on se moqua de lui publiquement. Il eut beau contracter une alliance habile en épousant la fille de Ben-Zamoun, son manque d'influence personnelle, l'absence de tout moyen coërcitif, le disparate singulier d'un titre ambitieux avec un équipage misérable, tous les aspects possibles, en un mot, l'avaient voué au ridicule, et des humiliations sans nombre pleuvaient incessamment sur lui.

Il erra quelque temps de la sorte au sein de son gouvernement fictif. Son mariage lui permit de séjourner quatre mois chez les Flissas. Des relations de famille et des propriétés qu'il possédait du côté de l'Oued-Zytoun l'y fixèrent cinq ou six mois. La majeure partie de cette vallée appartenait aux Zouathnas. Cette tribu est d'une origine toute particulière, car elle a pour ancêtres des Turcs, qui, expulsés d'Alger à la suite d'une conspiration, trouvèrent asile en cet endroit, et, par leurs alliances avec les femmes du pays, créèrent une population de Courouglis. Il est presque inutile d'ajouter que le déplorable Omar-Ould-Sidi-Sâadi ne rencontra chez eux ni plus d'obéissance, ni moins de mépris qu'ailleurs; et cependant, les malheureux devaient bientôt expier seuls cette faute commune à tant d'autres; leur destinée fut de payer cher une origine exceptionnelle dont ils s'étaient souvent enorgueillis.

II.

Après un an, Abd-el-Kader vit revenir auprès de lui son khalifa, écrasé sous le poids d'un rôle inutile et honteux, contraint de renoncer à la partie, mais apportant, dans le récit de ses infortunes, bien des aperçus politiques, bien des leçons pour l'avenir. Le maître les comprit. D'abord, il se pénétra fortement de cette vérité, que son premier pas sur la terre kabyle devait être posé de force, et y laisser l'empreinte d'une terreur durable. Il était évident que l'amour-propre des républicains montagnards se ferait toujours illusion sur la puissance du sultan avant d'être éclairé par un terrible exemple, tandis qu'au contraire, cet exemple préparerait admirablement les voies à la persuasion religieuse et au jeu des influences personnelles. La politique prescrivait donc une exécution : ce fut elle également qui en désigna les victimes. Il lui fallait une tribu puissante, sans cela point d'effet; hautement coupable envers l'émir, sinon point de justice ; facilement saisissable, sous peine de demi-succès ou d'échec; sans racines profondes dans la Kabylie, de crainte d'y exciter un soulèvement général.

La tribu des Zouathnas, pour son malheur, remplissait toutes les conditions fatales. Forte en nombre comme en courage, occupant un pays ouvert, puisqu'elle confinait au pont de Ben-Hini, peu sympathique par son origine aux races kabyle et arabe qui l'environnaient de tous côtés, elle s'était signalée par des actes caractéristiques contre l'impuissant khalifa, en raison même de sa présence prolongée chez elle. Omar-Ould-Sidi-Sâad s'était constitué son accusateur implacable. « Plusieurs fois, disait-il à l'émir,
» cette tribu a déchiré vos lettres avec mépris ou in-
» tercepté nos communications. Quand je l'ai menacée
» de votre vengeance, elle a ri. »

Deux autres motifs déterminaient encore Abd-el-Kader à prononcer l'arrêt de mort. Il avait en exécration le sang turc : dans l'ouest, les Courouglis lui avaient rendu haine pour haine, coup pour coup. De plus, les Zouathnas, tenant de leurs ancêtres une religion moins scrupuleuse (1), avaient été conduits, par

---

(1) Ils étaient de la secte *Hanaphy* comme les Turcs, tandis que les Arabes et les Kabyles appartiennent au rite *Maleki*.

la proximité de la Mitidja, à nouer des relations avec les chrétiens; quelques-uns même étaient entrés dans nos corps indigènes, et leur kaïd, El-Beyram, tenait de nous son autorité.

Dès lors, l'extermination de tels hommes pouvait s'exploiter au profit des ressentiments nationaux contre la domination turque et la domination française. De tous les points de vue, le coup portait juste.

Au milieu d'un calme profond, une forte colonne de cavalerie et d'infanterie régulières vint camper à Bordj-el-Bouïra. On apprit bientôt que ces forces arrivaient de l'ouest à grandes marches, et qu'elles étaient conduites par Abd-el-Kader en personne. L'alarme fut semée chez toutes les tribus qui se sentaient en faute. Les Zouathnas s'empressèrent d'envoyer leurs gâdas (1) ou présents de soumission au-devant de l'émir. Tous les Krachenas les imitèrent; mais les envoyés de ceux-ci ne trouvèrent déjà plus au Bordj celui qu'ils y venaient chercher. Le camp avait été porté jusqu'au pont de Ben-Hini, et des cavaliers de Ben-Zamoun couraient chez les Zouathnas, de village en village, promulguant l'ordre de pourvoir, sans aucun délai, à tous les besoins de l'armée du sultan. Ces agents rencontrèrent partout les populations occupées des apprêts de leur fuite, et chargeant à la hâte leurs effets

---

1) *Gâda :* c'est ce que nous avons nommé le cheval de soumission.

les plus précieux. Ils parvinrent à les rassurer sur les suites de cette irruption et à les retenir chez elles.

Bientôt le fourrage, les provisions de toute espèce, abondèrent au camp. Mais celui qu'on espérait fléchir par une obéissance minutieuse était résolu à se montrer de plus en plus exigeant. Il avait fait appeler Hamimed, chef réel des Zouathnas, et dès qu'il le vit dans sa tente : « Combien avez-vous de villages ? lui demanda-t-il.

» — Pourquoi cette question ? répondit Hamimed. Nous faisons partie de la circonscription des Krachenas, et nous paierons notre part de l'impôt qu'il vous plaira de frapper sur tout leur territoire.

» — Non, non, reprit l'émir, chez qui se trahissaient ainsi des projets d'oppression préméditée ; dites-moi le nombre de vos villages, désignez-moi ceux occupés par les Courouglis seulement. »

Hamimed dut obéir à cette injonction, et bientôt Abd-el-Kader, après l'avoir quitté pour passer dans une partie reculée de sa tente, revint avec un ordre d'imposer chaque village à 1,000 boudjous. Cent-cinquante cavaliers furent chargés de prélever cette somme; mais on en porta le nombre à trois cents, sur l'observation faite par les grands du pays que les Zouathnas étaient braves et nombreux.

Cependant, le déploiement de ces forces réveilla les craintes des Zouathnas, qui recommencèrent à fuir ;

leurs chefs les ramenèrent de nouveau, et les cavaliers de l'émir furent enfin répartis dans chaque village en raison de son importance.

Ces cavaliers ne tardèrent pas à molester les Zouathnas, soit en exigeant une excellente nourriture, soit en gaspillant leurs provisions, soit en insultant leurs femmes et leurs filles. Alors les Zouathnas reprirent encore une fois leurs projets de fuite.

Leurs chefs, embarrassés de cette circonstance, et prévoyant l'impossibilité où ils allaient se trouver de réunir l'impôt, engagèrent les cavaliers à rentrer au camp, promettant de porter eux-mêmes à l'émir le produit de la contribution, et d'y ajouter en outre, de leurs propres deniers, une somme pour les collecteurs.

Confiants dans ces promesses, les cavaliers rejoignirent l'armée et rendirent compte à Abd-el Kader de ce qui venait de se passer. Ce dernier fit aussitôt appeler El-Hadj-Ali-Ouli-sidi-Sâadi, Ben-Salem et El-Hadj-Ali-ben-Salahh, caïd des Krachnas. « Voici, leur dit-il, la
» lettre d'*aman* (1) que je vous charge de porter aux
» Zouathnas; montrez-leur aussi mon chapelet, réunis-
» sez les fuyards et faites au plus tôt rentrer l'amende
» que j'ai frappée sur eux. »

La lettre et le chapelet furent promenés dans tous les villages; les Zouathnas rassurés regagnèrent leurs

---

(1) *Aman* : pardon, grâce, sauf-conduit.

demeures, et les trois cents cavaliers furent rappelé pour continuer leur opération.

Quelque temps après, la moitié de la somme exigée par l'émir était prélevée; plusieurs fractions vinrent la lui offrir. Abd-el-Kader leur dit : « Ne soyez pas éton-
» nés de l'imposition que j'ai frappée sur vous; le Tell,
» le désert, tout le monde a reconnu mes lois et a
» payé comme vous le faites.

» — Nous le pensons, repondirent les Zouathnas, et
» nous nous soumettons; vous êtes le couteau, nous la
» chair; taillez donc comme il vous plaira.

» — S'il en est ainsi, ajouta le nouveau sultan, appor-
» tez au plus vite ce qui vous reste à me donner.

» — Demain vous serez satisfait, reprirent-ils; mais
» nous n'avons plus d'argent; permettez-nous de nous
» libérer avec des bœufs, des moutons et des bêtes de
» somme.

» — C'est bien, reprit Abd-el-Kader ; j'accepterai tout
» ce que vous m'amènerez. » Il se leva ensuite pour faire sa prière, et les chefs des Zouathnas le quittèrent afin de terminer leur recouvrement au plus tôt. A peine étaient ils partis que l'émir, se ravisant, voulut les rappeler et les faire arrêter; mais il n'était plus temps : ils avaient déjà rejoint leurs frères, les engageant à préparer leurs bestiaux pour satisfaire enfin l'avidité d'Abd-el-Kader.

La dernière pensée de l'émir fut connue des Zouathnas, et leur donna beaucoup à réfléchir. Ils se con-

sultèrent, ils tombèrent tous d'accord sur ce point, que la veille ils avaient été mal reçus, et qu'on tramait contre eux quelque machination infernale. Ils se tinrent prêts à tout événement. « Montez, dirent-ils à leurs
» jeunes gens, sur la crête de la montagne; observez le
» camp de Ben-Hini et venez nous dire dans quel état
» il se trouve : si vous y voyez du mouvement, nul doute
» que l'émir ne se dispose à faire une razzia sur nous. »

A peine les jeunes gens furent-ils arrivés sur les points culminants, qu'ils reconnurent dans le camp tous les indices d'une grande détermination; car les tambours battaient et les cavaliers étaient en selle. Ils poussèrent aussitôt de hauts cris pour annoncer à leurs frères les dispositions de l'ennemi.

El-Hadj-Aly-ben-Sidi-Sáady et El-Hadj-Aly-ben Salahh, voyant le combat résolu, se rendirent en toute hâte à la zaouïa de Sidi-Bouzid-ben-Derbala, pour protéger ce lieu saint contre la fureur des troupes.

Lorsque l'armée vint à hauteur de la zaouïa, l'infanterie et la cavalerie furent partagées en trois corps.

Le 1er se porta sur El-Argoub et pilla les habitants de ce village qui, pleins de confiance dans l'aman, ne se trouvaient en mesure de faire aucune résistance; le 2e se dirigea sur Tamarkaunit dont les habitants étaient en fuite, et le 3e marcha sur les Oulad-Zïan.

Les assaillants eurent bientôt dépassé les Oulad-Zïan, et ils ne tardèrent pas à se trouver en face de toute la tribu des Zouathnas qui avait pris position sur l'Ouad-Tamda.

« Justice! Justice! Justice! se mit à crier le peuple, à
» trois reprises différentes; nous étions occupés à réunir
» ce que le sultan exigeait de nous; vous nous avez trahis. »

Les soldats de l'émir répondirent: « Que parlez-vous
» de justice, vous qui vous êtes déclarés les serviteurs
» des chrétiens; le sultan n'est pas venu ici pour pren-
» dre vos biens, mais vos têtes! » Aussitôt le feu commença. Les Zouathnas firent bonne contenance; ils défendirent le terrain pied à pied, profitant de toutes les aspérités de la montagne, jusqu'à Djebel-bou-Zequeza, où ils furent forcés de céder au nombre et d'abandonner leurs femmes, leurs enfants, leurs troupeaux, ainsi que toutes leurs richesses qu'ils avaient accumulées en ce point. La poursuite dura depuis le matin jusqu'à quatre heures du soir: cinquante-deux Zouathnas, dix femmes et deux enfants périrent dans cette attaque. L'émir, de son côté, y déplora la perte de deux aghas, de soixante soldats réguliers et d'un assez grand nombre d'Arabes qui furent tués en pillant; mais la plus grande partie des hommes, des femmes et des enfants de la rude tribu des Zouathnas était en son pouvoir. Le caïd El-Beyram se trouvait au nombre des prisonniers. Il avait reçu dans le combat une grave blessure au genou.

Après qu'on eût présenté à l'émir toutes les richesses enlevées aux Zouathnas, leurs hommes, leurs femmes, leurs enfants complètement nus, Abd-el-Kader se fit amener El-Beyram. On le lui présenta sous le titre ironique de caïd des chrétiens.

« Ennemi de Dieu, lui dit l'émir, comment as-tu pu
» marcher sur ta religion au point d'accepter l'investi-
» ture de l'infidèle ? »

El-Beyram, se voyant perdu, répondit avec fierté :
« Ces reproches m'étonnent; n'es-tu pas toi-même à
» leur service, toi qu'ils ont grandi, toi qu'ils ont élevé
» au point de pouvoir manger aujourd'hui le pays en
» longueur et en largeur ?

» — Vil impie! lui cria l'émir en fureur, oses-tu me parler de la sorte ?

» — Je n'ai fait, reprit El-Beyram, que riposter à ton injuste attaque. »

Abd-el-Kader, hors de lui, s'était tourné vers les siens et s'écriait : « Par le tout-puissant! qu'on me fende, à
» droite et à gauche, la bouche qui a pu prononcer les
» infâmes paroles que vous venez d'entendre. »

Aussitôt les chaouchs se précipitèrent sur El-Beyram; l'ordre barbare fut exécuté à coups de couteaux, et l'on conduisit ensuite cet homme étonnant qui n'avait pas poussé un cri, pas exprimé une plainte, au bach-ouda (1) où il fut décapité.

---

(1) Le *bach-ouda* est le lieu, dans un camp turc, dans un camp arabe, où l'on coupe les têtes. Ce mot vient du turc: *bach* veut dire tête, et *ouda*, chambre: la chambre des têtes.

La mort d'El-Beyram fit une grande impression sur tous les assistants, mais elle ne calma pas la rage de l'émir; il ordonna encore l'exécution de plusieurs chefs qui avaient fait preuve d'une rare intrépidité dans le combat. Un autre, Ben Daly-Coutchouk fut ensuite amené devant lui. « C'est toi, lui dit Abd-el-Kader; je
» ne te reconnaissais pas, tu ressembles à un véritable
» Arabe. » Ce Courougli était venu plusieurs fois dans le camp, somptueusement vêtu, et en effet il était devenu méconnaissable dans l'état de nudité où des soldats rapaces l'avaient mis.

« Les malheurs m'ont changé, répondit Ben Daly-
» Coutchouk; mais je remercie Dieu de ce qu'enfin
» tu m'as reconnu.

» — Ne lui faites pas de mal, dit alors Ben-Zamoun;
» c'est un homme sage et avancé en âge; il pourra vous
» servir.» La recommandation du chef des Flissas sauva la vie à Ben-Daly-Coutchouk; mais il fut mis aux fers près de vingt-cinq Courouglis de Hhal-el-Argoub qui attendaient déjà, dans cette position, le parti qu'on prendrait à leur égard. Eux, les femmes et les enfants, étaient parqués avec les nombreux troupeaux des Zouathnas, devenus la propriété de l'émir.

Le lendemain, Abd-el-Kader chargea Si-Allal-el-Merigry, chef des Beni-Djâd, de compléter son opération en enlevant deux villages où tenait encore un noyau de Courouglis. Attaqués par des forces supérieures, ces malheureux subirent aussi le pillage ; leurs troupeaux rejoignirent les autres au camp.

Les troupes régulières furent encouragées à ces sortes d'exécutions par l'abandon complet de tous les riches habillements, de toutes les armes et de tous les objets volés ou pris. La vente des troupeaux qui produisit une somme très-forte fut seule réservée pour le trésor public (*bit-el-mal*).

Quant aux prisonniers faits dans cette affaire, on les dirigea tous sur une fraction des Beni-bou-Yagoub appelée Ouzera, dans la province de Tittery.

Un marabout vénéré de ce pays versa des larmes en voyant les nouveaux venus et leur profonde misère.

« Allez, leur dit-il, vos gardiens sont peu nombreux,
» dispersez-vous dans les montagnes; je vous assure
» que Dieu vous couvrira de sa protection. » Ils suivirent son conseil et parvinrent à rentrer dans leur pays, mais décimés, sans chefs et dénués de tout. La ruine de la belle tribu des Zouathnas était accomplie sans retour.

III.

Après avoir frappé ce coup retentissant aux portes de la vallée du Sebaou, Abd-el-Kader en attendit l'effet; il demeura tranquille, près de Bouzequeza, sous pretexte de rétablir le bon ordre dans la contrée. Au fond, il redoutait d'en venir à une rupture ouverte avec ces grandes tribus, réellement kabyles, qui auraient pu se confédérer contre lui, telles que les Ameraouas, les Flissas, etc.

Il espérait que la peur inspirée par le châtiment des Zaouathnas, et l'inquiétude résultant de sa présence prolongée lui amèneraient d'abord une ou plusieurs fractions irrésolues, et qu'alors d'habiles ménagements pourraient les lui soumettre, puis en attirer d'autres de proche en proche.

Tout se passa comme il l'avait prévu. Les Ameraouas vinrent d'eux-mêmes à son camp, lui conduisant, en signe d'obéissance, cent-cinquante mulets chargés de figues, de raisins secs, d'huile et de cire, pour les besoins de son armée. Alors, Abd-el-Kader profita de l'occasion pour leur adresser des reproches sur le peu d'assistance qu'ils avaient prêté à son khalifa.

Les Ameraouas, sans chercher d'autre excuse, lui répondirent qu'El-Hadj-Ali-ould-si-Sâadi était un homme nul, dont la charge de khalifa dépassait également et les moyens et la naissance.

« Puisqu'il en est ainsi, reprit Abd-el-Kader, choi-
» sissez donc vous-mêmes l'homme digne de vous com-
» mander. Je lui confierai le pouvoir, vous lui obéirez
» comme à moi-même. »

Cette offre honorable fait voir quelle importance il attachait à l'adhésion sincère des Ameraouas; c'est qu'en effet leur position topographique le conduisait, au moins par des relations commerciales, dans le cœur de la Kabylie.

Deux chefs, avons-nous dit ailleurs, se partageaient l'obéissance de cette riche tribu: Bel-Kassem-ou-Kassy et Aômar-ben-Mahy-ed-Din. Abd-el Kader offrit au premier le commandement du Sebaou : il en essuya un refus. Ben-Kassem-ou-Kassy déclara qu'en présence des infidèles, et au moment de recommencer la guerre sainte, le premier rôle devait appartenir aux marabouts et aux chérifs; qu'en conséquence, il se contenterait du second rang, et verrait avec joie remettre le pouvoir aux mains de Sid Hamed-ben-Salem, appartenant à la noblesse religieuse. Cet avis désintcressé obtint l'assentiment public. Aussitôt l'émir fit appeler Sid-Hamed-ben-Salem, le reconnut khalifa du Sebaou, le revêtit d'un burnous magnifique, et fit jouer la musique en son honneur.

Rien ne semblait mieux servir les intérêts d'Abd-el-Kader qu'une semblable combinaison. D'un côté, les Ameraouas, satisfaits de l'offre faite à leur principal chef, devaient considérer, sans jalousie et comme leur propre ouvrage, le choix de Ben-Salem; d'une autre part, l'élévation de celui-ci ne flattait pas moins l'amour-propre des Beni-Djâd des Mettenems dont il était sorti.

Il ne restait plus à régler que des détails d'organisation. Abd-el-Kader, toujours jaloux de complaire aux Ameraouas, se garda bien de prononcer entre leurs chefs rivaux. Pour les contenter l'un et l'autre, il divisa le pays en deux agaliks, celui des Fouakas et celui des Tehatas, qui, selon leur tendance naturelle, échurent le premier à Bel-Kassem-ou-Kassy, le second à Aômar-ben-Mahy-ed-Din.

Dès son entrée en Kabylie, Abd-el-Kader avait lancé des lettres fort pressantes au chef de la grande tribu des Flissas. Il s'était bien gardé d'employer les menaces envers un homme trop puissant et hors de ses atteintes : c'était au nom de la religion, au nom de la guerre sainte, qu'il l'avait sommé pieusement de lui apporter son concours, et Ben-Zamoun s'était rendu. Nous avons déjà mentionné sa présence dans le camp de l'émir : il y reçut l'investiture comme agha des Flissas, des Mâtekas, Beni-Khalfoun, Nezlyouas, Guechtoulas, Oulad-el-Aziz, etc.

En réalité, toutes ces tribus belliqueuses se levaient à sa voix, et sa soumission introduisait l'émir dans la haute région des montagnes. Aussi, ce dernier comprit de quels ménagements il devait entourer un pareil serviteur, et Ben-Salem reçut l'instruction de ne jamais rien tenter en Kabylie sans l'avoir consulté. Ces adhésions n'ajoutaient pas beaucoup, dans le présent, aux forces de l'émir; car il était bien évident qu'en fait de guerriers et d'impôts, il faudrait demander à de telles tribus seulement ce qu'elles voudraient bien fournir ; mais sa puissance en recevait, aux yeux des Arabes, un éclat extraordinaire. Il s'en remettait d'ailleurs à la politique et au temps, du soin de fortifier et de faire grandir son autorité naissante.

Enfin, le gouvernement de Ben-Salem fut complété par un remaniement : Abd-el-Kader détacha l'aghalik des Beni-Slyman du beylik de Médéah, et l'adjoignit au Sebaou. Plusieurs raisons justifiaient cette mesure : d'abord elle s'accordait mieux avec l'esprit des populations ; en outre, elle arrondissait le commandement de Ben-Salem ; elle lui apportait même, eu égard à la soumission plus positive de cette contrée, un appui tout-à-fait indispensable, dans le cas où ses ordres seraient méconnus ailleurs : mais le principal motif était celui des convenances personnelles. On se souvient de l'animosité survenue entre le bey de Médéah et l'agha des Beni-Slyman, Ben Mahy-ed-Din ; il paraissait indubitable que ce dernier rendrait de meilleurs services, sous les ordres d'un nouveau chef dont il n'avait encore reçu aucun sujet de plainte.

Ces dispositions prises, et après avoir prescrit l'établissement d'un poste à Bordj-Sebaou, pour surveiller les chrétiens, Abd-el-Kader recommanda encore une fois aux différents aghas, d'accorder aide et obéissance à son khalifa Ben-Salem ; puis il retourna dans l'ouest.

Les résultats qu'il avait su tirer de ce premier voyage en Kabylie, dépassaient toute prévision.

IV.

L'homme-d'état n'a pas plus tôt achevé de bâtir quelque laborieux édifice fondé sur un examen attentif de toutes les passions, de tous les intérêts en jeu, que soudain, l'une ou l'autre de ces passions, de ces intérêts ménagés, changeant, non pas de nature mais d'objet, entraîne avec lui le savant équilibre. Ainsi, les deux bases fondamentales du pouvoir de Ben-Salem, étaient en apparence les Beni-Slyman et les Ameraouas : ce furent elles qui lui manquèrent tout d'abord.

L'agha Ben Mahy-ed-Din n'avait pu supporter la domination d'un Berkani; son transfert sous les ordres de Ben-Salem ne fit que l'irriter davantage; il se croyait, par ses talents comme par sa naissance, plus de droit que le nouveau khalifa au commandement des populations de l'est. Telle fut la cause d'une jalousie sourde, qui dégénéra bientôt en rivalité manifeste, et produisit des froissements sans nombre. Non seulement toutes les ressources que Ben-Salem était en droit d'attendre de ce côté, se trouvèrent dès lors paralysées; mais, à la longue, tant de fiel s'accumula dans l'âme de Ben Mahy-ed-Din, que notre première apparition sérieuse devait le trouver prêt à recevoir, même du chrétien, ce titre de khalifa convoité si longtemps et le seul qui fût à sa taille en effet.

Quant aux Ameraouas, Ben-Salem se les aliéna lui-même par une préférence aveugle envers les Beni-Djâd et les Nettemens, ses parents ou compatriotes, auxquels il s'empressait de conférer tous les emplois et tous les bénéfices. Aussi, après l'avoir aidé dans la réédification du Bordj de Sebaou, les Ameraouas commencèrent à reconnaître sa partialité, s'éloignèrent de lui et firent même quelques démarches auprès de l'ancien khalifa Si Saâdi, se repentant déjà de l'avoir éloigné du pouvoir. Leurs mauvaises dispositions gagnèrent les Flissas, en sorte que Ben-Salem se trouva réduit, pour ainsi dire, à ses propres ressources. Les aghas Ben-Zamoun et Bel-Kassem lui restaient seuls, mais négligés, pour ce fait même, l'un de ses fantassins, l'autre de ses plus braves cavaliers.

Ben-Salem crut le cas assez grave pour en donner connaissance à l'émir. Celui-ci lui envoya de suite huit charges de poudre, vingt-six chevaux pour remonter son escorte, et écrivit aux Ameraouas dans ces termes :

« Je vous avais recommandé mon khalifa Ben-Salem;
» vous-mêmes l'avez choisi pour votre chef. Cepen-
» dant j'apprends que vous le négligez, que vous lui
» suscitez des embarras. Cette conduite est repréhen-

» sible ; changez la sur-le-champ, ou vous aurez à
» vous repentir d'avoir méprisé mes avis. »

Les Ameraouas lui répondirent qu'ils avaient assisté loyalement Ben-Salem et l'avaient installé au Bordj de Sebaou ; mais que s'étant vus écartés de tous les emplois, pour faire place à d'autres, ils laissaient aux nouveaux amis du khalifa le soin de le maintenir désormais.

Apparemment Ben-Salem reçut de son maître quelques représentations à ce sujet; car ayant à lever, par son ordre, un impôt sur toutes les tribus à titre de *maouna* ou subside pour la guerre sainte, ce fut aux Ameraouas qu'il confia le soin d'en faire la collecte. Pour comprendre cette faveur, il faut se reporter au mode de perception barbare que pratiquent en général les Musulmans, et dont le maghzen turc constituait peut-être l'application la plus régulière. Cela se réduit à affermer en quelque sorte un impôt entre les mains de tel chef ou de telle tribu considérable, qui taille et rançonne à merci la population tout entière, puis remet au sultan l'impôt fixé par lui, en bénéficiant du surplus. Bien souvent, ce surplus dépasse la taxe elle-même ; si le souverain l'apprend, s'il s'en indigne et s'il a les moyens d'y mettre ordre, les spoliateurs en sont quittes pour rendre gorge, dans le trésor royal, bien entendu. Voilà les anciens errements du fisc oriental.

Quoi qu'il en soit, la tribu des Ameraouas se montra peu sensible à la tardive bienveillance du khalifa. Tout en poussant sa perception qui produisit 45,000 francs, elle engageait en dessous main les Beni-Ouaguenoun et d'autres à tenter une attaque sur Bordj-Sebaou, si bien que Ben-Salem, ne s'y croyant plus en sûreté, se retira sur Bordj-el-Arib, au-dessus des Beni-Djâd, sous prétexte de mettre ce fort en bon état.

Cependant le malheureux chef comprenait la nécessité de faire quelqu'acte de pouvoir, s'il ne voulait être bientôt réduit au triste rôle de son prédécesseur. A la tête d'une centaine de cavaliers des Nettenems et des Beni-Djâd, il se rendit à l'Arbâ des Beni-Khalfoun, et somma la tribu de lui fournir un approvisionnement de foin. On ne voulut même pas lire ses lettres. Les Nezlyouas, chez lesquels il alla faire la même demande, le chassèrent de leur pays. Trop faible pour en tirer vengeance, il dut dévorer ces affronts, ainsi que la risée publique prompte à les suivre ; car sa troupe fut surnommée l'*armée au foin*. Ben-Salem, homme de grand cœur, souffrit beaucoup de ces insultes. En désespoir de cause, il écrivit à son maître qu'il lui fallait un corps régulier pour obtenir l'obéissance.

Abd-el-Kader n'en douta point ; et comme chez lui l'exécution suivait toujours immédiatement la pensée, il expédia de suite, en Kabylie, un agha et six siafs (officiers). L'agha se nommait Abizid, très-distingué par sa bravoure; il apportait au khalifa cent vingt-deux tentes, six cents habillements complets, et l'ordre d'enrôler sur-le-champ des soldats.

Ben-Salem obéit avec joie, recruta promptement six cents hommes parmi les pauvres des tribus; puis, trop confiant dans cette petite troupe, revint camper à l'Arbâ (1) des Beni-Khalfoun, où il avait été si mal reçu. Sa nouvelle démonstration n'effraya pas davantage les montagnards : ils se bornèrent à l'inquiéter, à le voler toutes les nuits, et force lui fut de battre en retraite une seconde fois.

Mais alors, ayant reconnu qu'un simple bataillon et quelques cavaliers ne pouvaient imposer qu'à des tribus très-faibles ou situées en pays ouvert, il se replia sur Bordj-Menaïel, dans la vallée facile de l'Isser, et réclama de ses habitants l'achour, la zeccat, enfin quelques parcelles de la maouna qui n'étaient point encore rentrées. Non seulement il les obtint, mais cet exemple de soumission fut d'un très-bon effet en sa faveur. Peu de temps après, ayant rendu publique une lettre de l'émir qui l'appelait pour verser, conjointement avec les autres khalifas, le produit de ses contributions diverses, il prescrivit à toutes les tribus de lui livrer pour le sultan des présents, des chevaux de

---

(1) *Arbâ* pour souk-el-arbâ, marché du quatrième jour, et, par extension, lieu où se tient ce marché.

gadâ, etc. On eut hâte d'obéir dans cette occasion solennelle; ce furent même les Ameraouas qui fournirent les plus riches cadeaux.

L'émir avait dressé ses tentes à Bourerchefa, près de Miliana : il y préparait une scène ingénieusement conçue pour le grandir aux yeux des populations. Là, devaient accourir ses khalifas, ses aghas les plus éloignés; là devait s'établir, entre leurs diverses offrandes, une comparaison propre à stimuler l'amour-propre de tous; là devaient apparaître, aux yeux étonnés des Arabes, ces chefs kabyles, témoignages vivants d'une soumission réputée impossible; et se sentant armé de trop justes griefs contre eux, le souverain comptait encore rehausser son autorité par les réprimandes sévères qu'il leur adresserait en public.

Pour comble de malheur, Ben-Salem n'apportait, comme total de toutes ses contributions, qu'une somme de 60,000 fr., tandis que, le matin même du jour où il les remit, Sid Ben-Allad-Ould-Sidi-Embarek, khalifa de Miliana, en avait versé 200,000. Abd-el-Kader eut les plus grands égards pour Ben-Allal et reçut très-froidement Ben-Salem. Les présents des Ameraouas demeurèrent deux jours à l'abandon : personne ne paraissait vouloir s'en occuper. Enfin l'émir les accepta, mais en profitant de l'occasion pour témoigner tout son mécontentement à la tribu qu'il accusait d'avoir mal secondé son khalifa. Ses regards tombèrent alors sur l'un des deux aghas, Aômar-ben-Mahy-ed-Din, qui était somptueusement vêtu et portait de magnifiques armes.

Sous ce prétexte il lui reprocha, dans les termes les plus durs, d'entretenir, avec les deniers publics, un luxe scandaleux; puis, comme Ben-Salem et celui-ci se renvoyaient mutuellement les reproches de concussion, de mauvais vouloir et de trahison, Abd-el-Kader mit fin à ces querelles, en déclarant aux Ameraouas qu'il irait prochainement les visiter lui-même pour examiner de près leur conduite. « Quant à pré-
» sent, ajouta-t-il, allez en paix ! » Leur groupe commençait à s'écouler, quand lui-même se levant pour mieux voir et mieux être vu, s'écria de nouveau : « Ne
» vous supposez pas tellement redoutables que je ne
» puisse vous atteindre. Je jure, par le Dieu maître du
» monde, que si vous ne changez de conduite, rien
» ne pourra vous soustraire à mes coups. »

Leur compte était réglé; celui de Ben-Salem ne se fit point attendre. Tandis qu'il triomphait tout bas de la disgrâce des Ameraouas, Abd-el-Kader le fixant tout-à-coup, lui et son lieutenant : « Vous portez, leur
» dit-il, sur vos visages le cachet des hommes impurs.
» Comment se fait-il que vous laissiez croître à ce
» point vos moustaches, quand vous savez que la loi
» maleki le défend. Loin de moi ! vous ressemblez à
» des Turcs ou à des Courouglis. » En effet, les mous-

taches longues et même démesurées étaient un signe distinctif de ces deux races. Voilà surtout le motif pour lequel l'émir avait cette mode en horreur. Ben-Salem et son lieutenant furent tellement abasourdis de cette sortie inattendue, qu'ils ne quittèrent point le camp sans s'être conformés à la prescription du rite maleki.

Abd-el-Kader avait atteint un double but, de montrer aux Kabyles combien les tribus de la plaine s'imposaient davantage pour la guerre sainte, d'imprimer à celles-ci une haute idée de son ascendant sur les fiers montagnards. Mais ses violences, calculées pour stimuler le zèle, auraient peut-être entraîné des blessures d'amour-propre durables, s'il n'eût été lui-même les fermer. D'ailleurs, les résultats de son premier voyage en Kabylie semblaient lui conseiller une seconde tentative plus profonde, plus décisive, embrassant tout le Jurjura. Ce fut dans ce sens qu'il écrivit à Ben-Salem, lui demandant s'il fallait accomplir ce projet à la tête d'une armée, ou seulement sous l'escorte de quelques cavaliers. Celui-ci lui recommanda de dépouiller tout appareil hostile et menaçant, mais de se présenter en hôte inoffensif, en simple pélerin, l'assurant qu'il pourrait ainsi parcourir toutes les montagnes sous la sauvegarde de l'hospitalité.

V.

C'était en 1839 : Abd-el-Kader parut subitement à Bordj-Hamza, suivi de cent cavaliers du Gharb. Aussitôt Ben-Salem s'empressa d'aller le saluer; puis il le conduisit dans sa famille, à Bel-Kreroub, où il lui offrit l'hospitalité de la nuit; de là il le mena à Bordj-el-Boghni, et de Bordj-el-Boghni à Si-Aly-ou-Moussa.

Tous les Kabyles surent bientot que l'émir Abd-el-Kader, le jeune sultan qui avait fait aux chrétiens une guerre acharnée, était chez eux. La présence d'un tel homme dans leurs montagnes fit une vive sensation, et les Mâtekas, les Guechetoulas, les Beni-Zemenzar, les Beni-Abd-el-Moumen, les Beni-Aâyssy, les Beni-Raten et les Flissas vinrent le visiter. Rien de plus curieux que cette réunion de Kabyles entourant un Arabe : la tente de l'émir était pressée par les Zouaouas qui le regardaient avec des yeux étonnés; aucun d'eux, toutefois, n'osait y pénétrer; les moins indiscrets, accroupis à l'entour, en relevaient les bords pour voir sans être vus; les plus hardis l'interpellaient hautement, le nommant, au hasard, les uns le cheikh, les autres Sid-el-Hadj, quelques-uns le dérouïche, et les plus civils, en petit nombre, le marabout ou le chérif.

Les cavaliers qui étaient venus avec l'émir, cherchaient à repousser la foule, et criaient aux plus im-

portuns : « Que Dieu vous confonde ! vous allez étouffer
» notre maître. »

Mais Abd-el-Kader, impassible, leur disait avec
calme : « Laissez-les tranquilles ; ils sont ignorants et
» grossiers, âpres comme leurs montagnes ; vous ne
» les changerez pas en un jour. »

Quand ce premier mouvement d'indiscrète curiosité fut un peu calmé, Abd-el-Kader demanda aux Kabyles où étaient les chefs qui les commandaient. « Nous
» n'avons pas de chefs étrangers à notre nation, lui
» répondirent-ils, nos chefs sont tirés d'entre nous ;
» nous obéissons aux âmines et aux marabouts. » Les
âmines vinrent alors le saluer, et il leur demanda quel
était celui qui, chez eux, réunissait à lui seul la volonté
de tous ; ils lui répondirent : « Nous n'avons personne
» qui réunisse la volonté de tous ; mais c'est chez nous,
» âmines, élus par le peuple, que se concentre la vo-
» lonté générale.

» — S'il en est ainsi, reprit Abd-el-Kader, je re-
» commande aux âmines d'être bien avec mon kha-
» lifa, de le servir et d'obéir à ses ordres.

» — Nous ne demandons pas mieux que de vivre en
» bonne intelligence avec votre khalifa, répliquèrent
» les âmines ; mais qu'il ne nous parle jamais d'impôts,
» comme il l'a déjà fait dans les plaines, car nos ancê-
» tres n'en ont jamais payés, et nous voulons suivre
» leur chemin.

» — Vous donnerez au moins la zeccat et l'achour,
» ajouta l'émir; ces contributions sont d'origine divine.

» — Oui, nous donnerons la zeccat et l'achour
» prescrits par la loi religieuse, crièrent les Kabyles
» en s'animant; mais nos zaouïas les recueilleront,
» et nos pauvres en profiteront : telle est notre habi-
» tude. »

Après cette scène étrange, la *diffa* (1) fut apportée. L'émir refusa d'y toucher avant de savoir si les Kabyles persistaient ou non dans leurs résolutions; il leur parla donc encore d'impôts, mais les âmines l'interrompirent : « Vous vous êtes annoncé chez nous en qualité de
» pélerin, et nous vous avons offert la diffa. Cessez ce
» langage dont vous pourriez mal vous trouver; sachez
» bien que si vous nous étiez venu comme maghzen (2),
» au lieu de couscoussou blanc, nous vous aurions ras-
» sasié de couscoussou noir (de poudre). »

Abd-el-Kader répondit qu'à la vérité il ne s'était rendu chez eux qu'en simple pélerin; que, néanmoins, il était bien aise de leur apprendre que son maghzen ne ressemblait en rien à celui des Turcs; que Dieu l'avait élevé pour rétablir la religion du prophète et anéantir la puissance des chrétiens; que déjà il avait fait boire du fiel aux Français, ce peuple d'outre-mer;

---

(1) *Diffa* : repas d'honneur et d'hospitalité.
(2) Le mot maghzen est employé ici dans le sens de gouvernement.

qu'il les avait battus dans cent combats glorieux pour l'islamisme; qu'ils ne devaient pas, eux Kabyles, le dédaigner parce qu'il n'était accompagné que d'une centaine de cavaliers; que tout le Gharb reconnaissait ses lois, et qu'il pouvait plier l'ouest sur l'est aussi facilement qu'il pliait ce tapis. Il ajouta :

« Si vous me dites : l'est est plus fort que l'ouest,
» je vous répondrai : Dieu fait marcher la victoire à
» ma suite, à cause de la pureté des motifs qui me
» guident. Vous savez au surplus ce que dit le Koran :
» que d'éléphants ont été inquiétés par des mouche-
» rons, et que de lions ont été tués par le dab (1)!

» Sachez bien que si je ne m'étais opposé aux em-
» piètements des Français, si je ne leur avais fait con-
» naître leur impuissance, depuis longtemps déjà ils
» auraient nagé jusqu'à vous comme une mer en furie,
» et vous auriez vu alors ce que n'ont jamais vu ni les
» temps passés, ni les temps présents. Ils n'ont quitté
» leur pays que pour conquérir et faire esclave le
» nôtre. Je suis l'épine que Dieu leur a placée dans
» l'œil, et si vous m'aidez, je les jetterai dans la mer.

» Dans le cas contraire, ils vous aviliront. Rendez-
» moi donc des actions de grâces de ce que je suis l'en-
» nemi mortel de votre ennemi. Réveillez-vous de

---

(1) *Dab* : petit animal qui, au dire des Arabes, surprend le lion et lui mange le cœur.

» votre apathie, et, croyez-le, je n'ai rien plus à cœur
» que le bonheur et la prospérité des Musulmans. Je
» n'exige de vous, pour triompher des infidèles, qu'o-
» béissance, accord et marche conforme à notre sainte
» loi; comme je ne vous demande, pour soutenir mes
» armées, que ce qui vous est ordonné par Dieu, le
» maître du monde.

» Obéissez donc à Ben-Salem; il sera pour vous la
» boussole qui vous indiquera le bien. Je prends Dieu
» à témoin de la vérité et de la sincérité de mes pa-
» roles; si elles n'ont pu trouver le chemin de vos
» cœurs, vous vous en repentirez un jour, mais d'un
» repentir inutile. C'est par la raison et non par la vio-
» lence que j'ai voulu vous convaincre, et je prie le
» Tout-Puissant qu'il vous éclaire et vous dirige. Je ne
» suis venu vous trouver qu'avec une poignée de
» monde, parce que je vous croyais des hommes sa-
» ges, capables d'écouter les avis de ceux qui ont vu
» ce que vous n'avez pu voir; je me suis trompé, vous
» n'êtes que des troncs noueux et inflexibles. »

Alors se leva Ben-Aâbbou, oukil de l'émir, qui, gravement et sentencieusement, à la façon des Arabes,
jeta ce proverbe à la foule :

>El-aâdou ma ierdjâa sedigue
>Ou el-negrala ma ierdjâa deguigue.

>L'ennemi ne devient jamais ami;
>Le son ne devient jamais farine.

Sans faire autrement attention aux paroles de Ben-Aâbbou : « Nous vous jurons, répondirent les Kabyles
» à l'émir, que nous sommes des gens sensés et con-
» naissant l'état des choses; mais nous ne voulons pas
» que personne s'initie à nos affaires ou cherche à
» nous imposer d'autres lois que les nôtres.

» Nous savons encore ce qu'il nous convient de faire,
» eu égard aux préceptes de la religion. Comme nous
» vous l'avons dit, nous donnerons à nos mosquées la
» zeccat et l'achour; mais nous n'entendons pas que
» des étrangers en profitent. Quant aux chrétiens,
» s'ils viennent jamais chez nous, nous leur appren-
» drons ce que peuvent les Zouaouas à la tête et aux
» pieds nus.

» — Assez! assez! interrompit Abd-el-Kader; le pé-
» lerin s'en retournera comme il est venu. Que la vo-
» lonté de Dieu soit faite!

» — Allez donc en paix, reprirent les Kabyles,
» puisque vous êtes venu simplement nous visiter.
» Les pèlerins et les voyageurs ont toujours été bien
» reçus chez nous; nous pratiquons l'hospitalité; nous
» avons de la fierté, et nous craignons les actions qui
» peuvent attirer sur nous le blâme ou la déconsidé-
» ration.

» Une autre fois présentez-vous avec la splendeur
» d'un prince, traînez à votre suite une armée nom-
» breuse, et demandez-nous, ne fût-ce que la valeur

» d'un grain de moutarde, vous n'obtiendrez de nous
» que de la poudre. Voilà notre dernier mot. »

Après son entrevue avec les Kabyles à Sidi-Aly-ou-Moussa, l'émir monta à cheval pour se rendre à Bordj-Tiziouzou chez les Ameraouas. Il y passa la nuit, et tint aux Kabyles qui vinrent l'y trouver les mêmes discours à peu près qu'il avait tenus à leurs frères des montagnes. S'il ne trouva pas chez eux des gens complétement disposés à le seconder, il en reçut pourtant des réponses beaucoup moins véhémentes; soit que la situation de leur pays dans le voisinage de la plaine eût un peu adouci l'âpreté de leurs mœurs, soit qu'en raison même de cette situation ils cherchassent à se ménager au besoin la protection puissante du jeune sultan.

Ils lui dirent que si les tribus qui étaient sur leurs derrières se soumettaient, ils se soumettraient également. Le lendemain Abd-el-Kader se rendit à Dellys qu'il ne connaissait pas; il y fut accompagné par Sid-Abd-er-Rahman, lieutenant et parent de Ben-Salem.

« Comment pouvez-vous vous résoudre à habiter
» une ville du littoral? lui dit l'émir; quant à moi,
» je n'y passerais pas une nuit sans me faire bien gar-
» der de crainte d'être surpris par les chrétiens. »

Sid-Abd-er-Rahman lui répondit qu'il y restait sans inquiétude, parce que, au dire des gens du pays, deux marabouts, Sidi-Soussan et Sidi-Abd-el-Kader, protégeaient la ville contre les attaques des infidèles, l'un du côté de la terre, l'autre du côté de la mer.

« Étiez-vous présent, demanda l'émir à Sid-Abd-
» er-Rahman, lorsque ces marabouts firent les pro-
» messes sur la foi desquelles vous dormez?
» — Non.
» — Eh bien! négligez ces propos populaires, puis-
» que rien ne peut s'opposer à la volonté divine. Voyez
» Alger! Le marabout Sidi-Abd-el-Kader n'a-t-il pas
» dit: lorsque ma ville aura de la boue jusqu'à mi-
» jambes, les autres villes en auront par dessus la tête,
» et pourtant le contraire est arrivé: la ville que proté-
» geait Sidi-Abd-el-Kader est aujourd'hui enfouie dans
» la vase, et les autres en ont été préservées. Prenez
» donc vos précautions. Nous ne devons avoir aucune
» confiance dans le chrétien; il est perfide, ses filets
» ne sont tendus que pour nous prendre, et la paix
» ne peut durer!
» — Que Dieu nous préserve de lui! reprit Abd-er-
» Rahman, et cela par l'intercession de vos ancêtres.
» — Tenez-vous sur le qui-vive, ajouta l'émir; en-
» voyez tous vos bagages à la montagne, et ne laissez
» ici que votre famille et votre cheval. » A quelques jours de là, ces instructions étaient suivies.

Le lendemain Abd-el-Kader alla visiter le marabout de Bou-Berrak, dans le pays des Ouled-Si-Omar-el-Chérif; il y déjeuna, et alla passer la nuit à Haouch-

el- Nahal, chez les Issers. Les chefs de cette tribu vinrent l'y trouver ; il les engagea à transporter tous leurs effets sur les points culminants, et surtout à ne pas laisser leurs grains dans la plaine, mais à les enfouir dans les silos sauvages. Il donna les mêmes conseils à toutes les tribus qui campaient dans les vallées. « Ne croyez pas, leur disait-il, à la continuation de la
» paix ; bientôt elle sera rompue. »

De Haouch-el-Nahal, l'émir se rendit au marabout Bou-Mendass, auprès d'El-Djebil. C'était un pic élevé d'où il pouvait découvrir Alger. Il se fit donner sa longue vue, et sonda la ville avec soin, s'informant de tous les points, et recueillant des observations minutieuses sur le pays qui s'offrait à ses yeux.

Pendant qu'il était occupé de ces détails, Ben-Zekri (1), un domestique et son nègre prirent la fuite; quelques cavaliers voulurent les poursuivre : « Laissez-
» les aller, leur cria-t-il ; ils s'en repentiront amère-
» ment un jour. »

De là, l'émir se transporta chez les Beni-Aïcha, fraction des Krachnas. Il y fut bien reçu, et force coups de fusil furent tirés en signe de réjouissance. Comme on pensait qu'il y passerait la nuit, on lui prépara la diffa; mais à la tombée du jour il partit, et alla coucher à Bou-el-Ferad. Le lendemain, on le vit de bonne

---

(1) Ben-Zekri est encore aujourd'hui officier à notre service dans les spahis de Constantine.

heure à Tamdiret sous les Flissas, où se trouvait le camp de Ben-Salem.

Il y passa deux jours et deux nuits, et puis se rendit à Sidi-Naâmann, chez les Ameraouas. Les gens de l'Oued-Neça vinrent lui offrir des présents considérables qui consistaient en figues, huile, cire et savon. Les deux aghas Bel-Kassem-ou-Kassy et Aômar-Ben-Mahy-ed-Din, lui amenèrent chacun une mule magnifique. Abd-el-Kader donna le savon à sa suite pour qu'elle lavât son linge, et la licencia après avoir manifesté l'intention de se rendre seul chez les Zouaouas.

Les Ameraouas, les Beni-Thour et les Yssers profitèrent de la présence de l'émir pour lui porter plainte contre les prétendues spoliations de Ben-Salem. La véritable cause de cette dénonciation calomnieuse était qu'ils lui gardaient rancune de les avoir écartés des emplois, au bénéfice de ses amis particuliers, bien qu'ils eussent puissamment concouru à son avènement. Abd-el-Kader fit venir son khalifa pendant la nuit, lui reprocha sa cupidité et la manière indigne dont il exerçait le commandement, lui donnant même à entendre qu'il s'était trompé en le préférant à Sid-el-Hadj-Ali-Ould-Si-Saâdi.

Avant même de savoir si Ben-Salem pourrait se laver des imputations qu'on faisait peser sur lui, l'entourage d'Abd-el-Kader n'eut rien de plus pressé que d'aller annoncer à Si-Saâdi ce retour de fortune. Si-Saâdi emprunta 200 douros et les fit distribuer aux officiers porteurs de la nouvelle. Aômar-ben-Mahy-ed-Din, son ami, lui avança cette somme ; mais Bel-Kassem-ou-Kassy qui, au contraire, était bien disposé pour Ben-Salem, se hâta de porter 4,000 boudjous à l'émir, en le priant de ne pas destituer son khalifa, dont l'éloignement serait funeste au pays.

Abd-el-Kader reçut la somme, et la versa dans le trésor public (*bit el mal*). Il fit ensuite appeler Ben-Salem, le confirma dans son poste et fit jouer la musique en son honneur, l'engageant toutefois à être modéré dans les commencements pour ne pas s'aliéner les tribus. Si-Saâdi en fut pour les 200 douros. Ces sortes d'accidents sont fréquents dans le gouvernement arabe.

La manière dont les Kabyles avaient reçu l'émir à Sidi-Ali-ou-Moussa, chez les Mâtekas, n'avait pas suffi pour le convaincre qu'il ne pourrait tirer aucun parti des populations énergiques de ces montagnes. Il voulut aller jusqu'au bout ; il écrivit à Ben-Zamoun et aux âmines des Flissas pour leur dire qu'il avait toujours l'intention de visiter en entier le pays des Zouaouas, et de pousser même jusque sur les hauteurs de Bougie. Il terminait en les invitant à lui donner leur avis sur ce nouveau projet.

La haute portée politique d'Abd-el-Kader lui faisait espérer, avec quelque apparence de raison, qu'il pourrait trouver chez les Kabyles de Bougie, en guerre habituelle avec les chrétiens, des prosélytes plus ardents qu'il n'en avait rencontrés jusque là.

Les chefs montagnards se rendirent à son appel et lui dirent : « Vous ne sauriez pénétrer de ce côté par la
» force; vous avez déjà pu voir quel est l'esprit de ré-
» sistance des tribus voisines de la plaine; c'est bien
» autre chose encore dans ces montagnes. Vous ne
» pouvez y voyager qu'en pèlerin, et sous la sauve-
» garde de l'anaya, que nous vous donnerons.

» — C'est bien mon intention, répondit Abd-el-Kader;
» car si j'avais eu la pensée de recourir à la force, je
» ne serais venu ici qu'avec une armée dix fois plus
» forte que celle avec laquelle j'ai réduit les Zouath-
» nas. »

Le lendemain, les chefs des Ameraouas et des Flissas l'accompagnèrent à Tamda, près de Ras-Oued-el-Neça. De là, il se rendit à Akbou, de là à Zan, puis chez les Sidi-Yaya-bou-Hatem, au-dessus des Beni-Ourghlis, ensuite chez les Toudja, de là chez les Tamzalet, patrie de la famille Oulid-ou-Rabah, puis chez les Beni-bou-Msaoud, enfin chez les Sidi Mohammed-ou-Maameur, sur la Summam, en face de Bougie.

Cette route n'est pas directe; mais les points énoncés sont les plus culminants, et l'émir voulait profiter du temps, qui était beau, pour étudier le pays. Pendant tout le trajet, Abd-el-Kader fut bien traité;

plus d'une fois il eut même à subir une très-importune, quoique très-généreuse hospitalité. A peine arrivé au gîte, de nombreux Kabyles, tête nue et le bâton à la main, venaient lui présenter la diffa de leur pays, énormes plats en terre (djefana) remplis d'un mauvais couscoussou à l'huile, parsemé de quelques morceaux de viande sèche et maigre. Chacun déposait le sien devant la tente de l'émir, et le fouillait de son bâton en criant à son hôte : « Mange! c'est mon djefana! » Abd-el-Kader, pour ne pas faire de jaloux, fut ainsi forcé de toucher aux plats sans nombre dont il était entouré; car les Kabyles ne cessaient d'y planter leurs bâtons jusqu'à ce qu'il y eût fait honneur. Le cheikh Mohammed-Amzian, et son frère, le cheikh Merad, vinrent trouver l'émir sur l'Oued-Sahel; il leur tint à peu près le même langage qu'il avait tenu chez les Mâtekas, les engageant encore à ne pas compter sur la durée de la paix, et à ne rien laisser de leurs richesses dans les plaines.

Ils l'écoutèrent, lui promirent de harceler les chrétiens; mais, comme les autres, ils lui refusèrent toute espèce d'impôts. Abd-el-Kader parut se contenter de leurs protestations et s'engagea même à leur envoyer tout ce dont ils pourraient avoir besoin, dès qu'il serait rentré dans son gouvernement.

Une nouvelle désertion dans la suite de l'émir eut lieu devant Bougie : l'un de ses nègres gagna cette ville en lui enlevant son cheval.

Les Français, instruits de l'arrivée d'Abd-el-Kader, lui envoyèrent un courrier. Cette démarche n'avait rien de surprenant, puisqu'un traité de paix subsistait alors entre eux. Le contenu du message ne transpira point; mais le seul fait de son envoi causa des appréhensions aux Kabyles. Un de leur chef, Mohammed-ou-Ali-Antegar, accusa hautement Abd-el-Kader de violer l'hospitalité et d'entretenir une correspondance secrète avec les chrétiens, dans le but de trahir ses hôtes. Bientôt des menaces violentes éclatèrent, et l'émir effrayé partit subitement, poursuivi sur sa route par les imprécations des montagnards. Cette retraite fut une fuite véritable, une autre hégyre. Le premier jour, Abd-el-Kader ne s'arrêta qu'à Tamzalet où il passa la nuit. Le lendemain, toujours fuyant, il arriva près de l'Oued-Amasin où le cheikh Ben-Daoud lui barra le passage avec des forces considérables; il y fut en danger de perdre la vie, et ne dut véritablement son salut et celui des siens qu'à l'intervention de Ben-Zamoun, de Bel-Kassem-ou-Kassy, d'Aômar-Ben-Mahy-ed-Din, et principalement du cheikh Amzian-Oulid-ou-Rabah.

Après avoir échappé aux Kabyles, Abd-el-Kader se rendit à Khelil-ou-Iguifesar, et fut coucher chez les Beni-Brahim, faisant ainsi d'une seule traite la marche de trois jours. Là, Ben-Salem le quitta après avoir reçu ses instructions. « Soyez bon avec vos adminis-
» trés, lui dit-il; car vous n'obtiendrez rien d'eux par

» la violence; soyez patient surtout, et si le Tout-
» Puissant allonge mon existence, soyez persuadé que
» je saurai redresser un jour la marche tortueuse de
» ces montagnards. »

Ben-Salem s'en retourna chez lui avec les chefs des Flissas; et l'émir, protégé par l'anaya du cheik Amzian, arriva à Bordj-el-Bouïra, en passant derrière les monts Jurjura. Il parcourut en longueur et en largeur la plaine de Hamza, et disparut bientôt s'enfonçant dans le Gharb.

Tel fut l'accueil qu'Abd-el-Kader, aux plus beaux jours de sa puissance, reçut dans les montagnes de la haute Kabylie. Certes, il était encore bien éloigné d'y asseoir son autorité absolue, celui qui, sur un frivole soupçon, courait ainsi danger de mort et se voyait réduit à la fuite la plus précipitée. A part cet incident d'ailleurs, il n'avait pu prononcer en aucun lieu le mot d'impôt sans soulever de suite un orage; et ceci renfermait la condamnation sans appel de toutes ses espérances antérieures.

Mais si, renonçant à des vues trop ambitieuses, Abd-el-Kader ne cherchait plus dans les Kabyles que des alliés solides, peu exigeants et toujours en sous-ordre, ce résultat précieux semblait lui être acquis : son dernier voyage n'y avait pas médiocrement contribué. Pendant ce court trajet, il avait su se faire apprécier des fiers et énergiques montagnards. La simplicité et la pureté de ses mœurs, son affabilité, sa piété, sa science, les titres vénérés de hadj (1) et marabout, sa brillante réputation de guerrier, son éloquence de prédicateur, tout en lui saisissait. Aucun de ceux qui purent le voir et l'entendre n'échappèrent à cette influence. Des poètes en firent le sujet de leurs chants (2).

(1) *Hadj* : pèlerin, c'est-à-dire spécialement celui qui a fait le pèlerinage de la Mecque.

(2) Voir la note F.

CHAPITRE VI.

GOUVERNEMENT DE BEN-SALEM.

(1839. — 1843.)

I. Rupture de la paix. — II. Les Kabyles dans la Mitidja. — III. Embarras de Ben-Salem. — IV. Destruction de Bel-Karoube.

I.

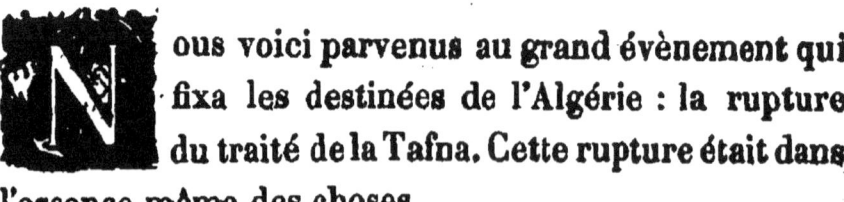ous voici parvenus au grand évènement qui fixa les destinées de l'Algérie : la rupture du traité de la Tafna. Cette rupture était dans l'essence même des choses.

Qu'Abd-el-Kader, en vue d'accroître et de régulariser ses forces, d'amasser des ressources et de récolter des impôts; que le gouvernement français, pour ne point engager l'avenir, pour faciliter, avant tout, son expédition de Constantine ; que ces deux contractants, disons-nous, eussent, dans leur intérêt du jour, signé le traité de la Tafna, rien de plus naturel : mais compter de part ou d'autre sur une observance prolongée de ces clauses, c'eût été méconnaître les instincts de race et de foi qui, là, se trouvaient en présence.

Quel était pour chacun le but suprême ? Abd-el-Kader n'en voyait d'autre que l'extermination ou l'expulsion des infidèles qui usurpaient la terre musulmane. La France, sur cette même terre, prétendait implanter ses enfants et sa civilisation. Il fallait bien que, tôt ou tard, ces deux pensées, en se heurtant, fissent jaillir la guerre. Mais une dissemblance fondamentale signalait leurs allures. Celle de la France pouvait affecter une marche lente et graduelle, tandis qu'au contraire l'émir n'était pas toujours maître de régler la sienne.

En effet, on l'avait proclamé sultan à cause des prophéties qui l'appelaient à relever l'empire de l'Islam. C'était au nom de la guerre sainte qu'il avait obtenu l'obéissance générale, qu'il avait recueilli des impôts très-considérables ; et, néanmoins, on attendait encore l'exécution de ses promesses. Aussi commençait-on à l'accuser d'avoir organisé des troupes régulières, plutôt pour asservir les musulmans que pour combattre les chrétiens. Se sentant débordé par l'opinion publique, Abd-el-Kader avait convoqué, à Taza, une grande assemblée de tous les chefs influents du pays, et le résultat des délibérations avait été de ne point rompre encore la paix, par égard pour la foi jurée, mais de courir aux armes sitôt que les chrétiens auraient donné l'exemple de la violation; c'est-à-dire qu'on n'attendait plus qu'un prétexte. Il éclata en Kabylie.

Après le départ de l'émir, Ben-Salem s'était remis à l'œuvre contre les insoumis de son gouvernement. La petite ville d'Hall-el-Ksar, située en-deçà des Bibans, à une journée est de Hamza, avait reçu de lui trois lettres consécutives. Les deux premières qui réclamaient l'achour et la zeccat en retard, étaient demeurées sans réponse. A la troisième contenant des menaces très-énergiques, les gens du Ksar avaient fait partir un des leurs, chargé de dire au khalifa seulement ces paroles : « Mets dix balles dans ton fusil, et viens combattre. »

L'insolence de cette bravade exigeait un exemple ; Ben-Salem, pour mieux l'assurer, avait demandé du secours à son maître. Six cents réguliers de Ben-Allal étaient venus le renforcer. Avec cette troupe, la sienne et les contingents des tribus qu'il avait réussi à attirer par l'appât du sac d'une ville, il était allé faire le siège du Ksar et de plusieurs redoutes élevées à l'entour. On avait combattu, parlementé; puis on avait repris les armes : les conditions du khalifa semblaient trop dures. Enfin, dans un dernier engagement, Ben-Salem étant parvenu à attirer l'ennemi hors de ses postes retranchés, les réguliers sortis d'une embuscade avaient escaladé les redoutes et pris possession de la ville avant que les assiégés eussent pu s'y replier. Il avait donc fallu se rendre à merci. Le vainqueur était resté quinze jours sur les lieux, tant pour instituer des chefs que pour rançonner amplement la malheureuse ville. Comme il allait partir dans l'ivresse du succès, on vint tout-à-coup lui apprendre que le fils du roi des Français franchissait les Bibans à la tête d'une armée considérable, et pénétrait sur son territoire.

La nouvelle était vraie. Cette colonne française où se trouvait en effet le prince royal, mais qui avait pour chef réel le maréchal Valée, gouverneur-général, exécutait alors la reconnaissance entre Constantine et Alger, qui devint si célèbre sous le titre d'*expédition des Portes-de-Fer*.

Ben-Salem ne sut que penser d'une semblable démonstration en pleine paix; la vue des chrétiens le troubla : il fit une prompte retraite, et celle-ci dégénéra bientôt en fuite; car, exaspérés de sa rigueur et le voyant embarrassé, les gens du Ksar s'insurgèrent aussitôt, le poursuivirent, lui tuèrent du monde et lui reprirent à peu près tout ce qu'il leur avait enlevé. Aigri au dernier point par un échec dont la colonne française était la cause bien innocente, le khalifa lança soudain, chez toutes les tribus voisines, l'ordre d'attaquer les chrétiens, ne fût-ce que pour protester. Des Krachnas, des Beni-Khalfoun vinrent, en conséquence, leur tirer quelques coups de fusil aux environs du pont de Ben-Hini. Cet acte insignifiant fut même désapprouvé ; on pensa que Ben-Salem avait pris beaucoup trop sur lui, et qu'il encourrait le blâme du sultan, pour avoir insulté des alliés qui traversaient son territoire sans y causer aucun dommage. Lui-même ne put échapper à ces doutes ; il avait envoyé de suite à son maître un récit complet de l'affaire, et il attendait la réponse dans une anxiété mortelle.

Cette réponse ne tarda point ; on en prévoit le sens, d'après la grande détermination relatée ci-dessus. Abdel-Kader s'exprimait de la sorte :

« La rupture vient des chrétiens ! Votre ennemi est
» devant vous, retroussez comme il faut vos vêtements,
» et préparez-vous aux combats. De toutes parts le si-
» gnal de la guerre sainte est donné ; vous êtes l'homme
» de ces contrées. Je vous ai placé là pour en fermer
» l'issue.

» Gardez de vous laisser troubler ; serrez votre cein-
» ture et soyez prêt à tout. Grandissez-vous à la hau-
» teur des évènements ; apprenez surtout la patience ;
» que les vicissitudes humaines vous trouvent impas-
» sible. Ce sont des épreuves : Dieu les envoie ; elles
» sont attachées au destin de tout bon musulman qui
» s'engage à mourir pour sa foi.

» La victoire, s'il plaît à Dieu, couronnera notre
» persévérance. Salut ! »

Pas un mot de reproche, pas la moindre hésitation. Ben-Salem respira.

II.

Abd-el-Kader entama d'une manière éclatante et terrible cette troisième guerre sainte, qui devait être éternelle pour lui, qui devait le conduire, à travers d'étonnantes vicissitudes, à sa ruine complète.

Il était, à dire vrai, bien autrement préparé que les chrétiens. Ceux-ci avaient laissé poindre, dans la Mitidja, une colonisation faible et éparpillée, tandis que leur ennemi pouvait y accumuler en masse, au premier signal, les contingents de ses trois khalifas limitrophes : Ben-Allal débouchant de Miliana, Berkani de Médéah, Ben-Salem de la Kabylie. Mais le tableau de la grande lutte nationale des indigènes de l'Algérie contre la France ne rentre point dans notre cadre ; nous devons ici en supposer connues les phases principales, et n'indiquer qu'un petit nombre de scènes, où les populations de la Grande Kabylie ont occupé le premier plan.

Au reçu de la lettre d'Abd-el-Kader, Ben-Salem convoqua tous les chefs placés sous son autorité au camp qu'il allait prendre à Aïoun-Bessem, chez les Aribs.

Les circulaires annonçaient une communication de très-haute importance. En effet il leur dit : « Vous
» n'êtes plus des Musulmans, vous avez supporté que
» l'infidèle traversât votre territoire. C'est une honte!
» Répondez-moi : Dieu vous a-t-il prescrit de leur
» obéir ou de les combattre? »

Cette sortie ne tendait à rien moins qu'à proclamer la guerre sainte. Les Ounnoughas, les Ouled-Dris, les Adouras et autres qui, en leur qualité d'Arabes purs, étaient insaisissables, se déclarèrent prêts à tout évènement; mais il n'en fut pas de même des Aribs, des Beni-Djâd, etc. Ceux-ci s'avouèrent incapables d'engager une pareille lutte, parce qu'ils ne pouvaient ni défendre leur territoire, ni prendre la fuite au besoin. Leurs bêtes de somme n'étaient pas assez nombreuses pour emporter tout ce qu'ils possédaient.

Ben-Salem commença par les gourmander de leurs dispositions tièdes; ensuite il ajouta : « Vous n'avez
» rien à craindre des chrétiens, car vous ne vous lè-
» verez pas seuls contre eux; c'est le sultan lui-même
» qui leur déclare la guerre sainte; et si vous êtes
» menacés, il viendra vous secourir avec des troupes
» régulières. Voici sa lettre! » Et aussitôt il en donna lecture. Alors toutes les tribus s'écrièrent spontanément : « la guerre sainte! la guerre sainte ! »

» — Puisque vous êtes résolus, dit Ben-Salem,
» regagnez vos villages, prenez-y pour vingt jours de

» vivres, revenez ensuite me trouver, et préparez-vous
» au sac de la Mitidja, trop longtemps déshonorée par
» les adorateurs de la croix. »

Ben-Salem se rendit à Bordj-el-Bouïra, où ses aghas et ses caïds devaient lui amener leurs contingents. Aussitôt qu'il se vit en force, il vint camper sur l'Oued-Kaddara ; là, sa marche fut retardée par un message d'Abd-el-Kader, qui lui interdisait de commencer aucun mouvement avant que Ben-Allal et Berkani eussent dessiné le leur du côté de la Chiffa.

Enfin l'armée kabyle distingua, dans l'ouest, la fumée des incendies si impatiemment attendus, et elle se précipita de son côté comme un torrent. Elle passait entre les petits postes français sans y faire aucune attention, dévastait par le fer et le feu toutes les habitations européennes, et dans son mouvement rétrograde, balayait devant elle les tribus qui vivaient dans la Mitidja sous notre domination. Pillées, insultées, battues, conduites comme des troupeaux, ne trouvant de commisération nulle part, ce qu'eurent à souffrir ces malheureuses ne saurait être raconté.

Ben-Salem avait envahi la plaine le dernier ; ce fut aussi lui qui l'évacua le dernier. Elle était changée en désert, et, depuis le temps, n'a jamais été repeuplée.

Cette exécution épouvantable avait réussi complètement au gré des vœux d'Abd-el-Kader, mais elle n'était que le premier article de son programme ; il comptait saccager aussi le Sahel et pénétrer dans Alger même, soit par l'évacuation des chrétiens découragés, soit à la faveur d'une insurrection des habitants. Il avait solennellement fixé le jour où son cheval s'abreuverait à la fontaine de Bab-el-Oued. Pour accomplir de si grandes choses, il lui fallait amonceler à sa suite des populations armées tout entières; celles du Tittery et de l'ouest étaient assez dociles, mais elles ne lui fournissaient qu'une cavalerie peu solide; son intelligence militaire sentait la nécessité d'y joindre des masses compactes, comme celles de l'infanterie française. Or, la Grande Kabylie renfermait un nombre immense de fantassins renommés dans toute l'Algérie; il ne s'agissait plus que de les entraîner.

Ben-Salem, après avoir écrit à toutes les tribus du pays plat, d'émigrer avec leurs richesses vers les points culminants ou difficiles, s'était lui-même transporté sur le mont Mezyoura. Un jour, un cavalier suivi de quelques serviteurs en armes, s'arrêta devant un gourbi et demanda où se trouvait le khalifa Ben-Salem. Ce dernier fut averti en toute hâte, car on avait reconnu Abd-el-Kader, qui se plaisait quelquefois à surprendre ainsi ses lieutenants par son arrivée imprévue.

Ben-Salem sortit de sa tente si précipitamment, qu'il arriva, pieds nus, tenir l'étrier au sultan pour l'aider à descendre de cheval. L'entrevue commença par des reproches : Abd-el-Kader gourmanda le khalifa d'être si mal gardé dans ses quartiers, qu'on pût y pénétrer sans donner l'éveil à personne. Celui-ci s'efforça de s'excuser sur ce qu'il occupait un pays très-peu accessible, et que ses avant-postes étaient jetés en avant dans la seule direction par où l'on pouvait craindre de voir arriver l'ennemi. Mais l'émir rejeta toutes ces raisons, en insistant sur ce qu'à la guerre on ne saurait prendre trop de précautions, et que la moindre négligence conduisait à être surpris un jour ou l'autre. Il paraît toutefois que la leçon ne profita point à Ben-Salem; car, l'année suivante, son camp fut enlevé par les Français, et lui-même tellement pris au dépourvu, qu'on le vit fuir sur un cheval qui n'était ni bridé, ni même désentravé.

Abd-el-Kader passa deux jours à Mezyoura, occupé sans relâche d'écrire aux différentes tribus kabyles, afin de les engager dans la guerre sainte. Il réglait le ton de sa correspondance sur la position, la force ou le caractère de chacun. Flattant ceux-ci, menaçant ceux-là, prodiguant à tous les promesses de butin et les citations du Koran. Enfin, pour accélérer davantage le mouvement, il envoya Ben-Salem à Bordj-Sebaou, et se porta de sa personne sur le Djebel-Bouzegneza. Son khalifa vint l'y rejoindre, suivi des contingents d'un grand nombre de tribus. C'étaient les Ameraouas, Beni-Raten, Beni-Ouaguenoun, Flissas, Beni-Djenad, Beni-Thour, etc. Un grand camp s'établit sur l'Oued-

Boudouaou. L'impulsion était donnée : les Kabyles se suivaient attirés par l'exemple, et au bout de quelque temps, il y eut sur ce point un rassemblement de fusils véritablement remarquable.

La vue de pareilles forces auxquelles il pouvait joindre ses bataillons réguliers, avec les innombrables goums de l'ouest et du midi, enflamma le courage d'Abd-el-Kader; il réunit les guerriers kabyles et leur adressa une harangue chaleureuse, qui concluait à marcher franchement sur Alger. Mais on lui répondit par un refus formel: l'entreprise semblait trop excentrique aux montagnards; ils n'entendaient s'engager ni loin, ni pour longtemps, hors de chez eux.

On dut se réduire à leur proposer une attaque du poste français établi au Boudouaou, avec l'espoir qu'un premier succès changerait leur froideur en enthousiasme. Mais cette combinaison se trouva encore déçue par l'héroïque résistance de la petite garnison. Vainement les Kabyles l'enveloppèrent de toutes parts à diverses reprises, et se relayèrent contre elle pendant une journée entière; le canon sillonnait leurs masses, sans qu'elles eussent aucun moyen d'entamer le retranchement. A la tombée de la nuit, les montagnards reconnaissant l'inutilité de leurs efforts, se retirèrent sans consentir même à revoir le sultan. Leurs chefs seuls demeurèrent par un sentiment de honte, et le lendemain, dès qu'Abd-el-Kader fut debout, ils lui apprirent la désertion universelle. Ce coup l'attéra.

« Voilà donc ces fiers Kabyles ! s'écria-t-il. » Puis descendant de cheval et s'étant découvert la tête, il s'adressa dans ces termes à Dieu : « Que leurs vœux ne soient jamais exaucés ! Que jamais leur prière ne soit accueillie ! Qu'ils vivent dans l'opprobre et la misère ! Qu'ils tombent assez bas pour qu'un méprisable Juif puisse les soumettre à son pouvoir ! »

C'en était fait des hautes espérances de l'émir sur l'infanterie kabyle. Maintenant, il l'appréciait à sa juste valeur ; et depuis il se contenta, soit de la convoquer à la défense de son propre territoire, soit de la jeter sur les flancs, sur les derrières de nos colonnes, quand elles traversaient des pays de buissons et de montagnes, où le Kabyle pût trouver des branches pour appuyer son long fusil et des anfractuosités pour le recharger à l'abri.

III.

(1840) — Ben-Salem fut la première victime du désappointement de l'émir ; celui-ci, renonçant à baser sur lui aucune entreprise sérieuse, lui avait enlevé toute son infanterie régulière pour s'en servir dans les beyliks de Médéah et de Milianah ; il s'était même efforcé, mais en vain, d'entraîner les Aribs et les Beni-Djâd. Les seules ressources qui restassent au khalifa du Sebaou, pour inquiéter les chrétiens de son côté, comme l'émir le lui recommandait sans cesse, se réduisaient à quelques cavaliers fidèles et aux guerriers des tribus qu'il parviendrait à attirer.

On a vu que le mobile de la guerre sainte avait pu en soulever beaucoup, mais non pas les retenir longtemps, ni les engager loin. L'appât de la déprédation s'exerça sur un moindre nombre, et produisit en somme plus de résultats. A force de répéter que toutes les troupes chrétiennes étaient occupées devant l'émir, que la plaine et le Sahel n'étaient gardés que par des postes trop faibles pour sortir; à force de répandre des lettres d'Abd-el-Kader, où ses premiers engagements avec l'armée française étaient qualifiés de victoires, et de sommer, en son nom, les chefs kabyles de faire une diversion décisive, Ben-Salem parvint à réunir un corps considérable et à l'amener en présence de la Maison-Carrée.

Alors, son camp vomit dans le Sahel des bandes de brigands aussi rusés qu'audacieux. Le jour, ils se cachaient dans les broussailles, dans les masures des jardins maures abandonnées, et de ces retraites, fondaient sur les voyageurs, sur les bestiaux, sur les convois trop faibles; ou, la nuit, attaquaient en règle des fermes habitées, incendiant, égorgeant tout. Quant aux véritables guerriers, ils engageaient de loin en loin des escarmouches assez insignifiantes avec la garnison de la Maison-Carrée. Un jour où Ben-Salem s'était porté avec sa cavalerie régulière à l'embouchure de l'Harrach, quelques boulets lui furent envoyés, et l'un d'eux emporta El-Hassaïn-ben-Zamoun, fils du célèbre chef des Flissas. Lui-même laissait aussi un jeune fils, qui ne tardera point à figurer dans nos récits.

Nous n'insistons pas davantage sur cette invasion peu glorieuse du khalifa de l'est. Abd-el-Kader en fit justice, lorsqu'ayant reçu quatre jeunes chrétiennes que les cavaliers de Ben-Salem lui amenaient comme une brillante capture, il dit froidement : « Il y a des lions
» qui font leur proie d'animaux faibles; il en est d'au-
» tres qui s'attaquent à des animaux redoutables. »

(1841) — Les Kabyles étaient rentrés chez eux, quand on apprit à leur khalifa que le Fondouck venait d'être évacué. Il ne put croire cette nouvelle et dépêcha un homme pour s'en assurer. L'homme revint lui dire : « Le Fondouck est vide! »

Ben-Salem en fut pénétré de joie. Comme la guerre sainte occupait toutes ses pensées, il crut trouver dans cet évènement de quoi stimuler le zèle de ses tribus, et leur lança des circulaires qui se terminaient ainsi :
« Vous voyez que les chrétiens sont à bout. Ruinés
» en hommes et en argent, ils commencent à aban-
» donner le terrain. Encore un vigoureux effort de
» notre part, et la victoire du Koran est assurée. »

Le fait intéressait trop les Kabyles pour qu'ils ne vinssent pas, en grand nombre, le vérifier sur les lieux;

mais ils furent bien loin d'en tirer les mêmes conséquences que leur chef: « Ce n'est pas la crainte, lui
» dirent-ils, qui a fait abandonner aux Français un
» poste dont tous les Zouaouas réunis n'auraient jamais pu s'emparer. S'ils l'ont quitté, c'est afin de
» porter ailleurs des troupes qui leur étaient inutiles
» ici et d'un approvisionnement onéreux. »

Faute de mieux, Ben-Salem se rabattit sur l'exploitation matérielle des ruines du Fondouk. On en avait enlevé les bois et tous les objets accessoires; la maçonnerie seule était restée. Il résolut de s'en servir pour se bâtir un fort à Bel-Kraroube. Aussitôt commença le transfert des matériaux, et quelques gardiens s'établirent sur les lieux.

Par une étrange coïncidence, cette imitation de la pensée favorite du maître s'exécutait précisément à l'époque où Taza, Boghar et ses autres établissements, tombés au pouvoir de nos colonnes, devenaient des monceaux de ruines. Aussi Abd-el-Kader, dès qu'il fut informé des travaux entrepris à Bel-Kraroube, s'élevat-il vivement contre eux : « Comment! écrivait-il
» au khalifa, c'est après avoir vu détruire tous les
» forts que j'avais élevés à si grands frais, qu'il vous
» vient dans l'esprit d'en bâtir un. Préparez-vous plutôt à la mobilité dont nous n'aurions jamais dû nous
» départir. Si vous voulez lasser les chrétiens, ne leur
» donnez aucune prise sur vous. »

Ben-Salem n'en continua pas moins, dans la confiance que jamais les chrétiens n'oseraient attaquer de si fortes positions sous le feu des Kabyles. Ce fut encore un point sur lequel il ne tarda pas à être cruellement désabusé.

Cependant les bruits de guerre s'éloignaient peu à peu de la Mitidja et même du Tittery : l'astre si brillant de l'émir disparaissait à l'occident; ses troupes régulières fondaient, ses plus fidèles tribus commençaient à parler de soumission; ses trois khalifas de l'est gémissaient sous le poids d'une douloureuse inquiétude. Ils eurent la pensée de se réunir et de délibérer, avec quelques chefs importants, sur les mesures à adopter dans ces temps difficiles. Ben-Salem avait amené Ben Mahy-ed-Din avec lui; mais cette conférence, empreinte d'un profond découragement, ne produisit aucun résultat positif. Quand l'heure de la séparation fut arrivée, Berkani dit à ses collègues :
« Que Dieu nous réunisse dans l'autre monde; car
» je conserve peu d'espérance de nous revoir jamais
» dans celui-ci!

» — Et moi, reprit Ben-Salem, j'espère que nous
» nous reverrons tous les trois à Alger. »

Ben-Allal ajouta d'un ton mélancolique : « Oui, si
» nous nous soumettons aux chrétiens, ce dont Dieu
» nous préserve! » Et ils se quittèrent ainsi.

La position de Ben-Salem était la plus supportable

des trois ; car les vainqueurs n'avaient point encore posé le pied dans son gouvernement ; mais lui-même n'y commandait plus guère que pour la forme. Une récente razzia sur les Beni-Slyem, qui lui refusaient absolument l'impôt, aurait relevé peut-être son crédit, sans l'abandon complet où semblait le laisser l'émir.

Ce dernier, durant les premières phases de la guerre, avait donné de ses nouvelles assez régulièrement ; puis, elles étaient devenues rares, pleines de mensonges et de réticences ; ensuite, elles avaient commencé de trahir la plus grande détresse. On en jugera par l'objet d'une seule : l'émir demandait à Ben-Salem un blanc-seing de son cachet, parce que, disait-il, les chrétiens s'étaient mis dans l'esprit d'acheter ses trois khalifas de l'est, moyennant 1,500,000 francs, et qu'il espérait tirer d'eux cette somme importante. Ben-Salem avait obéi, en exprimant ses doutes sur le succès de la supercherie.

Enfin, les communications cessèrent tout-à-fait. Naturellement on s'informa d'abord auprès de Ben-Allal. Des courriers le découvrirent à grand'peine au fond de l'Ouarencenis, et, pour toute réponse, il écrivit : « Nous
» vivons dans un temps qui ressemble à la fin du
» monde : chacun doit s'occuper de soi seul et non
» des autres. Je vous apprendrai cependant que l'émir
» est dans l'ouest, où il tache de s'opposer aux progrès
» des chrétiens. »

Peu satisfait du renseignement, Ben-Salem fit partir un homme de confiance pour le camp d'Abd-el-Kader même, avec un présent magnifique. Mais l'état de la vallée de Cheliff ne permettant point le passage, le messager crut devoir se confier à Ben-Salem. Celui-ci garda le présent et renvoya l'homme à son maître. Cet acte qui fut ébruité porta au comble la fermentation des tribus; alors les chefs des Beni-Djâd, Ouled-Dris, Aribs, Ounnoughas et Ameraouas, déclarèrent qu'ils voulaient eux-mêmes se mettre à la recherche d'Abd-el-Kader dans le Gharb. Ben-Salem fit partir son frère avec eux.

Ces chefs, avec une suite de trois ou quatre cents chevaux, prirent la route du petit désert pour arriver plus sûrement. Ils parvinrent à joindre Abd-el-Kader près du lac Chabounya, lui remirent des présents et l'entretinrent de leur position. L'émir les accueillit avec une affabilité touchante, au milieu des revers qui l'aigrissaient. Après avoir relevé leur courage, raffermi leur religion, il les congédia en les chargeant, pour Ben-Salem, d'une lettre et d'un cheval richement harnaché. La lettre était ainsi conçue :

« Soyez patient pendant l'adversité : c'est elle qui
» fait connaître les hommes forts. Maintenez vos admi-
» nistrés, aidez-les, secourez-les et mettez-vous tou-
» jours à la portée de leur intelligence. Cet état de
» choses ne peut durer. Sous peu, j'irai vous visiter

» pour nous entendre sur les meilleures mesures à
» adopter. En attendant, je vous prie d'accepter le
» cheval que je vous envoie ; je le tiens de Muley-Abd-
» er-Rahman, le grand sultan du Gharb; il sera pour
» vous, je l'espère, une bénédiction. »

(1842) — En même temps que ces paroles fortifiantes lui arrivaient, Ben-Salem reçut du hasard un secours bien inattendu. La soumission presqu'entière du Tittery venait de réduire Berkani au rôle d'un fugitif, et il entraînait à sa suite des fantassins réguliers, originaires la plupart de l'est. Aussi, dès que le mouvement de retraite devint trop prononcé, se refusèrent-ils en masse à y participer davantage. Vainement Berkani les harangua, vainement ses femmes se découvrirent la figure et les supplièrent en larmes de ne pas les abandonner : tout échoua contre leur inébranlable résolution, et ils vinrent trouver Ben-Salem. Abd-el-Kader, instruit du fait, écrivit aussitôt à ce dernier :
« Je rends grâces à Dieu de ce que j'ai, dans chaque
» province, un flambeau lumineux où viennent se rallier les fidèles. Vous avez reçu les troupes qui ont
» déserté le khalifa du Tittery, ne leur en témoignez
» aucun mécontentement. Les temps sont difficiles ;
» entourez-les, au contraire, des plus grands soins ;
» tâchez de les préserver de la faim ou de la nudité, etc. »

C'est par de tels moyens qu'Abd-el-Kader sut longtemps conserver une place dans le cœur de ceux mêmes qui avaient le plus souffert pour sa cause.

Ben-Salem était donc à la tête d'une infanterie et d'une cavalerie régulières; le récent voyage des chefs améliorait leurs intentions à son égard; de plus, Abd-el-Kader avait imaginé de se faire, en quelque sorte, représenter dans l'est par son premier secrétaire, Sid El-Hadj-Mohammed-Bel-Kreroubi, personnage très-vénéré. Par ces divers motifs, la lutte contre les chrétiens reprit une certaine vigueur. Ben-Salem fit des apparitions rapides dans la plaine à la tête de ses cavaliers : l'une d'elles est restée fameuse par l'attaque, entre Boufarick et Blida, d'un petit détachement de correspondance dont le monument de Méred éternise la défense héroïque.

Il fut plus heureux dans le sud de son gouvernement. L'autorité française venait d'y être reconnue par des chefs importants. Mohammed-el-Mokrani lui soumettait la Medjana et Ben-Diaf, la ville de Bouçada. Ben-Salem attaqua le dernier, le contraignit d'abandonner son poste, mais ne put le forcer d'abord dans les montagnes difficiles où il s'était réfugié. Une retraite simulée décida l'imprudent Ben-Diaf à en sortir, et le combat fut engagé. Ben-Salem, vainqueur, ne perdit que deux officiers et douze cavaliers; il enleva toute la smala de son ennemi, ses richesses, son matériel, ses tentes, ses chiens de chasse, ses faucons, ses chameaux, ses troupeaux et quatre lions magnifiques qu'il élevait dans son douar; enfin, il profita de l'effet moral produit par sa victoire, pour lever une forte contribution sur les gens de Msila et de Bouçada.

Ces petits succès étaient bien pâles auprès de ceux des chrétiens dans tout le Gharb et le Tittery; d'ailleurs, l'opinion qui passe facilement d'un excès à l'autre les exagérait maintenant par inquiétude, comme elle les avait niés d'abord par fanatisme. Les bruits les plus alarmants circulaient sur le compte de l'émir, et celui de sa mort fut même universellement répandu. Ben-Salem ne savait que répondre aux questions qu'on lui adressait à ce sujet; car lui-même était depuis huit mois sans aucune nouvelle de son maître. Un homme arrivant du Maroc lui avait certifié que l'émir était mort, prétendait avoir vu sa tombe aux environs d'Ouchda, et l'engageait à se défier des lettres qu'il pourrait recevoir sous son nom, parce que son cachet, disait-il, était demeuré chez sa mère et que Ben-Allal en disposait.

Toutefois, ce soupçon ne semblait pas fondé; car Ben-Allal répondait aux questions de son collègue, qu'il fallait se garder dans les moments de trouble de croire à tous les bruits en circulation, et que le silence d'Abd-el-Kader n'avait rien d'étonnant, eu égard à son éloignement ainsi qu'aux difficultés de sa position. En effet, il luttait alors sur la frontière du Maroc; les principales lignes de communication entre ses lieutenants et lui étaient interceptées par des tribus nouvellement ralliées aux Français.

D'un autre côté, ces exemples nombreux de soumission commencèrent à produire leur effet sur la frontière de la Kabylie, chez des tribus trop faibles et occupant un pays trop ouvert pour maintenir leur indépendance. De plus, un intérêt matériel était en jeu : celui d'écouler des produits sur les marchés d'Alger. Ben-Salem avait réussi fort longtemps à en détourner ses administrés, d'abord par la persuasion, puis ensuite par la terreur. Dernièrement il avait fait décapiter six Arabes pour avoir vendu quelques bœufs aux chrétiens. Or, toutes les tribus qui, de temps immémorial, approvisionnaient Alger, commençaient à sentir le besoin d'y verser leurs denrées accumulées depuis trois ans. Dans cet état de cause, les Beni-Moussa, les Issers, les Krachnas vinrent demander l'aman aux Français, et parurent immédiatement sur leurs marchés : ils étaient rassurés contre la vengeance du khalifa, par la connivence des Flissas, Ameraouas et Beni-Slyman, qui les avaient engagés secrètement à prendre ce parti.

Cette défection acheva de prouver à Ben-Salem que l'existence de l'émir était pour lui une question de vie ou de mort; il envoya donc à sa recherche un agent dévoué, qui ne le rencontra qu'après un mois de courses. Cet agent portait une lettre renfermant les plaintes suivantes :

« Comment se fait-il que vous ne pensiez plus à

» nous, que vous ne nous écriviez plus, que vous ne
» nous appreniez point votre état? La vue de votre
» cachet, comme vous le savez, ranime cependant les
» fidèles. Je désirerais que, conformément à votre pro-
» messe, vous vous rendissiez ici, seul et sans suite,
» ne fût-ce que pour y rester quelques instants; car,
» actuellement, l'on doute même de votre existence
» et l'on publie que c'est votre mère qui fait écrire en
» votre nom.

» Votre arrivée me sera d'autant plus utile, que les
» Français s'apprêtent à marcher sur moi, et qu'il m'est
» impossible de contenir les Arabes. Ils sont toujours
» de la religion du vainqueur, je vous le jure; si vous
» tardez à venir, les malheurs de Berkani ne seront
» rien en comparaison de ceux qui vont m'accabler.
» Répondez-moi de votre main; donnez-moi des nou-
» velles qui puissent retarder ma chute. »

L'émir répondit immédiatement :

« J'ai reçu la lettre par laquelle vous m'apprenez
» que l'on a répandu dans le Cheurg la nouvelle de ma
» mort. Nul ne peut échapper à la mort : tel est l'ar-
» rêt du Tout-puissant. Toutefois, Dieu en soit loué!
» mon heure n'est pas encore venue; car, plein de
» force et de santé, je combats à outrance les ennemis
» de notre religion; c'est par de semblables épreuves
» que l'on connaît les hommes. Soyez toujours le
» même : calme, inébranlable, patient, et Dieu vous

» récompensera. J'irai vous trouver aussitôt que j'au-
» rai terminé mes affaires dans le Gharb. »

A cette lettre confidentielle en était jointe une autre qui devait être lue publiquement dans les marchés; elle contenait des passages tels que ceux-ci :

« Ne soyez pas inquiets de la présence des infidèles
» dans le Gharb; ils n'y font qu'y suivre les routes
» comme des muletiers; ils y campent toujours dans
» des lieux abandonnés par les Arabes, où ils ne
» trouvent que des cendres et des puces. Lorsqu'ils
» s'en retournent chez eux, ils sont vivement pour-
» suivis par les défenseurs de la foi. C'est ainsi que
» nous en massacrons toujours un grand nombre
» et que nous faisons un butin immense. Restez dé-
» voués à votre khalifa; sous peu, je viendrai parmi
» vous. »

On sait qu'Abd-el-Kader ne s'est jamais fait aucun scrupule de transformer ses plus graves échecs en pompeuses victoires, moyen qui a dû souvent lui réussir, dans un pays où les communications sûres et régulières manquent absolument. Quant à la moralité de l'acte, il l'éludait en répétant : « Les ennemis de la foi
» en seront attristés, les fidèles s'en réjouiront. » Mais, dans la conjoncture actuelle, il avait affaire à des hommes devenus défiants à force d'avoir été trompés. Aussi Ben-Salem, selon sa coutume, donna la plus grande publicité à la lettre du sultan et ordonna des *fantasias*

en réjouissance de ses succès. Les fantasias furent exécutées, mais le peuple n'en continua pas moins à douter des victoires et même de l'existence d'Abd-el-Kader.

IV.

Il s'éleva, sur ces entrefaites, un nouveau sujet d'inquiétudes. Le bruit courut que les Français préparaient une expédition contre l'est.

Rien de plus vraisemblable : ils avaient abattu successivement tous les khalifas de l'émir, Ben-Salem seul tenait encore ; son tour semblait irrévocablement venu. Toutefois les populations, et surtout les plus menacées, n'avaient aucune peine à comprendre que c'était seulement Abd-el-Kader qu'on voulait attaquer dans leurs personnes, et dès lors elles considérèrent la présence de Ben-Salem au milieu d'elles comme une calamité publique. Il se forma par suite, contre le khalifa, une opposition sourde dont les organes principaux furent le vénérable marabout Sidi-Zeïd, et deux chefs des Beni-Djâd, Bouzian et El-Hamidi. Ben-Salem ménagea d'abord le premier qui jadis avait été son précepteur; il se contenta de l'enfermer à Bordj-el-Arib; mais ayant appris que les autres venaient de faire un voyage à Alger, il s'empara d'El-Hamidi et le fit exécuter.

Sidi-Zeïd demandait instamment à voir le khalifa et ne pouvait l'obtenir; il renouvela cette prière par écrit, ajoutant que si toutes ces choses étaient arrivées, c'est que Dieu l'avait décrété. Ben-Salem écrivit sur le dos du billet : « Puisqu'il en est ainsi, attendez que Dieu » décrète notre entrevue. » Alors Sidi-Zeïd obtint d'un Arabe du Bordj qu'il le préviendrait au moment de la prochaine arrivée de Ben-Salem en cet endroit. Le khalifa trouva donc un beau jour, sur son passage, le vieillard irrité qui l'accabla d'imprécations : « Ma » noce, lui dit-il, a eu lieu en été; la tienne aura lieu » en hiver, dans la nuit et par une pluie battante. Je » supplie Dieu qu'il prolonge assez mon existence pour » que je puisse voir tes enfants entre les mains des » chrétiens. »

Ben-Salem fut tellement exaspéré de cette sortie qu'il convoqua les ulémas, leur proposa de juger le coupable et déclara que, dussent-ils le condamner à mort, la sentence serait exécutée. Mais on lui répondit que Sidi-Zeïd était un homme très-avancé en âge, ne sachant plus ce qu'il disait, et que le mieux serait de passer outre; cependant Ben-Salem ne le remit en liberté qu'au bout de deux mois.

Comme l'émir était depuis quelque temps rejeté sur la frontière du Maroc, il en revenait tous les jours des individus isolés qui, ayant suivi sa fortune jusqu'à l'extrémité de l'Algérie, ne voulaient pas s'expatrier entièrement : leurs récits et leur retour seul publièrent partout la ruine du parti. Ce fut d'abord le coup de grâce pour Sid Ahmed-ben-Aômar, khalifa d'Abd-el-Kader dans la Medjana, qui, laissant le champ libre au nôtre, Ben-Mohammed-el-Mokrani, livra sa troupe régulière à Ben-Salem, faute de la pouvoir nourrir, et partit pour rejoindre son maître. Quant à Ben-Salem même, ces débris d'une cause perdue n'ajoutaient presque rien à ses moyens de défense, et ne faisaient que le désigner davantage à nos coups.

Si Mohammed-Ben-Mahy-ed-Din, des Beni-Slyman, lui avait demandé une entrevue; il l'obtint et lui dit :
« Voilà les chrétiens prêts à nous attaquer. Que de-
» vons-nous faire ?

» — Nous enfuir chez les Zouaouas, répondit Ben-
» Salem, y placer nos richesses et nous livrer au mé-
» tier de partisans avec nos cavaliers, pour faire à
» l'ennemi le plus de mal possible. Vous savez que le
» prophète ne permet aucune soumission aux infidèles,
» tant qu'il reste un coin de terre musulmane accessi-
» ble aux croyants.

» — C'est vrai, répliqua Ben Mahy-ed-Din; mais à
» qui laisserons-nous la garde et le soin de nos femmes,
» de nos vieillards, de nos enfants et de nos pauvres?
» Dieu recommande aussi de ne les point abandonner.

» — Vos paroles sentent le Français, riposta Ben-
» Salem; vous aurait-il déjà gagné ?

» — Eh bien! ajouta Ben Mahy-ed-Din, allez au
» paradis; moi, dussé-je entrer aux enfers, je n'aban-
» donnerai ni mon pays, ni les tombeaux de mes an-
» cêtres, ni les serviteurs de ma famille, ainsi que
» vous me le conseillez. Dieu sera juge entre nous
» deux. »

Là-dessus, ils se séparèrent très-animés l'un contre l'autre, pour ne plus se revoir que fort longtemps après, et dans des positions bien différentes.

Ben Mahy-ed-Din rentra chez lui; mais le bruit de ses projets de soumission aux Français y avait déjà circulé, et bien que ce fût le parti généralement désiré dans l'état actuel des choses, sa perte fut bien près d'en résulter. Les hommes turbulents, qui se trouvaient en nombre chez les Beni-Slyman, avaient eu beaucoup à se plaindre de l'énergie de leur agha; ils formèrent un complot pour le renverser, en mettant à profit le prochain changement d'autorité supérieure. Bientôt une sortie de la colonne de Médéah vint favoriser leur complot; ils s'emparèrent de Ben Mahy-ed-Din et le conduisirent au camp français, en lui disant : « Vous
» vous êtes rassasié de nous commander, mais le com-
» mandement des chérifs est passé; celui de *Bou ba-*
» *retta* (le père de la casquette) commence. Allons,
» venez comparaître devant lui; vous allez expier vos
» méfaits. »

Ben Mahy-ed-Din passa effectivement toute une nuit,

garrotté comme un malfaiteur; mais le lendemain, le Bach'agha Moul-el-Oued plaida sa cause auprès du général français, et obtint qu'il fût mis en liberté. Cet incident, le danger qu'il avait couru, la nécessité de mettre un frein à tant d'audace de la part des factieux, la protection toujours croissante dont le gouvernement français entourait ses agents; enfin, les anciennes blessures qui lui saignaient encore dans le cœur, déterminèrent Ben Mahy-ed-Din à ne plus différer le grand acte de sa soumission. Précisément, la colonne d'Alger commençait sa marche vers l'est, sous les ordres du lieutenant-général Bugeaud, gouverneur-général de l'Algérie.

Ben-Salem s'était mis en devoir d'exécuter le plan dont il avait fait part à Ben Mahy-ed-din. Pendant la nuit, et avec le plus grand mystère, ses richesses furent transportées de Bel-Kraroube chez ses oncles, les deux Bel-Kassem-ou-Kassy. Cependant cette mesure de précaution finit par être ébruitée; puis elle devint publique et répandit naturellement, parmi les serviteurs de Ben-Salem, la terreur qu'elle trahissait chez lui. Une défection complète en résulta : son maghzen, ses porte-drapeaux et jusqu'à ses musiciens, tout disparut. Alors, n'ayant plus à dissimuler, il envoya sa famille entière rejoindre ses bagages, écrivit aux Aribs, aux Beni-Djâd et aux Nettenems d'émigrer pareillement vers les montagnes, et convoqua de tous côtés les contingents kabyles à la défense du pays. C'était sa dernière ressource.

Ben-Thaleb des Aribs, et Ferrath des Nettenems, vinrent en effet le trouver. Ben-Salem fit présent d'un cheval magnifique au premier, d'une belle jument au second; mais ne pouvant maîtriser sa défiance, il leur dit : « En cas de combat, ils vous aideront; en cas de
» fuite, ils vous sauveront; en cas de trahison, ce se-
» ront d'excellents gâdas. »

Ben-Thaleb répondit: « Nous sommes vos serviteurs
» et prêts à combattre pour vous. Venez au milieu des
» Aribs, et je jure sur la tête de Rabah, mon aïeul,
» qu'ils ne vous abandonneront point. »

Ferrath s'avança moins : « Ben-Salem, dit-il, allez
» soulever les Kabyles; s'ils se battent, nous nous
» battrons. Quant à quitter notre pays, nous ne le
» pouvons pas, à cause des inimitiés qui subsistent
» entre les Ouled-Dris et nous.

» — Nous ne sommes pas des Turcs, répartit Ben-
» Salem, pour qu'on puisse nous chasser à jamais de
» nos foyers. Quoi qu'il arrive présentement, nous y
» reviendrons tôt ou tard; ainsi, soyons des hommes. »

Au milieu de ces discours, on remit une lettre au khalifa; elle venait de Beni-Djâd et l'informait que l'armée française allait camper au pont de Ben-Hini. Pas un moment n'était à perdre :

« Aribs, s'écria Ben-Salem, dirigez vos familles sur

» l'Oued-Lekal; vous, Nettenems, à Hallalla. Moi je
» vais envoyer mon infanterie chez les Ouled-el-Aziz,
» tandis que j'irai de ma personne à l'Arbâ des Beni-
» Khalfoun, où j'attendrai vos contingents. Partez et
» souvenez-vous que l'avenir de votre pays dépend de
» la conduite que vous allez tenir. »

Personne ne parut au lieu du rendez-vous. Ferrath avait à peu près annoncé le refus des Nettenems à donner le premier exemple. Les Aribs et les Beni-Djâd écrivirent qu'ils étaient occupés de faire fuir leurs femmes, leurs enfants, leurs troupeaux. Enfin, les Beni-Khalfoun firent plus encore : ils prièrent le khalifa de ne commettre sur leur territoire aucune hostilité contre les chrétiens, ne voulant pas être exposés à leur vengeance.

Ben-Salem, commençant alors à désespérer tout-à-fait, se dirigea vers son âzib qui renfermait des grains et des troupeaux en grande quantité. Il y mit lui-même le feu pour en priver les ennemis, et envoya prier Ben-Thaleb d'incendier également son fort de Bel-Kraroube; puis, courant les montagnes, à force de supplications et de fatigues, il parvint à rallier quelques milliers de fusils, avec lesquels il se mit en observation sur le territoire des Nezlyouas.

Le 5 mai, de grand matin, la colonne française, commandée par le Gouverneur-Général, quitta son camp, situé sur l'Isser, et entra dans l'étroite vallée de l'Oued-Soufflat, qui remonte vers Bel-Kraroube. Des bataillons furent postés sur les éminences de droite et de gauche, le convoi défila dans le lit de la rivière.

A peine l'arrière-garde y pénétra-t-elle à son tour, que les Kabyles de Ben-Salem commencèrent l'attaque, mais assez mollement. Toutefois, à cause des sinuosités de la rivière et de l'allongement qu'avait dû prendre la colonne, le bruit de cette fusillade ne parvint pas au général. Pendant toute la durée de l'étape, qui se trouvait fort courte, l'arrière-garde resta seule engagée; elle arrêta fréquemment l'ennemi par des feux de peloton qui déconcertaient les Kabyles et leur faisaient dire : « Ces gens ne manquent point de poudre; nous n'avons rien à gagner avec eux. »

L'affaire allait se terminer ainsi, lorsque le Gouverneur, après avoir fait camper, devant Bel-Kraroube, la tête de colonne, vit lui-même ce qui se passait à la gauche. Alors, il lança le 48e, sans sacs, pour refouler l'ennemi jusqu'à la vallée de l'Isser. Ce retour offensif eut plein succès et balaya de suite le terrain; mais il coûta la vie au colonel Leblond, frappé d'une balle au moment où il entamait la charge avec son assurance accoutumée.

Le soir même et le lendemain, du haut d'une montagne voisine, Ben-Salem assista douloureusement à la destruction de son fort. Sa maison, qui aurait pu passer pour belle, même dans une ville, ses magasins considérables, ses vastes silos dont les vainqueurs gaspillèrent sous ses yeux l'orge et le blé, rien ne fut épargné. Quelques heures, quelques sacs de poudre changèrent en décombres cet édifice dont la construction avait été si laborieuse; et la prédiction de l'émir fut accomplie.

CHAPITRE VII.

RIVALITÉ DES DEUX KHALIFAS
du Sebaou.

I. Ben Mahy-ed-Din khalifa du Sebaou. — II. Ses premiers actes. — III. Décadence de Ben-Salem. — IV. Son homélie adressée aux tribus.

I.

Le lendemain du combat de l'Oued-Soufflat, et pendant que Bel-Kraroube tombait en ruines, Si Mohammed–ben–Mahy–ed–Din vint se présenter au camp français. Sa visite était attendue; déjà même il avait fait acte de soumission, pour une partie des Beni-Slyman, au commandant de Médéah. Mais la présence et un premier succès du Gouverneur lui avaient paru nécessaires pour entraîner le reste de ses tribus. En outre, il pressentait instinctivement que son heure était enfin venue. Plutôt homme d'ordre que de poudre, il sortait avec joie d'une époque de violence pour entrer dans l'ère de la loi, de la justice et de la stabilité. Ses talents administratifs l'appelaient à y jouer un beau rôle ; car les Arabes, sous ce rapport, le plaçaient immédiatement après Abd-el-Kader lui-même.

Le Gouverneur-Général sonda rapidement la portée de Ben Mahy-ed-Din. Un effectif insuffisant ne lui permettait pas d'occuper Bordj-Hamza, et il fallait imposer aux populations un homme capable de balancer, sinon d'anéantir le reste d'influence que Ben-Salem conservait encore sur elles. Cet homme ne pouvait être que Ben Mahy-ed-Din.

Son amour-propre, si souvent et si imprudemment froissé par Abd-el-Kader, nous assurait sa fidélité. L'ancien agha des Beni-Slyman allait être nommé khalifa de Sebaou. A peine cette détermination fut-elle connue que tous les Beni-Slyman, les Aribs, les Beni-Djâd, poussés par leurs chefs envieux, se ruèrent en masse vers la tente du Gouverneur-Général.

C'était un effrayant pêle-mêle de burnous : « Nous
» ne voulons pas de Ben Mahy-ed-Din ! criait-on de
» toutes parts ; il nous a ruinés par les impôts ; il ne
» vaut pas mieux que les Salem, pas mieux qu'Abd-

» el- Kader; il te trahira, car il les a servis jusqu'à
» la fin! »

Les plus mutins, les mieux soudoyés peut-être, demandaient sa tête et la ruine de son bordj-el-had.

Ben Mahy-ed-Din, assis sur une pierre à quelques pas de la tente du Gouverneur-Général, semblait seul étranger à ce tumulte.

Ce n'était là, au reste, que l'explosion sauvage et brutale d'une populace jusqu'alors énergiquement dominée, et cherchant à briser celui qui seul pouvait la dominer encore.

Le Gouverneur-Général le comprit, imposa d'un geste silence à la foule et lui cria : « Je n'accepte
» pas les raisons que vous me donnez pour refuser
» Ben Mahy-ed-Din; car s'il a servi son maître jusqu'à
» la fin, il a fait acte d'honnête homme. Ce que vous
» craignez ce n'est point qu'il me trahisse, mais qu'il
» vous maintienne comme il l'a déjà fait. De gré ou de
» force vous l'accepterez pour khalifa, et je vous
» ordonne de le reconnaître à l'instant. »

Alors se passa une scène caractéristique de mœurs arabes.

A peine le général Bugeaud eût-il prononcé ce dernier mot, avec l'impérieuse énergie qu'on lui connaît, que les plus acharnés, ceux qui tout à l'heure demandaient la tête de Ben Mahy-ed-Din, se précipitèrent pour lui baiser les pieds et les mains; tous implorant sa protection, celui-ci pour une place, celui-là pour un burnous d'investiture: les injures s'étaient changées en sollicitations.

Ben Mahy-ed-Din accueillit les prières comme il avait reçu les menaces.

Et dès le lendemain, pour prouver quel était son ascendant sur ses nouveaux sujets, il offrit de faire conduire de Bordj-el-Arib à Alger (35 lieues) un convoi de 105 malades ou blessés. Il en répondait, disait-il, sur sa tête.

Le convoi partit en effet, escorté d'une douzaine de cavaliers seulement sous les ordres de Sid-Mahfoud, frère de Ben Mahy-ed-Din; et non seulement il traversa sans accident les tribus en pleine révolte la veille, mais il longea toute la tribu des Beni-Djâd, celle même où Ben-Salem était né. Le temps était affreux, le pays presque impraticable; mais sur la route, des Arabes, la pioche en main, frayaient des passages, et à toutes les haltes les plus voisins apportaient la diffa.

Cependant la colonne avait continué sa marche. Campé le 7 à Bordj-el-Arib, le Gouverneur-Général, après avoir également ruiné ce fort, reçut la soumission et les gâdas de la forte tribu des Aribs. Le 10, on passa la nuit autour de Bordj-Hamza.

Précisément en face, dans une des vallées rapides où le grand pic du Jurjura déverse ses eaux pluviales on voyait la tribu des Ouled-el-Aziz, connue pour avoir pris une part active à l'affaire du 5 octobre, et qui, faute de surveillance, se trouvait tout entière entre nos mains. Une vingtaine de villages qu'on avait sous les yeux, regorgeaient de population et de troupeaux. Les chefs vinrent solliciter l'aman; ils l'obtinrent moyennant une contribution de 6,000 boudjous et de 600 fusils.

Sur ces entrefaites, les Beni-Ismaël, voisins des Ouled-el-Aziz, arrivaient franchement à leur secours. On les laissa s'engager peu à peu en terrain découvert; alors ils furent balayés par une charge de notre infanterie et du goum qui, pour être entré depuis si peu de temps sous notre drapeau, n'en montra pas moins de détermination.

Chose étrange! Cette escarmouche et cette soumission se passaient en présence d'un rassemblement très-considérable de Kabyles. Ben-Salem les avait attirés en écrivant partout qu'il venait de remporter, au bord de l'Oued-Soufflat, un avantage marqué sur les chrétiens, et qu'il leur avait tué un colonel. Six mille montagnards étaient venus, mais ils avaient bientôt appris la vérité, et la belle tenue du camp français leur imposait beaucoup. Une partie se retira, l'autre se tint en observation sur les gradins supérieurs des Nezlyouas, sans que Ben-Salem pût obtenir aucun mouvement agressif de sa part. Les montagnards se refusaient à descendre, sous prétexte qu'ils ne possédaient absolument aucune cavalerie; ils prétendaient vouloir remettre leur attaque au moment où l'ennemi s'engagerait dans les défilés des Krachnas. Pour s'assurer de leurs sentiments, Ben-Salem demanda le meïz (1), et ils l'exécutèrent.

Toutefois, l'intention du général français n'était pas de patienter si longtemps avec eux. Résolu de les dissiper, pour qu'aucun doute ne planât sur ses opérations, il se porta de leur côté par un détour exécuté dans le brouillard, et occupa soudain un contrefort du mont Sidi-Rahmoun, où ils étaient massés. Son approche fut saluée par des vociférations formidables, mais aucun acte d'hostilité ne s'en suivit.

Vainement essaya-t-on diverses ruses pour engager l'ennemi à quitter ses positions trop dominantes : rien ne put l'y déterminer, pas même Ben-Salem que l'on voyait de loin à cheval, parcourir et haranguer les groupes. Bientôt on observa qu'ils commençaient à fortifier les crêtes en y élevant quelques parapets de pierres sèches. Le général Bugeaud prit alors le parti d'enlever par une attaque de front leur principale position. Le feu de plusieurs obusiers s'accumule sur le point indiqué, en même temps que deux bataillons s'ébranlent pour livrer ce véritable assaut. Les Kabyles sont terrifiés de l'effet des obus qu'ils ne connaissaient

---

(1) *El meïz* : la décision. Se reporter au chapitre II.

pas encore. L'audace de la petite colonne d'attaque achève de les démoraliser. Ils ne l'attendent pas; ils se dispersent après une seule décharge de leurs fusils. Les montagnes voisines n'offrent plus aucun noyau de résistance.

Le but du Gouverneur était atteint; il reprit avec sa colonne la route de la Mitidja.

Au pont de Ben-Hini, le khalifa Ben Mahy-ed-Din se sépara de notre armée qu'il suivait depuis Bel-Kraroube. Durant toute la fin de cette expédition, la pluie tombait à torrents; on parcourait un pays difficile, coupé de ravins; la patience des plus intrépides fut mise à une rude épreuve. Ben Mahy-ed-Din avait le bras cassé en deux et une blessure au pied qui devait le faire horriblement souffrir. Mais souffrait-il? Lui seul le sait : jamais le moindre signe de douleur ou d'impatience ne trahit ses sensations.

Il s'empressa de regagner le centre de sa province, d'y préparer les bases d'une organisation définitive, et de réunir les chefs de tribus dont il se proposait de soumettre l'investiture au Gouverneur-Général à Alger. Cette cérémonie avait été fixée au 27 octobre 1842.

II.

Ainsi, plus de douze ans après avoir été conquise, la capitale de l'Algérie vit pour la première fois dans ses murs des chefs de l'est importants et nombreux. Ceux-ci remarquèrent à leur tour les grands changements qu'avait subis la ville, les immenses ressources de tout genre que nous y accumulions et nos gigantesques projets en cours d'exécution. Ils comprirent, à cet aspect, que la France avait tout ensemble les moyens et la volonté de s'éterniser dans le pays.

Dès le matin, notre khalifa, son frère, trois aghas et cent douze caïds se rendaient, insignes déployées, du faubourg Bab-Azoun au palais du Gouvernement. Ils furent introduits dans la cour de marbre : là, sur une table, étaient placés le drapeau arabe aux couleurs de la France, les burnous, signes distinctifs des pouvoirs qui allaient être conférés, et des armes splendides que le gouvernement distribuait comme une preuve de sa munificence.

Le général Bugeaud descendit entouré de son état-major et de quelques autorités supérieures; le cadi et le muphti d'Alger s'y trouvaient. Les Arabes formant un vaste demi-cercle, faisaient tous face au Gouverneur qui prit la parole en ces termes :

« Avant que je vous remette ces vêtements, signes distinctifs de la nouvelle autorité que je vais vous conférer au nom et par la permission du glorieux, du sublime sultan Louis-Philippe, roi des Français, que Dieu le protège de sa toute-puissance, il est de mon devoir de vous faire comprendre l'importance de cette investiture... Vous contractez aujourd'hui l'obligation d'être fidèles au gouvernement du roi des Français, de traiter ses ennemis comme vos ennemis, de regarder ses amis comme vos amis, d'obéir à ses délégués français et musulmans.

» Vous êtes venus ici librement.... vous êtes libres encore d'accepter ou de refuser les obligations graves que vous allez contracter... Si vous n'êtes pas déterminés à les accomplir, si vous ne vous en sentez pas la force, il en est temps encore, ne prenez pas cet engagement; car l'engagement est lourd à celui qui ne peut le remplir; si au contraire vous êtes déterminés à le tenir, que Dieu vous protége et vous guide pour le bien de tous et pour le vôtre.

» J'aime la guerre, parce qu'elle est dans mes devoirs et dans les habitudes de ma vie ; mais j'aime encore mieux la paix, parce que la paix est favorable aux hommes et qu'elle leur permet d'acquérir des richesses par la culture et le commerce.

» Abd-el-Kader s'élevait en vous foulant aux pieds; la France veut vous gouverner pour que vous prospériez. Elle veut que chacun puisse jouir paisiblement du fruit de son travail et s'enrichir sans avoir à craindre d'être dépouillé; elle respecte vos mœurs, elle fait observer votre religion, elle choisit parmi vous un chef capable et digne de vous commander; elle vous demande en retour d'être fidèles à l'engagement que vous contractez aujourd'hui, d'assurer la liberté des routes, de faire que la femme et l'enfant puissent commercer chez vous avec la même sécurité dont vous jouirez dans nos villes et dans nos marchés.

» Si vous êtes fidèles à ces promesses, vous y trouverez d'immenses avantages, car la France est grande et puissante, et vous deviendrez grands et puissants avec elle... Si vous pouviez oublier l'engagement que vous contractez aujourd'hui, malheur! car, je vous le dis (et je vous ai montré si je tenais ma parole et si je pouvais vous atteindre dans vos montagnes), les enfants se rappelleraient longtemps la faute de leurs pères. Je ne vous tuerais pas, je ne massacrerais pas les femmes et les viellards comme le fait celui que vous appellez l'émir; mais je vous ferais jeter à bord d'un vaisseau, conduire prisonniers en France, et vous ne reverriez jamais votre pays.

» La guerre cette année vous a ruinés; je vous fais remise des impôts, mais disposez-vous à les acquitter exactement l'année prochaine.

» Et vous, aghas, rappelez-vous que vous n'avez pas à exercer le pouvoir dans votre intérêt, mais dans celui des hommes qui sont placés sous votre commandement. Renoncez à ces habitudes d'avidité qui ont trop souvent déshonoré les chefs musulmans, et que je punirai sévèrement. La justice est la seule base solide d'un gouvernement, et Dieu a toujours frappé les maîtres injustes, quelle que soit leur religion.

» Au nom du Roi des Français, que Dieu le protége et

le comble de gloire, Si-Mohammed-ben-Mahy-ed-Din, je vous nomme khalifa de la province de Sebaou.

» Aghas et caïds, vous reconnaissez pour khalifa Si-Mohammed-ben-Mahy-ed-Din; vous lui obéirez et le respecterez comme votre chef, comme le représentant de la France et comme votre intermédiaire entre nous et vous. Que Dieu vous protège! »

Le khalifa répondit:

« Que Dieu bénisse l'heure où je t'ai rencontré, noble général, khalifa du roi de France; qu'il m'inspire l'esprit des bonnes œuvres et la force de les accomplir; qu'il fasse sortir de ma bouche, qui est celle de tous les Arabes que tu vois devant toi, des paroles dignes de répondre à celles pleines de force et de sagesse dont nos oreilles viennent d'être frappées.

» Nous ne sommes venus dans cette enceinte révérée que bien pénétrés des dispositions qui doivent nous animer. Dieu a ouvert nos yeux à la vérité; aussitôt que tu nous as donné l'aman, nous sommes venus à toi. Que Dieu bénisse cette heure!

» Devenus agents d'une nation noble et généreuse, notre tâche nous paraîtra facile et douce; et combien elle est plus conforme aux règles de notre religion!

» Noble général, nous sommes certains de marcher dans la voie droite en te prenant pour modèle; tu as été terrible avec tes ennemis, tu les as écrasés, tu as fait courber sous ton bras victorieux les têtes des plus audacieux, et aussitôt après le victoire, tu as oublié ta force pour ne plus songer qu'à la miséricorde, la plus belle qualité que Dieu puisse donner aux sultans.

» Tu nous as donné l'exemple d'une bonté que nous ne pouvions comprendre, en pardonnant à une tribu entière qu'un signe de ta prunelle pouvait réduire à la misère et jeter dans l'esclavage; Dieu te récompensera de tant de modération par la soumission et le bonheur de ceux qu'il t'a appelé à commander.

» Ton arrivée dans le pays des Arabes a été le lever d'un astre heureux; tu as renversé la muraille qui s'élevait entre les chrétiens et les musulmans, et tous tes ennemis ont été forcés de reconnaître que le doigt de Dieu t'avait désigné pour les gouverner; tous ont entrevu par toi des jours de paix et de tranquillité; tous t'ont spontanément décerné le surnom béni de *Fortuné* (Bou-Saâd, père du bonheur).

» Je te promets ici devant le muphti et le cadi, nobles représentants de notre religion, je te jure au nom de tous les chefs ici présents, que nous serons fidèles à ton roi, que nous obéirons à tes ordres et que la trahison n'entrera jamais dans nos cœurs.

» Que Dieu répande ses grâces et ses faveurs sur tous ses serviteurs qui ont des intentions pures et qui abhorrent le mensonge! Que Dieu protège le roi des Français! »

Après ce discours, la gandoura, les burnous et les

riches présents furent distribués au son de la musique, puis l'assemblée se sépara.

Rentré dans sa province, Ben Mahy-ed-Din ne tarda pas à justifier, autrement qu'en paroles, la confiance du gouvernement français.

Le titre de khalifa du Sebaou, qu'on lui avait donné, ne représentait en rien son véritable commandement, puisque aucune tribu du Sebaou ne nous avait encore fait sa soumission. L'unique but de cette mesure, était d'opposer un rival à Ben-Salem, qui tenait précisément d'Abd-el-Kader la même dénomination.

Au reste, ces deux haines d'Arabes n'avaient pas besoin d'être attisées. Or ne tarda point à savoir qu'un agent de Ben-Salem, Abd-el-Kader-Btitt, avait été saisi dans le camp de Ben Mahy-ed-Din, où il s'était introduit avec le dessein d'assassiner ce chef. Des cavaliers l'amenaient à Alger, lorsque l'habile malfaiteur parvint à rompre ses liens et à s'échapper de nuit en emportant, comme trophée, la *djebira* (1) d'un de ses gardiens.

Ben Mahy-ed-Din avait une autre manière de tuer son ennemi. L'ordre établi partout, la parfaite sécurité des routes, les transactions commerciales reprises sur une grande échelle avec Alger, firent bientôt succéder

---

(1) *Djebira :* sac en cuir que le cavalier suspend à l'arçon de sa selle.

la richesse et la satisfaction aux misères dont les tribus n'avaient cessé de gémir sous l'autorité de Ben-Salem. Le discrédit de ce dernier fut aussi prompt qu'irréparable; mais notre khalifa ne gagnait point tout le terrain qu'il faisait perdre à son prédécesseur. Des obstacles nombreux l'entouraient et il était réduit à les combattre, sans aucune coopération de notre part; pas un poste français, pas un de nos soldats ne lui venaient en aide : seul, entre tous nos grands dignitaires, il n'emprunta jamais que notre appui moral.

Les Aribs ne l'aimaient pas; ils auraient désiré un khalifa de leur tribu. Les Beni-Slyman, s'ils étaient flattés dans leur amour-propre, n'avaient point oublié que Ben Mahy-ed-Din, leur compatriote, les avait tenus avec une main de fer, quand il n'était que leur agha. Les Beni-Djâd enfin, bien que soumis, se souvenaient encore que Ben-Salem était né chez eux, et leur pensée les reportait vers lui.

Tous d'ailleurs voulaient le désordre et redoutaient la sévérité du chef que nous leur avions donné.

Ben Mahy-ed-Din se tira de ce pas difficile en adroit politique. Il affecta d'oublier ses injures particulières pour ne songer qu'au bien général; comme Ben-Salem, il opposa les chefs jaloux les uns aux autres; les tribus, il les prit par leur côté sensible, l'intérêt, en favorisant l'écoulement de tous les produits; et il gagna les fanatiques par son influence de marabout. Au nom de ce titre vénéré, qui lie et délie les consciences, il écrivit à tous les marabouts kabyles en invoquant le dogme sacré de la fatalité : « Dieu l'a voulu ! il faut se soumettre. » Et s'il ne se posait pas en ennemi déclaré des chrétiens, il sentait qu'il eût été dangereux de s'avouer trop hautement leur ami. En évitant ces deux écueils, tous les scrupules des fanatiques, toutes les haines des envieux s'effacèrent devant l'homme intelligent et résigné, forcé de céder aux circonstances pour éviter de plus grands malheurs aux croyants.

Des lettres sur la position désespérée de l'émir dans l'ouest furent adroitement répandues; elles jetèrent le découragement dans la petite armée de Ben-Salem, et empirèrent sa situation.

Les tribus kabyles elles-mêmes vinrent bientôt à nos marchés. C'était un résultat d'une haute importance; car les moindres objets de consommation se payaient alors, à Alger, des prix vraiment exorbitants. Pour n'en citer qu'un exemple, la viande se vendait plus de deux francs la livre; elle baissa immédiatement jusqu'à six ou huit sous; et, de vingt-deux francs le kolla (mesure de 16 litres), l'huile tomba bientôt à dix francs.

Enfin, il restait encore pour Ben Mahy-ed-Din un moment critique à passer, celui de la première rentrée des impôts, qui tombait à la fin de l'été 1843; or, l'opération ne souffrit ni retard, ni difficulté. La zeccat et l'achour d'une province où ne résidait pas un seul Français furent versés dans les coffres de l'État, aussi fidèlement que les impôts de celles où nous tenions une armée. Rien ne donna mieux la mesure de l'ascendant qu'avait su prendre ce khalifa exceptionnel.

III.

Ben-Salem au pouvoir avait médiocrement brillé ; sa décadence ne manqua pas d'une certaine grandeur. Destinée propre aux hommes qui possèdent plutôt un caractère bien trempé que des talents supérieurs.

Il avait fixé le lieu de sa retraite à Kuessary, sur le territoire des Flissas. Pour lui c'était un véritable exil, puisqu'il avait tous ses liens de famille, toute son influence personnelle, tous ses intérêts chez les Beni-Djaâd, les Nettenems ou les Aribs, et qu'il les voyait maintenant soumis à son ennemi mortel, au point de ne pas même recevoir les lettres qu'il leur adressait. Mais bien d'autres chagrins devaient l'abreuver tour-à-tour ; d'abord, la désertion acheva de fondre sa suite : fantassins, chaouchs, tous disparurent, tous fuyaient le malheur. Alors, il résolut de tenter un nouvel effort sur les Kabyles de la haute montagne, et convoqua les chefs de leurs moindres fractions pour entendre, disait-il, d'importantes communications.

La plupart accédèrent à son desir. Quand ils furent rassemblés, le khalifa déchu leur dit : « Voyez aujour-
» d'hui quels malheurs vous eussiez évités, en soute-
» nant jadis El-Hadj-Abd-el-Kader contre le poste du
» Boudouaou. Si vous aviez défendu la Mitidja, l'infi-
» dèle ne serait point arrivé aux Krachnas; si vous
» aviez défendu les Krachnas, il n'aurait pas atteint
» les Beni-Djâd; si vous aviez défendu les Beni-Djâd, il
» n'aurait point écrasé les Aribs; si vous aviez défendu
» les Aribs, il n'aurait jamais pénétré dans les monta-
» gnes des Nezlyouas. A moins d'être frappés d'aveu-
» glement, ne voyez-vous donc pas qu'à l'aide de
» ce système d'égoïsme, le chrétien vous attaquera et
» vous réduira tous les uns après les autres? »

Aussitôt les Flissas l'interrompirent en criant: « Ce
» n'est pas à nous qu'il en veut; c'est à vous, à vous
» seul!

» — Je rends grâces à Dieu, répondit Ben-Salem,
» de ce que, moi seul ici, je sois fidèle musulman,
» puisque les ennemis de la religion ne persécutent
» que moi seul. Ne vous laissez point abuser : la France
» est une nation puissante, sachez-le; elle n'envoie
» des armées dans ce pays que pour le conquérir en
» entier; elle ne dépense tant d'or et tant de sang
» que pour vous asservir les uns comme les autres.
» Quant à moi, à peine sait-elle si j'existe. Il n'y a
» qu'un moyen d'arrêter ses envahissements; attaquez-

» vous-mêmes avec union et sans relâche ; punissez les
» renégats qui ont accepté le joug sans résistance. »

En ce moment, les Flissas voyant où tendait son discours, lui coupèrent de nouveau la parole :

« C'est vous, dirent-ils, qui êtes la source de tous
» les maux qu'ont supportés les tribus de la plaine,
» et de tous ceux qui nous menacent. Votre présence
» parmi nous est un danger ; retirez-vous de ce pays.

» — Où voulez-vous que j'aille? demanda Ben-Sa-
» lem.

» — A Oued-Cheyta ! lui fut-il répondu. »

Oued-Cheyta se trouve aux confins des Mâtekas et des Flissas ; c'est un lieu sauvage, boisé, que hantent les malfaiteurs et les bêtes féroces. Ben-Salem s'y rendit ; il mit de suite à profit la vénération qu'inspirait son caractère de marabout, pour pacifier les Flissas et les Mâtekas, dont les hostilités avaient pour théâtre habituel cette lisière redoutable. Quelle fut la récompense de ce bienfait ? On lui vola toutes ses mules et il les racheta fort cher chez l'oukaf (1) du pays. « Quand
» ils étaient en guerre, dit le malheureux khalifa, cha-
» cun des deux partis me respectait dans la crainte
» de me faire prononcer contre lui. Aujourd'hui que
» j'ai rétabli la paix entre eux, ils s'unissent pour me
» dépouiller. »

---

(1) *Oukaf* : receleur autorisé. Se reporter au chapitre II.

Cependant Ben-Salem n'était pas encore au bout de ses ressources. Pendant ces trois dernières années, il avait recueilli les impôts sans en faire part à l'émir. Des sommes importantes se trouvaient de la sorte entre ses mains; en outre, il avait évacué de Bel-Kraroube et déposé au Jurjura, chez l'Oukil de la *chambre du marabout* (bit Sidi ben-Abd-er-Rahman), les approvisionnements suivants : trente charges de poudre, trente mille balles de plomb, trente sacs de grenaille, dix sacs de pierres à fusil, trente tentes, cinq cents fusils, trente quintaux de biscuit, trois cents habillements de fantassin, et quelques objets accessoires. Rien ne lui manquait donc pour reprendre, du jour au lendemain, l'attitude d'un khalifa : les circonstances lui permirent d'espérer un moment ce retour de fortune.

Le duc d'Aumale commandait alors la subdivision de Médéah; il était sorti du chef-lieu avec une colonne assez faible : la neige et le froid l'avaient fort gêné dans sa marche. Néanmoins, se trouvant en présence des Nezlyouas, il voulait les châtier ou les soumettre. Ceux-ci, de leur côté, avaient publié hautement qu'ils mourraient plutôt que d'offrir des gâdas aux chrétiens.

Aussitôt Ben-Salem lança dans toutes les montagnes des circulaires ainsi conçues : « Dieu fait tomber une proie facile entre vos mains. Les Français sont en petit nombre; ils ont déjà souffert beaucoup des rigueurs de la saison; vous pouvez les

» anéantir. Telle est leur faiblesse qu'ils ont mis trois
» jours à incendier les Nezlyouas, que j'aurais pu brûler
» en vingt-quatre heures avec le reste de mes régu-
» guliers. Réunissez-vous donc et venez leur livrer
» un combat qui les écarte à jamais de vos mon-
» tagnes. Si vous attendez, au contraire, leur arrivée
» au milieu de vous, l'heure de la résistance sera
» passée : chacun ne songera plus qu'à mettre en sû-
» reté sa femme, ses enfants et ses biens.

» Vous le savez, Kabyles, aucun intérêt personnel
» ne peut me dicter ces paroles; ma demeure est dé-
» truite, mes serviteurs ont été dispersés, je suis un
» exilé au milieu de vous. J'ai renoncé à tous les biens
» du monde; je vous apporte seulement de bons con-
» seils en paiement de l'hospitalité. »

Les tribus, en lisant cette lettre, voyaient monter au loin les fumées de l'incendie allumé chez les Nezlyouas; elles s'émurent. Une levée générale eut lieu et se propagea de proche en proche; il y figura même des tribus qui connaissaient à peine les Nezlyouas de nom. A cette nouvelle, le cœur de Ben-Salem bondit de joie; il espéra venger tous ses revers. Mais à peine fut-il au milieu du rassemblement, qu'il en vit avec désespoir tous les germes de dissolution. C'étaient des chefs jaloux qui ne voulaient point obéir les uns aux autres, c'étaient des tribus ennemies qui se suspectaient mutuellement de trahison, ou craignaient de s'affaiblir inégalement dans un combat contre les chrétiens. Bientôt on apprit que ces derniers ne voulaient pas pousser plus loin leur entreprise, et paraissaient se replier sur Médéah ; les défections commencèrent de suite.

Cependant Ben-Salem, à force de s'agiter, parvint à obtenir la promesse formelle qu'un certain nombre de guerriers de chaque tribu se réuniraient sous ses ordres pour diriger une attaque de nuit contre le camp français. La nuit vint ; elle était sombre et pluvieuse : les Kabyles en tiraient un prétexte pour ne point sortir ; Ben-Salem soutenait, au contraire, que la surprise en réussirait mieux ; il courait d'un guerrier à l'autre, exhortant, suppliant et forçant chacun à marcher. Vers une heure du matin, mille hommes à peine étaient en route ; il n'en résolut pas moins de partir, espérant que la fusillade attirerait les autres. Arrivé à une demi-lieue du camp, il veut coordonner son monde et préciser l'opération : quelle n'est pas sa surprise ! Il ne trouve derrière lui qu'une centaine de Kabyles tout au plus ; les autres se sont esquivés en route. La fureur le transporte, il lance son cheval au galop pour ramener quelques groupes de déserteurs qu'il aperçoit encore ; mais les terrains, défoncés, détrempés par de longues pluies, sont transformés çà et là en bourbiers profonds : Ben-Salem est précipité par son cheval dans une mare épaisse, où certainement il eût péri sans quelques serviteurs dévoués, qui se précipitèrent à son secours. On le retire, on le place avec soin sur un mulet ; on lui enveloppe la tête horriblement contusionnée, et, dans ce triste état, on le ramène au camp des Kabyles.

Aussitôt, la foule l'entoure ; il se dresse énergiquement et lui dit : « J'avais l'intention de vous conduire
» au bien ; mais je le jure, par Dieu tout-puissant,
» c'est contre vous qu'on devrait commencer la guerre
» sainte ; car vous êtes pires que les chrétiens. Les
» chrétiens ! j'irai les trouver et me mettre à leur tête,
» je leur demanderai de me donner une armée moindre
» que celle-ci, je viendrai par une nuit pluvieuse, et
» je vous écraserai tous ! » Puis, se reprenant tout-à-coup : « Pardonnez-moi, mon Dieu, ce que je viens
» de dire. Ils sont assez punis, puisque la malédiction
» prononcée sur eux par votre serviteur El-Hadj-Abd-
» el-Kader porte déjà ses fruits ! »

Les Kabyles montrèrent quelque confusion de cet évènement ; ils dirent le lendemain à Ben-Salem : « Ne
» nous méprisez point injustement ; nous ne voulons pas
» nous attirer la guerre. Que les Français entrent chez
» nous, et vous verrez de quoi nous sommes capables ;
» mais cette fois, ils n'étaient pas sur notre territoire. »

Pendant ce temps, la petite colonne du duc d'Aumale avait repris la route de Médéah, sans se douter des péripéties occasionnées par sa présence.

Le grand rassemblement kabyle se dispersa. Pour n'en pas perdre tous les fruits, Ben-Salem obtint des principaux chefs l'apposition de leurs cachets sur la circulaire suivante :

« A tous les Arabes de Hamza. Que le salut soit sur vous avec la bénédiction et la miséricorde de Dieu.

» Et ensuite, nous vous apprenons que nous sommes venus de tous les côtés à la défense du pays, que nous avons trouvé les chrétiens sur l'Ou ed-Regrame, que nous nous sommes portés sur lui et qu'il a fui à notre approche. Nous avions l'intention de le poursuivre sur vos terres et d'écraser tout ce que nous pourrions y rencontrer; mais Ben-Salem s'y est opposé en disant : Avant de les traiter ainsi, prévenez-les; peut-être sont-ils dans les dispositions qui doivent animer tous les bons musulmans; ne leur causez donc pas des dommages qu'ils ne mériteraient point d'éprouver. Maintenant, vous êtes instruits : prononcez-vous; car nous sommes disposés à obéir en tout et pour tout aux ordres de Ben-Salem. »

Cette pièce était accompagnée d'une lettre particulière de l'ex-khalifa. « Les Zouaouas, y disait-il, se sont
» levés comme un seul homme. Ils étaient si nom-
» breux, qu'ils auraient pu couvrir votre pays tout en-
» tier, plaines et montagnes. Ils voulaient vous punir
» de vos relations avec les infidèles. J'ai détourné de
» vous ces maux parce que vous êtes mes anciens ser-
» viteurs. Établissez-donc avec nous des relations ami-
» cales; je serai votre intermédiaire, et le chrétien ne
» pourra plus rien sur vous. »

Ces démarches ne produisirent aucun effet: il sembla même que la reconnaissance de son autorité, dont Ben-Salem avait adroitement fait signer l'aveu à tous les chefs de la montagne, dût coïncider justement avec la perte de ses dernières ressources. Il reçut la visite des malheureux Nezlyouas, les plaignit, les encouragea, leur dit qu'Abd-el-Kader saurait reconnaître leur zèle et leur rendre au-delà de ce qu'ils avaient perdu, en les prenant pour son maghzen. Enfin, il compléta sa condoléance affectueuse par une distribution de poudre. Cette circonstance l'obligea d'en envoyer chercher à son dépôt de Sidi Abd-er-Rahman.

Mais la tribu refusa de s'en dessaisir; elle répondit: « Les biens et les ressources d'un gouvernement ne » peuvent retourner qu'à un gouvernement; or, vous » n'en avez plus. Nous ne rendrons ce dépôt qu'à l'é- » mir, quand il aura reconstitué son royaume. »

L'argument devait plaire aux Kabyles; aussi plusieurs autres dépôts furent violés sous le même prétexte. Ces affronts menaçaient Ben-Salem d'une décadence si rapide, qu'il essaya de se rattacher encore à son maître. Pour éveiller moins de défiance, ce fut un ancien agha du Tittery, Ben-Chareub, qui se mit en rapport avec Abd-el-Kader et en reçut cette réponse : « O vous » qui savez combattre pour la foi, j'ai reçu votre lettre » et vous en remercie. Continuez de correspondre avec » Ben-Salem; soyez hommes, aidez-vous réciproque-

» ment, et pensez que tout ce qui est arrivé, Dieu l'a
» voulu, afin de nous éprouver.

» Je vous dirai que mes affaires vont de mieux en
» mieux. J'ai fait une razzia chez les Ouled-Khreliff
» dont j'ai capturé jusqu'aux femmes; j'ai fait trois
» razzias sur les Harrars : je leur ai pris tous leurs
» troupeaux; leur pays est en mon pouvoir et leurs
» nombreux cavaliers n'ont pu les préserver. Mes guer-
» riers se sont tous enrichis, le moindre possède trois
» chameaux. Les femmes ont été vendues un oukia
» (six sols) la pièce; elles appartenaient à des hom-
» mes déshonorés par le contact du chrétien; le mou-
» ton ne coûtait qu'un demi-boudjou (vingt-cinq sols).
» Pendant dix-huit jours, mes khodjas (1) ont été oc-
» cupés à dénombrer mes prises, et ils n'ont pu en
» venir tout-à-fait à bout. Ces ressources nous per-
» mettent de vivre dans le désert, sans avoir de long-
» temps besoin des marchés du Tell.

» Nous avons ensuite puni les Akermas, les Sdamas
» et Ouled-Chaïb, ainsi que beaucoup d'autres tribus
» dont l'énumération serait trop longue. Il vous suffira
» de savoir que nous avons tué beaucoup de traîtres
» et fait de nombreux prisonniers. Le général *Bou-*
» *Haraoua* (2) a été blessé et est mort de sa blessure.

(1) *Khodja :* écrivain.
(2) *Bou-Haraoua :* père du bâton, ou qui porte une canne. C'est le général de Lamoricière.

» Les Flittas ont battu les Douers et les Smelas, dont
» tous les chefs ont perdu la vie, notamment Mus-
» tapha-ben-Ismaël (1) et El-Mazary, qui mangeaient
» du cochon. Par leur mort, Dieu a coupé les ailes
» des Français.

» Je ne cesse de faire de nouveaux coups, et c'est
» là ce qui m'empêche d'aller vous visiter de suite.
» Réveillez-vous donc de votre apathie, et attaquez
» sur tous les points dans l'est; car de l'unité dépend
» le triomphe de notre sainte cause. Comment se fait-
» il que nous n'entendions jamais parler de vous? »

Ce tissu de mensonges, curieux à confronter avec l'histoire de la réalité, fut très-bien accueilli des Kabyles, qui étaient enfin revenus de leur erreur sur la mort de l'émir. Beaucoup de poudre fut consommée en fantasias; mais comme le héros de ces fêtes ne répondit point à l'attente publique, la situation redevint promptement la même. Ben-Salem qui s'était réservé lui-même pour tenter le dernier effort, expédia deux lettres à son maître.

L'une était de ses siafs (officiers); ils lui disaient :
« Nous avons attendu jusqu'à ce jour sans murmurer;
» il nous est impossible d'aller plus loin. Nous sommes
» nus, mourants de faim; votre khalifa a dépensé pour

---

(1) Pour celui-là le fait était vrai.

» nous tout ce qu'il possédait; nous en sommes venus
» à manger ses bœufs de labour. Donnez-nous une ré-
» ponse positive; fixez-nous une époque pour votre
» arrivée, ou permettez-nous de rentrer dans nos fa-
» milles, que nous n'avons pas vues depuis si long-
» temps. »

Ben-Salem écrivait de son côté :

« Si vous prolongez votre absence, vous nous trou-
» verez morts; plus vous tardez, plus l'insubordina-
» tion fait de progrès. Le mal est déjà presque sans
» remède, car je suis annulé complètement par les
» tribus. Toutes s'entendent par dessous main, celles
» qui sont restées libres et celles qui ont reconnu les
» chrétiens; en sorte qu'elles s'avertissent mutuelle-
» ment de toutes les tentatives projetées de part et
» d'autre; par ce moyen, jamais on ne peut les sur-
» prendre.

» Si vous ne suivez pas mon conseil, ne pensez
» plus à nous, et cessez d'écrire aux tribus; car, une
» fois détrompées, elles tournent vos lettres en déri-
» sion. »

Ces messages restèrent sans réponse. Alors, dans le vide où il retombait, Ben-Salem ulcéré, caressa de nouveau des idées de vengeance. Elles se dirigeaient toujours contre l'heureux rival qui lui avait enlevé son pouvoir et le titre de khalifa. La promesse de 4,000 boudjous, d'un beau cheval et d'un bon emploi, semblèrent décider un nommé Hamed-bel-Kady, appartenant aux Beni-Djaâd; il feignit une désertion et se mit en route pour tenter le coup, mais le cœur lui manqua.

Ben-Salem crut mieux réussir en s'adressant au plus intrépide bandit de la contrée, appelé Bou Boch-Boch, qui d'ailleurs ne manquait pas de fanatisme. Le Koran à la main, il s'empara de son esprit, lui renouvela les promesses faites à Hamed et y ajouta celle du paradis, selon le résultat de l'entreprise; lui-même, il chargea de sept balles le tromblon du brigand, fit sur l'arme, sur l'homme, des prières sacramentelles et se crut assuré du succès.

Deux jours après, Bou Boch-Boch était reconnu dans le camp de Ben Mahy-ed-Din, comme un homme qui fréquentait assidûment celui de l'ancien khalifa. On en vint aux recherches: elles produisirent assez de charges contre ce misérable pour le faire expédier sur Alger, et de là en France où il attend le paradis au fort Brescou.

Ben-Salem interpellé par la suite sur ces tentatives d'assassinat, ne parut jamais croire qu'il dût, dans l'intérêt de son honneur, les nier ou s'en excuser; il s'est toujours contenté de répondre : « C'était mon ennemi ! »

En ce moment, courut une grande nouvelle, qui acheva de mettre Ben-Salem à terre. La smala de l'émir venait d'être enlevée : lui-même confirmait la vérité du fait, en s'efforçant de pallier son importance;

car il écrivait dans ces termes : « Les Français ont
» fait une razzia sur ma smala, pendant que j'étais ab-
» sent. Nous avons perdu quelques femmes, mais
» nous n'en sommes pas fâchés; cela nous rendra plus
» légers, plus dispos pour la guerre. Les femmes de
» Ben-Allal ont été prises; le lendemain il avait épousé
» la fille de Berkani. Nous n'y pensons donc plus. »

Mais le peuple kabyle y songea longtemps et beaucoup. Moins habitué que l'Arabe aux chances périlleuses de la vie errante, il vit, dans cette perte des biens les plus chers, le dernier terme de l'impuissance, le dernier degré de la chute. L'astre d'Abd-el-Kader lui parut éteint sans retour; ses yeux cessèrent de le chercher.

A plus forte raison, celui qui ne brillait que d'un éclat reflété, dût-il tomber dans les ténèbres. Ben-Salem devint, au milieu des Kabyles, un étranger toléré tout au plus; sans appui parce qu'il ne tenait à aucune tribu, sans autre défense personnelle que son titre de marabout. Tantot on lui vole ses mules, tantôt on menace ses jours, parce qu'il a dépouillé des pélerins de la Mecque à cause de leur sauf-conduit français; enfin, dans une réunion publique où il veut prendre la parole et commencer une de ses prédications, un Kabyle lui ferme la bouche par ces mots :

« C'est bon! C'est bon! Sid Hamed-ben-Salem, vous

» avez laissé le *heulk* (1) à Hamza ; il ne pousse ici que
» des chênes et des oliviers. »

IV.

Ben-Salem comprit avec sagacité qu'il ne pouvait s'exposer davantage aux regards cruels de la foule, sans encourir une déconsidération irrémédiable ; il résolut de se retirer à l'écart, au moins pour un temps, et d'abdiquer en quelque sorte son vain titre de khalifa.

S'étant fixé sur l'Oued-Tlata, aux pieds des Flissas, avec ses deux aghas, quelques officiers, une cinquantaine de fantassins et une vingtaine de cavaliers, il avait envoyé ceux-ci de différents côtés afin de pourvoir à la subsistance commune. Quelques murmures qui s'en suivirent, lui donnèrent l'occasion d'adresser aux tribus une longue homélie, où son attitude nouvelle de résignation et les motifs sacrés de sa longue résistance, sont exposés peut-être avec quelque désordre, mais non sans éloquence, non sans autorité. Elle fourmille de traits contre Ben Mahy-ed-Din, quoique nulle part il n'y soit nommé. Nous allons reproduire en entier cette remarquable circulaire, comme un modèle du genre :

---

(1) *Heulk :* espèce de roseau. Ce mot veut dire, au figuré : sornettes, hâbleries.

Que Dieu vous assiste et vous conserve !

Que le salut et la miséricorde de Dieu soient sur vous !

Frères, j'ai entendu dire que vous aviez trouvé mauvais que ma cavalerie soit venue dans vos environs. Je jure par le divorce avec mes bœufs de labour que mon intention n'était ni de vous nuire, ni de m'emparer de vos biens, ni de causer le moindre dommage au dernier d'entre vous. Mes cavaliers furent apostrophés en ces termes : « Pourquoi venez-vous chez nous qui » sommes faibles et sans moyens de résistance ? Quand les Fran» çais l'auront appris, ils consommeront nos fourrages et nous » dépouilleront tous. »

Lorsque j'eus connaissance de ces propos, je m'écriai : « Dieu » a abandonné notre pays, puisque les musulmans n'y sont plus » susceptibles d'aucun amour-propre, et que les véritables » croyants, ceux qui ne peuvent supporter le mépris, ont dis» paru. »

Avant cet événement, je me suis résigné à supporter avec patience le mal et le bien, en attendant que des jours meilleurs viennent à luire pour notre seigneur et maître El-Hadj-Abd-el-Kader. En effet, Dieu a dit : « Lorsque l'époque du dernier jour » approchera, le commandement sera réparti entre plusieurs. »

Tout ce que j'ai à vous dire aujourd'hui, ô mes frères, consiste à vous engager à tranquiliser vos esprits, comme à ne concevoir aucune crainte de mon côté ; car je jure par le Dieu tout-puissant que non seulement je ne vous attaquerai jamais, mais encore que je n'ai jamais eu la pensée de le faire. Mes cavaliers se borneront à dépouiller les gens qui vont chez les impies, soit pour y commercer ; soit pour nous trahir. Ceux qui échapperont auront passé à mon insu.

Rendez-donc le repos à votre esprit et occupez-vous de ce qui doit vous préserver de la colère divine, car les peines que le maître du monde inflige sont terribles et nul coupable ne peut s'y soustraire. Fasse le Ciel que vous soyez préservés des souffrances de ce monde et de l'autre! Tel est le vœu que je forme pour vous. J'en prends Dieu à témoin, je ne voudrais pas vous voir victimes de la moindre infortune, et croyez que c'est toujours avec chagrin que j'accueille les nouvelles qui vous sont défavorables.

Si vous pensez que je n'agis pas en homme de bien, et que votre intention soit que je laisse l'impie faire chez vous ce que bon lui semble, vous n'avez qu'à me le dire. J'ai à ma disposition des tentes, des pavillons tout prêts à être tendus, et ma patrie c'est le pays qu'habitent les musulmans. Est, ouest, sud, nord, de quelque côté que je me tourne, je suis sûr de trouver des croyants pour me recevoir, car Dieu protégera sa religion en dépit des infidèles. Les actions des hommes de bien auront toujours leur récompense.

Mais après mon départ vous verrez ce que feront nos ennemis. De tout temps, ils ont passé pour vindicatifs, trompeurs et perfides. Comment pourriez-vous donc avoir confiance en eux, et comment pourraient-ils vous apporter du bien?

Faites-y bien attention, ô mes frères! les chrétiens veulent d'abord vous caresser pour vous faire mieux avaler ensuite leur poison. C'est à cause des vices que je viens de vous signaler que Dieu nous a commandé de les fuir. Voyez actuellement ce qui vous sera profitable, et surtout ne vous abusez pas sur la vengeance de Dieu. Il n'y a que les impies qui ont l'air de la mépriser.

J'ai appris aussi que l'infidèle cherchait à avoir ma vie au prix de l'or. Voyez un peu si moyennant 300,000 fr. je pourrais trouver un impie qui consentît à assassiner son frère, et cependant vous êtes éblouis par le faux éclat du chrétien. Ah! ne vous y laissez pas prendre. Eût-il la puissance de déplacer des montagnes, le prestige qui l'environne passera comme un songe, s'évanouira comme l'ombre d'un nuage d'été; car si l'injustice a pu séduire, la vérité doit triompher en dernier lieu.

Il n'y a pas d'action plus blâmable sur la terre que celle de servir les infidèles, comme il n'y a pas de plus mauvaise excuse aux yeux de Dieu que celle de la peur. La peur donnée pour excuse ne pourra vous mettre à l'abri de la colère du Tout-Puissant. Dans les circonstances où vous vous trouvez, elle est tout-à-fait inadmissible, puisque c'est la fuite qui vous est prescrite, et que le pays des musulmans est assez vaste pour vous recevoir.

Il est réellement inconcevable que vous vous disiez musulmans, que vous vous disiez croyants, que vous prétendiez connaître la grandeur et la puissance de Dieu, quand vous demandez des faveurs aux infidèles et que vous rangez sous leurs ordres.

Dieu a dit : « Faites connaître aux rebelles qu'un châtiment
» sévère les attend. Faites le savoir principalement à ceux qui
» prennent pour chef des impies, au lieu de suivre la voie des
» musulmans; à ceux qui briguent leurs honneurs, oubliant
» que tout honneur vient de Dieu. » Il a ajouté : « O vous qui
» croyez, ne vous donnez pas pour chefs des infidèles, ne choi-
» sissez que des musulmans; n'allez pas fournir ainsi des preuves
» terribles contre vous. » Il a dit encore : « Ceux qui acceptent
» des infidèles, deviennent infidèles comme eux. »

Il est impossible de trouver un peuple croyant en Dieu et au jugement dernier, qui puisse conserver de l'affection pour ceux qui méconnaissent l'Éternel et son Prophète, fussent-ils même leurs pères, leurs frères ou leurs amis.

Dans un autre passage il est dit : « Ne prenez jamais pour chefs
» mes ennemis et les vôtres; vous êtes coupables si vous venez à
» préférer au Prophète votre père, votre fils, votre femme, votre
» entourage ou vos richesses. »

Les trèves à conclure avec les infidèles ne peuvent être décidées que par le souverain. Elles se font ordinairement dans le but d'obtenir des avantages pour les musulmans; mais elles ne peuvent avoir lieu à des conditions désavantageuses, comme de payer une capitation (djazia), de faire le commerce et de vendre des chevaux, parce que tout cela est à l'avantage des impies. Au surplus, notre souverain, celui qui seul a le droit de traiter, est en vie;

nous l'avons reconnu dans la bonne fortune et nous devons également le reconnaître dans la mauvaise. Sachez donc que s'il avait cru voir dans la paix quelques avantages pour les musulmans, il l'aurait acceptée et signée avant vous.

Tout ce que j'ai pu comprendre dans votre conduite, c'est que vous embrassez la religion de ceux qui vous dominent. Est-ce un sultan musulman, vous vous soumettez à lui ; est-ce un infidèle, vous lui obéissez. Ces actions décèlent des hommes sans foi ni loi. Vous savez pourtant que Dieu est tout-puissant et qu'il connaît et sait tout. Il a dit : « Si vous êtes musulmans, ne redoutez » jamais ceux qui ne me redoutent pas, car Dieu est souveraine- » ment bon avec ses créatures. »

En vous-mêmes, vous pensez agir d'une manière convenable en cherchant de donner de l'assiette au pays, et vous ne vous apercevez pas que vous ébranlez tout, au contraire. Votre conduite aura pour résultat de livrer vos frères aux infidèles, et cependant vous n'avez aucune mission pour cela ; Dieu ne vous en a pas chargés. C'est lui seul qui peut en disposer ; c'est lui qui punit ; il est infiniment éclairé et rien ne lui échappe. Vous ne pouvez donc être lavés de vos turpitudes, dans ce monde et dans l'autre, qu'en vous repentant sincèrement et en demandant pardon à l'Éternel.

Si le monde avait seulement aux yeux de Dieu la valeur d'une aile d'insecte, l'infidèle n'aurait pu y puiser une gorgée d'eau. Croyez-le bien, le monde, c'est la prison du croyant et le paradis de l'impie. Nos ancêtres n'ont conquis du monde que ce qui convient au passage d'un simple voyageur. Mais vous, vous vous y êtes endormis, et vos cœurs se sont d'autant plus rouillés que vous possédez davantage ; car Dieu a dit : « Lorsque l'homme » commet une faute, soudain une goutte s'épanche sur son cœur et » commence à y faire tache ; et s'il en commet d'autres, de nou- » velles gouttes s'épanchent jusqu'à ce que son cœur devienne » tout-à-fait noir. » Qu'il nous préserve d'une pareille chose !

Vous avez cherché à ternir ma réputation en publiant que je

vous avais abandonnés. Sachez, ô mes frères, que je ne me suis éloigné de vous que par force et d'après la loi. D'abord, je n'étais pas en état de faire face à l'infidèle ; ensuite les croyants ne me suivaient plus ; enfin un arrangement entre moi et l'impie ne pouvait être ni régulier, ni valable, puisque celui que nous nous sommes donné pour chef est encore plein de santé, victorieux, et que lui seul a le pouvoir légal de conclure des traités.

Quant aux sommes que je vous ai prises, je les ai dépensées suivant les règles reçues, et elles ont été tellement insuffisantes que j'y ai souvent ajouté les revenus de mes aïeux. Vous le savez du reste, je n'ai jamais dépensé votre argent ni dans les plaisirs, ni dans les concerts de musique, ni pour des choses prohibées ; soyez donc sûrs que vous en toucherez l'intérêt dans ce monde ou dans l'autre. Je n'ai rien réservé pour moi, tout a été consacré au service de Dieu. Louange à lui ! Je me suis donc conformé à ses ordres, car il a dit : « Conformez-vous aux prescriptions » des prophètes et évitez ce qu'ils vous signalent comme dan» gereux. »

Ce que le Prophète vous a prescrit, c'est la guerre ; je me suis éclairé sur cette matière ; Dieu a dit :

« O Prophète, excitez les vôtres à la guerre, tant que cette » guerre ne peut être nuisible aux populations. »

N'en ayant pas la puissance, je me suis donc abstenu de combattre ; mais au lieu d'aller aux impies, j'ai fui dans les montagnes, ce qui peut-être a été fort heureux pour vous. Rendons grâces à Dieu de cette circonstance.

Je suis actuellement à la tête d'environ 20,000 fantassins des Zouaouas (1) ; tous sont prêts à marcher avec moi et à entraîner les autres tribus qu'ils exciteront aux combats. Les 20,000 fan-

---

(1) Ceci repose sur la circulaire signée par tous les chefs kabyles, dont nous avons parlé quelques pages plus haut.

tassins dont je viens de parler ne font qu'un avec mes réguliers dont ils ne se séparent jamais. J'en ai encore bien d'autres qui tous sont aussi animés des meilleurs sentiments pour la cause de notre sainte religion. De Sidi-Ali-el-Chérif jusqu'ici, vous pouvez en porter le nombre à 30,000. Je vous les montrerai quand vous voudrez, tous bien disposés, et inscrits tribu par tribu. Avec ces forces, je ne me porterai à des excès que contre l'ennemi de Dieu et de son Prophète. Quant aux musulmans, en général, ils sont à plaindre et j'attendrai tout du temps.

Remerciez Dieu de ce qu'il vous a fait la grâce de me désigner pour vous commander, de ce que je tiens à maintenir notre croyance et de ce que je vous ai préparé des moyens formidables. Quant à vous, vous n'avez aucune excuse; vous qui n'avez conservé la foi que sur les lèvres et non pas dans le cœur.

Vous avez rabaissé votre religion; vous avez courroucé le Prophète qui seul pouvait intercéder pour vous; vous avez secoué le joug de vos lois et enfin vous avez rejeté les paroles du Dieu tout-puissant. Si vous ne vous hâtez pas de vous repentir, nul doute que l'Être Suprême ne vous envoie un châtiment exemplaire : car il peut vous punir ou par des maux directs dont il vous affligera, ou par la main de l'émir qu'il a institué pour vous gouverner, quoique cet homme soit aussi doux pour les musulmans qu'il est terrible pour les infidèles.

Des savants ont dit aussi que tous ceux qui se rangeaient sous le drapeau des impies, devaient souffrir et ne jamais voir leurs désirs se réaliser. Ils ont donc à perdre et dans ce monde et dans l'autre, car Dieu l'a voulu ainsi. Je ne parlerai pas des peines réservées dans l'autre monde à ceux qui n'ont pas suivi ses préceptes, parce que la langue est impuissante à les décrire, et que la mort est une chose douce en comparaison d'elles. J'adresse ces paroles à tous les croyants, à tous ceux qui ont quelque pouvoir sur eux; faites-en donc part à tout le monde. Je vous considère comme disposés à suivre mes conseils, et mon unique but est le bien-être des musulmans. Je sais positivement que vous êtes religieux, votre noble caractère m'est connu. Fasse le ciel que je n'entende raconter de vous que des choses honorables! Conservez votre religion pour qu'on n'ait jamais rien à vous reprocher; je prends Dieu à témoin que je ne veux que votre bien et la plus grande gloire de la nation musulmane.

Je vous ai tour-à-tour plaints et admonestés. O mon Dieu! vous le savez, je n'ai rien négligé, je les ai prévenus de tout. Que ceux qui s'écartent des volontés divines prennent garde à eux: ils s'exposent à des représailles, à des maux incalculables. N'allez pas redouter la créature et négliger le créateur: vous ne devez craindre que Dieu, et si vous craignez les hommes, vous penchez vers l'impiété. Toute puissance appartient à Dieu, les hommes ne peuvent rien. Ne vous laissez pas amollir par de douces paroles; ne les écoutez pas, elles renferment une trahison. Avez-vous oublié qu'après que le démon eût engagé l'homme à prévariquer, il lui dit: « Cela ne me regarde pas, car je crains Dieu. »

Il est écrit: « Celui qui, guidé par un bon musulman, se conforme à la volonté de Dieu, est préférable à tous les fils d'Adam qui vivent sous le soleil; dans le cas contraire, il est la plus détestable de toutes les créatures. » Je demande à Dieu qu'il n'aveugle pas vos cœurs, car l'aveuglement ne vient pas des yeux qui sont dans la tête, mais bien des cœurs qui se trouvent dans les poitrines. Ne voyez-vous pas combien de passages peuvent vous être appliqués, ô musulmans! Dieu a dit:

« O vous qui croyez et qui obéissez à ceux qui ont embrassé l'impiété, sachez qu'un jour vous en serez repoussés. » Il a dit aussi: « O vous qui croyez et qui cependant écoutez les préceptes de ceux qui ont des livres, vous deviendrez infidèles comme eux. »

Comment donc avez-vous pu vous résoudre à devenir infidèles, vous, les amis du Prophète, vous qui savez les articles du Koran?

Quiconque met sa confiance en Dieu suivra indubitablement la véritable voie. Aujourd'hui, vous n'avez pas plus de réponse à donner au Tout-Puissant sur l'indignité de votre conduite, que d'espoir de lui échapper ; car il est positif que vous vous en êtes rapportés à des faux savants, à des menteurs, et pourtant vous deviez distinguer ceux qui veulent vous nuire de ceux qui veulent vous sauver.

« Ne courez pas à la perdition de votre propre mouvement. » Voilà encore une parole de Dieu.

Je me suis limité dans cette lettre ; car si j'avais voulu m'étendre, j'aurais composé tout un livre plein de citations du Koran et des discours du Prophète sur ceux qui, pour les biens de ce monde, changent de religion, renient leur Dieu et son Prophète. Je vous écris et j'adresse à ceux des faux savants qui vous dirigent vers le mal, diverses questions auxquelles je désire qu'ils répondent, en se conformant aux préceptes de Dieu et de son Envoyé.

Ils vous permettent de vendre et d'acheter dans le pays de l'impiété, de vous y établir, d'aider les infidèles en leur fournissant vos mulets pour les expéditions qu'ils dirigent contre des musulmans, d'espionner vos co-religionnaires, de les troubler par des bruits menaçants, de guider les chrétiens, non seulement des lèvres, mais du cœur, et beaucoup d'autres iniquités. Vous, musulmans, obligez-les de répondre aux questions suivantes :

Première Question.

Que pensez-vous de musulmans qui, ayant fait une trêve avec les chrétiens (que Dieu les maudisse!), leur paient des contributions, leur servent d'espions, se rendent à leurs marchés, combattent sous leur drapeau contre des frères, acquittent des impôts sans avoir même vu l'infidèle chez eux, et en viennent jusqu'à refuser l'aumône aux tolbas et aux pauvres ?

Deuxième Question.

Que dites-vous de musulmans qui habitent avec les infidèles et qui obéissent à leurs ordres, quand leur pays touche à un autre encore au pouvoir des croyants? N'est-il pas prescrit par la loi de confisquer leurs biens, de répandre leur sang, et de réduire à l'esclavage leurs femmes et leurs enfants?

Peut-on prier, donner la zeccat et jeûner le Rhamadan sous le pouvoir des chrétiens? Répondez-moi clairement, et Dieu vous récompensera.

Troisième Question.

A nos savants, plus savants que ceux de tout le monde. Que dites-vous d'une foule d'individus qui demeurent chez les chrétiens, et qui implorent leur protection, leur appui, au lieu de quitter la contrée? Leur séjour au milieu des infidèles est-il ou non toléré?

Ces individus peuvent se diviser en quatre classes :

La première paie contribution aux impies;

La deuxième se contente de commercer avec eux;

La troisième les instruit de ce qui peut nuire aux musulmans;

Et la quatrième, agissant sincèrement avec eux, fait des vœux pour la consolidation de leur pouvoir, et y trouve une source de fortune.

Répondez-moi, et Dieu vous pardonnera vos fautes.

Quatrième Question.

Que dites-vous des gens qui se trouvent dans les catégories suivantes : Les premiers entretiennent la guerre avec les chrétiens; les seconds se sont rendus à eux avec l'espoir de ne plus payer d'impôts; les derniers les servent avec l'intention véritable de leur payer des contributions, tant qu'ils seront les plus forts?

Donnez-nous réponse sur tout cela, et vous aurez bien mérité de Dieu.

O mes frères, je vous conseille avec mon âme, s'il vous reste encore un peu de religion, de vous y retenir des deux mains. Repentez-vous et repentez-vous promptement. N'attendez-pas que Dieu ait prononcé sur votre tête. Si vous retournez de suite à lui, vous le trouverez miséricordieux, car voici sa parole : « A celui » qui croit, qui se repent et qui se comportera bien ensuite, je » pardonnerai ses fautes. »

Je prie Dieu qu'il m'assiste et qu'il vous assiste, dans le dire et le faire, dans le vrai et le douteux, dans l'interne et l'externe, dans l'état de repos et d'agitation. Ainsi soit-il.

Ecrit par le khalifa Sid-Hamed-ben-Salem-el-Thayeub ; que Dieu l'aide et le rende victorieux ! Ainsi soit-il.

CHAPITRE VIII.

PRÉLIMINAIRES

de

l'invasion française.

I. Troubles dans la famille de Ben-Salem. — II. Un voyage chez les Kabyles. — III. Echange de manifestes.

I.

Jusqu'à ce jour, la Grande Kabylie a maintenu heureusement sa vieille indépendance entre l'ambition d'Abd-el-Kader et notre fatalité conquérante. Ses marches ont appartenu tour-à-tour aux deux puissances rivales; elle s'en est ressentie, mais sans courber la tête. Tout en prêtant l'oreille aux prédications religieuses de l'émir, elle a su lui refuser l'impôt; de même elle incline aux bonnes relations avec les chrétiens, depuis qu'ils ont fait acte de puissance dans la région de l'Isser et de Hamza; cependant elle ne ferme point à Ben-Salem ses montagnes hospitalières. Cette attitude ne doit pas durer: le moment est venu pour les Kabyles d'entendre des menaces plus sérieuses que celles dont ils ont bravé l'accomplissement depuis bien des siècles.

Les succès décisifs qui viennent de couronner nos armes sur tous les points de l'Algérie, en 1842, ont fait entrer le gouvernement français dans une voie d'occupation plus large : il se propose désormais la conquête entière du Tell avec une influence prépondérante sur le petit désert; il écrit dans ce sens au lieutenant-général-gouverneur, et lui prescrit de soumettre également la Grande Kabylie.

Quelques troubles intérieurs retardent d'abord l'exécution de cet ordre; plus tard, c'est le blâme violent d'une partie de la chambre élective et de la presse contre toute entreprise militaire dirigée dans ce but. Mais ni l'opinion intime du cabinet, ni celle du gouverneur de l'Algérie n'en paraissent modifiées; ils reculent, l'un comme l'autre, devant l'idée d'admettre, à vingt lieues de la capitale algérienne, l'existence d'une enclave indépendante qui peut servir sans cesse d'exemple aux fanatiques, de refuge aux malfaiteurs, de base d'opérations à un ennemi plus sérieux. Comme il appartient à la prérogative royale de trancher, sans le concours des pouvoirs législatifs, toute question de paix ou de guerre, la conquête de la Kabylie n'en poursuivra pas moins son cours, malgré certaines difficultés parlementaires dont il n'est pas indispensable que nous nous occupions ici.

Pendant toute l'année 1843, l'éveil fut donné plusieurs fois aux Kabyles, tantôt par la rumeur publique, tantôt par des préparatifs faits au grand jour. Le mystère, en cette occurrence, n'était pas de saison; car ne pouvant compter sur une surprise absolue, au moins par une longue attente on fatiguait les tribus menacées, on exposait leur ligue à toutes les chances de discorde inhérentes à sa nature; en outre, l'effet moral de nos victoires précédentes, aux mains d'une politique adroite, pouvait, avant le commencement même de la lutte, détacher quelques soumissions volontaires.

Le temps ne manqua donc point aux Kabyles pour se mettre en état de défense; mais comme nous venons de le faire observer, ce temps, si précieux chez des peuples organisés, devient souvent, au sein des masses tumultueuses, un principe de dissolution. Là, l'extrême liberté produit l'indiscipline; les rivalités intérieures engendrent la défiance; l'expectative d'un danger, qui n'est pas le même pour tous, établit des nuances dans les intérêts au lieu de les fondre en un seul : chacun pense à soi, personne à la patrie.

La famille de Ben-Salem donnait la première un exemple marqué de ces désunions domestiques. Les frères de l'ex-khalifa commençaient à s'isoler de lui plus ou moins, depuis que cette parenté, autrefois féconde en honneurs, semblait prête à devenir un motif de proscription. Si Omar-Ben-Salem écrivait à notre agha des Krachnas : « Ne dites pas que j'ai les mêmes senti-
» ments, les mêmes idées que mon frère, car j'ai épousé
» la femme de Sidi El-Hadj-Ali-ben-Si-Saâdi (1), et je vis
» chez les Issers où je ne demande que le repos. J'ai
» reçu la lettre par laquelle vous m'instruisez que les
» Français laisseraient mon frère libre d'aller à la Mec-
» que, ou même d'habiter Alger avec l'aman. Je vous
» en remercie, mais il n'est nullement disposé à sui-
» vre ces conseils, malgré qu'il eût manifesté le desir,
» autrefois, de visiter le tombeau du Prophète. Actuel-
» lement les Kabyles l'ont pris pour chef, et il les
» dirige depuis qu'ils ont appris que les infidèles al-
» laient marcher contre eux. Je vous prie de penser
» à moi ; je suis seul, et mon cœur est affligé que vous
» m'ayez mis sur la même ligne que mon frère, puis-
» que cela me fait redouter la colère des Français, s'

---

(1) Le même qui avait précédé Ben-Salem au pouvoir et était resté son rival. Chap. V.

» je venais à me rendre chez vous. Je ne suis pas de
» mon frère, et mon frère n'est pas de moi; j'ai ma
» famille d'un côté, il a la sienne d'un autre et per-
» sonne ne suit mes avis. »

Des deux autres frères du khalifa, l'un, Ali, s'était rendu aux chrétiens; l'autre, Zeïd, était resté fidèle au chef de la famille; et voici dans quels termes il répondait au précédent :

« Ne nous écrivez plus : nous et notre frère nous
» vous fuirons en conservant notre religion; de mon-
» tagne en montagne nous arriverons à Tunis; ainsi,
» il n'y aura plus rien de commun entre nous. N'écri-
» vez plus aux Ameraouas; votre frère a su que vous
» correspondiez avec eux, et il a voulu diriger une
» razzia sur vous ; mais nous lui avons dit : « Laissez-
» le s'ingénier pour vivre ! » N'espérez pas que les
» chrétiens vous donnent des emplois; une fois dé-
» pouillé du prestige que vous tiriez de nous, ils ne
» vous regarderont même pas. Quant à nous, n'ima-
» ginez pas que jamais nous vous recevions en grâce.
» Une leçon suffit au sage. »

Pendant que l'inquiétude relâchait ainsi les liens de l'amitié fraternelle, d'autres causes préparaient un coup plus sensible au cœur de Ben-Salem; et là, l'influence française ne devait figurer qu'au dénouement.

Ben-Salem avait un fils âgé d'environ dix-huit ans; il l'élevait avec sévérité et refusait de le marier à sa jeune cousine dont il était épris, prétendant lui faire consacrer encore des années entières à l'étude des livres saints. Ce jeune homme, qu'un goût vif entraînait vers la chasse, les femmes et tous les plaisirs, prit la résolution de se soustraire à l'autorité paternelle. Il s'entendit avec un jeune taleb appelé *Badaoui*, dont le père habitait Alger, et leur fuite en commun fut concertée.

Si Badaoui sollicita d'abord de Ben-Salem la permission d'aller au marché des Flissas et l'obtint ; mais, au lieu de s'y rendre, il prit la route de Dellys ; il s'arrêta la nuit en un lieu convenu où le jeune Ben-Salem ne tarda point à le rejoindre après s'être évadé. Les fugitifs s'acheminèrent alors à grands pas et droit sur le Fondouk ; ils se rendirent entre les mains du caïd El-Arbi, ancien ami de leur famille, qui avait reçu l'investiture des Français : celui-ci s'empressa de les amener à Alger. Tout heureux que fut l'incident, il y causa quelque embarras ; la persistance de Ben-Salem à repousser nos ouvertures indirectes détermina l'autorité à envoyer le fils en France, pour y finir son éducation sous l'empire de faits et d'idées propres à nous l'attacher un jour. Son compagnon devint *khodja* (secrétaire) à la direction centrale des affaires arabes.

Au premier bruit de cette fuite, les Kabyles, ombrageux comme on l'a pu voir, suspectèrent immédiatement la bonne foi de Ben-Salem. Ils devinaient les regrets amers qu'éprouvait l'ancien khalifa dans son exil au sein de leurs montagnes ; on venait d'apprendre que le plus courageux de ses collègues, Ben-Allal, avait péri avec son bataillon tout entier, sous les coups des chrétiens, et cet exemple semblait conseiller à celui-ci le parti de la soumission. N'y songeait-il pas en effet? L'évasion du fils n'était-elle pas une feinte tramée de connivence avec le père pour traiter en secret de son aman? Tels étaient les soupçons des Kabyles, et ils s'indignaient en même temps de ce que Ben-Salem, après les avoir tant de fois soulevés contre les chrétiens et si fort compromis dans la défense de sa propre cause, songeât à les abandonner le jour où ils allaient enfin combattre pour l'indépendance des montagnes.

En tous cas ces reproches, dont il n'a pas été possible d'apprécier la juste valeur, fermèrent toute retraite à Ben-Salem. Captif, pour ainsi dire, au milieu de ceux qui l'avaient accepté comme chef, il repoussa, par les plus énergiques désaveux, par les plus violentes imprécations, ces doutes que faisaient rejaillir sur lui l'évasion de son fils. On en trouve à chaque pas des traces remarquables dans la correspondance de ses frères, Omar et Zeïd. Plusieurs de ces passages sont de nature à jeter quelque intérêt sur le drame domestique qui, d'une manière ou d'une autre, a dû faire saigner bien vivement le cœur de Ben-Salem.

« Ce jeune homme avait pris la fuite pour Alger,
» afin de se mettre sous la protection des Français
» qu'il croyait incapables de trahir. Nous fûmes d'abord
» satisfaits de cela, car c'était un motif pour nous de
» l'imiter plus tard. Mais tout-à-coup les chrétiens ré-
» duisent ce jeune homme en esclavage; ils l'envoient
» en France (1). Nous avons alors reconnu que nous
» ne pouvions aller à eux, de peur d'être trahis pa-
» reillement. »

« ...... Vous dites que ce jeune homme sera rendu
» aussitôt que nous viendrons nous-mêmes, et qu'il
» se trouve en France avec le fils de Ben-Allal. Oui,
» tous deux sont livrés à l'impiété. Louange à Dieu de
» cela! un seul vaut mieux que tous. Que celui-là vive
» jusqu'à sa mort entre les mains de l'infidèle. Son ab-
» sence ne fait pas un vide sensible au milieu de la fa-
» mille, et elle sert de leçon à tous. »

« .... Comment est-il possible que vous ayez
» confiance dans le chrétien ? Un jeune enfant se réfu-
» gie chez lui dans le desir d'échapper à l'école et de
» se livrer à ses goûts ; il en fait un prisonnier. Dieu
» lui-même a conduit cet évènement. L'étourdi s'en-
» fuyait pour avoir le plaisir de monter à cheval, et on

---

(1) On trouve exprimé là ce bizarre préjugé des indigènes, qui considèrent avec horreur l'envoi en France, dans quelque condition que ce puisse être.

» lui donne pour cheval un bâtiment qu'il monte tout
» en pleurs; il a fui la lecture du Koran, on lui fait
» lire l'Évangile. Ne parlez plus de cet enfant, n'y
» pensez plus, faites comme s'il était mort. Il l'est
» réellement pour nous. Lorsqu'il se trouvait à Alger,
» nous étions malades de dépit. Chacun disait : Ben-
» Salem a envoyé son fils à Alger afin de négocier l'a-
» man; et Ben-Salem avait beau protester, on ne le
» croyait pas. Mais à la nouvelle de cette déportation,
» on est venu de tous côtés dire à mon frère : Par-
» donnez-nous, seigneur, nous avons douté de vous.
» Et lui, a répondu : Maintenant, qu'il est loin d'ici,
» mon âme est soulagée de ses souffrances. Nos an-
» cêtres ont traversé de semblables épreuves pour la
» foi. »

« .... Lorsque son fils prit la fuite, tous les
» musulmans supposèrent que cela s'était fait par son
» ordre, et il en eut le cœur blessé. Après l'envoi du
» fugitif en France, il leur dit : Voyez, hommes lé-
» gers, comment sont traités ceux qui se rendent
» aux infidèles. Mon fils est un fou, il s'est laissé sé-
» duire par le démon, et Dieu l'a puni. N'ayez donc
» aucune confiance dans la parole des impies. »

« .... Quant à mon neveu, employez tout votre
» crédit pour le faire envoyer à la Mecque, attendu
» que s'il revient ici, rien ne pourra le dérober à la
» fureur de son père. Celui-ci avait donné de l'argent

» pour le faire assassiner, pendant son séjour à Alger,
» fût-ce même dans les cafés, parce qu'il avait désho-
» noré une famille jusque-là sans tache. »

II.

Au commencement de l'année 1844, l'invasion en Kabylie prit un nouveau degré de vraisemblance. L'époque du printemps, que nous consacrons de préférence, et qui convient en effet le mieux aux opérations militaires en Afrique, s'approchait sans que l'on pût découvrir aucun point qui appelât nos armes de préférence à la Grande-Kabylie.

L'agitation de cette contrée, à l'époque dont nous parlons, se trouve décrite dans le récit suivant d'un de nos cadis qui, pour affaire de famille, la parcourut alors en entier. Bien que l'incident domestique y occupe le premier plan et relègue tout-à-fait en seconde ligne l'exposé politique, ils nous paraissent offrir, chacun dans leur genre, un intérêt assez piquant pour ne pas être séparés :

Il y a six ans, un Dérouïche de Méquinez arriva chez les Abides ; l mendiait de tente en tente, et gagnait quelque argent en lisant des *djedouals* (amulettes). J'eus pitié de sa misère, et voyant du reste qu'il savait assez bien ses livres saints, je le recueillis dans ma zaouïa, où je l'employais à faire lire les petits garçons, quand mes fonctions de cadi m'obligeaient de m'ab-

CHAPITRE HUITIÈME 291

senter. Cet homme, fort pieux, semblait avoir renoncé complètement à sa vie errante; il ne se passait pas de jour qu'il ne me remerciât de mes bienfaits; je m'attachai à lui, et après quatre années d'épreuves, je lui donnai ma fille, mon unique enfant. El-Hadj-Ahmet ayant eu un enfant de ma fille, devint mon enfant : je n'eus plus rien de caché pour lui, il savait où j'avais enterré mon argent.

Quand je me trouvai chez les Douairs pour juger l'affaire qui m'a fait encourir votre colère, mon gendre m'a enlevé tout mon trésor, 700 boudjous, mes pistolets garnis en argent, mon fusil et mes livres saints; puis, montant sur ma mule, il a quitté ma fille et son enfant. Je n'ai appris mon malheur que lorsque je suis rentré sous ma tente; je me suis rappelé alors que mon gendre n'avait ni patrie, ni parents, ni amis, et j'ai perdu l'espoir de jamais le retrouver. Ma douleur fut si grande que je ne pus rester chez moi; je vins à Médéah, chez un de mes amis. J'appris de lui que mon gendre était passé dans la ville, en disant qu'il se rendait, par mon ordre, à Alger pour y faire des achats. Je me décidai, sur ce renseignement, à me mettre à la poursuite de mon voleur. Arrivé à Blidah, j'eus encore de ses nouvelles, et je sus qu'il avait pris la direction de l'est. Je remis mon cheval à un ami, et j'entrepris seul et à pied la recherche d'El-Hadj-Ahmet.

Je quittai Blidah pour me rendre chez les Krachnas; je fus à leur marché du Khamis; la paix et la tranquillité y régnaient; des cavaliers du colonel Daumas circulaient dans le pays à la recherche de quelques voleurs. Chacun rendait hommage à la sollicitude avec laquelle le Maréchal veille dans l'intérieur des tribus aux intérêts et aux droits de tous. Les Krachnas sont heureux, ils ont ensemencé beaucoup et songent aux profits assurés de leurs récoltes. Les Krachnas ne pouvant me donner aucune nouvelle de mon gendre, je les quittai pour me rendre au marché du Djemâa, des Issers. La nouvelle du marché était l'arrivée prochaine de l'armée; j'appris des Issers qu'ils étaient aussi serviteurs des Français et qu'ils les attendaient avec impatience pour jouir enfin de la tranquillité que le Maréchal avait su donner à toutes les tribus soumises à son autorité, et pour voir cesser les inquiétudes que leur inspirent les projets de razzia de Ben-Salem et des Kabyles sur leur pays, principalement sur leur marché. Les Issers sont en relation constante avec le colonel Daumas; ils fréquentent habituellement le marché d'Alger : ce sont là les griefs que les Kabyles ont contre eux.

Ne trouvant aucune nouvelle d'El-Hadj-Ahmet chez les Issers, je me joignis à des Ameraouas qui étaient venus au marché du Djemmâ, et je me rendis avec eux, recommandé par Oulid-ben-Amoun, au marché d'El-Sebt-el-Khodja. Au marché d'El-Sebt, j'eus le bonheur de faire rencontre de Bou-Charib, ancien khodja d'El-Berkani, et agha du Cherg du Tittery, mon ancien maître et seigneur. Bou-Charib se réjouit de me voir et me conduisit à Sidi-Ahmet-Taieb-Oulid-Ben-Salem, auprès duquel il s'était retiré, et qui se trouvait aussi au marché.

Après m'avoir demandé le but de mon voyage, Ben-Salem me questionna sur ce que je savais des projets des Français. Je lui dis que j'avais entendu dire qu'au printemps ils devaient marcher contre les Kabyles, en sortant d'Alger, de Médéah et de Sétif; mais Ben-Salem eut l'air de ne rien croire de mes paroles. Il me demanda alors des nouvelles du Tittery ; comment gouvernaient les Français, si le général Marey avait pesé fortement sur le Dirah, si Ben-Mahy-ed-Din était toujours bien avec les chrétiens? Il me demanda aussi si j'avais entendu dire que les Français eussent fait des razzias depuis peu. Je lui répondis alors que nous vivions en paix et dans le respect de notre religion et de notre propriété; que le général Marey avait enlevé beaucoup de grains aux gens de Djebel-Dirah, qui cependant avaient pu ensemencer leurs terres; que Ben-Mahy-ed-Din avait de grands honneurs et une grande puissance ; j'ajoutai enfin que les Français ne faisaient plus de razzias depuis quelque temps. Ben-Salem dit alors à

Bou-Charib : Nos amis nous trompent, et ce que me dit ton serviteur m'indique assez clairement que le sultan a quitté le pays; s'il en était autrement, les Français tiendraient encore la campagne et feraient des razzias.

Le marché d'El-Sebt-el-Khodja ressemblait à un camp plutôt qu'à un marché : l'arrivée prochaine des Français occupait tous les esprits. Les Kabyles reprochaient aux Ameraouas d'être, dans leurs cœurs, les serviteurs des chrétiens ; ils ont dit à Bel-Kassem-ou-Kassy, leur chef, qu'ils n'ignoraient pas que son frère écrivait journellement à Alger, où il vendait son honneur et la liberté de ses frères, dans l'espoir de devenir le sultan des Kabyles. Ils ont engagé les Ameraouas à se réfugier dans leurs montagnes avec leurs familles et leurs richesses, et à défendre ensemble leur indépendance. Bel-Kassem-ou-Kassy leur a répondu : « Vous ne
» pouvez nous donner asile et nous ne pouvons aller chez vous ;
» il me faut à moi seul 400 mulets pour emporter mes biens, et
» mon frère en aurait besoin de 600 ; comment les Ameraouas
» vivraient-ils dans votre pays ? Engagez plutôt Ben-Salem à rester
» tranquille au milieu de vous, à retenir ses cavaliers et à re-
» noncer à ses projets sur le marché des Issers ; il attirera sur
» nous la colère des Français, et alors il n'y aura pas de salut
» pour aucun ; ils dévasteront nos plaines, et il ne restera de
» grains ni pour nous, ni pour vous. »

Bel-Kassem-ou-Kassy cache, par crainte des Kabyles, ses intentions de soumission ; mais on est généralement convaincu que lui et la majeure partie des Ameraouas se rangeront du parti des Français quand l'armée parviendra sur leur territoire. Ben-Salem a répondu à El-Haoussein-ben-Zamoun (jeune homme qui commande aux Flissas sous la tutelle du vieux Amer-Ouel-Hadji), qui s'était chargé de lui rapporter les paroles de Bel-Kassem-ou-Kassy :
« Je retiendrai mes cavaliers à cause de l'hospitalité que j'ai trouvée
» chez vous et puisque vous le désirez ; mais je quitterai le pays,
» car je vois que vous me trahiriez quand les Français arriveront
» chez vous. »

La maison de Ben-Salem, m'a-t-on dit, ne se compose plus que de 25 chevaux et de 100 fantassins ; il vit retiré entre les Mátekas et les Flissas. L'argent commence à lui manquer, et il sera contraint de laisser courir ses cavaliers pour qu'ils puissent vivre.

Quant aux Flissas, j'ai appris que leur jeune chef El-Haoussein-ben-Zamoun était partisan des Français, mais que la tribu était loin de partager ses opinions.

Bou-Charib obtint de Bel-Kassem-ou-Kassy une lettre qui devait me faire protéger dans mes recherches chez les Beni-Raten. Je quittai El-Sebt sans nouvelles de mon gendre, et j'entrai chez les Beni-Raten. J'attendis deux jours chez des marabouts de cette tribu leur jour de marché. Les Beni-Raten habitent un pays difficile ; ils sont riches en hommes, en armes et en munitions. Fiers et jaloux de la vieille indépendance de leur pays, ils sont décidés à la défendre. Ma qualité d'Arabe serviteur des Français, ne m'a pas cependant nui à leurs yeux ; j'ai été nourri et aidé par tout le monde. Ne trouvant pas mon gendre, je quittai cette tribu en me dirigeant vers l'est.

Le pays des Kabyles est funeste à quiconque s'y engage sans un homme du pays comme sauvegarde. Cet homme, donné à l'étranger qui voyage chez les Kabyles, porte le nom d'anaya. Tout l'amour-propre d'une tribu est mis à ce que sa protection, qu'elle confie à l'anaya, ne soit jamais violée; le devoir de l'anaya est de mourir avec l'homme qu'il est chargé de protéger, et la tribu perd son honneur jusqu'à ce qu'elle ait vengé les affronts qu'il peut avoir reçus. Accompagné de l'anaya des Beni-Raten, je parvins chez les Beni-Bou-Yousouf, que je trouvai comme leurs voisins, décidés à défendre par la poudre leur indépendance. Je fus au marché de Djemáa-Saridje, qui est au pied du pays des Beni-Bou-Yousouf. J'y appris qu'un étranger était passé récemment dans leur pays, se dirigeant vers l'est. Sur cette nouvelle, je me remis immédiatement en route.

Je passai chez les Beni-Menguelat ; j'eus occasion d'y voir leur djemáa réunie ; elle s'occupait des moyens de s'approvisionner de grains pour ne plus avoir à souffrir de la présence de l'armée dans le pays. De chez les Ouled-Menguelat, je me rendis, avec un anaya de la tribu, chez les marabouts de Sidi-Abd-er-Rahman.

Ces marabouts d'une grande sainteté, sont choisis d'ordinaire par toutes les tribus voisines comme arbitres dans les affaires qui les divisent; leur jugement est toujours accepté par elles comme le jugement de Dieu, et elles s'y conforment avec une grande religion. Je vis parmi eux un vieillard nommé Bel-Kharet qui passe pour l'homme le plus instruit de toutes ces montagnes; il lit et comprend dans tous les livres. J'arrivai chez les marabouts de Sidi-Abd-er-Rahman, découragé de l'insuccès de mes recherches et fatigué de mes longues marches; mais leur ayant expliqué le but de mon voyage, ils me dirent que la veille était passé chez eux un taleb venant du Gharb et se rendant chez les Tolba-ben-Dris (1). L'espérance me revint, et je partis avec un anaya des marabouts pour le pays des Tolba-ben-Dris. A mon arrivée chez eux, j'appris qu'un étranger instruit, venant du Gharb, émerveillait les tolbas de ses récits sur Mouley Abd-er-Rahman et les chrétiens, et que, depuis deux jours, ils s'étaient réunis dans leur zaouïa et leur faisaient fête. Je ressentis en moi un sentiment de joie qui m'annonçait que je touchais au terme de mon voyage. J'indiquai à mon anaya un signe auquel il reconnaîtrait si cet étranger était réellement mon gendre. El-Hadj-Ahmet avait eu dans sa jeunesse le bout du nez coupé. L'anaya entra dans la zaouïa, me laissant à la porte; il salua l'assemblée, et, au signe que je lui avais donné, il reconnut mon gendre assis au milieu des tolbas.

---

(1) Le petit état ou village en question, n'est évidemment autre chose qu'une zaouïa souveraine. Il s'agit, selon toute apparence, de la zaouïa de Sidi-Ahmet-ben-Dris, chez les Ayt-Iboura, que nous avons citée comme une des plus considérables. Le narrateur va confirmer tout ce qui a été dit plus haut de l'indépendance des zaouïas, du caractère élevé de leurs chefs, et des désordres qu'exercent souvent, aux environs, quelques-uns de leurs membres.

Il pria alors le cheikh de sortir, en lui disant qu'un étranger qu'il conduisait désirait lui parler. Le cheikh sortit, m'écouta et entra dans la zaouïa sans me répondre une parole. Après avoir repris sa place, le cheikh demanda à El-Hadj-Ahmet s'il n'avait pas un beau-père nommé El-Hadj-Aly, et qui était cadi chez les Abides. Mon gendre se troubla à cette question qui lui était faite si loin de son pays, et baissa la tête sans rien répondre.

Les tolbas me firent entrer alors ; je baisai leurs têtes, et ils me dirent de m'asseoir vis-à-vis de mon gendre ; ma présence inattendue dans ces montagnes l'avait frappé de stupeur.

Je racontai alors aux tolbas mes malheurs, ma longue et périlleuse pérégrination, après laquelle Dieu m'avait conduit devant eux pour confondre le méchant.

Les tolbas admirèrent ensemble les décrets de la Providence, et reprochèrent vivement à mon gendre la noirceur de son action. Mais El-Hadj-Ahmet, sortant tout-à-coup de son abattement, commença contre moi des imprécations effrayantes : il dit aux tolbas que j'étais un chrétien, que par ma présence je souillais leur zaouïa ; que j'avais été le khodja du colonel Yousouf, que mes richesses étaient toutes impures, et que craignant de perdre son âme dans ma fréquentation, il avait fui de ma tente en emportant mes richesses impies pour les distribuer aux pauvres musulmans. Heureusement l'esprit de Dieu et de la justice était avec les tolbas, et ils ne virent que le crime de celui qui avait abandonné sa femme et son enfant pour voler les biens de son père, de son bienfaiteur.

Les tolbas m'autorisèrent à me jeter sur mon gendre et à le fouiller ; je trouvai, dans une bourse en cuir placée sur sa peau, une somme de 200 boudjous, restant de mon argent qu'il avait dissipé. Elle me fut rendue par les tolbas, sans que je pusse leur faire rien accepter ; on me rendit mon mulet qui avait été vendu à l'un d'eux, mais qui n'avait pas encore été payé ; on me rendit aussi mon fusil, mes pistolets garnis en argent et mes livres saints. Le lendemain, les tolbas voulurent nous faire jurer l'oubli du passé, et lurent sur mon gendre et sur moi le fatah pour sceller notre réconciliation. J'engageai mon gendre à revenir avec moi auprès de sa femme et de son enfant; mais craignant, au fond de son cœur, que je ne le livrasse aux Français, il ne put jamais se résoudre à me suivre. J'obtins de lui qu'il répudiât ma fille; les tolbas le délièrent de son engagement.

Je fus prié très-instamment par plusieurs des tolbas de leur vendre mon mulet; mais mes pieds étaient blessés, j'étais malade, et je les priai à mon tour de me laisser ma monture. Mon mulet leur faisait envie à cause de sa haute taille; ils en possèdent du reste fort peu : le pays les nourrit difficilement, quoique les Kabyles fassent du foin comme les Français, et parviennent à habituer leurs mulets à manger, en place d'orge, des figues sèches et même des olives.

Je quittai les tolbas, pénétré de reconnaissance et d'admiration pour leurs hautes vertus, et je pris le chemin de l'ouest pour regagner mon pays.

En arrivant chez les voisins des tolbas, je fus surpris de ce que j'appris sur leur compte. On m'assura que leur nombre s'élevait à 6 ou 700, que tous savaient lire et se battaient volontiers. Marabouts dans leurs montagnes, ils deviennent guerriers dangereux quand ils en sortent; ils sont même querelleurs, coupent les chemins et font des razzias.

Les tolbas sont aussi redoutés par leurs voisins comme guerriers, que vénérés par eux comme savants. Dans leurs courses, chacun d'eux est armé d'un fusil, d'un long sabre et d'un bâton ferré; ils se servent de ces diverses armes selon l'ennemi auquel ils ont affaire; ils assomment les conducteurs inoffensifs des caravanes, et se servent de leurs fusils ou de leurs sabres contre les gens armés qui veulent faire résistance. Les tolbas, comme presque tous les Kabyles, vont tête nue l'été comme l'hiver; l'huile et les figues forment à peu près toute leur nourriture; ils trempent des figues dans l'huile et les mangent ; ils boivent de l'huile. Pendant l'hiver, qui est très-rigoureux dans leurs montagnes, ils s'enduisent le corps d'huile, et quand la neige tombe sur leurs fronts nus, on les voit secouer la tête pour s'en débarrasser, comme font les bœufs.

Je m'éloignai enchanté de tout ce qui m'était arrivé, et tremblant de faire rencontre, hors du pays des tolbas, d'une de leurs bandes dangereuses.

Je repris à peu près le chemin par lequel j'étais venu, et, toujours sous la conduite d'un anaya, j'arrivai sans encombre jusqu'aux Issers. Je traversai Blidah, et parvins enfin chez les Abides, où mes parents et mes amis se réjouirent de mon retour.

J'ai appris sous ma tente que vous m'aviez envoyé chercher par un cavalier ; je me suis délassé un jour ; ensuite, je suis venu vers vous pour entendre votre volonté et me soumettre à ce que vous ordonnerez de moi.

III.

Les opérations militaires auxquelles tout le monde s'attendait commencèrent en effet au printemps de cette année 1844. Mais elles furent précédées d'un échange de manifeste que nous reproduisons en entier, parce que les griefs réciproques y sont exposés, d'une part avec plus d'intelligence de nos affaires qu'on n'a coutume de n'en supposer aux indigènes, de l'autre avec une raison victorieuse qui fera taire, au sujet de notre agression, les scrupules des personnes les plus délicates en matière d'équité politique :

14 avril 1844.

PROCLAMATION DE M. LE MARÉCHAL

Gouverneur-Général de l'Algérie

À tous les chefs des Flissas, Ameraouas, Beni-Khalfoun, Nezlyouas, Gechtoulas, Ouled-el-Aziz et Harchaouas;

Salut :

Tout le pays gouverné autrefois par Abd-el-Kader, est maintenant soumis à la France : de tant de tribus, vous êtes les seules qui ne soient pas venues à nous. Il y a longtemps que j'aurais pu, moi, aller chez vous avec une forte armée; je ne l'ai pas fait, parce que j'ai voulu vous donner le temps de la réflexion. Plus d'une fois je vous ai dit : « Soumettez-vous, car vous obéissiez
» au vaincu; vous devez obéir au vainqueur. Chassez
» de vos montagnes le khalifa Ben-Salem, à moins
» qu'il ne vienne demander l'aman au roi des Français,
» qui le lui donnera. »

Non seulement vous n'avez tenu aucun compte de mes avertissements paternels; non seulement vous ne vous êtes point rapprochés de nous et ne vous êtes point unis à vos voisins les Issers et les Krachnas, nos amis; mais encore vous avez recueilli Ben-Salem, le rebelle, et les débris de sa troupe régulière; vous avez souffert que, de chez vous, il portât le vol et le meurtre dans nos tribus.

Je ne puis tolérer plus longtemps cet état de choses, et je me décide à aller vous en demander satisfaction. Avant de me mettre en marche cependant, un sentiment d'humanité me pousse à vous donner un dernier conseil. Si vous ne le suivez pas, que les maux de la guerre retombent sur vous.

Venez me trouver à mon camp sur l'Isser, chassez Ben-Salem de votre pays, soumettez-vous à la France, et il ne vous sera fait aucun mal.

Dans le cas contraire, j'entrerai dans vos montagnes, je brûlerai vos villages et vos moissons, je couperai vos arbres fruitiers; et alors, ne vous en prenez qu'à vous seuls. Je serai, devant Dieu, parfaitement innocent de ces désastres; car j'aurai fait assez pour vous les épargner.

RÉPONSE DES FLISSAS

Au très-honoré seigneur le Gouverneur-Général, commandant les Français à Alger.

Nous avons reçu la lettre par laquelle vous nous donnez des conseils. Nous avons compris tout le contenu de cette dépêche, mais nous l'avons trouvée en opposition avec les précédentes, ce qui nous a causé le plus grand étonnement, car nous avons reconnu que vous vous étiez écarté des règles suivies par tous les souverains.

Lorsque la guerre était active entre vous et El-Hadj-Abd-el-Kader, vous nous écriviez en ces termes : « Je
» n'ai d'autre ennemi que El-Hadj-Abd-el-Kader; quant
» à vous, vous êtes Kabyles, gardez la neutralité et il ne
» vous arrivera aucun mal de notre part. Nous n'exi-
» geons rien de vous; nous ne prétendons créer aucun
» usage; vous jouirez d'une protection toujours crois-
» sante; nous ne vous demandons que la tranquillité,
» la sécurité des routes et le commerce. »

Forts de ces promesses, nous avons gardé la neutralité; nous vous avons laissé lutter avec votre ennemi.

Vous vous en êtes pris ensuite aux Arabes; alors vous nous avez écrit : « Vous êtes des montagnards et
» aucun des usages introduits chez les Arabes ne vous
» seront appliqués; livrez-vous au commerce, nous
» n'avons pas d'autre dessein sur vous. »

Nous vous avons encore laissé combattre les Arabes jusqu'à ce qu'ils soient devenus votre proie.

L'année dernière, vous nous avez écrit en d'autres termes; nous pensâmes d'abord que vous agissiez ainsi pour flatter l'amour-propre des Arabes. Nous ne vous avons pas répondu, comptant sur vos anciennes promesses, et sachant surtout que les souverains n'ont jamais pour coutume de revenir sur leurs engagements. Cette année, vous nous avez renouvelé vos lettres, nous ordonnant d'aller vous trouver, de vous servir; nous menaçant à défaut, de marcher contre nous, de brûler nos demeures et de couper nos arbres. Tout homme sensé a lieu d'être surpris d'un semblable langage, surtout venant d'une personne qui, comme vous, connaît nos habitudes, notre état; qui sait que nous ne donnons rien et ne recevons aucune investiture, que nous ne l'avons jamais fait; qu'en notre qualité de Kabyles, nous ne reconnaissons pour chefs que des Kabyles comme nous, et pour arbitre souverain Dieu qui punit l'injuste.

Nous possédons votre correspondance du jour de votre arrivée à Alger, et même celle de vos prédécesseurs; nous possédons les lettres que, pendant vos marches, vous semiez sur les routes. Auriez-vous imaginé par hasard, que nous ne savons pas nous conduire, et que nous n'avons aucun homme capable de nous diriger sagement? N'étions-nous pas sensés de croire qu'un chef si grand que vous ne nous tromperait pas? Dans cette confiance, nous avons laissé le terrain libre entre vous et vos ennemis. De la sorte, vous avez vaincu Abd-el-Kader, puis les Arabes, privés qu'ils étaient de nos secours.

Maintenant vous agissez comme si nous n'étions musulmans que par Abd-el-Kader, comme si nous ne pouvions combattre que sous ses ordres. Détrompez-vous : nous sommes musulmans, quoique sans souverain ; notre pays forme le tiers de l'Algérie, et le tiers de nos montagnes se compose de forts naturels. Enfin, Dieu secoure les musulmans ; ne nous comptez donc pas au nombre de vos sujets.

Nous ne vous demandons qu'une réponse à cette lettre. Dites franchement ce que vous exigez : nous choisirons ensuite.

Si vous maintenez vos anciennes promesses, envoyez-nous une lettre revêtue du sceau royal, nous la classerons avec les précédentes, et aussi nous continuerons le commerce, nous maintiendrons la sécurité des routes, comme nous l'avons fait depuis votre avertissement. Mais vous nous prescrivez de chasser Ben-Salem ; comment pourrions-nous y consentir, puisqu'il est musulman ainsi que nous ? Que répondriez-vous à qui vous demanderait d'exiler un des vôtres ?

Si au contraire, votre dessein formel est de posséder toute l'Algérie, si vous mettez votre ambition à conquérir des gens qui ont pour refuge des montagnes et des rochers, nous vous dirons : la main de Dieu est plus élevée que la vôtre.

Sachez que la perte et le gain nous sont indifférents ; nous avons toujours eu pour habitude de braver l'exil ou la mort, par suite des guerres civiles ou à cause des émirs. Nos montagnes sont spacieuses, elles forment une chaîne qui d'ici s'étend à Tunis. Si nous ne pouvons pas vous résister, nous reculerons de proche en proche jusqu'à ce pays étranger, dont le chef, que Dieu l'aide, est en état de lever des troupes ; celles qu'il a, sont presque toutes composées des nôtres : à leur exemple, nous nous inscrirons soldats (1).

Ne pensez pas non plus que la perte de nos récoltes ou de nos arbres puisse nous mettre à votre merci. Nos récoltes sont le plus souvent la proie des sauterelles ou périssent sous des éboulements, et néanmoins nous vivons. Souvent aussi, nos arbres se dessèchent et ne produisent pas plus que s'ils étaient coupés ; maintes fois encore nos tribus se ravagent entre elles. Dieu nous donne la nourriture.

Ne prêtez donc pas l'oreille aux discours des hommes de rien, qui vous disent : les Kabyles se rendront si vous menacez leurs biens. Vous êtes le représentant d'un grand roi, tenez à vos premiers engagements et le mal n'existera point entre nous.

Dans tous les cas, faites-nous promptement connaître ce que vous aurez décidé, nous agirons en conséquence, suivant la volonté de Dieu.

---

(1) Cette idée de l'engagement militaire, en désespoir de cause, est très-commune chez les Kabyles. On peut croire que nos premiers zouaves furent en grande partie recrutés parmi leurs compatriotes, toujours très-nombreux à Alger, puisque *zouave* a pour étymologie *zouaoua*.

Écrit par toute la tribu des Flissas : marabouts, cheikhs, et gens du peuple.

---

21 avril 1844.

De la part de M. le Maréchal, Gouverneur-Général de l'Algérie, à tous les Kabyles de l'Est, mais principalement aux Flissas, grands et petits, marabouts et cultivateurs. Que le salut soit sur vous et que Dieu vous dirige dans la voie droite!

Nous avons reçu votre lettre, nous l'avons lue avec attention, nous en avons parfaitement compris le contenu. Vous dites que vous possédez tous les écrits qui vous ont été adressés par les chefs français depuis leur entrée à Alger, et que tous réclamaient seulement votre neutralité, les bonnes relations et le commerce.

Pourquoi donc, ô Kabyles, sans aucune provocation de notre part, avez-vous commencé la guerre contre nous? Pouvez-vous nier d'être sortis de vos montagnes, dès les premiers temps, pour nous attaquer dans la plaine jusque sur l'Oued-Kerma, et même derrière les murs de Blida? Plus tard, quand éclatèrent les grandes hostilités entre nous et Abd-el-Kader, n'avez-vous pas embrassé la cause de celui-ci à la face du ciel? N'avez-vous point pris part au pillage et à l'incendie de la Mitidja? N'êtes-vous pas venus guerroyer jusque dans le Sahel? N'avez-vous point dirigé vos attaques sur Bordj-el-Harrach (1)? N'est-ce pas sous ses murs qu'a péri, tué par un boulet, votre chef Si Haoussein-ben-Zamoun, qui vous menait au combat contre nous, comme son père l'avait fait avant lui? Pouvez-vous contester un mot de tout cela?

J'arrive à une époque plus rapprochée : quand je fus amené sur les confins de votre territoire par la nécessité d'y atteindre le khalifa de notre ennemi déclaré, qui lui-même ne cessait de prêcher et d'organiser la guerre contre nous, quand je vins attaquer Ben-Salem et détruire son fort de Bel-Kraroube, je vous écrivis en effet. Que vous disais-je alors?

Je vous proposais d'oublier tous mes griefs accumulés, à condition que vous abandonneriez la cause de l'émir et de son khalifa, que vous assureriez les relations commerciales et la liberté du transit. L'avez-vous fait? Comment avez-vous tenu les conditions de mon aman?

Vous avez amené vos contingents à Ben-Salem: ils ont marché sous son drapeau, ils m'ont attaqué le premier dans l'Oued-Soufflat; j'ai dû les dissiper sur le Djebel-Rahmoun, d'où ils me menaçaient encore.

---

(1) *Bordj-el-Harrach* : le fort de l'Harrach ; la Maison-Carrée.

Ben-Salem était réduit à la condition d'un simple fugitif : vous dites que la religion vous prescrivait de lui donner l'hospitalité. Je sais qu'en pays musulman, comme en tout autre, il suffit d'accorder à l'homme de discorde un asile momentané et un libre passage pour s'être acquitté largement du devoir de l'hospitalité. D'ailleurs, si vous n'eussiez attribué à Ben-Salem que l'importance d'un réfugié vulgaire, si vous l'eussiez fait retomber dans l'ombre, dans l'impuissance et dans l'oubli, peut-être aurais-je pu fermer les yeux. Mais il vient au milieu de vous, il plante son drapeau et vous vous rangez à l'entour. N'avons-nous pas eu lieu d'en être doublement surpris de votre part, sachant vos prétentions à ne reconnaître aucun sultan ? Adopter le khalifa d'Abd-el-Kader, n'était-ce pas reconnaître l'émir ?

Ce n'est pas tout. Qu'avez-vous fait pour le transit et les relations commerciales ? Si vous ne vous en êtes pas mêlés directement, vous avez toutefois permis que les cavaliers de Ben-Salem exerçassent la police de vos routes, pour enlever, pour maltraiter et dépouiller quiconque se rendait sur nos marchés. Lui ou vous, avez recueilli les assassins, les voleurs et les intrigants qui fuyaient devant nous le règne de la loi, et l'on aurait pu croire que tous les démons de la discorde s'étaient retirés dans vos montagnes.

Enfin, dans l'état actuel des choses, Ben-Salem a

chez vous les débris de ses cavaliers, de ses fantassins, de ses approvisionnements militaires ; il s'intitule votre chef dans sa correspondance, et vous prouvez vous-mêmes la vérité de ce langage en vous rendant à ses convocations et en prêtant l'oreille à ses pernicieux conseils.

O Kabyles, vous ne pouvez rien répondre à tout ce qui précède. Sachez-le bien : le Roi des Français ne commet aucune injustice ; il ne châtie que des coupables. Vous l'êtes envers nous ; vous l'êtes depuis longtemps et de toutes les manières sans en avoir jamais reçu aucun sujet. Vous avez fermé les oreilles à toutes nos propositions conciliantes et nous ne pouvons plus nous fier sur la persuasion pour vous les faire admettre : nous prenons le parti de vous les imposer par la force.

Hâtez-vous donc de vous soumettre et de venir à mon camp, si vous voulez éviter bien des maux dont je ne serai pas responsable devant Dieu, après vous avoir prodigué tant de fois mes avertissements.

Au reçu de ce dernier message, toutes les tribus voisines furent convoquées chez les Flissas dans une grande assemblée. La lettre fut lue plusieurs fois, et les Kabyles proclamèrent eux-mêmes que les faits énoncés étaient exacts.

Toutefois la délibération qui s'en suivit ne dura pas longtemps. Malgré les torts qu'on se reconnaissait, malgré l'avis de quelques vieillards, il fut solennellement déclaré que l'on ne pouvait pas se rendre aux chrétiens sans avoir entendu parler la poudre.

CHAPITRE IX.

CONQUÊTE DE LA VALLÉE DU SEBAOU.

I. Armée française. — II. Opérations préparatoires. — III. Combats des 12 et 17 mai. — IV. Soumission des tribus.

I.

En 1844, notre armée d'Afrique avait atteint son apogée de puissance militaire; depuis, elle n'a pas décliné, mais elle ne pouvait plus grandir. Voilà le point de vue qu'il est indispensable de ne jamais quitter pour comprendre l'ascendant subit, infaillible, prodigieux, dont nos armes devaient constamment jouir dans la Grande Kabylie.

Les montagnards se croyaient indomptables; leurs

retraites étaient réputées inaccessibles, parce que, depuis des siècles, ni les Espagnols, ni les Turcs n'en avaient pu venir à bout, parce qu'enfin dernièrement ils avaient imposé à l'émir. Mais de combien nos ressources ne dépassaient-elles point celles de ces impuissants agresseurs ? L'incessante locomotion d'un ennemi subtil et léger pouvait parfois mettre en défaut l'agilité de nos colonnes; mais aucune position, défendue par des masses incohérentes, n'était capable de résister à leur élan discipliné. Par sa nature, notre supériorité militaire avait bien meilleur jeu de la résistance que de la fuite; elle triomphait du Kabyle, plus sûrement et surtout plus fructueusement que de l'Arabe.

Esquissons, à grands traits, la physionomie de cette *armée-modèle*, surtout comme armée de montagnes.

Dans la guerre de montagnes, non seulement le principal rôle appartient à l'infanterie, mais encore l'art suprême, pour l'artillerie et la cavalerie, consiste à trouver le moyen d'y jouer un rôle. C'est à quoi ces deux armes réussirent de façon à ce que la guerre d'Afrique puisse être considérée comme faisant époque dans l'histoire des sciences militaires.

L'artillerie transporta ses effets dans des régions où ils paraissaient impossibles. La batterie portative, ébauchée seulement en Espagne, atteignit en Afrique une véritable perfection. L'obusier de 12 ou le mortier à main compose le chargement d'un mulet; l'affût, celui d'un second; toutes les autres bêtes de somme transportent chacune seize coups pour les bouches à feu, ou environ deux mille cartouches d'infanterie; par conséquent cinquante mulets suffisent au service d'une section de deux pièces, approvisionnée à cent coups chaque, et d'une réserve de soixante mille cartouches.

Sous un autre point de vue, celui de l'armement des troupes, l'artillerie a fait plus encore en perfectionnant, à un point incroyable, l'arme à feu portative : la transformation de batterie et l'alèzement du fusil ordinaire, la création des différents modèles de carabines; enfin, l'invention des tiges et de la balle oblongue assurent désormais, aux feux de l'infanterie, une justesse, une portée qui en étendront singulièrement les propriétés et l'emploi.

Nos escadrons d'Afrique, lourds, empruntés dans le principe, ont fini par devenir le type le plus parfait d'une cavalerie légère. Adoptant le cheval arabe et imitant le cavalier arabe, ils suivent maintenant l'infanterie partout; ils exécutent une charge sur des terrains que leurs prédécesseurs eussent refusé de traverser au pas. Forts du maniement de l'arme blanche que l'ennemi ne peut leur opposer, ils fondent sur les goums arabes, sans se compter et sans les compter.

La guerre d'Afrique a développé au plus haut point, dans notre infanterie, une de ses qualités natives. Chaque soldat y est devenu tirailleur consommé : le coup-d'œil du terrain, l'emploi des ruses, l'art de s'embusquer, rien ne lui manque.

En masse, cette infanterie comprend si bien la puissance de l'élan, que toutes ses manœuvres d'attaque s'exécutent spontanément, au pas de course et l'arme au bras, sous le feu de l'ennemi. Ses officiers ont plus de peine à la contenir qu'à l'entraîner. Si, pendant ces dernières années, elle a quelquefois essuyé des pertes inutiles, la cause en a toujours été l'exagération de son offensive.

Les services accessoires de l'armée, l'ambulance, l'administration des vivres, ont atteint un degré de perfection tel, que des colonnes, obligées de traîner à leur suite de quoi satisfaire absolument à tous les besoins de la vie, ont pu donner la chasse aux légers goums d'Abd-el-Kader et les surprendre quelquefois.

Le général en chef de cette armée avait apporté en Afrique, non pas des principes nouveaux, mais une application véritable, complète, des principes éternels de la guerre, fondés sur la raison et sur l'expérience des siècles. Ses préceptes sans cesse propagés par sa parole, sans cesse justifiés par l'application, se popularisèrent peu à peu dans tous les rangs de l'armée, et produisirent une confiance réciproque, aussi inébranlable que les convictions qui lui servaient de base.

Rien ne sert mieux les intérêts de la patrie qu'un

long rapprochement du même chef et de la même troupe. Grâce à ce contact prolongé, le génie de l'un assouplit les instincts de l'autre : il les dirige, les régularise et s'y retrempe en même temps. Tous deux réalisent alors la plus grande masse d'effet utile, permise aux qualités que leur a départies la nature.

II.

En 1844, la saison des pluies, qui se termine ordinairement aux premiers jours du mois d'avril, dépassa de beaucoup toutes les prévisions. Plusieurs contr'ordres avaient retardé le départ, malgré l'augmentation de dépenses qui en résultait à cause des moyens de transport déjà sur pied. Enfin, le jour du rassemblement fut fixé d'une manière définitive, et le 26 avril, huit mille hommes de toutes armes campaient sous la Maison-Carrée.

Ces sortes de départs ont ordinairement l'aspect d'une fête. Pendant tout le jour, il vint de la capitale au camp qui n'en est éloigné que de quatre lieues, de nombreuses voitures et de nombreuses cavalcades. Des dames, des fonctionnaires de l'ordre civil, des colons, des officiers qui, moins heureux que leurs camarades, ne prenaient point part à l'expédition : tout ce monde animait le bivouac par sa curiosité, sa physionomie disparate et ses adieux.

La colonne expéditionnaire rencontra plus d'une difficulté dans sa marche, ayant à traverser des terrains détrempés par les pluies récentes. On fit des journées courtes, à cause du convoi qui ne laissait pas d'être considérable, quoique le Maréchal eût déjà résolu de prendre sur la mer sa base d'opérations. On campa successivement au bord de l'Oued-Khamis, près d'Haouch-el-Bey (1), puis sur l'Oued-Corso après avoir franchi le Boudouaou; enfin, sur la rive gauche de l'Isser, à côté d'Haouch-ben-Ameur, en descendant du Teniah des Beni-Aïcha (2). Pendant cette marche, un goum nombreux, commandé par le khalifa Ben Mahy-ed-Din, vint joindre la colonne.

On touchait au pied des montagnes : leurs cîmes se voilaient d'épais nuages; il y plut pendant la nuit, et la rivière, que l'on aurait pu traverser aux gués dès le premier jour, arrêta la colonne pendant quarante-huit heures. Le pays des Issers était abandonné par eux; ils avaient craint les incursions des montagnards : on vint même prévenir le Maréchal qu'il essuierait, la nuit, une sérieuse attaque dans son camp. Les avant-postes furent

---

(1) *Haouch* veut dire ferme. *Haouch-el-Bey* : la ferme du Bey.
(2) *Teniah* est un mot que nous avons traduit par col, quoiqu'il exprime plus généralement le point de passage d'une route sur une crête.

disposés en conséquence ; ils garnirent également la rive droite de l'Isser : aucune tentative n'eut lieu.

Le 2 mai, on avait mis le pied sur le territoire ennemi ; on campait à Bordj-Menaïl, sous les grandes montagnes des Flissas. On y apercevait, en un point culminant, la koubba vénérée de Timezarit : elle semblait un lieu de rendez-vous pour les guerriers kabyles, et leur rassemblement grossissait à vue d'œil. On était donc en face du centre de la résistance.

Le Maréchal avait prémédité l'occupation de la petite ville et du port de Dellys, pour en faire son point de ravitaillement; il y avait donné rendez-vous, à jour fixe, aux bateaux à vapeur de la marine royale. Des renseignements apprirent l'existence d'une communication facile entre Dellys et Bordj-Menaïl ; cette dernière position stratégique convenait, on ne peut mieux, à un dépôt central d'approvisionnements, d'où nos colonnes allégées rayonneraient dans la montagne. En conséquence, l'occupation momentanée du second point fut aussi résolue, et l'emplacement choisi sur un mamelon vis-à-vis le vieux Bordj, lequel était en trop mauvais état et trop petit pour convenir lui-même à cet usage. Un tracé de redoute adopté, des travailleurs creusèrent le fossé à la hâte, des caisses de biscuit étagées servirent de parapet; une corvée de la colonne entière amassa, non sans peine et en démolissant tous les gourbis des environs, quelques tas de bois nécessaires au détachement qui devait occuper le poste, pendant que le Maréchal, avec le gros de la colonne, irait s'emparer de Dellys et y recevoir ses nouveaux approvisionnements. Tous ces travaux nécessitèrent une grande énergie de la part de nos troupes, car ils s'exécutaient en général sous une pluie battante, dans des terrains boueux ou glissants. Ce sont de pareilles conjonctures qui font apprécier nos soldats à leur juste valeur.

Le mauvais temps rendit la marche sur Dellys également pénible. On pénétra, pour la première fois, dans la vallée du Sebaou. Les villages y apparaissaient rapprochés et considérables, bâtis la plupart en pierre sèche, dans des positions défensives, ayant chacun leur ceinture de vergers, et, pour dépendances, des cultures qui s'étendaient depuis l'origine supérieure des terres végétales jusqu'aux berges de la rivière.

L'Oued-Neça, qu'on devait passer non loin de son embouchure, roulait un volume d'eau très-effrayant. Au gué le plus favorable, sa largeur dépassait cent mètres, sa profondeur un mètre, et la vitesse était torrentielle; cependant, les troupes et le convoi traversèrent dans la journée du 7; mais lorsque vint le tour du goum, la crue toujours prolongée ne permettait plus le passage d'un cavalier : l'essai en fut tenté à diverses reprises et amena la perte de deux ou trois Arabes entraînés avec leurs chevaux. En vain descendit-on ensuite jusqu'à l'embouchure de la rivière, dans l'espoir de passer la barre de sable qui y règne habituellement : l'affluence des eaux l'avait brisée sur plusieurs points, et de profonds thalwegs la sillonnaient.

Ainsi l'armée se voyait coupée en deux parties, dont l'une toute indigène, d'une valeur militaire très-comparable à celle de nos ennemis, pouvait être attaquée isolément par eux, puisque maîtres du cours supérieur de l'Oued, ils manœuvraient à volonté sur l'une ou l'autre rive. Heureusement, une situation aussi critique ne dura pas longtemps, et les Kabyles arrivèrent trop tard pour la mettre à profit. Leur attention avait été distraite du mouvement essentiel, par la présence du petit camp de Bordj-Menaïl; ce fut seulement vers le 10 qu'on les vit insensiblement garnir les montagnes au sud de Dellys : bientôt ils s'y trouvèrent massés au nombre de huit à dix mille. Dans la nuit du 11, l'étendue, la disposition de leurs feux semblèrent nous présager une prochaine attaque.

Pendant ce temps, le Gouverneur avait accompli ses projets. Dellys, occupé sans aucune résistance, était laissé à la garde de quelques compagnies, sous les ordres du capitaine Périgot; le Génie commençait à élever rapidement les abris nécessaires; la Marine y accumulait des approvisionnements, et toutes les bêtes de somme de la colonne venaient d'y prendre un chargement considérable.

Ces opérations préliminaires étant menées à bonne fin, le Maréchal se mit en route pour rejoindre son camp d'attente de Bordj-Menaïl, et prendre ensuite une vigoureuse offensive. Sous ce rapport, les circonstances l'obligèrent même à devancer le moment qu'il avait fixé.

III.

Le 12 mai, au point du jour, l'armée fut mise en marche, appuyant sur sa gauche pour traverser de nouveau l'Oued-Neça. Tout-à-coup les Kabyles, dans l'espoir d'inquiéter ce passage de rivière, et principalement de menacer le convoi, descendirent en tumulte des montagnes voisines. Dans ce mouvement, leur infanterie se trouvait devancée par une masse de cavaliers assez compacte. Malheureusement toute la cavalerie française avait été laissée au camp de Bordj-Menaïl; il fallait se suffire avec le goum. A la vérité, c'étaient des officiers français qui devaient le conduire à la charge; le Maréchal imagina de plus, d'improviser comme réserve un escadron d'élite, en réunissant tous les sous-officiers et brigadiers montés de la colonne, son piquet de spahis et quelques gendarmes à cheval.

En même temps, le convoi passait avec célérité sur la rive gauche de la rivière et s'y massait sous la garde d'un bataillon. L'infanterie déposait ses sacs. L'ennemi venait à portée.

Tout-à-coup notre cavalerie, masquée par un pli de terrain, débouche sur le flanc droit de la ligne opposée, rompt la masse de cavaliers qui l'occupait, et les poursuit à plus de trois lieues le sabre dans les reins. L'infanterie kabyle, impressionnée de cet échec, se replie sur des positions moins accessibles, et garnit une chaîne de collines en forme demi-circulaire. Deux bataillons lancés au milieu de cette aire concave, atteignent à travers des feux croisés le centre de la ligne ennemie, la rompent et refoulent ses tronçons sur les ailes. C'était le moment où notre cavalerie ayant terminé sa poursuite, se rabattait sur la droite des Kabyles; aussi de ce côté tout cède, tout fuit instantanément, et beaucoup de cadavres restent sur le terrain. Les masses de gauche s'étaient ralliées au village de Taourga, dans une position plus forte. Trois bataillons et deux obusiers sont dirigés contre elles et consomment promptement leur déroute.

Ainsi en quelques heures, six cents cavaliers et cinq bataillons seulement engagés, ont, par une forte offensive, dispersé une masse de sept à huit mille montagnards, qui autrement n'eût pas manqué de suivre notre marche tous les jours et de l'entraver par des escarmouches continuelles (1).

(1) Voir la note G.

Le Maréchal ayant le champ libre devant lui, fait filer son convoi sur le camp de Bordj-Menaïel, donne ordre au général Gentil qui le commande, d'y laisser seulement un bataillon pour garder le dépôt d'approvisionnements, et de lui amener tout le reste à Bordj-Sebaou; lui-même se porte directement sur ce point.

Pendant l'absence du Gouverneur, Bordj-Menaïel n'avait point été attaqué; mais une sortie tentée par sa garnison, pour faire du bois, avait échoué devant une fusillade animée de tous les villages environnants. Aussi en diminuant de nouveau l'effectif de ce poste, l'approvisionna-t-on en toutes choses, et lui prescrivit-on une défensive absolue.

La colonne du général Gentil comprenant toute la cavalerie et le convoi, menaçait de s'allonger beaucoup au passage des longs défilés qui lui restaient à parcourir. On y obvia, en marchant à la fois par les vallées de l'Oued-Jerdel et de l'Oued-Menaïel. Ces opérations furent d'ailleurs facilitées par le bruit qui courait chez les Kabyles, comme chez nous, de pourparlers ouverts entre le chef Ben-Zamoun, des Flissas, et le Gouverneur-Général. Par ce motif, il était convenu de part et d'autre qu'on s'abstiendrait de tout acte hostile, soit contre les personnes, soit contre les propriétés. Un seul malentendu, suite de la défiance des Kabyles, amena dans l'Oued-Menaïel des démonstrations menaçantes. Le 16 mai, les deux colonnes avaient opéré leur jonction devant Bordj-Sebaou.

En ce moment, toutes les négociations entamées furent rompues par une influence bien caractéristique des mœurs kabyles. Les femmes indignées que leurs maris songeassent à se rendre sans avoir fait une résistance plus sérieuse, les avaient accablés de mépris jusqu'à s'engager par serment à ne leur plus préparer le couscoussou. Le parti de la résistance avait aussitôt triomphé.

De son bivouac, et entouré de plusieurs officiers supérieurs ou généraux, le Maréchal étudiait les mouvements de l'ennemi. Toutes les crêtes du Djebel-Pharaoun étaient garnies de taches blanches qui représentaient autant de contingents distincts. Celui des Zouaouas surtout, imposait en raison du nombre : il était commandé par le fameux Sid El-Djoudy, qui marchait à sa tête, précédé d'une musique kabyle. Dans le courant de la journée, on vit encore venir celui des Ameraouas, reconnaissable à ses drapeaux. Les spectateurs intéressés de ce vaste rassemblement, supputaient un à un la force numérique des groupes, et la longue vue en main, estimaient le total à quinze, à dix-huit, à vingt mille.

« Messieurs, dit froidement le Maréchal, ne discu-
» tez pas sur leur nombre, ce nombre nous importe
» peu. Je voudrais pour ma part qu'ils fussent qua-

» rante mille; car nous en tuerions davantage, et la
» leçon serait plus durable, sans que pour cela notre
» succès en devînt moins assuré. Je vous l'ai déjà dit
» maintes fois : au-delà d'un certain nombre, au-delà
» du nombre qui leur permet de nous envelopper et
» d'agir en totalité contre nous, les masses confuses,
» tumultueuses, ne gagnent aucune force réelle par
» leur accroissement numérique; au contraire, le dé-
» sordre, la confusion augmentent en raison directe
» de leur multitude. »

Malgré cette proposition dont on ne contestait pas ouvertement la valeur théorique, il semblait bien audacieux et même téméraire d'attaquer, avec quatre à cinq mille baïonnettes, une infanterie quatre ou cinq fois plus nombreuse, tenant d'ailleurs une série de positions très-fortes. Ces doutes continuèrent à préoccuper des officiers même remarquables entre tous par leur vigueur d'exécution. Il y en eut d'un grade élevé, qui, mettant à profit des relations amicales avec le Gouverneur, mûs d'un intérêt sincère pour sa gloire, firent une dernière tentative pour le détourner de sa résolution, encore que tous les ordres eussent été donnés. Le Maréchal leur répondit avec son inébranlable conviction : « Voilà longtemps que je professe de-
» vant vous cette théorie de l'impuissance des masses
» irrégulières, en quelque nombre qu'elles soient,
» contre un certain effectif de troupes organisées.

» Eh bien! Messieurs, demain je serai doublement sa-
» tisfait de justifier ma théorie par une application. »

La ligne de l'ennemi formait, en face de nous, un grand angle rentrant, au sommet duquel venait aboutir une arête montueuse, plus accessible que la plupart des autres. Son origine était vis-à-vis notre camp, et comme elle s'élevait entre deux ravins très-profonds, on pouvait la suivre sans s'exposer à aucune attaque de flanc. Telle devait être la direction de notre effort. Mais à la cîme, notre tête de colonne se heurterait nécessairement à une résistance terrible. Le Maréchal espéra diminuer celle-ci en franchissant de nuit tout l'espace intermédiaire, et en brusquant au point du jour l'attaque décisive.

Un bataillon demeure à la garde du camp avec le convoi. Tout le reste de la colonne, dix bataillons sans sacs, cinq cents cavaliers français et le goum, sont sur pied, dans un profond silence, à deux heures du matin. Une pluie battante augmente de beaucoup les difficultés de la marche sur l'arête étroite, sinueuse et glissante qu'il faudra parcourir; mais on en conçoit aussi l'espérance d'enlever par surprise les premiers points d'attaque. On entame la marche; l'avant-garde d'abord, composée des zouaves et d'une compagnie de sapeurs, puis des cacolets et cent chevaux; ensuite, sept autres bataillons. Deux bataillons sont attachés à la cavalerie, qui doit en masse occuper le lit de l'Oued-

Kseb, où les fuyards seront précipités du haut des crêtes supérieures.

Mais revenons à la colonne principale qui gravit sa côte à grand peine, dans la boue et dans les ténèbres, tous ses cavaliers ayant mis pied à terre, et le Maréchal lui-même conduisant son cheval par la bride..... Au point du jour, l'avant-garde se trouve en face du premier des villages; elle n'a pas été signalée. Point d'avant-postes ennemis : les guerriers kabyles ont été dans tous les hameaux d'alentour, s'abriter contre le mauvais temps. Soudain la fusillade les réveille, leur premier village vient d'être emporté brusquement; déjà quelques-unes de nos compagnies se sont élancées sur les crêtes et les couronnent avec un élan remarquable. Malheureusement leur ardeur les entraîne trop loin.

En effet derrière elles, les cacolets, les cent chevaux n'arrivent qu'un à un; les bataillons débouchent enfin, mais en désordre, mêlés et confondus par la marche de nuit qui s'est effectuée sur un rang; leur formation est lente. Pendant ce temps, l'avant-garde entraînée par son succès de surprise, appuie de plus en plus sur la droite où l'ennemi lui apparaît nombreux. Elle arrive sur la lisière d'un grand bois : au lieu de s'y embusquer et de tenir les Kabyles en échec par une vive fusillade, elle s'élance sur la clairière qui les sépare d'eux et commence une attaque infructueuse; sa faiblesse numérique est révélée, les Kabyles prennent l'offensive. En un moment la moitié de la compagnie tête de colonne est mise hors de combat : une seconde rétablit d'abord l'équilibre, mais sera bientôt insuffisante, lorsque intervient un bataillon envoyé à la hâte par le Maréchal au bruit de cette fusillade qui l'inquiète.

Cependant le grand jour paraît; il montre encore à l'ennemi sa ligne de défense brisée au centre, tactique naturelle des petites armées contre les grosses.

Dès lors, tous les villages éparpillés sur la montagne sont enlevés successivement avec l'énergie habituelle; mais les fuyards échappent aux coups de notre cavalerie qui, mal renseignée, s'est perdue dans des sentiers inextricables, sans parvenir au lit de l'Oued-Kseb.

Toutefois, l'ennemi n'entend pas nous abandonner encore une victoire où la surprise peut revendiquer sa part. Deux fois, contre son usage, il revient avec un rare acharnement à l'attaque des positions que nous lui avons enlevées. Pour en finir, le Maréchal fait rayonner dans tous les sens une charge à fond prolongée.

Il est près de cinq heures du soir quand les derniers coups de fusil se font entendre : les premiers avaient devancé le soleil.

Notre perte est de trente-deux morts, dont un officier, et quatre-vingt quinze blessés; celle de l'ennemi peut monter à six cents hommes environ (1).

C'est par leurs résultats moraux qu'il faut juger de semblables affaires. Celle-ci renfermait en germe la conquête de toute la Kabylie, tant elle avait précisé l'ascendant de nos troupes sur les contingents montagnards (2); ces derniers littéralement n'osaient plus les regarder en face. Quant au fait d'armes en lui-même, si l'on considère la disproportion numérique, les difficultés du terrain, l'énergie, la durée de la résistance, on ne sera peut-être pas surpris d'apprendre que beaucoup d'officiers le placent, soit pour le Maréchal, soit pour l'armée d'Afrique, à côté et même au-dessus de la bataille d'Isly.

IV.

Le Gouverneur prit alors une résolution politique non moins belle que sa résolution militaire de livrer le combat du 17. Ce fut d'appeler son camp sur le théâtre même de l'affaire, et de l'y maintenir en dépit des difficultés du terrain ou de l'exiguité des ressources, jusqu'à la soumission complète de l'ennemi. S'il fût re-

---

(1) Voir la note H.
(2) Voir la note J.

descendu, celui-ci n'aurait pas manqué d'inquiéter son mouvement rétrograde, et de jeter ainsi quelques doutes sur la valeur du succès obtenu. Les Kabyles, n'étant pas atteint dans leurs intérêts matériels, eussent de nouveau prêté l'oreille aux discours des agitateurs. Tout était remis en question.

D'un autre côté, des évènements d'une gravité menaçante éclataient à l'ouest de l'Algérie, sur la frontière du Maroc. Le Gouverneur-Général en était prévenu : l'anxiété ne le quittait pas, car il sentait toute l'urgence d'apporter sur ce nouveau point le poids de son expérience et de ses forces disponibles. Mais bien loin d'en conclure à plâtrer superficiellement les affaires de la Kabylie, à brusquer son départ, il n'y voyait qu'un motif plus impérieux d'asseoir solidement la conquête entamée, afin de ne laisser sur ses derrières aucun embarras redoutable. A ce prix seulement, une entière liberté d'action lui appartenait au-dehors.

Le 18, les blessés étaient évacués sur Dellys, sous l'escorte d'un bataillon ; le troupeau et la cavalerie française retournaient à Bordj-Menaïel ; mais l'infanterie descendait successivement reprendre ses sacs, ses tentes, au camp inférieur, où le goum arabe restait seul, et elle s'installait sur les hauteurs conquises dans la journée du 17. Cette mesure plaçait sous la main du vainqueur tous les villages éparpillés dans un rayon de plusieurs lieues, ainsi que les vergers et les jardins qui en constituent la richesse. Le gouverneur témoigna de sa ferme volonté d'agir impitoyablement, par une première exécution, sur les localités les plus voisines ; puis, il attendit que l'exemple eût produit son effet. Cela ne tarda point. Le 18, El-Medani-ben-Mahy-ed-Din, un des chefs des Ameraouas, se rendit dans le camp du goum, auprès du directeur central des affaires arabes, qui l'accueillit fort bien et l'amena de suite au Maréchal. L'aspect de cet envoyé pacifique souleva dans l'armée entière, mais surtout dans les rangs supérieurs, des marques de satisfaction visibles ; car il n'était personne qui ne partageât, avec le général en chef, l'impatience d'intervenir dans la grande question du Maroc.

El-Medani, après s'être entretenu avec le Maréchal, lui demanda la permission d'aller chercher le jeune chef des Flissas, El-Haoussein-ben-Zamoun, et de le présenter à son aman. La première entrevue roula sur une autorisation demandée par les Kabyles d'enlever leurs morts abandonnés autour de notre camp. Ensuite, on s'expliqua sur la soumission.

Les cheikhs, reconnaissant la supériorité de nos armes, dont ils s'avouaient même convaincus à l'avance, crurent devoir excuser leur conduite, et ils le firent en ces termes : « Nous ne pouvions nous dis-
» penser de combattre pour défendre nos foyers ; nos

» femmes n'auraient plus voulu nous regarder ni pré-
» parer nos aliments. Nous avions d'ailleurs promis à
» Ben-Salem de mourir avec lui, s'il voulait mourir
» avec nous. S'il eût tenu sa parole, nous nous serions
» fait tuer jusqu'au dernier; mais il a fui au commen-
» cement de l'attaque, nous ne lui devons plus rien.
» Il ne reparaîtra plus dans nos montagnes, et nous
» serons aussi fidèles à la parole que nous vous don-
» nons qu'à celle que nous lui avions donnée. »

Le Gouverneur leur répondit qu'il les estimait davantage pour avoir bien combattu, que les braves guerriers étaient toujours loyaux, et qu'il comptait sur la fidélité au serment qu'ils allaient prêter au Roi des Français.

Dans la discussion des intérêts, ils prétendirent se dispenser de payer l'impôt, en disant qu'ils n'en avaient jamais payé ni à Abd-el-Kader, ni aux Turcs, et que ceux-ci, ayant voulu les y contraindre, avaient été défaits six ou huit fois. « Je ne me règle, dit le Gouver-
» neur, ni sur Abd-el-Kader, ni sur les Turcs; la
» France est autrement puissante que ne l'était le
» dey d'Alger: elle veut qu'Arabes, Kabyles, Français,
» tous soient traités avec égalité; vous paierez l'impôt
» comme les autres. » Ils baissèrent la tête en signe de résignation.

Mais après les avoir contraints à subir le principe on ne leur en fit qu'une application très-douce.

Tous les points de la soumission étant réglés, l'investiture des chefs principaux et secondaires eut lieu. La musique jouait; le canon annonçait aux fiers montgnards que le petit-fils de Ben-Zamoun acceptait les lois de la France et avait revêtu le burnous du commandement. L'aghalik des Flissas, qu'on plaçait sous ses ordres, comprenait même alors la confédération des Gechtoulas, qui plus tard en fut détachée.

La plus puissante tribu du Sebaou s'étant ainsi soumise, il était à présumer que son exemple entraînerait toutes les autres. En effet notre colonne, après s'être ravitaillée au poste de Bordj-Menaïel, n'eût pas plutôt remonté la rive gauche de la rivière et campé sur le territoire des Ameraouas, que des représentants kabyles arrivèrent de toutes parts; il en vint même qu'on n'avait pas eu le projet de soumettre ou dont le nom était inconnu. Enfin, l'un des frères de Ben-Salem, Omar, dont nous avons parlé plus haut, se présenta pour obtenir l'aman et l'autorisation de vivre dans ses terres en simple particulier. Le Gouverneur lui accorda sa demande, et le recommanda au khalifa de Mahy-ed-Din, car il tombait ainsi sous l'autorité de l'ennemi mortel de son frère. Deux autres aghaliks furent alors créés, celui de Taourga et celui des Ameraouas. Medani-Ould-Mahy-ed-Din et Allal-ben-Ahmed-Seghir en obtinrent le commandement. Les investitures occupèrent les journées du 24 et du 25 mai.

CHAPITRE NEUVIÈME

Aussitôt ces cérémonies terminées, le Maréchal était allé s'embarquer précipitamment à Dellys pour faire face d'un autre côté ; il débarquait à Alger dans la matinée du 27.

L'importance de ces évènements accomplis soit en eux-mêmes, soit par rapport à ceux que présageait un prochain avenir, est exprimée dans les lignes suivantes qui terminent la dépêche adressée par le Gouverneur au Ministre de la guerre, en date du 26 mai:

« Les résultats de cette courte campagne sont d'avoir étendu de plus de vingt lieues le rayon d'Alger dans l'est ; d'avoir ajouté à notre domination un territoire fertile et très-peuplé, qui sera un nouvel aliment pour notre commerce et pour les revenus coloniaux ; d'y avoir conquis de vastes et bonnes terres pour la colonisation européenne: enfin, d'y avoir détruit l'influence d'un lieutenant d'Abd-el-Kader, ce qui était le but principal de l'expédition.

» Ces évènements sont d'autant plus heureux qu'ils me rendent ma liberté d'action et l'usage de mes moyens, pour faire face aux évènements qui semblent s'annoncer sur la frontière du Maroc.

» Sans aucune perte de temps, je m'embarque ici avec deux bataillons du 48e régiment ; le 3e bataillon du même corps, un bataillon du 3e léger, une section d'artillerie de montagne s'embarqueront le 31 à Alger, et je partirai moi-même ce jour-là pour me rendre à Oran avec ces renforts.

» Ainsi vous le voyez, monsieur le Maréchal, nous sommes préparés sur tous les points, dans la mesure des forces dont je puis disposer, et j'espère, dans l'ouest, une concentration de troupes dont le nombre n'égalera pas celui que peut m'opposer l'ennemi, mais dont la valeur, je l'espère, sera très-supérieure. Ce que je demande à Dieu, avant tout, c'est que nos ennemis temporisent assez pour me donner le temps de rejoindre M. le général de Lamoricière.

« P. S. Vous ne manquerez pas d'observer, monsieur le Maréchal, que l'opération que nous venons d'exécuter dans l'est d'Alger est surtout heureuse en raison des circonstances qui se présentent sur la frontière de l'ouest. Si je n'avais pas détruit l'influence de Ben-Salem chez les Kabyles du Jurjura, si ces montagnards n'avaient pas été vaincus et soumis avant mon éloignement, avec une partie des forces de la division d'Alger, il n'est pas douteux que le lieutenant d'Abd-el-Kader n'eût agi contre nos alliés de la rive gauche de l'Isser, aussitôt qu'il aurait su la lutte engagée avec l'empereur du Maroc, et il eût pu porter la guerre et l'insurrection jusque dans la Mitidja. Aujourd'hui, j'ai la confiance que cela lui est impossible.

» Je ne saurais trop me louer de l'habileté qu'a déployée, dans toutes les négociations qui ont suivi les combats, M. le lieutenant-colonel Daumas, directeur des affaires arabes. C'est à lui, très-certainement, que je dois d'avoir terminé si vite et si bien cette grande affaire d'organisation. »

Un mois après, les chefs kabyles de l'est était convoqués à Alger pour recevoir leurs brevets revêtus de la signature royale, et quelques-uns des burnous d'investiture qu'on n'avait pu leur distribuer encore. En l'absence du Maréchal, ce fut le lieutenant-général De Bar qui présida cette réunion.

Le 6 juillet, une brillante cavalcade d'environ quatre cents cavaliers s'acheminait de la Maison-Carrée ayant en tête sa musique de tambours et de haut-bois

CHAPITRE NEUVIÈME 335

honneur qui n'appartient qu'aux khalifas. C'est qu'en effet Ben Mahy-ed-Din était venu se joindre aux nouveaux cheikhs et aghas de la France. On envoya au-devant d'eux, et la musique d'un de nos régiments les attendit à la porte Bab-Azoun.

Ils allèrent d'abord présenter leurs hommages au gouverneur par intérim qui, le surlendemain, les réunit en séance officielle dans la cour intérieure du palais, en présence des principaux fonctionnaires civils et militaires de la colonie, et leur adressa ces paroles :

« Vous êtes venus nous trouver en amis confiants,
» soyez les bien-venus. Je vous remercie, au nom du
» Gouverneur-Général, de vous montrer ainsi fidèles
» aux promesses que vous lui avez faites. Ce que la
» France veut, ce que vous devez aussi vouloir, c'est le
» maintien de l'ordre et de la sécurité : de l'ordre d'où
» naissent les relations, de la sécurité qui les assure.
» Depuis deux jours que vous êtes à Alger, vous avez
» pu juger de ce que peut la France contre ses enne-
» mis, de ce qu'elle peut pour ses amis. Je vais vous
» remettre, à vous, aghas, les brevets par lesquels le
» Roi des Français confirme les pouvoirs que le Maré-
» chal-Gouverneur vous avait confiés en son nom ; à
» vous, kaïds et cheikhs, les insignes de vos fonctions.
» Soyez justes, soyez fidèles à la foi jurée, gouvernez
» avec modération, gardez-vous des exactions, ne vous

» laissez jamais séduire par nos ennemis, qui sont les
» vôtres, et la France vous protègera!

» — Il en sera ainsi, s'il plaît à Dieu, répondirent
» tous les chefs. Nous sommes prêts à mourir pour
« vous, ajouta le jeune Ben-Zamoun. »

Les trois aghas et les chefs secondaires, après avoir juré sur le Koran, entre les mains du muphti, obéissance et fidélité au Roi des Français, reçurent alors les uns leurs brevets, les autres leurs burnous d'investiture.

En ce moment, le khalifa Ben Mahy-ed-Din pria le lieutenant-général de lui accorder la parole pour adresser quelques conseils à ses nouveaux collègues.

« Aujourd'hui, leur dit-il, vous jugez à quel point
» les méchants vous avaient trompés. Les Français
» sont aussi bienveillants pendant la paix que redou-
» tables à la guerre. Ralliez-vous franchement à eux;
» et votre pays, que les dissensions déchiraient, pros-
» pèrera. Si vous en voulez un exemple, jetez les yeux
» sur celui que je gouverne. Les Français, après la
» victoire, pouvaient vous prendre tout. N'ont-ils pas
» respecté vos femmes, vos biens, votre religion? Ici,
» comme autrefois, les musulmans n'ont-ils pas leurs
» mosquées, leurs imans? Ne rencontre-t-on point
» partout justice pour le faible et pour l'opprimé?
» Croyez-moi donc, soyez fidèles aux Français, car le
» bien est avec eux!... »

La physionomie de Ben Mahy-ed-Din, sans avoir rien perdu de son calme ordinaire, et immobile pour un œil peu scrutateur, trahissait cependant, à celui d'un observateur attentif, certains mouvements de glorieuse satisfaction. Il venait d'assister, siégeant à côté même du Gouverneur, au démembrement solennel du khalifat de Ben-Salem, à la déchéance absolue d'Abd-el-Kader dans l'est. C'était un baume souverain pour ses anciennes blessures d'amour-propre, et on l'entendait répéter : « Actuellement je puis mourir; j'ai vaincu » mes ennemis ! »

CHAPITRE X.

LUTTE

D'ABD-EL-KADER ET DES FRANÇAIS

dans la Grande Kabylie.

I. Affaires d'octobre 1845. — II. Agitation de 1845. — III. Retour et fuite d'Abd-el-Kader.

I.

La campagne du Maroc, qui devait fournir la page la plus populaire de nos fastes algériennes, avait distrait une partie des forces habituellement réunies dans la province du centre. Dans le double but d'imposer aux Kabyles et d'ouvrir vers leur pays une route devenue indispensable, on avait laissé devant eux trois bataillons qui, tout en se livrant aux travaux, occupaient le col des Beni-Aïcha. Mais le mouvement d'un effectif assez considérable sur l'ouest n'avait pu demeurer secret.

Aussi les éternels agitateurs de la Grande Kabylie ne tardèrent pas à renouveler leurs efforts. Avec l'aide de quelques pillards enrôlés dans les hautes montagnes, Ben-Salem, Bel-Kassem-ou-Kassy tentèrent plusieurs coups de main sur les tribus nouvellement soumises; celles-ci leur opposèrent une ligne offensive; leurs contingents surprirent et pillèrent la petite smala de Ben-Salem.

Toutefois l'agitation s'accrut : son foyer principal se fixa chez les Flisset-el-Bahr et les Beni-Djenad, fortes tribus situées sur le bord de la mer. La précédente expédition avait laissé leur territoire intact; elles entamaient à peine les premiers pourparlers de soumission, lorsque la nécessité d'en finir sur ce point devenant de plus en plus urgente, on avait fait le sacrifice de cette affaire accessoire, en les incorporant, sans autre négociation, dans l'aghalik de Taourga. Par suite, notre autorité sur eux n'était encore que nominale.

Au mois d'octobre 1844, le général Comman, dirigeant la colonne de Dellys, crut devoir pousser une reconnaissance dans cette région inconnue. Il partit avec 1500 hommes sans sacs, ne se croyant exposé à rencontrer que les forces locales; mais l'excitation régnante avait réuni cinq à six mille montagnards.

Bientôt le général Comman les aperçut, garnissant des hauteurs très-fortes et prêts à les défendre avec opiniâtreté; car ils avaient compté notre petite troupe. Les dispositions de l'attaque furent immédiatement prises et même bien combinées; mais un manque d'accord dans l'exécution fit payer le succès trop cher.

La position de l'ennemi pouvait être tournée par la droite. Deux bataillons du 58ᵉ et 150 chasseurs d'Afrique sont lancés dans cette direction; malheureusement arrêtés, égarés par des obstacles de terrain, ils mettent un temps énorme à opérer leur mouvement concentrique. Dès lors, deux bataillons du 53ᵉ, aux ordres du colonel Saint-Arnaud, qui ont exécuté l'attaque de front et pris possession des crêtes après avoir essuyé à dix pas le feu des montagnards, se trouvent soutenir, au nombre de six cents, tout le poids du combat contre des masses considérables. Quoique enhardis par l'isolement de cette faible colonne, les Kabyles ne parviennent pas à lui reprendre leur terrain; mais ils lui mettent, hors de combat, vingt-six hommes atteints mortellement et cent-cinquante blessés, dont dix-sept officiers : les pertes s'élèvent très-haut de leur côté; cependant ils ne lâchent prise qu'à l'approche tardive de la colonne enveloppante. Le théâtre du combat, chèrement acheté, reste en notre pouvoir; toutefois, le corps expéditionnaire, déjà trop minime au début, et plus que décimé dans cette rencontre, ne peut continuer son offensive : il est contraint de se replier sur Dellys.

Grâce au voisinage d'Alger, cette affaire est immédiatement connue du Gouverneur, et l'importance qu'il attache aux moindres apparences de revers en Kabylie, le décide à s'y rendre lui-même, accompagné de quelques renforts. Le 27 octobre, il se trouve en face des positions où le combat qui vient d'être décrit s'était livré dix jours auparavant.

Le bruit avait couru que l'ennemi nous y attendait de nouveau; mais on le trouva seulement une lieue plus loin, dans un site encore plus difficile, retranché derrière des parapets en pierre sèche, le long des crêtes rocheuses et boisées qui dominent le village d'Abbizar. Ses forces ne montaient pas au-delà de trois mille hommes, la présence de notre cavalerie l'ayant privé de plusieurs contingents, qui ne pouvaient opérer leur jonction qu'en traversant des localités où une charge était exécutable.

Toutefois, le Maréchal jugeait les obstacles matériels si grands, qu'il déclara sortir, en s'y heurtant, des vrais principes de la guerre pour obéir à une nécessité politique, celle de convaincre les Kabyles qu'aucune de leurs retraites ne nous était inaccessible. Le convoi fut massé dans un entonnoir couvert par des rochers que nos tirailleurs occupèrent avec l'appui de deux bataillons : l'infanterie déposa ses sacs.

Cette fois la disproportion numérique étant moins forte, l'attaque se proposa de déborder tout à la fois les ailes et d'écraser directement un point de la ligne. Le colonel Gachot, avec deux bataillons et deux obusiers de montagne, est dirigé de manière à tourner la gauche des Kabyles. Le colonel Blangini, avec son régiment, deux obusiers et la cavalerie, aux ordres du colonel Jusuf, opère un mouvement semblable contre la droite ennemie, pendant que le Maréchal lui-même se propose de l'aborder de front. Quatre pièces de montagne commencent en effet à l'ébranler, et aussitôt trois bataillons, lancés au pas de course, gravissent les pentes, s'accrochent aux buissons, escaladent les rochers et deviennent maîtres de la position par le seul fait de leur audace qui a stupéfié les défenseurs.

Cette droite rompue est en partie refoulée sur le centre, en partie sur la colonne enveloppante dont la cavalerie fait d'incroyables efforts pour traverser d'affreux terrains, et parvient à sabrer une cinquantaine de fuyards. L'ennemi n'a pas tenu sur la gauche; il fuit de tous côtés avec une perte de cent-cinquante à deux cents hommes. La nôtre est fort légère, eu égard à la nature des lieux. « Ce champ de bataille, disait le
» rapport au Ministre, représente admirablement le
» cahos. Quoique le combat n'ait pas duré deux heu-
» res, il a fallu toute la journée pour rallier les
» troupes. »

Les chefs des Beni-Djenad et des Flisset-el-Bahr ne se firent point attendre. L'aman leur fut donné, mais à condition qu'ils verseraient l'impôt de suite; en sorte que leur soumission se trouva reportée, pour ainsi dire, à l'époque de son enregistrement fictif.

II.

De jour en jour notre domination sur l'Algérie s'affermissait. L'année 1845 fut encore troublée, il est vrai, par des tentatives de l'émir; mais celles-ci mêmes semblaient perdre leur caractère de grandeur; elles représentaient moins la rivalité sérieuse d'un sultan dépossédé, ou la lutte fanatique d'un chérif populaire, que l'impuissante rancune d'un partisan réduit aux abois. L'apparition de Bou-Maza, sans éveiller de profondes inquiétudes, remuait davantage la vallée du Chéliff et surtout le Dhara. Le Gouverneur quitta de nouveau la capitale pour aller mettre un terme à ces désordres.

Quoique une portion seulement de la Kabylie fût conquise, et conquise depuis peu, notre attitude y était déjà meilleure que dans toute l'Algérie centrale et occidentale. L'heureux choix des grands fonctionnaires indigènes que nous y avions investis du pouvoir, joint au caractère des Kabyles plus réfléchi que celui des

Arabes, assurait au pays une tranquillité suffisante, sans aucun concours permanent de nos forces militaires. Notre khalifa, nos aghas dirigeaient leur service, en rendaient compte, à peu de chose près, comme des officiers français. Pour donner une idée de leurs rapports adressés à l'autorité supérieure, nous en citerons deux sur le nombre. On y verra la nature des troubles, et leur mode de répression avec le concours accidentel d'une colonne française.

Si Mohammed-ben-Mahy-ed-Din, khalifa du Sebaou, à M. le lieutenant-général De Bar.

Après les compliments ;

Je porte à votre connaissance que nous sommes campés chez les Ounnoughras, dans le voisinage de Bordj-Hamza. Nous y sommes bien. Dès demain, nous commencerons à régler les affaires des Aribs.

En nous voyant arriver, les Aribs-Cheragas dissidents nous ont fait demander l'aman, s'engageant à payer tout ce qu'ils redevaient au beylik. Je conduirai l'affaire avec prudence, soyez-en sûr ; les coupables seuls seront atteints et paieront leurs dettes reconnues. Je vous prie d'engager le général Marey à prendre patience jusqu'à ce que j'aie terminé les affaires de cette contrée ; car les Arabes qui sont avec lui et le khalifa de la Medjana paraissent très-pressés de s'en retourner. Le général m'a promis de ne partir qu'après que tout aurait été réglé. Si je vous prie de lui en parler, ce n'est donc que pour plus de sûreté ; je tiens à arrêter tous les perturbateurs.

Nous avons beaucoup de munitions de bouche ; malgré cela, j'ai fourni à l'armée trois cents mulets, pour en apporter encore de Médéah.

Les récoltes, chez nous, approchent de la maturité ; les Beni-Slyman ont déjà commencé celle des orges. Depuis que je me suis emparé des mauvais sujets de cette tribu, elle est parfaitement tranquille. J'en ferai autant chez les Aribs, et je vous les enverrai tous. La contrée pourra faire alors ses récoltes avec sécurité. Dites-moi si M. le Maréchal reviendra bientôt. Que Dieu le conserve ; c'est l'âme de ce pays.

El-Arbi-el-Khaya, agha des Khrachnas, à M. le lieutenant-général De Bar.

Après les compliments ;

Je m'empresse de vous informer que Bel-Kassem-ou-Kassy a voulu convoquer les Beni-Raten pour les entraîner à sa suite ; mais ils s'y sont refusés, et l'ont même chassé de leur pays.

De là, Bel-Kassem-ou-Kassy s'est transporté chez les Beni-Djenad avec la même intention ; il n'a pas été plus heureux : car cette tribu, craignant de vous des représailles, n'a pas voulu l'écouter.

J'ai entendu dire que les Beni-Meddour et les Ouled-el-Aziz ont quitté leur pays, par suite de la frayeur que leur a inspirée l'armée de Médéah ; ils se seraient retirés chez les Ouadya.

Saïd-ben-Guennan, le kaïd des Issers, vous adresse ses salutations respectueuses ; il me charge de vous dire que tous les jours les cavaliers de sa tribu montent à cheval et poussent des reconnaissances jusqu'à Tiziouzou. Personne ne bouge ni ne s'oppose à ses patrouilles.

Nous sommes toujours campés à Dra-ben-Kedda ; veuillez nous dire ce que nous devons faire.

Salut, de la part de votre serviteur.

Ainsi les versants ouest du Jurjura jouissaient d'un calme assez durable, et leurs chefs pouvaient même s'absenter momentanément pour venir recevoir à Alger le renouvellement de leurs pouvoirs. Cette cérémonie fut accompagnée de quelque éclat; le jeune Ben-Zamoun y parut avec le khalifa Ben Mâhy-ed-Din. Ils annonçaient la prochaine rentrée de la zeccat et de l'achour dans toute l'étendue de leurs gouvernements.

Mais dans le région sud du Jurjura, le parti de l'émir épiait attentivement les moindres occasions de relever la tête. Ben-Salem ayant réussi à se mêler aux dissensions intérieures des Ouled-Nayls, s'y était créé de la sorte un certain nombre de partisans; il couvait également quelques désordres dans le Djebel-Dira : néanmoins son point d'appui le plus sûr était dans la tribu des Ouled-el-Aziz. La colonne de Médéah, dont une des lettres précédentes cite le concours à la répression des Aribs, n'était pas sortie seulement dans ce but; elle devait lier ses opérations avec le corps expéditionnaire de Sétif, afin de pacifier le territoire placé sous la surveillance immédiate des deux subdivisions.

Le 21 juin, les généraux d'Arbouville et Marey avaient opéré leur jonction près de Hamza, dans le but de châtier les Ouled-Aziz et les Beni-Yala qui faisaient cause commune. A huit heures du matin, Ben-Salem dirigeant les guerriers de ces deux tribus vint couronner, en présence du camp français, des hauteurs assez escarpées. A dix heures, nos troupes s'ébranlaient pour l'en chasser. Quatre bataillons, quatre pièces de montagne, six escadrons sont consacrés à cette attaque : elle réussit complètement. Les Kabyles se reforment sur une seconde chaîne de positions appartenant au Djebel-Baghas ; ils en sont encore débusqués par neuf compagnies, sous les ordres du colonel de Chasseloup-Laubat. La cavalerie et les goums trouvent également l'occasion d'agir ; le capitaine de spahis Pyat tombe frappé d'un coup mortel en tête de la charge : nos pertes s'élèvent à quatre hommes tués et une trentaine de blessés, sans compter ceux du goum. Une première ligne de villages devient la proie des flammes ou de nos Arabes auxiliaires, non moins dévastateurs ; aussi, dès le lendemain, les chefs viennent-ils se remettre à la discrétion du vainqueur et l'aman leur est accordé.

A peine étouffé sur un point, l'incendie se rallumait ailleurs au souffle des éternels agitateurs Ben-Salem, Bou-Chareub, Bel-Kassem-ou-Kassy. Cette fois, ils réussirent en acréditant des mensonges si souvent essayés que leur succès a bien droit de surprendre. C'etaient par exemple, la prise d'Oran par Abd-el-Kader, le triomphe des insurgés du Dahra, la mort du Maréchal Bugeaud tué dans l'Ouarencenis, l'approche de l'émir avec une armée victorieuse, etc. Ben-Salem possédait en outre un cachet de son maître, et il inondait le pays de lettres supposées.

L'inquiétude gagna les Issers : ayant à s'occuper de leurs moissons, ils redoutaient pendant cette période

un coup de main des montagnards. Le général Gentil vint, avec une petite colonne, veiller à leur sécurité. Cette mesure ne suffit même pas tout-à-fait. Pendant que le général sévissait chez les Beni-Slyem, Bel-Kassem faisait attaquer les Beni-Thour, nos alliés, presque sous les murs de Dellys; et si ses adhérents manifestaient quelque crainte de notre vengeance : « Enfants
» que vous êtes! s'écriait-il, vous n'avez rien à craindre
» en marchant avec moi. En cas de malheurs, j'ai là,
» dans le capuchon de mon burnous, une *chachia* et
» une *baretta* (1). Si le sultan vient, j'irai le visiter coif-
» fé de la chachia; dans le cas contraire, je me rendrai
» chez les Français, la baretta en tête. De l'une ou de
» l'autre main je recevrai l'investiture et je resterai
» votre chef. »

Les choses ne tournèrent pas tout-à-fait ainsi. D'abord, à l'arrivée du Maréchal et de cette armée qui tant de fois les avait vaincus, tous nos ennemis renoncèrent au combat. Quelques bataillons furent lancés sur les villages des Béni-Ouaguenoun, et les brûlèrent sans entendre tirer un seul coup de fusil : tant était grande la stupeur publique, en face de ce démenti donné à toutes les fausses nouvelles qui avaient obtenu un tel crédit ! Les tribus compromises se hâtaient de

---

(1) *Chachia* : calotte rouge. *Baretta* : mot emprunté de l'italien, par lequel les Arabes désignent nos képis et même en général, toute coiffure française.

signifier aux perturbateurs l'ordre d'abandonner leurs territoire; chacune tour à tour se courbait sans résistance sous la main qui pouvait l'écraser. Ainsi furent passées en revue toutes les fractions compromises. Malgré des chaleurs étouffantes, la colonne se promena successivement chez les Beni-Raten, chez les Beni-Djenad qui paièrent une amende, chez les Flisset-el-Bahr qui devancèrent son arrivée pour fournir tous les gages de leur soumission. On atteignit Dellys; et la promenade pacifique se trouva terminée, laissant toutefois une telle impression derrière elle que non seulement les anciens chefs de la contrée y perdirent leur influence, « chacun de vos mensonges, leur disait-on, » vous apporte un malheur; » mais encore qu'un des nombreux chérifs qui, sous le nom de Bou-Maza, réussissaient presque partout à se créer d'aveugles prosélytes, rencontra dans la Grande Kabylie l'indifférence la plus décourageante. Enfin nous allons voir quels sentiments devait y réveiller Abd-el-Kader lui-même en reparaissant après une si longue absence.

III.

La paix, régnante autour du Jurjura, ne semblait pas pouvoir être compromise de longtemps, lorsque vers la fin de l'année 1845, les nouvelles de l'ouest y parvinrent insensiblement; elles prirent un caractère de certitude incontestable, quand il fut avéré qu'Abd-el-Kader venait de paraître jusqu'auprès de Boghar, et même dans le Djebel-Amour.

Depuis sa malédiction fameuse du Boudouaou, c'est-à-dire depuis six ans, jamais il ne s'était tant rapproché de la Grande Kabylie. Les anciens chefs de son parti donnèrent aussitôt l'éveil. Le retour du sultan fut publié partout comme le résultat de brillantes victoires, et comme devant s'accomplir à la tête d'une armée nombreuse.

Sous le coup de la première impression de ces nouvelles, tout le pays sembla prêt à tomber dans un bouleversement profond. Aussitôt Ben-Salem, se montra chez ses anciennes tribus et vit accourir à son aide le chérif Muley-Mohammed, tandis que la masse de nos forces était appelée vers l'ouest par des dangers plus imminents. Le général d'Arbouville seul put amener en Kabylie sa colonne mobile de Sétif, mais sa présence ne suffit point : il essuya de rudes attaques, et la situation parut telle à notre khalifa Ben Mahy-ed-Din qu'il commença des préparatifs de fuite sur Alger. Avant de les accomplir, il eut l'heureuse idée d'écrire au général Bedeau qui opérait alors au sud du Tittery, avec les troupes de la subdivision de Medeah. Sur l'avis d'une grande commotion prête à détruire tout notre édifice en Kabylie, le général Bedeau s'y porte avec deux bataillons, à grandes marches forcées, donne la main au général d'Arbouville, pénètre chez les Beni-Djâd, et par un premier, puis un second engagement plus décisif, arrête court les progrès de l'insurrection. Ben-Salem et Muley-Mohammed cessent de s'entendre : le premier pille les bagages du second, ils se séparent; bientôt les bruits qu'ils exploitaient prennent un caractère plus véridique ; l'effervescence est encore une fois calmée.

Instruit par l'expérience, notre gouvernement avait organisé dans le pays une contre-police de nouvelles dont la véracité, souvent mise à l'épreuve, commençait à guider sûrement les Kabyles dans le discernement de leurs intérêts politiques. En cette occasion, ils comprirent l'attitude d'infériorité dont l'émir n'avait pu se relever depuis un premier succès de surprise au marabout de Sidi-Brahim ; ils s'aperçurent que son but constant avait été de pénétrer dans la région du Tell, mais qu'ayant échoué dans toutes ses tentatives et à toutes les issues, depuis la frontière du Maroc jusqu'à l'extrémité de l'Ouarencenis, c'était à la recherche d'un passage introuvable qu'il prolongeait ainsi vers l'est sa course aventureuse, et qu'au lieu d'un vainqueur, on devait voir en lui un fugitif traqué par nos colonnes, et ne les dépistant que par la ruse ou des courses à perte d'haleine.

Toutefois cet homme, aux yeux des fanatiques ou seulement des fidèles zélés, cet homme, disons-le, n'avait rien perdu de son prestige. Présent au cœur de l'Algérie, après avoir été refoulé à diverses reprises hors de ses frontières, abattu tant de fois, encore debout, grandi par ses malheurs et sa constance, il était devenu comme une prédication vivante de la guerre sainte.

Entre tous ses désastres, un surtout avait dû le frapper au cœur : la prise de sa smala. Comment l'avait-il supporté? Quand on était venu lui dire que sa propre famille et celle de ses khalifas étaient tombées aux mains de l'ennemi; il s'était écrié : « Louange à Dieu !
» Ces gens-là me donnaient beaucoup d'inquiétude,
» entravaient tous mes mouvements et me détour-
» naient de la voie droite. Je n'en serai que plus libre
» à l'avenir pour harceler les infidèles. »

Bientôt après, lorsqu'il eut ramassé les débris de cette population errante et qu'il parvint à nous les dérober par des marches forcées à travers un pays brûlant, sablonneux, sans eau, ses chefs les plus dévoués lui dirent : « Que veux-tu donc faire de nous? la poudre
» a dévoré nos braves; nos femmes, nos enfants, nos
» vieillards, tu les sèmes dans le désert. Regarde der-
» rière toi, la traînée des cadavres t'indiquera le che-
» min que tu as parcouru ces jours-ci. » Adb-el-Kader leur avait répondu : « De quoi vous plaignez-vous!
» tous ces êtres que vous aimiez ne sont-ils pas en pos-
« session du paradis ? »

Avec une personnalité si forte, avec un caractère si soutenu, jamais ennemi ne cesse d'être à craindre, tant bas que l'ait jeté la fortune. Aussi, la possibilité d'une tentative de sa part en Kabylie fixa-t-elle de bonne heure l'attention du maréchal Bugeaud, qui fit former une colonne aux ordres du général Gentil pour couvrir l'est de la Mitidja, en observant tous les débouchés des montagnes. Habituellement, cette colonne campa sur l'Oued-Corso, d'où elle surveillait le col des Beni-Aïcha.

En janvier 1846, Abd-el-Kader, appuyant de plus en plus vers l'est, avait paru chez les Ouled-Nayls. Son ancien khalifa, Ben-Salem, l'alla rejoindre au Djebel-Sahari, et lui amena plusieurs chefs dévoués à sa cause. Tous lui peignirent l'envahissement de la Mitidja comme très-facile par son extrémité orientale. Ben-Salem insista sur ce que nous n'occupions aucun poste de ce côté, d'une manière permanente, et certifia que la colonne de l'Oued-Corso n'était qu'un composé de malades et de convalescents hors d'état d'opposer une résistance sérieuse. Barré partout ailleurs, Abd-el-Kader se résolut à tenter le coup hardi qu'on venait lui proposer.

Aussitôt, il forme une masse imposante de cavalerie avec ses réguliers et des goums pris aux Ouled-Nayls ou à quelques tribus voisines, et coupant court, à l'est de Bordj-Hamza, par les Ouled-Aziz, toujours bien disposés en sa faveur, coudoyant Bordj-el-Boghrni, descendant entre les Flissas et les Beni-Khalfoun, il vient sortir à Tamdiret, dans la plaine des Issers, où Bel-Kassem le rallie à la tête d'un certain nombre d'Ameraouas et de chefs kabyles montés.

C'était à la pointe du jour. Sans perdre une minute, l'émir a lancé sa cavalerie dans toutes les directions. Elle repousse les postes kabyles placés en vedettes sur les hauteurs, et arrive en même temps qu'eux dans les villages des Issers. Les guerriers de la tribu, disséminés sur une grande étendue de pays, ne peuvent opposer aucune résistance efficace. Ils se rallient et se défendent sur des points isolés; mais l'ennemi gagne sans cesse du terrain, et pendant ce temps, le pillage, la dévastation s'exercent de toutes parts. Vers deux heures de l'après-midi, des cavaliers, expédiés en toute hâte par les chefs, réussissent à gagner le camp de l'Oued-Corso, et apprennent au général Gentil l'attaque dont ils sont victimes. Ils parlent sous une telle impression d'épouvante, ils représentent les forces ennemies avec tant d'exagération, qu'on ne peut encore ajouter foi qu'à une partie de leur rapport. Heureusement, un autre avis survient.

Le hasard avait fait coïncider cette razzia des Issers avec un mouvement de nos troupes. La veille, un bataillon de la colonne avait dû changer de position avec un autre stationné à Dellys, et le colonel Blangin avait eu mission d'opérer cet échange. Il longeait donc le territoire des Issers avec six cents hommes au plus et une partie de notre goum, lorsqu'on vient lui apprendre que cette tribu amie est aux prises avec Ben-Salem, car tel fut le premier soupçon. Le colonel, se jetant aussitôt sur la rive gauche de l'Isser, atteint la queue des cavaliers qui se repliaient déjà surchargés de butin : ses Arabes se lancent au milieu du bétail entraîné, et en ramènent une partie entre les mains de ses propriétaires. Mais les pertes de la tribu n'en sont que légèrement diminuées.

Un envoyé du colonel apporte au général Gentil des nouvelles positives, et lui annonce que le bataillon détaché marche rapidement à sa rencontre. Cette jonction s'opère en effet après une marche de nuit ; la petite brigade prend position en avant du col des Beni-Aïcha.

Alors, et seulement alors, sont recueillies des informations de quelque vraisemblance. On attribue toujours à Ben-Salem la razzia de la veille; mais on sait en tous cas que les cavaliers qui l'ont faite, exténués de fatigue, ont campé le soir même sur les pentes nord des Flissas, à Cherrak-el-Teboul (le déchirement des tambours), lieu célèbre par la destruction d'une armée turque. Selon toute apparence, l'embarras et le partage du butin les retiendront là quelques jours ; selon toute apparence aussi, des contingents kabyles, attirés par l'appât du pillage, viendront rejoindre les vainqueurs et aggraver la situation.

Ces remarques inspirent au général une entreprise vigoureuse. Laissant un bataillon et un obusier à la garde du col des Beni-Aïcha, il se met en route, à minuit, avec ses deux autres bataillons, sa seconde pièce et son escadron de cavalerie, dans l'espoir de surprendre le camp arabe. Un indigène, méritant toute confiance, guidait cette marche périlleuse. Quoique la nuit fût sombre, l'émotion des chefs était vivement excitée. Si près de l'ennemi, tant de circonstances fortuites auraient pu trahir notre approche. L'aboiement d'un de ces chiens de troupe qui suivent toujours les colonnes, le hennissement d'un cheval, le bruit ou la lumière d'un briquet battu par quelque homme inintelligent, il n'en fallait pas davantage pour donner l'éveil à un poste; alors, non seulement une opération décisive était manquée, mais la petite troupe se trouvait peut-être compromise dangereusement. Un échec éprouvé par elle ouvrait la Mitidja, où la seule apparition de l'émir, après six années d'expulsion, eût longtemps fait peser sur l'état de notre conquête les doutes les plus préjudiciables.

Aucun accident n'arriva, ou plutôt l'ennemi confiant dans la faiblesse numérique de notre corps d'observation, se gardait avec négligence.

A cinq heures du matin, notre colonne inaperçue,

touchait au camp de l'ennemi. Les feux du bivouac s'y rallumaient de toutes parts; le muezzin (1) commandait la prière aux fidèles. A l'agitation qui régnait, on se crut d'abord signalé, mais il n'en était rien. Les premiers cris d'alarme surgirent seulement lorsque nos compagnies de tête de colonne, guidées par le commandant Neygre, envahirent le camp au pas de charge, et tombèrent à la baïonnette sur les Arabes, dont on ne saurait décrire quelles furent alors l'épouvante et la confusion. Tout courut, tout se mêla, tout s'enfuit en tourbillonnant. On n'avait pas traversé le camp, qu'il était déjà vide, à part une centaine de cadavres. Mais il restait entre nos mains 300 chevaux, poulains ou juments, 600 fusils, presque tout le bétail pris aux Issers, des selles, des drapeaux, des armes de toute sorte, des harnachements que leur richesse signalait pour appartenir à des chefs de distinction, enfin, dans une tente, des lettres portant le cachet de l'émir et d'autres à son adresse, venant de l'empereur du Maroc. Ce furent là les premiers indices qu'on eut de la présence d'Abd-el-Kader dans le camp de Cherrak-el-Teboul.

Bientôt la vérité fut mieux connue. On apprit les faits antérieurs et des détails actuels plus circonstan-

(1) Le *muezzin* est l'homme qui psalmodie des versets du Koran afin d'appeler à la prière. Il tient lieu de nos cloches d'églises. Dans les mosquées, il monte, pour chanter, en haut du minaret.

ciés. On sut que les chevaux de l'émir et ceux de son khalifa Ben-Salem avaient péri, que l'émir lui-même avait eu ses vêtements traversés de plusieurs balles, et que son autre khalifa, celui de la Medjana, Sid Ahmed-ben-Ameur, avait été tué.

Trop habile pour se dissimuler la gravité d'un tel échec, Abd-el-Kader renonça de suite à l'exécution de ses projets sur la Mitidja. La Grande Kabylie, en effet, ne lui eût plus offert une ligne de retraite. La masse des tribus y flottait indécise entre les deux partis; mais résolue surtout à ne se point compromettre, elle semblait attendre un résultat pour embrasser la cause du vainqueur.

On s'expliquera cette attitude par l'extrême âpreté des Kabyles en fait d'intérêts matériels, par leur médiocre élan vers la guerre sainte, par leur aversion presque égale contre les chrétiens et contre les Arabes. En apprenant la razzia des Issers, ils avaient penché vers l'émir; la prise de son camp les tourna contre lui, et beaucoup vinrent achever le pillage de son goum en déroute; il fallut même l'intervention des marabouts pour lui faire restituer ces dernières prises. A bien juger les choses, il ne s'était guère prononcé jusqu'alors de l'un ou de l'autre côté, que des chefs déjà compromis, ou, dans les classes inférieures, de ces gens mal famés, toujours prêts à saisir une occasion de brigandage.

Dès le premier moment, Abd-el-Kader s'était enfui chez les Mâtekas. Il tenta des efforts suprêmes pour déterminer un mouvement parmi eux, parmi les Flittas et les Beni-Raten. Il n'en put rien obtenir qu'un aveu très-formel de la politique expectante dont nous avons parlé plus haut. « Nous voulons bien être avec toi, lui
» disaient-ils, notre conduite antérieure l'a prouvé.
» Mais il faudrait que tu fusses en état de nous dé-
» fendre contre les armées des chrétiens. Tu t'en fai-
» sais fort autrefois; à l'occasion, quelle aide nous as-
» tu prêtée? »

Et comme l'émir allait s'épuiser en promesses pour l'avenir, ils ajoutèrent : « Nous ne croyons plus main-
» tenant qu'à des faits positifs. Va combattre les chré-
» tiens, et si tu rentres victorieux, nous marcherons
» sous ton drapeau. »

Ainsi posée, la question se trouvait presque résolue; et d'ailleurs, avant peu, l'émir allait être mis en demeure d'accepter ou de fuir publiquement la lutte.

Dans le cours des évènements rapides qui viennent d'être racontés, nous n'avons encore vu figurer devant lui que la petite colonne du Corso; mais d'autres corps, lancés à la hâte par celui qui dirigeait tout l'ensemble de la guerre, commençaient à entrer en ligne.

Au premier soupçon de la pointe vers l'est, le Maréchal avait fait partir, sous les ordres du lieutenant-colonel Maissiat, deux bataillons qui devaient commander la route du pont de Ben-Hini. Un autre bataillon, formé de tous les ouvriers militaires d'Alger, s'acheminait sur le Fondouk; enfin, des mesures étaient prises pour mobiliser la milice d'Alger. Ces formations de réserves actives, laissant aux troupes une plus grande liberté de mouvements, permirent de cerner en quelque sorte la Grande Kabylie. Tandis que le général Bedeau opère vers Guetfa, pour empêcher l'émir de propager ses influences au sud, le Maréchal se porte droit avec sa colonne sur les tribus qui donnent actuellement un asile à Abd-el-Kader : ce sont les Nezlyouas et les Beni-Khalfoun. Le 15, il est chez ces derniers; le 16, il communique avec le général Gentil, pour un échange de bataillons trop fatigués, auxquels on donne quelque repos en leur confiant la garde du col des Beni-Aïcha; les jours suivants, il s'engage dans la haute montagne.

De loin en loin, des groupes armés en garnissent les crêtes, groupes inoffensifs et qui semblent postés en observation. Le 19, on apprend qu'Abd-el-Kader est campé sur l'Oued-Kseb; le Gouverneur appuie subitement par la vallée de Bordj-el-Boghrni dans cette direction. Le camp était levé; mais après une heure et demie de marche, on gagna assez de terrain sur l'ennemi pour découvrir, à la lunette, sa cavalerie et son convoi engagés dans un sentier fort difficile, touchant à la région des neiges; il était prêt à se jeter, par le revers opposé, dans la vallée de la Summam ; c'est-à-dire que, loin de venir nous attaquer, comme l'en avaient mis au défi les montagnards, il cherchait à fuir par Hamza et à mettre la crête rocheuse du Jurjura entre son adversaire et lui. Douze à quinze cents Kabyles couvraient également cette retraite, soit par intérêt pour Abd-el-Kader, soit pour défendre au besoin leurs propres habitations et leurs vergers.

Toutefois, à une grande portée de fusil, ces Kabyles nous envoyèrent quelques balles. Immédiatement, trois bataillons sans sacs les attaquent sur la droite et sur la gauche, les délogent de plusieurs positions, les obligent à défiler en masse dans un ravin où ils sont fusillés de très-près et perdent beaucoup de monde ; mais il est tout-à-fait impossible d'atteindre la colonne d'Abd-el-Kader.

Le lendemain, les chefs de toutes les tribus environnantes venaient à notre camp ; ils nous apprenaient que l'émir avait passé la nuit à l'est de Bordj-Hamza, que les affreux ravins où il avait été forcé de se frayer un passage, étaient encombrés de bêtes de somme éreintées et de chargements abandonnés, et que Ben-Salem, redoutant la première irritation de ceux qu'il avait encore entraînés dans cette révolte, n'avait point osé se séparer d'Abd-el-Kader.

Le Gouverneur montra beaucoup d'indulgence aux

Kabyles : comprenant les difficultés de leur position, il excusait tacitement leur système de neutralité. Bien plus, on reçut en grâce, sans trop approfondir ses explications, le jeune Ben-Zamoun dont la conduite avait été plus qu'équivoque.

Ce chef de dix-neuf à vingt ans, impressionnable comme on l'est à cet âge, avait paru, dans ses excursions à Alger, s'initier beaucoup à nos mœurs; aussi, grande avait été la surprise d'apprendre qu'il eût des premiers fait sa soumission à l'émir. Les chances favorables à celui-ci furent d'une si courte durée, que Ben-Zamoun put, au moment de leur ruine, colorer d'un prétexte assez plausible son apparente défection. Il prétendit que lui-même, victime du coup de main de l'émir, en avait reçu tout-à-coup une lettre impérieuse datée d'Emnaïel, au-dessus des Issers, c'est-à-dire de l'endroit où se trouvaient une grande partie de sa fortune et même plusieurs membres de sa famille. Il avait donc cru nécessaire, en pareille occurrence, de faire bon visage à l'ennemi jusqu'à ce qu'il lui eût tiré des mains ses parents, ses trésors; mais au reçu d'une réponse évasive, calculée dans ce sens, Abd-el-Kader, afin de le compromettre à nos yeux, lui avait envoyé de suite un cachet et un burnous d'investiture. Après tout, sa conduite annonça la tranquillité d'une bonne conscience, ou fut un chef-d'œuvre d'audace; car il vint se remettre entre nos mains sans explication préalable.

On le vit tout-à-coup dans Alger, lorsqu'on le supposait encore avec Abd-el-Kader.

Cependant la razzia de Cherrak-el-Teboul, liquidée par les soins de l'administration, avait produit 44,000 francs. On préleva ce qu'il fallut pour indemniser les Issers des pertes qu'ils avaient éprouvées. Cette répartition, opérée en présence du caïd et des cheikhs, produisit le plus grand effet sur les tribus kabyles. Le sentiment de la tutèle gouvernementale poussé si loin, les frappa d'étonnement et d'admiration.

Moralement, matériellement, l'émir était anéanti. Le corps du colonel Pélissier venait d'entrer encore sur le théâtre des opérations. Le 7 mars, dans l'Isser central, le Gouverneur était entré en communication avec lui. Le 11, un mouvement combiné s'opérait vers Hamza contre Abd-el-Kader, qu'on avait su réfugié chez les Beni-Yala. Mais n'y trouvant aucun appui, réduit aux derniers expédients, environné de nos colonnes, cet homme infatigable s'était précipité dans la direction du sud, au risque de tomber sur un des corps qui devaient lui barrer le passage.

Effectivement la rencontre eut lieu. On apprit tout-à-coup que le 7 mars, tandis qu'il achevait de piller au passage une de nos tribus alliées, le colonel Camou l'avait joint par une marche forcée, l'avait mis en pleine déroute et l'avait poursuivi plusieurs lieues le sabre dans les reins.

CHAPITRE DIXIÈME

Le Gouverneur fit, quelques jours après, une entrée solennelle dans les murs d'Alger, en tête de la colonne du général d'Arbouville. Ce fut un spectacle émouvant. Depuis six mois, ces soldats combattaient et marchaient sans toucher barre dans une ville. Leurs vêtements étaient usés, rapiécés; leurs visages chargés de hâle. Ils portaient fièrement ce fardeau de noble misère. En les voyant ainsi, toute la population d'Alger, qui s'était ruée sur leur passage, fatigant l'œil de ses vingt costumes nationaux, l'oreille de ses vingt langues étrangères, toute cette population cosmopolite se sentait devenir française.

CHAPITRE XI.

CONQUÊTE
de la
Grande Kabylie centrale.

I. Soumission spontanée. — II. Opérations dans la Summam. — III. Camp sous Bougie.

I.

Ainsi deux influences opposées étaient venues tour à tour s'étendre sur la Grande Kabylie, sans en dépasser toutefois les revers occidentaux. Celle d'Abd-el-Kader, au nom de la foi, par un habile mélange de violence et de mensonge, celle des Français, au nom de l'ordre, par le seul emploi de la droiture et de la force, y avaient successivement dominé. Bien plus, on avait vu les deux pouvoirs compétiteurs se heurter à la fin dans cette étroite arène, et l'un d'eux y laisser en fuyant ses dépouilles et son prestige : l'épreuve suffisait pour fixer le destin de la Grande Kabylie.

Aussi, non seulement un calme profond commença dès lors à régner dans les portions déjà soumises, mais une tendance favorable à notre cause se manifesta dans les autres. Quelques rapports commerciaux s'établirent entre Bougie, Sétif et des tribus de l'intérieur; insensiblement ils s'accrurent et nécessitèrent une certaine entente sur des réglements de police, d'ordre public et de protectorat.

Au commencement de l'année 1847, des démarches simultanées eurent lieu près des commandants supérieurs de Sétif et de Bougie. Le dernier vit enfin s'ouvrir, sous sa protection, aux pieds des murailles de sa place, ce marché indigène pour lequel on avait commis autrefois tant d'infructueuses faiblesses; et, pour faciliter les bonnes relations de voisinage, on construisit un pont de bois près l'embouchure de la Summam.

Ce revirement complet des esprits plongeait, en une mortelle inquiétude, les chefs qui s'étaient le plus compromis, depuis une dixaine d'années, dans la cause de l'émir. N'avaient-ils pas à redouter notre légitime vengeance? Encore que les tribus n'eussent jamais violé spontanément l'asile où ils auraient cherché l'oubli dans une condition privée, ne pouvions-nous obtenir d'elles, soit par la menace, soit par l'emploi de la force, l'exil ou l'extradition de nos anciens ennemis? Tout montagnard eût trouvé cette perspective plus effrayante que la mort même, et ceux-ci, d'ailleurs, renonçaient avec amertume à l'exercice d'une autorité depuis longtemps héréditaire au sein de leurs familles. Une seule démarche semblait propre à tout concilier : c'était le recours à l'aman des Français ; aucun vaincu ne l'avait imploré vainement. On le savait, en Kabylie comme partout; et dans certaines circonstances, ce renom de magnanimité devenait, en notre faveur, un puissant levier politique.

Une autre considération agit encore sur Ben-Salem; on lui rendit son fils. Or, dans le pays kabyle ces sortes de restitutions, entre ennemis, d'un personnage de quelque importance, deviennent habituellement l'occasion d'une démarche pacifique. Ben-Salem entra, dès ce moment, en correspondance avec nous, et quelques entrevues avec le chef des affaires arabes d'Aumale, achevèrent de lui inspirer un parti décisif.

Le 27 février 1847, on vit entrer au camp d'Aumale l'ancien khalifa de l'émir, accompagné de presque tous les chefs kabyles qui l'avaient soutenu durant sa longue résistance. Bel-Kassem-ou-Kassy s'était, comme les autres, mis en route; mais tombé tout-à-coup malade, il avait chargé son frère d'apporter de sa part un consentement anticipé à toutes les conditions d'aman.

Un mois après, les mêmes chefs se rendaient à Alger, où ils reçurent le plus honorable accueil. Des cavaliers et la musique militaire furent envoyés au-devant d'eux; le colonel Ladmirault, commandant la subdivision d'Aumale, les présenta lui-même au Maréchal. Une maison du domaine était préparée dans la ville pour les recevoir; on y logea Ben-Salem avec son intime ami, le marabout Si Abd-er-Rahman, de Dellys, qu'il avait amené. Tous ces chefs furent vus dans les salons du Gouverneur; on les promena dans la ville et dans les environs : rien ne fut négligé de ce qui pouvait mettre en relief la puissance et l'hospitalité françaises. Au reste, le moment se trouvait heureux; Alger semblait alors le rendez-vous des indigènes de haute distinction; les khalifas de Mascara et de Mostaganem, le frère de Ben Mahy-ed-Din y passaient, à la veille de s'embarquer pour voyager en France; le fameux chérif Bou-Maza venait également d'y être envoyé par le colonel Saint-Arnaud, à qui, vaincu, sans ressources, hors d'état de continuer la lutte, il était allé se rendre volontairement.

Ces importantes soumissions qui étendaient notre influence sur tous les versants du grand pic du Jurjura, nécessitaient de notre part une nouvelle organisation.

Deux bach-aghaliks (1) furent créés : l'un en faveur de Bel-Kassem-ou-Kassy comprenait, outre les tribus directement attachées à ce chef, les anciens aghaliks de Taourga et des Ameraouas; l'autre, composé du soff de l'Oued-Sahel et de l'aghalik déjà créé des Beni-Djâd, appartenait naturellement aux Ben-Salem; mais le trop fameux khalifa de l'émir, l'agent infatigable de la résistance dirigée contre nous, pouvait-il, du jour au lendemain, se transformer en un bach-agha de la France? Cette volte-face effrontée semblait inadmissible. Lui-même parut le comprendre; car il annonça l'intention de quitter les affaires publiques et d'entreprendre le pèlerinage de la Mecque. Son frère, Sid Omar-ben-Salem, fut investi, sur sa désignation, du commandement auquel il renonçait lui-même. La Grande Kabylie commençait donc à se démembrer de toutes parts, et ses morceaux dérivant, pour ainsi dire, vers la domination française, gravitaient autour de Bougie, Sétif, Dellys, Aumale ou Alger même, d'après leur position géographique. Au centre seulement, un noyau demeurait encore immobile; mais on ne distinguait autour de lui ni des rassemblements de forces considérables, ni des préparatifs inquiétants, ni des velléités de résistance fanatique : c'était l'instant le

---

(1) *Bach-aghalik* dérive de *bach-agha*, qui signifie agha en chef. *Bach* : tête.

mieux choisi pour compléter, par une démonstration imposante, l'œuvre de la conquête.

II.

Le plan de campagne fut conçu dans une intention multiple.

Deux colonnes opéreraient ensemble, afin de diviser l'attention et les contingents de l'ennemi; elles offriraient un effectif considérable, afin de décourager de prime-abord ou d'écraser facilement toutes les résistances : c'était le moyen d'éviter l'effusion du sang et de maintenir son vif éclat à la réputation de nos armes. On partirait de Sétif et d'Alger pour se rendre à Bougie; cet itinéraire, parcourant à peu près en entier les territoires insoumis, fixait en outre le concours stratégique, la jonction des deux corps expéditionnaires près du défilé de Fellaye, où l'on devait craindre que l'ennemi ne concentrât ses forces avec avantage, eu égard aux obstacles naturels de cette position très-réputée dans le pays. La marche des deux colonnes servirait en même temps de reconnaissance préalable aux routes futures de la Grande Kabylie. Un des premiers résultats de notre conquête devait être d'ouvrir, de Sétif et d'Alger sur Bougie, les deux communications les plus intéressantes pour le commerce, l'industrie et le maintien de notre autorité.

Le 6 mai 1847, une forte colonne partant d'Alger prit la nouvelle route d'Aumale, que plusieurs bataillons venaient de créer pendant l'hiver avec un zèle et une persévérance dignes des plus grands éloges. Après quatre journées de marche, un peu au-delà de Bettem, l'armée changea de direction vers l'est. Le 12, elle campait à Hamza, vis-à-vis le fort turc en ruines. Elle avait rallié la petite garnison mobile d'Aumale, ce qui portait son effectif à près de huit mille hommes. Le Maréchal Gouverneur-Général, qui la commandait en personne, réunit ce jour-là tous les officiers devant sa tente, leur annonça l'objet, le caractère de l'expédition, et leur rappela brièvement les principes les plus essentiels de la guerre de montagnes. Le surlendemain, le lieutenant-général Bedeau quittait Sétif à la tête de sept mille et quelques cents hommes, se dirigeant en droite ligne sur l'étroite vallée du Bou-Sellam.

Le guerrier kabyle songe avant tout à défendre son champ, sa maison, sa famille; s'il les croit menacés, on ne l'entraîne point dans une diversion. La marche concentrique de nos troupes obligeait les tribus comprises entre les deux routes à faire face chacune du côté d'un danger différent. Dès lors, une coalition générale devenait impossible de leur part. Vainement quelques-unes s'émurent; vainement elles échangèrent des messages et des promesses ; elles ne parvinrent point à s'entendre sur un plan de défense commune. Au contraire, les chefs soumis venaient au camp du Gouverneur-Général lui apporter leur influence et leurs conseils. Ce fut d'abord Ben Mahy-ed-Din, puis Omar-Ben-Salem; enfin El-Mokrani, kalifa de la Medjana. Ce dernier s'était fait précéder de son fils, jeune homme très-francisé pour un Arabe et qui a visité Paris. On n'a pas oublié que ces Mokranis sont une famille princière dont l'influence se perpétue héréditairement, et que leurs ancêtres passent pour avoir bâti ou agrandi Kuelaâ, ville principale des Beni-Abbas. Le vieux chef en profita pour faire valoir sur cette tribu des prétentions qui furent admises, car on lui promit de l'incorporer dans son gouvernement de la Medjana. Aussi, s'empressa-t-il d'en aller voir les chefs et les exhorter à la soumission; mais ceux-ci refusèrent d'accepter aucune servitude avant d'avoir brûlé de la poudre.

Le 15, on campa à Sidi-Moussa, au bord de la Summam; sur la rive opposée s'élevait en amphithéâtre le pays riche, mais difficile, de ces Beni-Abbas. Leurs villages nombreux, rapprochés, se commandant et se flanquant l'un l'autre, garnissent une série de pitons ardus; le plus inaccessible, et en même temps l'un des plus populeux, est Azrou, qui couronne une plate-forme nue, oblongue, étranglée sur le faîte et jusqu'à la croupe du chaînon supérieur. Pendant cette journée d'attente, le Maréchal alla reconnaître le sentier par lequel on pourrait déboucher le lendemain. Il visita aussi ses grand'gardes, les Kabyles ayant l'habitude des attaques de nuit, ou tout au moins des vols nocturnes, dont quelques tentatives avaient été sévèrement punies la veille ou l'avant-veille.

Ce fut plus sérieux cette fois. Dès que les ténèbres s'épaissirent, une fusillade s'ouvrit et circula devant toutes les faces du camp; elle devint même si vive, qu'un déplacement fut préparé. Heureusement, grâce au sang-froid de nos avant-postes, qui détachaient très-loin de petites embuscades, les Kabyles, contenus partout, se retirèrent à peu près à minuit. On jugea par le nombre des chachias et des burnous abandonnés qu'ils avaient essuyé beaucoup plus de mal que nous, car il n'y eut de notre côté qu'un mort et trois blessés.

Cet avantage ne suffisait point; il fallait répondre à l'insulte par un exemple mémorable.

Le 16, avant le point du jour, une sourde agitation commence à bruire dans notre camp. On selle les chevaux, on charge les mulets, la cavalerie s'ébranle et le convoi se masse; les bataillons qui campaient en face la rivière atteignent déjà l'autre bord; en moins d'une heure, la colonne entière a traversé les gués, et trois bataillons seulement couvrent la position évacuée, pour faire obstacle aux contingents kabyles qui pourraient accourir de la rive gauche au secours des Beni-Abbas. Mais cette précaution fut inutile, et les bataillons se replièrent de bonne heure.

L'attaque des positions commence. Tandis que plusieurs compagnies des zouaves enlèvent les premiers contreforts, la colonne d'attaque, composée de huit bataillons sans sacs, déborde rapidement la droite des tirailleurs ennemis, en filant au pas de course sous une grêle de balles qui plonge de trop haut pour atteindre beaucoup de monde. Alors on aperçoit la seconde ligne de Kabyles qui se consacre à la défense des villages. D'abord elle entretient une assez vive fusillade; mais l'emploi des fusées l'étonne, plus encore l'élan de nos troupes qui, presque sans avoir tiré, sont au moment de la joindre; elle se replie vers les positions supérieures, après avoir cependant défendu pied à pied les quatre premiers villages. Telle était la limite que la prévoyance kabyle avait marquée à nos succès. Sur ces quatre points dont on avait fait le sacrifice à notre réputation militaire, toutes les maisons étaient désertes, toutes les richesses évacuées. Mais, à travers les sentiers étroits, les rocs impraticables, les blés à hauteur d'homme, les rues barricadées et la fusillade continue, nos bataillons marchaient toujours. Les difficultés de terrain croissent de plus en plus; l'ennemi veut s'opiniâtrer, car on va toucher aux asiles qu'il a choisis pour ses familles et ses biens. Déjà les deux hameaux inférieurs, quoique liant leurs feux et flanqués chacun d'une tour isolée, ne lui semblent plus assez sûrs. Pendant que les guerriers tiennent encore, on voit une émigration panique encombrer les raides sentiers qui montent au village d'Azrou. Mais le flot vainqueur se précipite plus tôt qu'on n'avait cru, et une multitude d'objets restent en son pouvoir.

Déjà la chaleur commençait. Depuis trois heures, sans interruption, les soldats avaient combattu et couru plutôt que marché. S'arrêter cependant, c'était confirmer à Azrou son renom d'inexpugnabilité ; c'était attirer sur notre ligne de retraite tous les Kabyles enhardis. Rien n'est fait avec eux tant qu'il reste à faire quelque chose. Enfin, différer seulement l'attaque de leur dernier poste, c'était leur donner le temps de s'y rallier, d'y reprendre du courage et de l'ensemble. Trop homme de guerre pour ne pas tirer tout le parti possible de son ascendant moral, et jugeant d'un coup-d'œil ce terrain difficile, le Maréchal a déjà lancé les zouaves sur la droite du village par une croupe abrupte, hérissée, qu'on gravit avec mille détours en s'aidant des buissons et de ses mains ; au centre, le 6ᵉ bataillon de chasseurs d'Orléans, qui se déroule dans l'étroit et unique sentier sous le feu des maisons crénelées ; à gauche enfin, le 3ᵉ léger, pour tourner la position et menacer la retraite des défenseurs d'Azrou. Ces trois colonnes marchant d'un pas égal à travers une fusillade précipitée, sans perdre de temps à lui répondre, offraient un beau spectacle qui caractérisait dignement l'audace, la confiance et l'aplomb de notre infanterie d'Afrique (1).

Alors, les Kabyles s'enfuient dans toutes les directions par les pentes du sud. Nos bataillons sont répartis dans les villages emportés pour en faire un terrible exemple; bientôt les flammes s'en échappent noires, épaisses, fétides, par la combustion des grands approvisionnements d'huile qui s'y trouvaient. Les deux tours qui dominaient le pays, et que le khalifa Mokrani nommait les *Cornes du Taureau*, tombent avec fracas sous les coups de l'artillerie.

C'était près de ces tours, entre les deux hameaux, au pied d'Azrou, que s'était arrêté le Maréchal, entouré d'un grand nombre d'officiers. Tout-à-coup, un homme s'avance au milieu du cercle. C'est un Kabyle; mais la propreté de son vêtement, la dignité de sa démarche, l'expression de sa physionomie annoncent un chef. Il adresse la parole au Maréchal avec beaucoup de véhémence :

« Je viens te demander l'aman pour les miens et pour moi.

» — Qui es tu?

» — L'un des chefs des Beni-Abbas. Hier, je les

---

(1) Voir la note K.

excitais moi même au combat. C'est moi qui, plus vivement qu'aucun autre, ai repoussé les paroles pacifiques de ton khalifa Mokrani. Je l'aperçois à tes côtés, il peut témoigner contre moi. Tout ce que j'ai fait, je l'avoue. Maintenant tu nous a vaincus, et aussi franchement que je t'ai combattu, je viens te dire : Nous sommes prêts à t'obéir; veux-tu nous accorder l'aman?

» — Tu l'auras si tu te soumets à mes conditions.

» — Nous sommes dans ta main. Fais d'abord cesser la poursuite et l'incendie : après, ordonne ce qu'il te plaira; nous l'exécuterons.

» — Je ne veux pas traiter séparément avec chacune des fractions de la tribu; il faut que toutes viennent à la fois ; alors je rappellerai mes soldats.

» — Retire-les de suite. Moi, je te parle au nom de tous les chefs. Demain soir je les amènerai tous à ton camp.

» — Pourquoi seulement demain soir ?

» — J'ignore où ils sont à cette heure. Tout le monde fuit au hasard et de cent côtés différents. Une journée sera courte pour les rallier tous.

» — Et s'ils refusent de te suivre ?

» — Ils ne refuseront pas.... Que veux-tu qu'ils deviennent?... S'ils refusaient, je viendrais seul à ton camp, et je te servirais de guide pour brûler les autres villages.

» — Va donc les rassembler. Je resterai encore aujourd'hui et demain dans le camp que j'occupe au pied de vos montagnes. Je t'attendrai. »

Avant de traduire cette réponse, le directeur des affaires arabes fait observer au Maréchal qu'en ramenant les troupes et laissant partir le Kabyle on ne conserve aucun gage de sa bonne foi. Dans le cas où ses ouvertures tendraient uniquement à obtenir quelque répit, on pourrait se venger, il est vrai, par une incursion nouvelle; mais ne s'en suivrait-il pas aussi une nouvelle perte d'hommes et de temps? Le Gouverneur réfléchit un instant; il regarde fixement le Kabyle, qui demeure posé dans une attitude très-digne; enfin il répond de la sorte:

« Dis-lui que j'ai confiance en sa parole. La confiance est compagne de la force. Sans aucune garantie de sa part, je vais suspendre ma victoire. On évacuera les villages, on éteindra les feux, on respectera tous les champs qui n'ont pas encore été dévastés. Qu'il parte. Je vais lui signer tout à l'heure un laisser-passer pour franchir nos colonnes éparses. Qu'il songe à tenir sa promesse, ou ma justice serait inflexible. »

Le Kabyle s'incline, baise la main du Gouverneur et s'écrie:

« Si je manque à ma parole, que Dieu me fasse tomber entre tes mains, et que tu m'envoies prisonnier à Paris! Demain avant le coucher du soleil, je t'amènerai tous les chefs des Beni-Abbas. Dans tous les cas, je viendrais seul. »

Le chef kabyle s'éloigne avec un sauf-conduit, et sa courte apparition continue d'occuper vivement le cercle d'officiers qui en a été témoin.

Cependant trois coups de canon donnent le signal de la retraite; les clairons retentissent et se répondent de proche en proche; on voit nos troupes sortir de chaque village, se former en bataille, puis insensiblement s'écouler vers la plaine par différents chemins; elles laissent derrière elles comme un terrible souvenir de leur passage, les coteaux sillonnés de larges bandes noires : ce sont des champs de céréales grillées sur pieds, et au-dessus des pitons d'alentour, quelques nuages de fumée qui les font ressembler à autant de volcans.

Les corps qui ont séjourné dans les villages supérieurs, tels que les zouaves, les tirailleurs indigènes, les chasseurs d'Orléans, le goum, redescendent chargés de butin. Ils emportent des armes en grande quantité, de longues pièces d'étoffes, des tapis, des burnous, dont plusieurs ont été saisis chez le fabricant même, car ils ne sont pas achevés. Les plus heureux ont ramassé des bracelets, des anneaux de pied, des colliers, des pendants d'oreilles, des plaques d'argent ciselé, des ceintures brodées d'or, etc. D'autres, plus grotesques, le fusil en bandoulière, n'ont pas assez de leurs deux mains et de leurs deux bras pour étreindre des chevreaux, des moutons, des volailles qui se débattent, bêlent et crient, accompagnés des imprécations de leurs ravisseurs.

Cependant on recueille comme témoignage de l'industrie des habitants, plusieurs instruments qui servaient à la fabrication de l'huile ou à celle des armes. Azrou est renommé fort au loin pour la belle confection de ses platines qui se vendent jusqu'à Tunis. Plusieurs sont remises au Gouverneur, quelques-unes inachevées, quelques-unes aussi d'une trempe, d'un poli, d'une netteté d'arête, d'une élégance de ciselures bien supérieurs à l'idée la plus favorable qu'on aurait pu s'en faire.

On s'informe le plus tôt possible des pertes éprouvées dans cette brillante attaque. Elles ne se montent qu'à quarante-sept hommes de tout grade hors de combat, sur lesquels huit ou dix blessés mortellement ou déjà morts. Rien ne prouve mieux combien l'on épargne de sang à mener les affaires avec une extrême énergie.

Le lendemain, avant trois heures de l'après-midi, tous les chefs des Beni-Abbas étaient rendus devant la tente du Gouverneur, et les conditions de l'aman leur étaient dictées.

On fixait leur impôt annuel à 50,000 fr.; on leur enjoignit d'obéir dorénavant à *notre khalifa Mokrani*.

Le chef qui s'était présenté, la veille, répondit simplement :

« Nous sommes vaincus. Nous exécuterons toutes tes volontés. » Puis, se tournant avec une fierté sauvage vers le vieux Mokrani :

« Nous lui obéirons, ajouta-t-il, non à cause de lui, mais à cause de toi. C'est toi seul qui nous a vaincus ; lui, sans cela, ne nous eût jamais commandés. Aucun homme, ni de sa race ni d'une autre, ne l'avait pu faire avant toi. » L'orgueil républicain du Kabyle tenait à constater ainsi la nature de sa soumission vis-à-vis d'un grand chef arabe.

A ce trait, on peut en joindre un autre qui achève de peindre ce rigorisme libéral. Le moment de l'investiture était venu. Quatorze chefs devaient commander aux trente villages des Beni-Abbas. On apporta les quatorze burnous ; ils étaient tous pareils, à l'exception d'un seul plus riche et d'une qualité supérieure, qu'on destinait au chef dont l'initiative et l'influence sur les autres avaient été si remarquées. Mokrani s'aperçut à temps de cette distinction, et prévint le Maréchal qu'elle froisserait au plus haut point, non seulement les treize chefs moins bien traités, mais encore les fractions qu'ils représentaient. On tint compte de l'avis, et un cadeau particulier fut substitué à la distinction emblématique du burnous, si compromettante pour l'égalité kabyle.

Pendant cette cérémonie, une sorte de marché bizarre se tenait à l'un des angles de notre camp. Un grand nombre de Beni-Abbas étaient venus racheter à vil prix ou échanger contre des vivres la plupart des objets qui leur avaient été ravis la veille. Il est remarquable qu'aucun désordre n'ait troublé ces transactions d'une nature assez irritante.

La nouvelle du combat d'Azrou avait retenti comme un coup de tonnerre au loin de montagne en montagne, et l'armée, depuis lors, ne rencontra pas une seule tribu qui n'eût envoyé à l'avance ses offres de soumission. Ce furent d'abord les Illoulen, les Beni-Aydell, et deux autres fractions moins importantes qui forment une confédération autour de la zaouïa de Sidi-ben-Ali-Chérif.

La zaouïa, qu'on peut considérer comme le centre du gouvernement de ce petit état théocratique, est située près de Chellata. Notre camp fut posé non loin d'elle, et des communications fréquentes établies pendant deux jours avec les tolbas qui l'habitent, nous fournirent sur son compte un recueil de détails matériels et de légendes religieuses dans lequel nous allons choisir.

La zaouïa de Sidi-ben-Ali-Chérif, renferme trois tombeaux que les Kabyles et même les Arabes viennent visiter de fort loin. Ces tombeaux sont : celui du fondateur de l'établissement, Sidi Mohammed-ben-Ali-

Chérif; celui de Sidi-Saïd, dont les descendants sont aujourd'hui dépositaires du pouvoir, et celui du fameux marabout de Milah, qu'on nommait Cheïkh-el-Tounezy.

L'autorité suprême est passée par extinction dans la famille de Si-Saïd, dont la sainteté justifia hautement cette faveur. Il devint lui-même un objet de récits merveilleux; la voix d'en haut lui dit un jour : « Parle, que désires-tu? Tes souhaits seront accomplis. Veux-tu cinq enfants mâles et cent tolbas qui fassent honneur à ta maison et à la zaouïa.

» — Non, répondit le marabout; mais donnez à chacun de mes successeurs un enfant mâle seulement et cinq cents tolbas distingués : je serai satisfait. »

Depuis ce temps, le peuple reste convaincu que les chefs de la zaouïa doivent avoir tous un fils, mais un seul, et jusqu'ici cela s'est vérifié.

Une prescription singulière est imposée par le fondateur de l'établissement à tous les chefs qui lui succèdent. Elle leur interdit de quitter le territoire du petit état : la crête des montagnes au nord, la rivière au sud, sont pour eux des limites infranchissables, sous les peines les plus terribles, car il n'y va pas de moins que la ruine de la zaouïa, dont l'orgueil et les mauvaises passions du contrevenant deviendraient la cause infaillible. On raconte à ce propos qu'un taleb, ayant emporté dans son enfance le chef actuel de Sidi-ben-Ali-Chérif sur l'autre bord de l'Oued-Sahel, fut tout-à-coup frappé de cécité en punition de ce méfait.

Près de la tombe du fondateur, s'élèvent deux noyers gigantesques, dont on ne peut toucher les fruits avant que l'assemblée générale des tolbas n'ait donné cette licence, et que préalablement le fatah n'ait été dit sur eux. Un taleb ayant eu l'audace d'y toucher avant l'accomplissement de cette cérémonie, fut sévèrement puni de sa gourmandise : une sangsue tombée du ciel lui mordit et lui fit perdre un œil.

La zaouïa de Sidi-ben-Ali-Chérif se distingue des autres par sa moralité. Le taleb convaincu de libertinage en est chassé tout nu, après avoir vu brûler ses vêtements sur la place publique. Il est à remarquer aussi qu'on n'y possède point d'esclaves : lorsqu'il en arrive à titre de présent, on les accepte, mais ils sont affranchis de suite.

A coté d'une semblable coutume et des efforts développés dans ce sanctuaire de science pour la propagation des lumières, on est surpris d'observer un usage digne de l'obscurantisme le plus rétréci. Les villages de Chellata et d'Ighil-ou-Mered renferment, à proprement parler, les serviteurs de la sainte maison; ce sont eux qui l'approvisionnent de bois et d'eau, qui exécutent en un mot toutes les corvées domestiques. Or, afin que cette race de subalternes ne vienne jamais à manquer, les enfants n'y peuvent recevoir aucune instruction; il est défendu sévèrement aux tolbas de leur apprendre même à lire.

Pour la nourriture des pauvres, des élèves et des tolbas, cinq moulins, appartenant à l'établissement, sont toujours en activité. L'un d'eux est affecté spécialement aux hôtes; eux et les malades sont nourris de pain blanc; les gens de la maison mangent du pain d'orge. La pâte se confectionne chez le cheikh; les gens du village de Chellata viennent prendre les pains, ils les font cuire et en conservent un sur cinq en paiement de leur travail.

La zaouïa de Sidi-ben-Ali-Chérif joint à un casuel énorme de belles propriétés foncières; elles lui viennent de son fondateur et de plusieurs donations pieuses, dont la plus importante a été celle d'un marabout fameux, Sidi-Hamed-ou-Msaoud, mort sans postérité. La mission d'aller recueillir les dons des fidèles est confiée à des hommes sûrs; continuellement il y en a sur pied. Leurs circonscriptions de tournées sont au nombre de cinq: les Zouaouas, les environs de Bougie, la Medjana, le Ferdjioua et le Ziban. Ces envoyés-quêteurs emportent avec eux, comme pièce de créance, soit le bâton, soit le chapelet, soit une lettre du marabout. Grâce à ce talisman, ils reçoivent partout un excellent accueil et sont hautement protégés des chefs dont ils traversent le pays.

Il convient d'ajouter que, pour se rendre ces derniers favorables, le chef de la zaouïa leur fait tenir, à certaines époques, des présents connus sous le nom de *baraket el cheikh*, la bénédiction du cheikh. Ce sont des œufs ou des plumes d'autruche, des autruches, des gazelles, des peaux de lion et de tigre, des mules ou mulets, etc.

La demeure du chef suprême est mystérieuse et vénérée comme un sanctuaire. Deux enfants qui n'ont point encore jeûné, se tiennent sans cesse à la porte et arrêtent les indiscrets. Auprès du seuil pend une chaîne de fer; celui qui veut communiquer avec le personnage saint, agite cette chaîne et reçoit alors une réponse.

Si-Mohammed-Saïd, chef actuel de la zaouïa de Sidi-ben-Ali-Chérif et des quatre tribus qui la desservent, est un jeune homme de vingt-cinq ans; ses traits sont beaux et calmes; ses manières sont nobles, distinguées; ses paroles empreintes d'une mansuétude inaltérable. Il a épousé la sœur de Bou-Aokas-ben-Achour, notre grand dignitaire du Ferdjioua; il est aussi parent de notre caïd de Bathna. Ces liens l'avaient conduit à entendre beaucoup parler des Français et à ouvrir dès la première occasion des rapports avec nous. Le général Bedeau, commandant la province de Constantine, avait bien auguré de ses dispositions.

Si-Saïd justifia toutes les préventions favorables

conçues à son égard. Très-supérieur aux autres marabouts en général, ce jeune homme, dans l'horizon borné où les prophéties le retiennent, a su pourtant acquérir une variété de connaissances, une érudition relative, une expérience des hommes, un charme de conversation qui confondent ses interlocuteurs. Il est vrai que s'il ne parcourt point le monde, le monde vient vers lui. Sa zaouïa renferme constamment, soit comme pélerins, soit comme voyageurs, des musulmans très-distingués de toutes les régions.

Si-Saïd paraissant convaincu des avantages matériels que notre présence en Algérie devait amener tôt ou tard, le Maréchal-Gouverneur lui offrit un commandement très-étendu. Mais ce projet fut écarté sur les observations du marabout lui-même. Il prétendit que sa domination religieuse lui interdisait l'exercice actif du pouvoir; il invoqua notre propre intérêt, assurant qu'il nous rendrait plus de services en qualité d'ami qu'en qualité d'agent; il sut faire valoir, avec beaucoup d'adresse, la nécessité, l'avantage de maintenir intacte son indépendance sacrée. A côté d'appréciations justes, ses discours renfermaient quelques subterfuges pour éviter l'investiture, qui n'échappèrent ni au Maréchal, ni à son chef d'affaires arabes; mais, comme exemple, on voulut ménager la classe si importante des marabouts; il répugnait, d'ailleurs, de violenter un homme distingué qui nous rendait, en ce moment même, des services incontestables.

N'acceptant de burnous ni pour lui, ni pour ses marabouts, Si-Saïd se chargea de les distribuer lui-même aux hommes les plus importants de ses tribus. Mais il trouva chez eux, à côté d'une répugnance instinctive contre ce symbole extérieur de la domination chrétienne, des sentiments d'égalité tellement absolue, qu'il eut une peine infinie à les vaincre. Cette affaire, traitée en colloque public, nous donna la mesure de l'art oratoire, des habiles détours, de la patience infatigable qu'il lui faut déployer, en chaque occurrence, pour le maintien de son autorité toute morale.

Ce fut encore le jeune marabout qui servit d'intermédiaire, auprès de nous, à l'importante tribu des Beni-Ourghlis, voisine de sa zaouïa. Grâce à l'effet moral du combat d'Azrou, l'armée passa sans coup férir le fameux défilé de Fellaye, où une redoutable série de positions défensives se développe pendant plus de deux lieues.

III.

Pendant ce temps, la colonne de Sétif s'acheminait vers le point de jonction, après avoir également triomphé des obstacles qu'elle avait rencontrés sur sa route.

Le 16 mai, c'est-à-dire à son troisième bivouac, le lieutenant-général Bedeau campait en face des Reboulas, tribu puissante, industrieuse et de tout temps hostile aux Français. On ne fut donc aucunement surpris de la trouver sous les armes et garnissant des crêtes d'où l'on domine son pays. Une colonne d'attaque soutenue par quatre obusiers, cinquante fusils de rempart et trois escadrons réguliers, gravit rapidement la position. De ce point culminant, l'œil plongeait dans tous les villages de la tribu; on distinguait, entre autres, celui où Muley-Mohammed, l'agitateur de toutes les contrées voisines, venait retrouver au besoin un asile assuré. On l'incendia de même que quelques autres des plus proches. La présence des guerriers kabyles tout autour de notre rayon d'attaque, trahissait une résolution d'inquiéter la retraite; aussi une réserve d'infanterie et de cavalerie fut-elle disposée dans l'unique but de mettre cette tentative à profit. En effet, un retour offensif habilement ménagé refoula tous les assaillants, et les troupes regagnèrent leur bivouac sans entendre un coup de fusil.

Toutefois, les rassemblements hostiles n'étaient pas dissous. Le jour suivant, deux à trois mille hommes des Reboulas et des Beni-Brahim faisaient encore face à notre nouveau camp, qui occupait une position très-peu distante de celui de la veille, mais commandant beaucoup mieux le pays. La division semblait régner dans les conseils de l'ennemi. Tandis que presque tous les chefs prenaient auprès du général l'engagement de se soumettre, de cesser les hostilités et d'interdire leur territoire aux contingents du voisinage, une fusillade assez vive tenait sur pieds nos avant-postes. Mais le soir et la nuit rétablirent l'accord entre les guerriers et leurs chefs; car ceux-ci reparurent à notre camp le lendemain, et la colonne se mit en marche sans éprouver aucune hostilité nouvelle de ce côté.

Elle entrait alors dans le pays des Beni-Ourtilan, et ceux-ci se présentaient en armes pour nous disputer le passage. Ils ne réussirent pas à le retarder d'un moment; le convoi continuait sa marche sous le flanquement de deux bataillons, tandis que l'avant-garde et la droite, courant sur l'ennemi, culbutaient, dispersaient ses groupes tumultueux, et occupaient quatre villages dont la population n'avait pas encore eu le temps de s'enfuir. On détruisit les demeures des hommes signalés comme les principaux agitateurs, et aussitôt la tribu des Beni-Ourtilan sollicita l'aman (1).

Le lendemain 19 mai, cet exemple fut imité par les Beni-Haffif et les Guifsar. Bien plus, les grands chefs Si-Mioub-el-Aratch et Si-Mohammed-ou-Rabah, vinrent au camp du général. C'était la garantie la plus certaine des dispositions pacifiques du pays qui nous restait encore à parcourir jusqu'à la vallée de la Summan. Ces deux brillants combats du 16 et du 18 mai,

(1) Voir la note L.

ne nous coûtèrent que treize hommes tués et quarante-six blessés ; ils amenaient sous notre obéissance toutes les tribus que doit traverser un jour la route de Sétif à Bougie.

Les deux colonnes du Maréchal et du lieutenant-général Bedeau opérèrent leur jonction à une journée de marche au-dessus du confluent de la Summam. Ce fut là que parurent le fils et le neveu de Mohammed-ou-Amzian (1). Quant à lui, malgré les promesses d'aman qu'il avait sollicitées et reçues, trop indigne de notre générosité pour y croire, il n'avait point osé venir. Le Maréchal décida que son neveu recevrait l'investiture des Ouled-Abd-el-Djebar. En ce qui concernait Amzian, il ajouta : « Je n'ai plus rien à lui
» faire dire : trois fois il a demandé l'aman et trois fois
» je le lui ai promis. Son ancien attentat l'empêche
» d'avoir confiance en nous; j'en suis bien aise : c'est
» la justice divine qui l'aveugle ainsi pour assurer son
» châtiment; car s'il se fût rendu de plein gré, nos
» principes d'honneur nous eussent interdit de lui faire
» aucun mal, au lieu qu'insoumis il tombera tôt ou
» tard entre nos mains, et alors nous lui demande-
» rons compte du sang qu'il a versé. »

Le 23 mai, l'armée entière, formant un effectif d'en-

---

(1) L'assassin du commandant Salomon de Musis. Chapitre III.

viron quinze mille hommes, campa face à Bougie sur les revers du col de Thisi. Jamais les Kabyles n'avaient vu de semblables soldats ni en tel nombre; ils en demeurèrent frappés. « Nous avions bien appris, disait l'un
» d'eux, que c'était une folie à nous de résister, tant
» votre puissance était grande; mais nous ne l'avions
» pas vue. Maintenant, *notre œil est satisfait.* »

Le dernier épisode saillant de cette campagne politique fut une cérémonie qui en résumait parfaitement le caractère et le succès: l'investiture solennelle d'environ soixante chefs kabyles. — Le 24 juin, au milieu du jour, tous étaient réunis devant la tente du Maréchal; une salve de six coups de canon leur annonça qu'ils allaient entendre la volonté du roi des Français, leur sultan.

Assisté de deux traducteurs qui reproduisaient ses paroles, l'un en arabe, l'autre en kabyle, le Gouverneur s'exprima à peu près en ces termes :

« Je suis venu, rempli d'intentions pacifiques, vous
» offrir l'ordre et la prospérité. Quelques-uns d'entre
» vous m'ont accueilli de suite, d'autres ont voulu me
» repousser. A ceux-là j'ai rendu guerre pour guerre,
» vous savez ce qui en est arrivé. Je serais en droit
» de les punir; mais le roi des Français, que je représente, est grand et miséricordieux. Voici quelle est
» sa volonté :

» Vous ouvrirez librement au commerce, aux chré-

» tiens comme aux musulmans, le parcours de toutes
» vos routes, notamment celle de Bougie à Sétif.

» Les tribus répondront de tous les méfaits qui se-
» raient commis sur leur territoire; elles y veilleront
» par des postes.

» Vous fournirez des moyens de transport à nos co-
» lonnes, toutes les fois que vous en serez requis; vous
» paierez un impôt modéré, dont le montant pour cha-
» que tribu est déjà fixé : le premier semestre de-
» vra être acquitté de suite, au plus tard dans le délai
» d'un mois.

» Il vous est interdit de faire la guerre entre vous.
» L'autorité française jugera tous vos différends, comme
» elle punira tous les perturbateurs.

» Écartez avec soin Abd-el-Kader et les chérifs qui
» vous prêchent la guerre; car ils empêcheraient l'effet
» de nos bonnes intentions envers vous.

» Nous n'occuperons pas votre pays, nous ne garde-
» rons pas vos routes; mais nous viendrons de temps
» en temps vous visiter, avec une armée comme celle-ci,
» et alors nous châtierons ceux qui se seraient rendus
» coupables de la plus légère infraction. »

Chacune de ces phrases étaient traduite successivement et suivie d'acclamations. La solennité se termina
au bruit de la musique militaire et du canon, par la
distribution des burnous et d'un grand nombre de cadeaux. Les tribus livraient en échange un cheval ou un
mulet de soumission.

Bientôt des actes significatifs vinrent constater les excellentes dispositions de nos nouveaux sujets. Le général Gentil, chargé de ramener à Alger la colonne du Gouverneur, fut partout obéi dans ses réquisitions de bêtes de somme avec une merveilleuse exactitude. Bien plus, les tribus profitèrent de son passage pour acquitter le premier semestre de l'impôt, devançant ainsi d'un mois l'échéance fixée. Le lieutenant-général Bedeau n'eut, à son retour, qu'un engagement secondaire avec une troupe de perturbateurs sans racines dans le pays et dont il fit promptement justice. Quant au Maréchal-Gouverneur, il s'embarqua le 25 à Bougie pour rentrer dans la capitale. Une circonstance imprévue rendit tout-à-coup ce départ mémorable et douloureux pour l'armée. Ce fut là qu'en présence d'une centaine d'officiers, venus spontanément le reconduire à bord, le Maréchal duc d'Isly annonça publiquement le ferme dessein de se démettre de ses hautes fonctions. Peut-être avait-il en effet, depuis long-temps, fixé le terme de son rôle à celui de la conquête, et n'attendait-il plus que cette soumission de la Grande Kabylie, pour emporter dans sa retraite la gloire d'avoir fait flotter sur toute l'Algérie le drapeau de la France.

CHAPITRE XII.

L'INCONNU ET L'AVENIR.

I. Les Zouaouas. — II. Kuelâa. — III. Que deviendra la Grande Kabylie?

I.

Nous voici parvenus au terme de la carrière que nous nous étions tracée. Peindre l'état de la société kabyle, suivre ses phases historiques depuis l'arrivée des Français en Algérie jusqu'aux jours où nous sommes, telle était notre tâche; et si imparfaite qu'en soit l'exécution, nous devons la considérer comme finie. Pouvons-nous cependant borner là cet essai? L'étude attentive du passé n'entraîne-t-elle pas impérieusement après elle quelques réflexions sur l'avenir?

Notre conquête de la Grande Kabylie n'est ni absolument complète, ni encore tout-à-fait inébranlable.

Nos armes n'ont point pesé sur les Zouaouas, pas davantage sur une confédération voisine qui s'étend jusqu'au bord de la mer; toute cette région reste insoumise et ignorée. D'autres points nous sont seulement inconnus, mais leur situation retirée les désignant comme des foyers naturels de révolte, il est bon de s'accoutumer à l'idée d'opérer contre eux. Dans cette catégorie se trouve particulièrement la ville de Kueláa. Nous nous efforcerons de donner ici, sur elle et sur les Zouaouas, tous les renseignements propres à en faciliter au besoin l'attaque.

D'un autre part, s'il est vrai de dire que l'ensemble de la Kabylie nous appartient dès à présent, ne doit-on pas ajouter aussi qu'elle sera prospère ou misérable, se complaira dans une soumission paisible ou nous fatiguera de ses révoltes incessantes, selon les principes de gouvernement dont nous lui ferons l'application? Quelques avis d'hommes pratiques sur cette matière délicate ne manqueraient donc pas d'utilité. Nous leur consacrerons nos dernières pages.

Le pays des Zouaouas embrasse la portion la plus haute, la plus aride des montagnes. Les terres cultivables y sont très-rares: on les travaille à la pioche, et il s'en faut de beaucoup qu'elles fournissent le grain nécessaire à l'alimentation des habitants. Ceux-ci mêmes les consacrent de préférence au jardinage; ils en tirent des artichauts, des lentilles, des fèves, des pois, des haricots, des navets, du poivre rouge; ils ont aussi des plantations de lin et de tabac; ils entretiennent des ruches à miel. Les fruits ne manquent pas : on trouve des kharoubes, des olives, des figues, du raisin, des grenades, des coings, des abricots, des pêches, des poires et des pommes. Le gland doux abonde surtout : il est un des principaux éléments de la nourriture des Zouaouas, qui le mangent grillé ou en font une espèce de couscoussou par le mélange de sa farine avec celle de l'orge.

La chasse leur vient en aide, surtout à certaines époques. Ils se servent de petit plomb qu'ils fabriquent ou nous achètent, ou le remplacent par du gravier fin; ils poursuivent le lièvre, le lapin, la perdrix, la caille, la colombe, le pigeon, la grive, l'étourneau. S'ils diffèrent en cela des Arabes, qui ne font ces chasses qu'au piège, comme eux ils sont accoutumés à traquer la grosse bête. Le lion est très-rare dans le pays, à cause de la grande population : la panthère y est plus répandue. On la détruit souvent au moyen d'une espèce de machine infernale, composée de plusieurs fusils dont les canons entrecroisés abritent un morceau de viande correspondant à leurs batteries par des fils propres à en déterminer le jeu. L'animal se plaçant en face, pour tirer sa proie, produit lui-même l'explosion qui le tue.

Les montagnes des Zouaouas renferment en outre beaucoup d'hyènes, de sangliers, de chacals, de renards et de hérissons; le singe y est particulièrement répandu en quantité prodigieuse, et y exerce des dégâts notables. Des troupes de singes, en quelque sorte disciplinées, détachant à distance des sentinelles qui les avertissent du danger, viennent s'abattre à l'improviste sur les jardins et les dépouillent, à moins que, surprises à leur tour, elles n'y soient égorgées en masse.

Toutefois les ressources en fruits, en légumes, en produits de chasse, seraient loin de suffire aux besoins de la population; mais elle cultive en outre l'industrie, dont elle a grand besoin pour vivre.

Les Zouaouas fabriquent de la poudre, des bois et des batteries de fusil (mais non pas les canons), des pioches, des haches, des socs de charrue, des faucilles, des mors; ils confectionnent des kabayas (chemises en laine), des burnous, des chachias blanches, des cardes pour la laine, des chapeaux de paille, des nattes, des paniers (kouffa), des cordes en laine, en paille, en palmier nain, en poils de chèvre ou de chameau, des sacs en cuir, des peaux de bouc, des bâts de mulets. Leurs ouvriers en bois livrent des portes, des coffres, des plats d'une seule rondelle, des sabots, de grandes plaques en chêne-liège pour couvrir les maisons. On trouve encore chez eux des tanneurs, des teinturiers, des maçons, des tuiliers, des potiers et même des cordonniers. La plupart de tous leurs produits se vendent au-dehors. Deux industries dominent toutes les précédentes par leur extension : la fabrication de l'huile au moyen de pressoirs grossiers, et celle de la fausse-monnaie, que nous avons fait connaître en détail. On cite aussi quelques fractions de tribus fort peu considérées par ce motif, dont la seule industrie consiste à fournir des musiciens dans toute l'Algérie. Leurs instruments sont : deux sortes de flûtes ; l'une ayant quelque analogie avec la clarinette, l'autre faite avec un roseau et d'une dimension très-courte; ensuite plusieurs espèces de tambours : le *deuf*, qui est le plus petit de tous, le *derbouka*, où la peau est tendue sur un vase en terre cuite; puis un troisième, qui ressemble beaucoup à notre tambour de basque.

Mais de tous les moyens qu'emploient les Zouaouas pour lutter contre la misère de leur pays natal, le plus commun, comme le plus infaillible, est l'émigration temporaire. Ils sont les Auvergnats de la Grande Kabylie. Leurs pérégrinations s'exercent même sur une échelle plus étendue que celle de nos besoigneux montagnards. En effet, non seulement on les voit en tournée lointaine, s'engager comme domestiques, maçons, moissonneurs ou soldats, amasser un petit pécule et revenir alors au pays pour s'y marier; non seulement chaque famille compte presque toujours un de ses fils en excursion prolongée de ce genre; mais encore beaucoup d'autres exercent, à proprement parler, le métier de colporteurs entre la montagne et la plaine. Ils partent avec un chargement d'épicerie (*atria*) et quelques articles de toilette, de verroterie; par exemple, ils emportent du piment, du poivre rouge et noir, du henné pour teindre les ongles, du musc, du fil et des aiguilles, des couteaux, des ciseaux, du sulfure d'antimoine, du soufre, etc. Ils brocantent ces articles de marchés en marchés arabes, et finissent par rentrer chez eux après les avoir transformés en laine, en ânes, en bœufs et en argent.

Il règne au pays des Zouaouas une multitude de dissensions politiques. On s'attendrait facilement à ce qu'il en fût ainsi de tribus à tribus, ou de fractions à autres; mais quelquefois, ces germes d'implacable hostilité subsistent dans l'intérieur d'un même village. Il n'est pas rare alors de voir bâtir un mur qui le sépare en deux parties, de voir s'élever des tours d'où chacun observe les mouvements de son ennemi, et peut saisir, pour lui faire du mal, l'instant où ses troupeaux vont paître, où l'on fait la provision d'eau, etc.

Sid-el-Djoudi, chef des Zouaouas, exerce plutôt sur eux une grande influence qu'une autorité régulière. Depuis plusieurs années, sa raison passe pour être obscurcie par les fumées d'un amour-propre ridicule. Dans sa correspondance, il s'intitule *l'orgueil des montagnes*: à part ce trait, qui le peint assez bien, le reste en est d'une profonde incohérence. Il se pose toujours en ami des Français, mais on ne peut tirer de lui aucune démarche décisive. Dès que le Maréchal parut dans la haute Summam, il annonça l'intention de se rendre à son camp, et lui envoya en présent plusieurs charges de neige pour rafraîchir sa boisson; puis il ne parut point. Quelques-uns des siens vinrent même prendre part à l'attaque nocturne des Beni-Abbas. Il rejeta le tout sur l'effervescence des Zouaouas, et prétendit qu'ils les empêchait de descendre à un grand rendez-vous militaire aux environs d'Akbou. Nos défiances furent encore accrues par Si Mohammed-Saïd, qui manifesta quelques craintes de voir sa zaouïa exposée aux insultes des Zouaouas, pour avoir reconnu l'autorité française. Aussi, le Gouverneur était-il bien tenté de frapper sur ces montagnards un coup doublement profitable, en ce qu'il retentirait à la fois dans la vallée de la Summam et dans celle du Sebaou.

Interpellé sur ce qu'on pourrait trouver chez eux en fait d'eaux, de chemins, de campements, Si Saïd répondit : « Ne serait-ce pas bien mal à moi de livrer

» ainsi mes frères en religion, sans avoir épuisé d'abord,
» pour les conduire au bien, toutes les ressources de
» la persuasion ? Que l'armée continue sa marche sur
» Bougie, et j'essaierai, pendant ce temps, d'amener
» les montagnards à composition. Quand elle revien-
» dra, si mes paroles ont été perdues, moi-même je
» la conduirai, par un chemin facile, au bord d'un lac
» supérieur, d'où elle dominera presque toute la région
» insoumise, et où son camp sera très-bien assis. »

Le Maréchal n'insista pas; mais une fois renseigné à demi, il obtint facilement, par d'autres bouches, les documents complémentaires. A une lieue environ au-dessous du bivouac de Chellata, nous aperçûmes très-distinctement, à notre gauche, sur un contre-fort assez doux, le chemin qui conduit vers ce lac supérieur où le camp devrait être posé, pendant que des colonnes légères attaqueraient successivement tous les villages des Zouaouas.

D'ailleurs, est-il bien nécessaire de recourir aux armes pour obtenir la soumission des Zouaouas, pour les châtier toutes les fois qu'ils l'auront mérité ? Nous sommes loin de le penser; les renseignements qui précèdent font voir à quel point ces montagnards inaccessibles dépendent de la plaine, à quel point ils sont dans la main d'une autorité régulière, qui sait se faire obéir de tout le reste du pays. En effet, qu'on les bloque sur leur territoire improductif, qu'on leur ferme les issues peu nombreuses de l'Oued-Sahel et de l'Oued-Sebaou par lesquelles ils se rendent en pays arabe; qu'on fasse saisir par nos caïds, sur tous les marchés de l'Algérie, les Zouaouas qui seraient parvenus à violer la consigne; on réduira de la sorte les tribus les plus pauvres en cent jours, les autres en un an, les plus riches en dix-huit mois; et on les réduira, sans coup férir, par la seule efficacité d'une mesure administrative.

II [1].

Presque toutes les villes que nous avons trouvées en Algérie semblait avoir été bâties sous l'empire de la crainte. Vainement eût-on cherché, dans un vaste rayon autour d'elles, une position plus retirée, plus inaccessible, plus inexpugnable que la leur; Kueldâa, sous ce rapport, passe à bon droit pour une merveille. Le seul point par lequel un corps de troupes puisse en tenter l'approche est Bouni, du côté de la Medjana. Entre cette région arabe et la région kabyle, un phénomène naturel indique nettement la limite. Près du village de Djedida s'ouvre une porte colossale au milieu

---

(1) Les renseignements très-curieux contenus dans ce numéro, nous ont été fournis par M. de Chevarrier, touriste distingué, qui a parcouru toute la Medjana, sous la seule protection des indigènes, et vraisemblablement le seul Européen qui soit entré dans Kueldâa.

des rochers ; et cette porte en effet sépare deux pays dont le contraste est saisissant. Qu'on la franchisse vers le sud, on admire aussitôt les riches cultures et les moissons dorées de la Medjana. Qu'on la traverse dans la direction du nord, l'œil ne rencontre plus qu'un sol abrupt et tourmenté, une végétation languissante, des crêtes couronnées de quelques arbres résineux ; mais à mesure qu'on s'élève, le paysage revêt insensiblement ce genre de beauté propre à la nature des montagnes. Une source magnifique jaillit d'un roc immense, coupé verticalement, couvert de mousse, ombragé de mille plantes flexibles. De ce point, un sentier part, serpente entre deux rochers qui l'encaissent comme des murailles gigantesques, et il débouche sur le plateau culminant de Bouni.

Trois lieues séparent Bouni de Kueláa : ce sont les difficultés de cette route qui dépassent tout ce qu'on peut imaginer ; elle circule presque toujours sur une crête amincie, effilée, offrant parfois un mètre de largeur, avec d'effrayants précipices à droite et à gauche. Enfin, le terme du voyage est annoncé par deux pitons que l'on contourne, et l'on arrive sur un plateau de six kilomètres, qui ne tient à la surface terrestre par aucun autre point. Porté sur des murailles de roc, verticales ou en surplomb, dans lesquelles on a pu tailler à grand'peine quelques sentiers de chèvres, ce plateau semble un môle immense auquel le soulèvement isolé, dont on vient de parcourir la crête, servirait de jetée gigantesque ; et tout cela domine un bassin en forme d'entonnoir, qui achève de rendre le tableau tout-à-fait fantastique.

Cette plate-forme, l'un des jeux les plus bizarres de la nature, porte quatre villages ou quartiers dont l'ensemble constitue la ville de Kueláa. Nous avons déjà relaté le rôle brillant des Mokhranis dans cette localité ; ils lui auraient fourni plusieurs sultans, ou, selon d'autres versions, un seul, Abd-el-Aziz, qui aurait été assassiné par des gens du quartier de Chouarikh. Les ruines que l'on trouve aujourd'hui sur cet emplacement, à la pointe nord-est du plateau, constateraient, dit-on, la vengeance mémorable tirée de ce forfait. On montre également, sur ce point, une mâsure crénelée, qui s'appelle *Bordj-el-feteun* (le fort de la dispute).

Abd-el-Aziz passe non seulement pour avoir bâti la Casbah, dont on voit encore les ruines, mais pour avoir introduit dans Kueláa quatre canons de gros calibre. Eu égard au site de la ville, ce fait serait traité de fabuleux, si les quatre pièces n'en attestaient encore par leur présence l'inexplicable vérité. Deux sont du calibre de 36 et d'origine française, car elles portent les fleurs de lys et une L surmontée de la couronne royale. La troisième était beaucoup moindre, la quatrième est cassée. Elles jonchent aujourd'hui la terre, l'une sous un arbre au village des Ouled-Hamadouche, les autres près de la mosquée d'Ouled-Yahia-ben-Daoud et dans les mares (gheder) des Ouled-Aïssa. Les habitants conservent encore quelques notions exactes sur la charge de ces pièces; ils disent que les plus grosses portent un boulet plein de dix-huit kilogrammes, et consomment à chaque coup six kilogrammes de poudre.

Aujourd'hui, après des révolutions successives qui ont transporté le pouvoir de mains en mains, depuis les premiers Mokhranis jusqu'aux Turcs, les habitants du plateau de Kueláa se gouvernent eux mêmes, par l'intermédiaire d'une djemmâ nationale. Ils peuvent lever 700 fusils. Leur fraction tient une place importante dans le soff des Beni-Abbas.

L'aspect général de Kueláa est riant, il atteste l'aisance; les maisons ordinairement bien construites, souvent crépies à la chaux, toujours couvertes en tuiles, offrent le plan commun à la plupart des habitations mauresques. La porte d'entrée en marqueterie grossière où le jaune, le rouge et le vert, se repoussent mutuellement, donne accès dans une cour intérieure ombragée par deux ou trois arbres; les chambres du rez-de-chaussée servent d'écurie, de cuisine, de grenier à fourrage; l'étage supérieur est celui qu'on habite. Les mêmes proportions architecturales règnent sensiblement partout. Aussi la grande mosquée domine-t-elle la ville entière; une galerie formée de plusieurs cintres et deux peupliers qui décorent son entrée, lui donnent un aspect gracieux.

Malheureusement, la ville manque d'eau. Point de sources, point de puits, point de citernes. Sur le bord d'une allée qui réunit les quartiers Ben-Daoud et Ouled-Aïssa, on a creusé sept bassins dans le roc; l'eau n'y tombe que goutte à goutte. Pendant l'hiver les eaux pluviales, les mares suffisent à tous les besoins des habitants; mais pendant la sécheresse, ils sont obligés de recourir à l'Oued-Beni-Hamadouche, qui serpente au fond de leur ravin, à plus d'une demi-lieue, et où ils ne peuvent arriver que par les sentiers véritablement périlleux dont nous avons parlé. Sur les bords de cette rivière on trouve aussi les cultures de l'endroit (1); elles ne suffiraient point à nourrir la dixième partie de ses habitants, s'ils ne trouvaient dans l'industrie et le commerce de puissantes ressources.

Les gens de Kuelâa, sous ce rapport, sont dignes d'appartenir aux laborieux Beni-Abbas; ils fabriquent une énorme quantité de vêtements en laine, qu'ils vont vendre au loin dans l'Algérie et même dans les autres états barbaresques. On compte toujours plus de

---

(1) La seule qui mérite une mention spéciale est celle du *thaye*, arbuste dont la feuille donne une décoction analogue à celle du thé, plus agréable même, au dire des gens de Kuelâa.

trois cents des leurs expatriés à Constantine, Alger, Bône, Médéah, Tlemcen ou Tunis, s'occupant de travailler la soie, de monter des burnous, des gandouras, etc. Les femmes ne restent point oisives : elles tissent avec une perfection et une célérité qui les rendent pour leurs maris une véritable source de richesses; aussi sont-elles très-recherchées par ce motif, et en raison de leur réputation de beauté. Cette distinction de race semble avoir introduit dans les mœurs du pays une élégance à-peu-près inconnue au reste de la Kabylie. On y trouve infiniment plus de recherche et de propreté dans le costume. A l'ombre des treillages qui garnissent certaines rues, ou à celle des bouquets d'arbres qui s'échappent de toutes les cours intérieures, on aperçoit les indigènes vêtus d'une gandoura, de deux burnous, et portant sur la tête une chachia rouge entourée d'un turban de cotonnade blanche.

Le dernier trait qui nous reste à tracer pour compléter la physionomie de Kuelâa caractériserait, à lui seul, l'état de désordre et d'anarchie dont cette contrée fut si longtemps victime. La position de Kuelâa en avait fait un lieu de refuge, où toutes les grandes familles venaient mettre à l'abri leur fortune et non pas seulement leurs bijoux, leurs espèces, mais leurs grains même qu'ils enfouissaient dans de vastes mannes isolées du contact de la terre au moyen d'un lit de rondins. Les divers membres de la famille Mokhrani possèdent ensemble une douzaine de maisons à Kueláa. Souvent, quoiqu'on y soit propriétaire et qu'on y ait des serviteurs fidèles, on préfère confier son argent, ses bijoux, à de simples habitants. Ce dépôt reste constaté par un écrit double, signé en présence de témoins qui assistent également à la remise des objets dans une boîte, et à la fermeture de celle-ci. Jamais il n'y eut exemple, dit-on, d'un dépositaire infidèle. Bien des fois, d'irréconciliables ennemis qui bouleversaient toute la contrée environnante, eurent leurs fortunes entières déposées porte à porte dans cette ville de neutralité. Aussi en est-il résulté pour elle une bienveillance générale; au milieu des guerres les plus acharnées, ses enfants trouvaient de part et d'autre un accueil favorable.

III.

Revenons à la Grande Kabylie pour l'embrasser une dernière fois d'un coup-d'œil général. Elle est conquise: quelle destinée lui fera son conquérant?

A lui s'offre une population condensée, laborieuse, non pas sauvage, mais à demi barbare, moins esclave de sa religion que de ses marabouts, indépendante depuis des siècles, et depuis des siècles aussi invariablement attachée à ses coutumes nationales.

Aux temps passés où l'esprit de conquête était entaché de violence, de fanatisme et de rapacité, peut-être le vainqueur fût-il parvenu à détruire en partie cette population, à lui ravir le sol pour le distribuer à des immigrants de sa race? Peut-être eût-il ramené par le fer sous les lois de l'Évangile, ceux dont les ancêtres jadis furent convertis de la sorte au Koran ? Peut-être, en un mot, par un abus impitoyable de la disproportion des forces, eût-il réussi à comprimer toute résistance sous le poids de la terreur et à noyer dans des flots de sang l'antique nationalité kabyle. L'invasion des Arabes, celle des Barbares du Nord montrent quelquefois le succès au bout de ces moyens terribles; mais leur emploi, dans notre siècle, ne peut pas même être sérieusement mis en discussion.

Si le conquérant civilisé apporte à l'accomplissement de son œuvre des moyens matériels supérieurs à ceux du conquérant Barbare, d'un autre côté, sa marche est à chaque pas entravée par des considérations morales, humanitaires, dont l'autre s'affranchit toujours, et auxquelles le vaincu ne sait jamais rendre justice. Toutefois, ni ce dernier mécompte, ni aucun autre, ne lui permettent de méconnaître son honorable caractère; le seul but qu'il puisse s'avouer à lui-même, dans une tentative d'agrandissement quelconque, est la propagation des lumières, la communication du bien-être, le progrès continu de l'œuvre civilisatrice appliquée à l'espèce humaine.

Mais précisons ce noble but afin de signaler l'écueil qu'on trouverait en le dépassant.

Les lumières, le bien-être, le progrès, la civilisation pour tout dire en un mot, n'ont-ils qu'une forme possible? Sur le nombre des peuples qui de plus près ou de plus loin y tendent par des routes évidemment non convergentes, faudrait-il admettre qu'un seul dût réellement atteindre cet idéal absolu, tandis que tous les autres ne se rapprocheraient incessamment que d'une inconcevable chimère? Non, non; la civilisation n'est point un moule coërcitif, elle est un vêtement souple qui permet à chacun de se mouvoir en liberté selon le vœu de sa nature originale; et c'est par cette pensée qu'on s'élève à la prévision du plus magnifique spectacle dont la terre puisse devenir le théâtre : celui de toutes les nations qui la couvrent, unanimes sur les grands principes de droit naturel et de conscience humaine, mais diverses dans leurs génies, constantes dans leur patriotisme individuel, continuant d'agrandir, grâce à la variété de leurs efforts, le domaine sacré des beaux-arts et de l'industrie, où l'esprit d'exclusion eût tout desséché par son souffle; enfin, dans leur sein même, sachant unir au culte de la communauté le respect du cachet personnel dont la Providence n'a pas doté ses moindres créatures pour nous léguer la triste tâche de les ramener toutes à un type unique, mais bien pour nous apprendre que nous devons les accepter ainsi et trouver le secret d'en jouir avec celui de les harmonier.

Si nous dirigions en effet, conformément à ces idées, nos tentatives de culture sociale dans la Grande Kabylie, nous reconnaîtrons qu'elles n'exigent ni défoncements profonds, ni engrais de sang humain. Notre philanthropie se réjouira d'observer quelques traces d'art sur ce sol qui passait pour brut; elle concevra l'espérance de transformer, avec l'aide du temps, les hommes et les choses, sans compromettre aucun intérêt matériel, sans heurter aucun sentiment national.

Dans la Grande Kabylie, la terre manque à l'indigène : irons-nous la lui mesurer plus parcimonieusement encore, afin d'en jeter quelques lambeaux à des colons européens? La politique et l'équité condamneraient également un semblable système. C'est par une voie plus détournée, mais aussi plus conciliante, que le peuple instituteur doit entrer en partage avec son élève de la surabondance de biens due à leur association.

Si l'ensemble des faits groupés dans cet ouvrage pouvait exercer quelque influence sur l'opinion publique, son premier résultat devrait être d'y déraciner le fâcheux préjuge d'une antipathie instinctive entre la race française et la race kabyle. Loin de paraître incompatibles, ces deux races ont, au contraire, un grand point de contact : elles sont ouvrières l'une et l'autre. Le manœuvre kabyle vient travailler incessamment dans l'atelier français ; pourquoi l'industriel français n'irait-il pas civiliser l'atelier kabyle ? Pourquoi, sous la haute protection de notre gouvernement et avec l'anaya des marabouts, d'habiles ouvriers n'importeraient-ils pas successivement nos procédés supérieurs dans les huileries, dans les mines, dans les forges, dans les fabriques d'armes de la Grande Kabylie ? Croit-on qu'un ouvrier, même Barbare, puisse méconnaître la supériorité réelle dans son art, ou qu'il refuse de l'atteindre en s'associant celui qui la possède ?

D'un autre côté, nos émigrants français en Algérie sont d'une espèce qui réclame impérieusement ces fonctions dirigeantes. Chez nous, la classe exubérante qui s'expatrie n'est point celle des travailleurs subalternes : l'agriculture et bien des professions réclament sans cesse, réclament vainement des bras. Mais il existe une classe moyenne d'industrie qui, soit présomption, soit amour-propre légitime, ne trouve point sa place en France et la cherche résolument jusque sur la terre d'Afrique; or, cette place n'est point à la charrue ; elle n'est point au bas de l'établi. Interrogez le cultivateur, l'artisan qui débarquent : un jour l'adversité pourra bien les contraindre d'entrer en condition ; mais aujourd'hui, tel n'est pas leur dessein ; tous deux, avec une intelligence hardie et un faible pécule, aspirent au métier d'entrepreneur. Celui-ci veut ouvrir un atelier, l'autre demande une concession et deviendra propriétaire : l'ambition de grandir a pu seule les arracher à la patrie. Ce n'est donc pas seulement un accès de plain-pied, c'est un rang qu'ils demandent dans la hiérarchie industrielle du pays; il leur faut des agents d'exécution, et ils ne pourront guère les trouver qu'au sein de la race vaincue.

Si jamais semblable fusion s'opère, toutes les difficultés de notre conquête s'aplaniront immédiatement; s'il est permis de la tenter quelque part, c'est dans la Grande Kabylie, à cause des tendances industrielles, pacifiques, laborieuses de sa population, à cause aussi des branches d'exploitation très-importantes qu'elle offre déjà comme appât aux capitaux intelligents d'Europe.

Voilà pourquoi, respectés du pouvoir et servis par une association libre avec les particuliers, ces intérêts matériels de la Grande Kabylie, qui dominent au fond toute sa politique, loin de se dresser contre nous entreraient à notre service. Il reste à nous préoccuper des instincts nationaux : quels en sont les mobiles essentiels? Aucune incertitude ne subsiste à leur égard après les tableaux de mœurs et les scènes d'histoire qui viennent d'être déroulés. Énumérons seulement les préceptes dont ils nous révèlent l'importance.

Maintien des formes républicaines de la tribu, délégation de l'exercice du pouvoir à ses amines, à ses marabouts ; emploi judicieux des soffs et des grandes familles qui les dominent pour appuyer notre centralisation sur celle même que les tribus acceptent, et investir de notre autorité précisément les hommes dont l'influence personnelle est déjà reconnue ; respect aux lois antiques du pays, à ces kanôuns traditionnels qui d'ailleurs ne froissent en rien nos grands principes de droit public ; ces bases une fois posées, notre édifice n'aura plus de secousse à craindre que sur le terrain des impôts.

La politique intéressée des marabouts a développé chez les Kabyles une profonde horreur du tribut envers l'étranger. Cela ce conçoit sans peine : les marabouts sont les premières victimes de l'impôt, puisque tout le superflu du peuple leur revient immanquablement. Toutefois, si nos exigences restent légères, si nous les compensons par des travaux d'utilité publique, tels que routes, ponts, viaducs, barrages, dessèchements, avec l'impulsion nouvelle donnée à l'industrie et au commerce, la richesse du pays augmentera, et ceux qui en bénéficient le plus nous seront attachés par l'intérêt ; ils deviendront nos alliés contre ces chérifs turbulents, leurs rivaux naturels, dont le métier consiste à parcourir la terre musulmane en y prêchant la guerre sainte.

Notre domination ne court aucun péril à s'associer les marabouts, sûre qu'elle est de les absorber tôt ou tard. Leur influence repose sur un besoin d'ordre et non sur un instinct de fanatisme : qu'arrivera-t-il à la longue ? Les Kabyles s'habitueront à reconnaître peu à peu qu'en nous réside tout principe de force et de stabilité; cependant, leur foi religieuse n'aura pas acquis plus d'ardeur : ainsi, le temps fera perdre aux marabouts une partie de leur utilité terrestre, et n'ajoutera rien à leur autorité divine.

Sans chercher même à préciser l'époque où le gouvernement de la Grande Kabylie pourra devenir plus direct, remettons-en tous les détails aux chefs des premières familles et aux marabouts; n'inquiétons le pays par la présence d'aucun poste intérieur, mais sachons y poser le principe d'une responsabilité sévère; qu'aucun désordre grave ne demeure impuni. La répression nous est facile : on peut l'affirmer, aujourd'hui que presque toute la contrée nous est connue. A part quelques mois rigoureux, nos colonnes sont en état d'opérer dans ces montagnes en toute saison; elles y rencontreront toujours de beaux villages qui ne peuvent nous fuir comme des camps arabes, le matériel, les produits industriels, les jardins et les arbres; au printemps, elles y trouveront de plus les vallées garnies à perte de vue d'abondantes récoltes. Une région si vulnérable n'est qu'à vingt lieues d'Alger; nous l'abordons en outre directement par ses quatre angles : Dellys, Bougie, Sétif, Aumale; ne sommes-nous pas en droit de dire qu'elle est dans notre main ?

En résumé, que deviendra la Grande Kabylie?

Sous l'empire des principes indiqués ci-dessus, elle atteindrait, c'est notre conviction intime, un haut degré de prospérité. La richesse intérieure, se développant par le concours d'agents et de capitaux français, viendrait affluer largement aux deux ports de Bougie et de Dellys, et offrir enfin quelques échanges à nos produits nationaux.

L'instinct commercial du peuple conquérant a si bien partagé cette conviction que, par deux fois, il s'est précipité au-devant d'un tel avenir avec une incroyable ardeur. Bougie, dans l'année de son occupation, compta jusqu'à 1,500 habitants : plus des trois-quarts ont disparu; mais ils ont laissé là un petit monument, symbole à nos yeux du vaste avenir de Bougie. Ce monument, c'est un pauvre moulin à huile qui n'a jamais vécu que sur la récolte minime des oliviers contenus dans la ligne de nos avant-postes; or, qu'on y songe, la Kabylie est maintenant ouverte, le moulin ne chômera plus; une vaste contrée sera son tributaire. Dellys, avant la fin de 1845, c'est-à-dire également au bout d'une année, comptait 400 habitants, une soixantaine de maisons bâties et environ 500,000 francs engagés.

Au point de vue maritime, la nature a fait quelque chose pour l'une de ces localités, beaucoup pour l'autre. Toutes deux obtiendront, moyennant une dépense modique, un port de commerce assez vaste ; Bougie conservera de plus un des meilleurs mouillages de la côte algérienne, celui de Sidi-Yahia, qui peut abriter une escadre.

Ces deux comptoirs deviendront rationnellement des centres de populations européennes adonnées à l'industrie et au commerce, tandis que la production agricole restera confiée aux mains des indigènes moins dispendieuses que les nôtres. Il y aurait de la sorte, à l'intérieur, une nation kabyle en voie de progrès, et sur la côte, une colonie française en pleine prospérité. Ainsi, la force liante du gouvernement et la vive attraction des intérêts privés associeraient deux races dont la destinée, jusqu'ici, semblait être de s'entre-détruire.

Mais cette œuvre est si délicate, elle exige une telle mesure de prudence et de fermeté, tant d'accord et de constance dans les vues du pouvoir, elle peut se trouver compromise par des incidents si imprévus, par des agents si subalternes, elle exige si impérieusement le maintien d'un grand effectif militaire en Algérie, et par suite la stabilité des relations internationales qui subsistent déjà depuis plus de trente années en Europe; en un mot, elle dépasse si fort la puissance des plus grands et la prévision des plus sages, qu'au milieu même des espérances les mieux fondées, nous ne pouvons nous défendre d'un certain sentiment d'inquiétude en méditant cette question sans bornes : Que deviendra la Grande Kabylie ?

TABLEAU DE L'ORGANISATION POLITIQUE ET DES FORCES MILITAIRES DE LA GRANDE KABYLIE.

NOTES

NOTE A.

ARMÉE D'AFRIQUE.

Rapport sur l'expédition de Bougie.

L'expédition de Bougie, organisée à Toulon, est partie de ce port le 22 septembre, sous les ordres du général Trézel et de M. le capitaine de frégate de Perseval, commandant la flottille.

Le concert parfait qui n'a cessé d'exister entre la marine et l'armée de terre, a permis d'arrêter à l'avance les meilleures dispositions qu'il fut possible de prendre pour assurer son succès.

. . . .

Première journée, 29 septembre.

La division navale, bien ralliée, arriva le 29, à la pointe du jour sur la rade de Bougie; le défaut du vent, et la nécessité de ne s'avancer qu'en sondant pour choisir les points d'embossage, donnèrent le temps aux habitants de la ville qui occupaient les forts, et aux Kabaïles des environs, de se préparer à la résistance.

Les cinq forts tirèrent presque en même temps sur la flottille; mais le feu de nos bâtiments, par sa vigueur et sa précision, eut bientôt éteint presque entièrement celui des forts.

A dix heures du matin, les troupes furent remorquées sur le rivage ; à leur approche, un feu de mousqueterie atteignit les premières chaloupes ; plusieurs militaires furent grièvement blessés, entre autres le lieutenant Mollière, officier d'ordonnance du général Trézel, qui reçut une balle à la tête ; il débarqua néanmoins avec la troupe qu'il était chargé de conduire, la dirigea sur le fort d'Abd-el-Kader, et ne la quitta que lorsque les forces lui eurent totalement manqué.

Le général Trézel suivait immédiatement les premières chaloupes, pour diriger les colonnes. Mais en prenant la terre, il trouva les troupes déjà lancées par leurs officiers vers une hauteur, à droite, et le capitaine Lamoricière déjà engagé, à gauche, dans les sinuosités qui conduisent à la Casbah et au fort Moussa. Il monta vers le dernier fort qui domine toute la ville, et dont la possession était extrêmement urgente, avec les premières troupes qui débarquèrent après lui.

Au moment où il y parvint, les capitaines Lamoricière et Saint-Germain s'en étaient déjà emparés ; cependant, le feu était encore vif sur les hauteurs de droite et dans les ravins ; l'ennemi ne les abandonnait que pied à pied, et restait dans les maisons et les jardins jusqu'à ce qu'on les eût dépassés. On eut plusieurs blessés de ce côté : le chef de bataillon Esselin, du 59e, et le capitaine Barbari furent du nombre. Le général Trézel ayant pourvu au remplacement de M. Esselin, par le chef de bataillon Montulé, se rendit sur les lieux avec deux obusiers de montagne, pour s'assurer de la pente de Bridja, d'où l'on plonge sur le point de débarquement.

La prise de possession des trois forts principaux, et ces mouvements, nécessairement morcelés, n'avaient plus laissé qu'une seule compagnie pour garder le dernier point occupé. Le feu continuant avec vivacité, le général Trézel demanda au commandant de la division navale 200 marins qu'il s'empressa d'envoyer, et qui fournirent une excellente réserve qui a depuis merveilleusement combattu.

Le soir, on comptait une vingtaine d'hommes tués et environ 50 blessés.

Le feu continua pendant la nuit ; et comme la pleine lune la rendait fort claire, le général Trézel envoya à la droite une pièce de 8 que l'on venait de débarquer, et que les canonniers, à force de patience et d'adresse, réussirent à faire gravir la pente escarpée qu'il fallait franchir.

Deuxième journée, 30 septembre.

A la pointe du jour, le général Trézel visita les postes de la gauche, inquiétés par les Kabaïles embusqués dans quelques groupes de maisons, et il fit renforcer par une pièce de 8 l'artillerie du fort Moussa.

Cette pièce, escortée par une compagnie d'infanterie, fut arrêtée un moment par le feu des Kabaïles; mais le capitaine Gibert (4e compagnie du 2e bataillon du 59e), qui s'était déjà fait remarquer la veille, courut sur l'ennemi avec une partie de sa compagnie, le mit en fuite; et l'intrépidité et le sang-froid du capitaine Lamoricière, qui conduisait ce convoi, firent cesser aussitôt ce moment d'hésitation.

Le fort de la Casbah reçut aussi un obusier de 24 (son armement a été depuis complété au fur et à mesure du débarquement du matériel de l'artillerie).

Des chaloupes furent employées à balayer la côte de l'ouest, par laquelle arrivaient continuellement des partis de Kabaïles qui avaient établi un camp près d'une tour en pierre, située à une demi-lieue de distance de la ville.

Troisième journée, 1er octobre.

Dans la matinée, les Kabaïles firent une attaque fort vive sur les parties faibles de nos positions; le général Trézel s'y porta sur-le-champ, et ordonna au colonel du 59e de faire sortir du fort Moussa une colonne qui prit l'ennemi en flanc et à dos. De son côté, le général en fit porter une autre vers la tête du grand ravin qui coupe la ville en deux. Toute notre droite était vue des hauteurs qu'occupait l'ennemi, et il fallut plus de deux heures pour l'en déloger à travers des maisons, des jardins et des plantations d'oliviers d'où il tirait sans se découvrir. Enfin, le capitaine Lamoricière parvint à s'emparer, avec ses deux compagnies, d'un marabout situé à la tête du ravin, et une demi-heure après, la colonne de gauche était assez avancée pour que ce poste très-important nous fût assuré. Malgré le feu de l'artillerie de la Casbah, du fort Moussa et d'une batterie de deux obusiers de montagne et d'une pièce de 8, qui tirait à petite portée, et détruisait les maisons occupées par les Kabaïles, ceux-ci se maintenaient jusqu'à ce qu'on les eût atteints ou dépassés. Leur perte a été considérable, à en juger par le nombre des leurs restés sur la place; ils ont dû avoir 200 morts et au moins autant de blessés. Les combattants étaient fournis par huit tribus, savoir: Mazeya, Toudja, Beni-Ismaël, Kebouch, Ouled-Amzalts, Fenaya et Bakorn.

Nous avons eu à regretter dans ce combat 6 hommes tués et 43 blessés, parmi lesquels 3 officiers, MM. Amiot, lieutenant au 53e; Vuillet, sous-lieutenant, et Poncet, lieutenant à la 5e batterie du 10e régiment.

Le général Trézel a été atteint d'une balle à la jambe, mais assez légèrement pour avoir pu continuer de monter et descendre les hauteurs sur lesquelles l'action s'est passée.

La marine nous a aidés, et a combattu avec les troupes de terre avec un grand courage. On ne peut trop reconnaître son empressement à offrir son secours, et à devancer même les demandes du général commandant l'expédition. C'est entre les deux armes rivalité de services et de bons procédés, et on n'a autre chose à faire avec ces braves marins que de contenir leur ardeur.

Quatrième journée, 2 octobre.

Les Kabaïles avaient conservé leur position près de la tour en pierre, à demi-lieue de la ville. Le colonel Petit-d'Auterive s'établit dans la nuit, avec les troupes disponibles de la gauche, sur les ruines de l'ancienne enceinte de la place, près de l'emplacement destiné au blockhaus et des deux postes de l'ouest. Le capitaine de Lamoricière se rendit aussi dans la nuit au fort Moussa, avec deux compagnies d'infanterie et un détachement de sapeurs, commandé par le lieutenant Paulin, pour indiquer et faire exécuter les ouvrages nécessaires à la défense. Cela fut fait avec tant de diligence que, dès le matin, tout le monde était à couvert, et que l'ennemi ne pouvait plus franchir les ruines.

A la droite, l'artillerie fit également, dans la nuit, un bon retranchement pour défiler la batterie de la hauteur de Bridja, de la vue que l'ennemi conservait sur ce point.

Les Kabaïles ne revinrent pas en aussi grand nombre ni avec la même fureur que la veille; ils étaient environ 1,500 à 2,000 hommes. Ils se bornèrent à entretenir un feu de mousqueterie des points où ils se trouvaient encore en sûreté, et d'où ils découvraient nos batteries et nos postes.

Vers sept heures du matin, les Kabaïles ayant tiré quelques coups de canon de la batterie dite Borje-el-Hommar, située au nord-est et à l'extrémité de la ville, on les en délogea, et le général Trézel envoya une vingtaine de marins achever d'enclouer ou de jeter en bas les deux pièces qui étaient restées sur ce point; une heure après, ils étaient rentrés ayant exécuté cet ordre.

Un chemin de ronde a été établi, sous la direction du capitaine Saint-Germain, entre les ouvrages de défense et le fort de la Casbah.

Le capitaine de Lamoricière et le lieutenant du génie Mangin poussent les ouvrages de défense du côté de l'ouest. Le général Trézel annonce que, dès le 3, tout doit être terminé; qu'il pourra faire élever son premier blockhaus, et que dès lors tout espoir de rentrer à Bougie est enlevé aux Kabaïles, qui tenaient cette ville sous leur rude domination.

Ainsi se trouve assurée la conquête de ce point important, comme débouché de commerce intermédiaire entre Bône et Alger, et comme le meilleur mouillage de la côte d'Afrique.

Cette nouvelle circonstance a fait ressortir encore l'excellente harmonie et l'émulation des troupes de terre et de mer, quand il s'agit de l'honneur du pavillon et de la gloire nationale. M. le capitaine de frégate de Parseval, commandant la marine de l'expédition, a puissamment contribué à ce brillant succès, par les excellentes dispositions qu'il a prises, et par la coopération de tous ses bâtiments et de leurs équipages.

Une soixantaine de vieillards, de femmes et d'enfants ont trouvé refuge et protection au quartier-général.

Le général Trézel cite, comme s'étant particulièrement distingués, les militaires dont les noms suivent :

MM.

De Lamoricière, capitaine au bataillon des zouaves. } Officiers d'ordonnance du général Trézel.
Mollière, lieutenant au bataillon d'infanterie légère d'Afrique.

Esselin, chef de bataillon. } du 59ᵉ régiment.
Dalmas, capitaine adjudant-major.
Barbari, capitaine.
Gibert, *id.*

Doriac, lieutenant au 10ᵉ régiment d'artillerie.
Mangin, lieutenant au 2ᵉ régiment du génie.
Allegro, maréchal-des-logis et interprète du 1ᵉʳ régiment de chasseurs d'Afrique.
Denis, sergent du 2ᵉ régiment du génie.
Delory, sapeur *id.*
Bertin, sergent à la 3ᵉ compagnie du 59ᵉ régiment.
Gauthier, caporal *id.*

Petit-d'Auterive, colonel. } du 59ᵉ régiment.
Motulé, chef de bataillon.
Deperron, capitaine de grenadiers.
Parent, capitaine.
David, *id.*
Thibault, *id.*
Delhaye, lieutenant.
Mahau, sergent-major.
Caillot, *id.*
Mercier, sergent-major des grenadiers.
Bertin, sergent (3ᵉ compagnie, 2ᵉ bataillon).
Clément, fourrier.
Gauthier, caporal.
Gaudiche, *id.*
Lefort, fusilier.
Leperliet, *id.*

De Saint-Germain, capitaine d'état-major, aide-de-camp du général Trézel.

Touffait, aide-de-camp de M. le maréchal Clauzel.

Boucetta, maure, capitaine du port de Bougie.

D'Autemare d'Ervillé, lieutenant au 59e régiment.

Partier, à la suite de la légion étrangère.

MARINE.

MM.

Quoniam, élève de 1re classe de *l'Ariane*.

Devoulx, lieutenant de frégate.

Fontaine, capitaine de l'artillerie de *la Victoire*.

Leroy, matelot
Laboudide, id.
André, id.
Navarre, id.
} de *l'Ariane*.

La femme Lhuissier, cantinière (2e bataillon, 59e régiment), s'est montrée sans crainte dans les moments de danger, et n'a pas cessé de donner des soins aux blessés.

NOTE B.

Extrait du rapport du général Trézel sur la prise du Gouraya.

Bougie, 14 octobre 1833.

.... Voici les noms des militaires qui ont été cités particulièrement par les commandants des colonnes et les chefs de corps qui ont combattu le 12 :

MARINE.
Équipage de la CIRCÉ.

MM. Holley, lieutenant de vaisseau, Fortin et Carbonneau, lieutenants de frégate, ont conduit la compagnie de la *Circé* à travers des rochers presque impraticables, avec la plus grande fermeté.

Noreglia, 2e maître de manœuvres; Veiguer, capitaine d'armes; Sigula, matelot, blessé.

M. Safrey, lieutenant de vaisseau, s'est particulièrement distingué à la tête de la compagnie de l'*Ariane*.

ÉTAT-MAJOR GÉNÉRAL.

M. Conrad, chef-d'escadron, commandant de la colonne de droite.

M. Eynard, commandant de la colonne du centre.

M. de Lamoricière, capitaine au bataillon de zouaves, pendant toute la durée de l'action, a été employé à faire exécuter les ordres du lieutenant-colonel Lemercier. C'est lui qui s'est porté rapidement, avec une compagnie, au secours du commandant de la *Circé*, qui allait être enveloppé.

M. Touffait, capitaine aide-de-camp du maréchal Clauzel, cité par le lieutenant-colonel Lemercier pour l'intelligence et la précision qu'il a mises à transmettre les ordres pendant le combat et dans les mouvements successifs de la retraite du soir.

M. Cartier, jeune officier du service grec; quoique malade, il a voulu marcher avec la colonne, et s'y est conduit avec sa bravoure accoutumée.

GÉNIE.

M. Lemercier, lieutenant-colonel, commandant la troisième colonne. Depuis son arrivée à Bougie, le lieutenant-colonel Lemercier a déployé une activité rare, et s'est montré aussi bon officier de troupe qu'habile officier du génie.

M. Vivien, capitaine du génie, s'est distingué par son courage et l'habileté avec laquelle il a fait retrancher une compagnie sur le plateau, malgré le feu de l'ennemi.

Renaud, sergent de sapeurs; Régnier, sergent de mineurs; Kirn, sapeur, blessé en travaillant.

ARTILLERIE.

MM. Besse, commandant; Tribert, capitaine-commandant; Conrot, capitaine-adjoint; Saint-Georges, lieutenant en premier, ont conduit l'artillerie avec une précision et une fermeté admirables.

M. Lepeur, lieutenant en second à la 6e batterie. Dans l'attaque très-brusque du 1er octobre, cet officier a abattu d'un coup de mousqueton un Kabaïle qui s'élançait sur sa pièce.

M. Béranger, lieutenant en deuxième à la 5e batterie, s'est distingué depuis le débarquement par son zèle et son courage ; il est resté plusieurs jours de suite à la batterie sans être relevé.

Le maréchal-des-logis Pascal s'est particulièrement distingué, comme chef de pièce, dans la journée du 30 septembre, où il a été blessé.

Le même jour, les militaires ci-dessus dénommés se sont fait remarquer par leur courage, lorsque la pièce qui fut conduite au fort Moussa par le lieutenant d'Oriac, mort d'une blessure qu'il a reçue depuis, fut attaquée par les Kabaïles.

Flours, maréchal-des-logis-chef de pièce ; Montagné, 1er servant ; Noguès, 2e ouvrier ; Alibert, 2e servant ; Vilaret, 2e servant.

4º RÉGIMENT DE LIGNE.

État-Major du bataillon. — M. Gentil, chef de bataillon, commandant le bataillon du 4e de ligne.

M. Tucha, capitaine adjudant-major, a couru toute la journée au milieu du feu pour porter des ordres et faire exécuter les mouvements.

M. Lacronique, chirurgien-aide-major, a mis beaucoup de zèle à panser les blessés sur le plateau.

Voltigeurs. — MM. De Sparre, capitaine, de Pontevès, lieutenant, ont déployé beaucoup d'élan et d'énergie en enlevant la position du moulin ; M. Sallières.

4e compagnie. — M. de Hislesferme, capitaine, officier plein de mérite, de belles qualités, et d'une rare fermeté au milieu du danger ; il a été constamment dans le plus fort de l'action. Ses habits sont percés de quatre balles, sa compagnie a eu quatre tués et quinze blessés.

M. Labrousse, sous-lieutenant, a eu l'épaule percée d'une balle, mais a voulu rester au feu.

3e compagnie. — M. Maillet, capitaine, a montré une grande bravoure, a chargé plusieurs fois à coup de sabre à la tête de sa compagnie.

M. de Bellecote, lieutenant, blessé grièvement en avant du plateau.

Grenadiers. — MM. Vandercruyssen, capitaine, Merché, lieutenant, et Sartrouville, sous-lieutenant ; la compagnie de grenadiers qu'ils ont maintenue dans le plus grand ordre a repoussé l'ennemi du plateau de Sidi-Hamed, dont il s'était emparé.

1re compagnie. — M. Louit, capitaine, blessé d'un coup de feu dans les reins, a repris le commandement de sa compagnie après avoir été pansé.

M. Raffins, lieutenant, a eu le bras percé d'une balle ; il a montré beaucoup de courage pendant toute l'action.

Les sous-officiers et soldats qui ont été cités avec le plus d'éloges pour ce même combat, sont :

Guerre, adjudant sous-officier.

Grenadiers. — Pourchet, sergent-major, blessé d'un coup de feu à la cuisse ; Perrot, sergent, blessé à la main, sous-officier plein de courage ; Richon, caporal ; Martin, grenadier ; Cornu et Estaille, grenadiers, quoique blessés, sont restés à leur compagnie.

1re compagnie. — Passereau, sergent-major, a commandé la compagnie, les officiers étant blessés ; Legrin, sergent ; Fouet, caporal ; Naninek, s'est dégagé de trois Kabaïles qui l'avaient terrassé, et s'est défendu avec sa baïonnette.

3e compagnie. — Carlier, sergent-major ; Contant, sergent ; Budet et Casse, fusiliers.

4e compagnie. — Mazauric et Lelandais, sergents ; Cayroche, caporal, quoique blessé, n'a voulu quitter son poste qu'après avoir épuisé ses cartouches ; Baudet, fusilier.

Voltigeurs. — Garnier, sergent ; Daligaud, sergent, blessé, connu depuis longtemps dans son régiment pour plusieurs traits de bravoure ; Dumont et Renier, voltigeurs.

59e de ligne. — MM. Heraut, lieutenant à la 5e compagnie, 1er bataillon ; Martel, lieutenant à la 5e compagnie, 2e bataillon ; Clémendot, sous-lieutenant aux voltigeurs du 2e bataillon ; Briand, sous-lieutenant à la 5e compagnie du 2e bataillon, blessés en conduisant leur troupe à l'ennemi.

SERVICE DE SANTÉ.

MM. Martinet, aide-major, Aullanier, sous-aide, ont donné des soins fort empressés sur le terrain aux blessés de cette colonne.

Se sont particulièrement distingués dans l'attaque du marabout de Gourayah :

Colonne de droite. — MM. Peyssard, lieutenant au 2ᵉ bataillon d'infanterie légère d'Afrique; Fabre, capitaine au 59ᵉ de ligne; Allegro, maréchal-des-logis, interprète au 1ᵉʳ régiment de chasseurs d'Afrique; Gauthier, caporal de grenadiers au 1ᵉʳ bataillon du 59ᵉ; Bodson, fourrier au même régiment; Rosé, tambour, idem; Grosheintz, grenadier, idem; Lange, sergent, idem: Poulin, sergent, idem.

Degrometty, capitaine au 2ᵉ bataillon d'infanterie légère d'Afrique; Plombin, sergent-major, idem; Delalesse, sergent au même corps, qui a tué de sa main deux Kabaïles et s'est particulièrement distingué à l'attaque du marabout; Peurieux, caporal, idem; Guillard, Dessin, Andriani et Lévêque, chasseurs au même bataillon.

Le général commandant l'expédition de Bougie,
Signé : TRÉZEL.

Par ordre du lieutenant-général commandant
par intérim,
Le colonel, sous-chef de l'état-major général,
DUVERGER.

NOTE C.

La vérité sur la prétendue paix de Bougie (1).

L'incident du 27 mars 1834 n'avait d'abord excité qu'une puissante préoccupation de curiosité. Bientôt il eut pour premier résultat le remplacement du colonel Duvivier; depuis, il a exercé une

---

(1) Extrait de l'ouvrage de M. le colonel d'artillerie Lapène : *Vingt-six mois de séjour à Bougie.*

influence marquée sur tout ce qui est survenu à Bougie : enfin, il est la cause éloignée, mais réelle, de l'assassinat commis seize mois après, le 4 août 1836, sur la propre personne de M. Salomon de Musis, autre commandant-supérieur. Voici le récit fidèle de cette série d'incidents ; les circonstances particulières à l'assassinat formeront un récit à part. Battues dans toutes les rencontres autour de Bougie, les tribus commençaient à se rendre à des idées de rapprochement. M. Duvivier recevait quelques propositions ; mais les progrès étaient naturellement lents, et les espérances d'une pacification générale encore éloignées. Parmi les tribus, celle des Beni-Mimoun, au sud, occupant le littoral, était à ménager. Les nouvelles relations auraient eu pour but, à l'avenir, de sauver les naufragés français qui, sans cette condition, seraient tombés, comme par le passé, sous le fer des Kabaïles sur cette côte inhospitalière. La tribu de Mezaya, à l'ouest, était aussi l'objet de l'attention particulière de M. le colonel Duvivier. Pauvre, et pour ce motif belliqueuse, elle se trouvait en outre la plus rapprochée de nos avant-postes, et pouvait, sans être trop aperçue, s'y porter brusquement en suivant la crête des hauteurs.

En accueillant ces propositions, et les communiquant à M. le comte d'Erlon, gouverneur-général, M. Duvivier lui annonçait que ce rapprochement avec les Mezaya et les Beni-Mimoun l'avait précisément éloigné de traiter avec les tribus intermédiaires des vallées, plus riches, par suite rivales et ennemies des autres. Ainsi, il avait négligé et regardé comme n'ayant pas l'influence qu'on voulait lui attribuer, Oulid-ou-Rabah, ce chef des Oulid-Flemzatz, dans la vallée de Messaoud, déjà en scène, lui troisième, sous le duc de Rovigo, plus tard défenseur équivoque de Bougie au moment de l'occupation, homme de tête et de courage d'ailleurs, et qui, dans les rencontres plus récentes, s'était toujours placé au premier rang de nos adversaires. Il avait, dit-on, à sa solde ou du moins sous son autorité immédiate, 100 ou 150 cavaliers. C'était le seul des cheikhs, ses rivaux, qui pût en réunir autant à la fois. La crainte de représailles de cet homme vindicatif paralysait les dispositions des autres tribus. Ce motif donnait encore de l'éloignement au colonel Duvivier pour ce chef ennemi. Oulid-ou-Rabah, dans sa féroce fierté de Kabaïle, projeta de tirer vengeance de ce dédain.

Il s'entendit à cet effet avec son beau-frère Médani, l'un des cinq Bougiotes qui avaient servi de guides aux Français pour l'expédition, homme de conduite équivoque depuis, mais dont le séjour était autorisé à Bougie. Quoique suspect à M. Duvivier et au gouverneur-général lui-même, il avait obtenu l'autorisation, pour son commerce, de pénétrer au sein des tribus des vallées, et d'en rapporter à la ville quelques denrées. Médani, repoussé par l'autorité militaire dans ses efforts de rapprochement avec Oulid-ou-Rabah, son affidé, offrit ses services à M. Lowasi, commissaire du roi. Ses offres furent accueillies.

Tel était l'état des choses au commencement de février 1835. De concert avec Médani, M. Lowasi écrit à son chef, à Alger, qu'un traité est faisable avec Oulid-ou-Rabah, malgré les préventions manifestées jusque-là dans la métropole contre ce Médani. Son intervention est acceptée. On lui donne mystérieusement qualité pour présenter des propositions au Kabaïle, recevoir les siennes et les remettre au commissaire du roi, chargé simplement de les faire parvenir à Alger, après en avoir prévenu l'autorité militaire de Bougie, à qui les négociations devaient ultérieurement être confiées. Ce rôle subalterne n'était pas le but de M. le commissaire du roi ; il se proposa de l'ennoblir.

Le 27 mars, jour fixé pour l'entrevue, profitant en effet d'une permission légale de M. le colonel Duvivier, Médani se dirige en bateau vers le rivage, de l'autre côté de la Summam, où fut bientôt aperçu un groupe considérable de Kabaïles à cheval. Tous les regards et les lunettes étaient tournés sur cette rive dominée au loin par la place. La surprise et la curiosité redoublèrent, quand parut bientôt une deuxième embarcation portant le pavillon national, où reluisaient quelques fusils, et montée par M. le commissaire du roi, en personne. C'est de l'aveu du commandant-supérieur, se demandait-on ? car les lois s'expriment avec la dernière rigueur contre quiconque communique avec l'ennemi sans un ordre écrit de l'autorité militaire.

Quelques mots sont échangés en langue dite franque, espèce

d'espagnol corrompu, entre Oulid-ou-Rabah, car c'était bien lui, et le commissaire du roi, et le cadeau d'une lunette d'approche est fait par celui-ci, avec un à-propos que le lecteur appréciera. Quelques hommes du littoral de la tribu Beni-Mimoun, la première, avons-nous dit, en voie d'alliance avec nous, étant survenus pour s'assurer de ce qu'il y avait à craindre ou à espérer de cette nouvelle négociation avec Oulid-ou-Rabah, leur ennemi, ce dernier avait donné aux siens le signal de l'attaque, sans plus s'inquiéter du négociateur français. Celui-ci, du reste, avait exécuté déjà une prudente retraite, se jetant précipitamment à l'eau pour rejoindre plus vite son bateau et gagner au large. Le résultat du combat fut nul, d'autres prétendent trois têtes coupées et quatre prisonniers. Les premières furent offertes en hommage, mais de loin, à M. le commissaire du roi, lequel, quoique des amis indulgents ou des protecteurs chauds mal informés aient pu dire avec plus ou moins d'éclat, se soucia peu d'aller en accepter la propriété en rapprochant les distances.

Cependant le colonel Duvivier, encore étranger à tout ce qui se passait, mais se rappelant toute l'autorité que les règlements militaires remettaient entre ses mains dans l'espèce, donna l'ordre au bâtiment stationnaire de faire courir sur les embarcations et de retenir à bord toutes les personnes qu'elles portaient jusqu'à plus ample connaissance des faits. Deux partis se présentaient alors : considérer comme une légèreté, une inconséquence, l'acte récent de M. le commissaire du roi, recevoir ses raisons et les transmettre au gouverneur ; ou bien se regardant comme seul investi du pouvoir de conférer avec l'ennemi, et le code pénal, et les lois militaires à la main, s'armer de toute leur rigueur contre un employé à la suite de l'armée, ou un individu quelconque qui, communiquant sans ordre écrit de l'autorité supérieure avec l'ennemi, se rend dès lors justiciable d'un conseil de guerre. M. Duvivier se borna au premier parti. Après avoir retenu M. Lowasi jusqu'à dix heures du soir, il le laissa libre ; il lui permit même d'aller en personne à Alger le surlendemain, produire ses raisons. En général, M. Duvivier, étranger encore au vrai motif secret des démarches de M. le commissaire du roi, qui, du reste, sut le cacher très-habilement à cette première époque, mit la meilleure bonne foi dans cette affaire. Il résista, même avec beaucoup de modération, aux principes opposés que manifestait ouvertement la garnison de Bougie, et laissa à M. Lowasi, se rendant à Alger, l'avantage de donner à son récit la tournure la plus favorable à sa cause, et l'occasion de flatter le gouverneur de l'espoir d'une négociation.

Le colonel Duvivier rendait cependant compte à celui-ci de la conduite inexplicable de M. le commissaire du roi. Il ajoutait un fait plus récent et de haute importance : c'est que le farouche Oulid-ou-Rabah, jugeant sa vengeance contre les Beni-Mimoun incomplète, s'était précipité le lendemain en force sur cette tribu rivale, et avait brûlé ses villages. Le colonel exigeait la manifestation non équivoque d'un blâme à l'égard du commissaire du roi, sinon son propre rappel immédiat.

La garnison était dans une pénible attente du résultat, quand le 6 avril, tout-à-fait en dehors de la correspondance ordinaire, le bateau à vapeur le *Brasier*, est signalé. On en voit successivement sortir M. Lowasi et M. le colonel du génie Lemercier. Le public apprend bientôt que cet officier-supérieur venait pour reprendre une négociation entamée, disait-on, avec Oulid-ou-Rabah, et la conduire à terme dans le plus bref délai et à tout prix.

L'entrevue avec le chef kabaïle eut lieu le 8, sur cette même rive de la Summam. Persistant dans ses motifs de rancune d'avoir été dédaigné par le commandant-supérieur de Bougie, dans le but de faire alliance avec d'autres tribus, ou plutôt ayant reçu sa leçon et s'y tenant, Oulid-ou-Rabah articula un refus positif de traiter avec M. Duvivier. Le colonel Lemercier insista sur ce point à plusieurs reprises, témoignant au chef kabaïle la haute estime du gouverneur-général pour cet officier, et le désir positivement exprimé par le premier de voir Oulid-ou-Rabah changer de résolution. Celui-ci persista dans ses vagues raisons de refus, ou plutôt n'en donna aucune. Instruit de ces dispositions de l'ennemi, qu'il avait jusque-là loyalement combattu et toujours avec succès, et à la rigueur pouvant voir dans ce refus un motif très-honorable pour lui, le lieutenant-colonel Duvivier, voulant éviter d'être un obstacle à ces négociations, formula dans les termes les plus précis, à M. le comte d'Erlon, gouverneur, sa demande de rappel de commandant-supérieur de Bougie. Cette pièce partit avec le bateau à vapeur le 8, à minuit. Le 11, à deux heures, le même bâtiment rentrait au port; on apprit de suite que M. Lemercier était commandant titulaire.

Les négociations reprirent alors leur activité, conduites exclusivement par cet officier-supérieur. Une autre entrevue eut lieu à l'embouchure de la rivière, sur le même terrain que le 27, non sans de grands risques, même à cause du mouvement des vagues qui faillirent engloutir, à diverses reprises, le diplomate français et les gens de sa suite.

Profitant de la crainte que nos armes, depuis les dernières rencontres, avaient imprimée aux tribus, le dessein de M. Duvivier était de les forcer toutes à composition, mais en faisant entrer le temps comme élément indispensable dans une pacification aussi difficile. Les circonstances n'ont pas permis d'admettre ce délai; il s'est agi d'obtenir sans retard, et à tout prix, une forme de traité avec le chef supposé le plus influent de la vallée de Messaoud, pour répondre sur-le-champ aux exigences des chambres, dans le but de restreindre l'occupation de Bougie et par suite, la défense; ou en admettant l'abandon prochain, d'y procéder sans trop d'obstacles ni de dangers. Voici, au demeurant, ce qui fut appelé un traité de paix. La suite, loin de sanctionner les résultats et les mesures adoptées, n'a que trop justifié les prévisions de M. Duvivier, niant l'influence d'Oulid-ou-Rabah, pour conduire à terme la pacification désirée.

TRAITÉ DE PAIX

Entre Son Excellence le Gouverneur-Général d'Alger et de ses dépendances, et l'honoré, le vertueux scheik Sâad-Oulid-ou-Rabah.

Le colonel du génie Lemercier, directeur des fortifications, porteur de pleins pouvoirs du gouverneur-général, et le scheik Sâad-Oulid-ou-Rabah, sont convenus de ce qui suit:

ART. 1er. — A dater du jour de la signature du présent traité, toute hostilité cessera entre les Français et les tribus kabaïles (le nom de ces tribus manque dans la pièce que j'ai sous les yeux, présomption déjà bien forte qu'Oulid-ou-Rabah n'osait s'engager ou était de mauvaise foi) qui obéissent au scheik Oulid-ou-Rabah. Les deux parties contractantes s'obligent à maintenir, par tout ce qui est en leur pouvoir, la paix la plus durable sur ce pays, trop long-temps teint du sang des chrétiens et des musulmans.

Art. 2. — Les troupes françaises continueront à occuper Bougie, tous ses forts, tous ses postes extérieurs, ainsi que tout le territoire qui dépend de la ville et qui comprend toute la plaine jusqu'à l'Oued-bou-Messaoud (rivière Summam). Cette partie de la plaine contient des marais malfaisants, qu'il faut absolument dessécher pour le bien de tous, et qu'on ne peut écouler que dans la grande rivière dont s'agit.

Art. 3. — Le gouvernement français, pour prouver combien il est confiant dans les dispositions pacifiques des tribus du scheik Sâad-Oulid-ou-Rabah, déclare que tous les musulmans des tribus amies qui voudront habiter la ville de Bougie pourront s'y établir en toute sûreté. Leur religion sera protégée et respectée.

Art. 4. — Les Kabaïles, et en général tous les musulmans, pourront entrer et circuler librement dans la ville. Les marchés leur seront ouverts, et protection leur sera donnée pour la vente des denrées, des bestiaux et de tout ce qu'ils apporteront.

Art. 5. — Le consul-négociant désigné par le scheik Sâad, autorisé par le gouverneur-général, résidera à Bougie.

Il sera chargé de régler avec l'autorité française toutes les discussions commerciales des Kabaïles avec les sujets du gouvernement français, et en général avec tous les Européens.

Art. 6. — Le présent traité sera exécuté de suite, en vertu des pleins pouvoirs dont M. le colonel du génie Lemercier est porteur. Ce traité sera cependant envoyé au gouverneur-général, pour être ratifié par lui.

Fait en double expédition, à Bougie, le 9 avril 1835.

Article supplémentaire. — Si quelques tribus récalcitrantes continuent à faire la guerre, le scheik Oulid-ou-Rabah s'engage à se joindre aux Français pour les soumettre, et réciproquement.

Examinons rapidement comment le traité a été exécuté, et ce qui en est réellement résulté. Le 24 avril, douze jours à peine après les accords passés, les Beni-Aidek, tribu éloignée, mais de la vallée même du Messaoud, se présentent hostiles devant Bougie, et tiraillent toute la journée contre les ouvrages. Oulid-ou-Rabah, contrairement à l'article supplémentaire du traité, ne paraît point Notre confiance presque ingénue jusqu'au ridicule sur sa coopération et sa présence sur les derrières de l'ennemi, se prolonge jusqu'au soir, et entache même d'une faiblesse marquée la sortie faite enfin par la garnison contre ces agresseurs inattendus. Oulid-ou-Rabah a donné passage aux provocateurs au retour de l'expédition. Il dit bien qu'il leur a pris leurs chevaux et leurs armes; mais il ajoute qu'il les leur a rendus à la prière des grands et des marabouts. Deux jours après, le dimanche 26, trois soldats, descendus sans armes du Gouraya sur la plage en arrière du fort, au nord, sont assassinés et horriblement mutilés par les Mezaya; il est vrai que cette tribu est opposée à la paix et proteste ainsi à sa manière contre la transaction du 9 avril. Prenant goût aux cadeaux reçus, à l'argent touché (3,000 francs), Oulid-ou-Rabah, dans une correspondance suivie, incessante, avec M. Lemercier, plus tard avec M. Girod, revient volontiers sur cet article; mais il élude la vraie solution de la question, l'ouverture du marché de Bougie, idée que caressait beaucoup M. Lemercier. Toute cette correspondance révèle cupidité d'abord, surtout insuffisance de pouvoir, ensuite duplicité et projet bien arrêté de compromettre les Français à l'égard des Beni-Mimoun et des Mezaya, rivaux déclarés d'Oulid-ou-Rabah, et d'exploiter habilement notre intervention contre ces tribus. Voici les principaux passages de cette correspondance :

Du 21 avril 1835. — « Je rétablirai la paix, la concorde et la
» tranquillité dans les tribus, et par sa faveur et sa grâce, Dieu
» opèrera une réconciliation générale.... Je ne le ferai pas mentir
» (Médani). Je suis avec vous. Nous avons vu beaucoup de monde
» au sujet de la paix, et il n'existe bientôt plus rien entre nous
» qui puisse être contraire à nos intérêts et à ce qui a été conclu...
» Plus bas cependant, par P. S : il ne vous reste maintenant autre

» chose à faire qu'à frapper un grand coup sur les Mezaya et les
» Beni-Mimoun. Ils ne veulent pas accepter la paix et la tran-
» quillité. Je vous le répète, frappez un grand coup ; c'est le seul
» moyen de les faire entrer sous votre domination et sous la nôtre.
» Dieu vous aidera dans cette entreprise, ainsi que nous. »

Plus tard, le chef kabaïle change de langage et déclare positivement son impuissance de crédit : « Toutes les tribus se sont soule-
» vées contre moi à cause de vous, et m'ont dit : Comment! vous
» avez pu avoir une entrevue avec le général et établir des confé-
» rences avec lui? Vous lui avez aussi promis d'ouvrir le marché? Je
» leur ai répondu : Par Dieu très-haut, je lui ai donné ma parole;
» et par le Tout-Puissant, je ne reviendrai pas sur ce que j'ai
» promis, et j'établirai un marché chez eux, que vous y consentiez
» ou que vous n'y consentiez pas. Nous sommes, ai-je ajouté, des
» Kabaïles, et par conséquent gens de parole et d'honneur ; quand
» nous nous sommes engagés à faire une chose, il ne nous reste
» plus qu'à l'exécuter.

» Je pacifierai les tribus, elles retourneront sous mon autorité,
» et elles iront chez vous au marché. Elles se soumettront à
» mes ordres. . . . .

» Si vous voulez me donner de l'argent pour que je le distribue
« aux tribus, rendez-moi réponse par le porteur du présent, ou
« bien envoyez-moi vos soldats et vos cavaliers.

» Envoyez-moi trois cafetières pour faire le café.

» *P. S.* Envoyez-moi aussi une médecine pour les yeux.

« *P. S.* Envoyez-moi une médecine pour fortifier.

» *P. S.* Envoyez-moi du sucre, du papier et de la cire à ca-
» cheter les lettres ; car, lorsque je vous écris, je n'ai rien pour
» cacheter mes lettres. » . . . .

NOTE D.
Évènements militaires devant Bougie.
(Du 7 au 19 novembre 1853.)

La position de la Tour, improprement appelée le *Moulin* de Démous, se dessine à l'ouest de Bougie. Elle domine la petite plaine qui s'étend au pied de la place, et forme aussi l'entrée des montagnes de Mezaya. Ainsi, la tribu kabaïle de ce nom, la plus féroce et la plus hostile aux Français, pouvait se porter à la Tour sans obstacle et presque sans être aperçue, et de là épier tous nos mouvements, lire en quelque sorte dans l'intérieur de Bougie, et compter jusqu'aux arrivages par mer. La position de Démous, et sa tour, formaient donc le pivot des opérations des Kabaïles devant Bougie. C'était à la fois un point offensif et défensif, une vraie citadelle, une sorte de quartier-général des tribus. Elevé de 144 mètres au-dessus du niveau de la plaine, ce donjon du moyen-âge, naguère à vue sinistre, est à une demi-lieue de la ville en suivant les pentes de la montagne.

L'occupation du mamelon de Démous, et l'utilité d'un établissement à la Tour, avaient frappé tous les commandants-supérieurs qui s'étaient succédé dans Bougie. Différents motifs et une étude imparfaite du terrain, bientôt le défaut d'avenir et les projets d'abandon, et l'éventualité de cette conquête, avaient fait abandonner cette entreprise ou ajourner son exécution. En acceptant le commandement supérieur de Bougie aux conditions d'une garnison qui, longtemps forte de plus de 3,000 hommes, devait être réduite au chiffre de 1,200 baïonnettes valides et de 300 hommes d'armes spéciales, M. le lieutenant-colonel du 63ᵉ, de Larochette, nouvellement nommé, embrassa toutes les difficultés de sa position et s'occupa aussitôt de l'améliorer. Ainsi, enlever et occuper Démous, c'était ôter à l'instant aux Kabaïles leur centre d'opérations, et couper dès lors court à tout rassemblement hostile ou projet agressif. La garnison y gagnait donc de la sûreté et du calme, et devait borner son service intérieur dans la place à de simples postes de police et de discipline.

L'exécution du projet fut soumise à M. le maréchal Clauzel, gouverneur-général, qui s'était rendu en personne à Bougie à bord du bateau à vapeur le *Styx*, le 28 octobre. Une attaque assez sérieuse dont il fut témoin, ce jour-là même, de la part d'un millier d'Arabes groupés autour de Démous et dans les rochers inférieurs, prouva au maréchal toute l'opportunité de l'occupation du moulin : il donna donc qualité entière au commandant-supérieur pour la pousser rapidement à terme.

Cette opération n'était pas sans de grandes difficultés. Toute la force d'agression des tribus, surtout des Mezaya, était là : la détruire était les frapper au cœur. Ainsi la lutte, pour nous disputer la possession de Démous, pouvait être longue et meurtrière, le travail lent, pénible, contrarié par le temps, interrompu par les attaques. D'un autre côté, le temps pressait; il était beau encore; l'hiver approchait. De grands travaux étaient à exécuter ; ils exigeaient du calme et tous les bras disponibles : il y avait donc urgence et opportunité dans celui qui nous occupe. Mais l'effectif de la garnison combattante, bien loin du chiffre voulu, comptait à peine 6 ou 700 hommes, et encore les rangs ne montraient que des malades et convalescents. Les compagnies étaient presque sans officiers ; le petit nombre des présents sortait des hôpitaux et était à peine valide. Il fallait de la part de ceux-ci en particulier, de tous en général, patience, dévouement, courage : ces sentiments n'ont pas un instant failli.

Le 7 novembre, avant le jour, la compagnie de zouaves et cent hommes du 13ᵉ de ligne, s'avancent en silence et occupent la position de Démous. L'ennemi ne paraissant pas encore, les premiers poussent jusqu'au village de Darnassar. Bientôt cette avant-garde se replie en arrière sur celui de Zeytoun, s'appuyant sur le reste de la colonne. Celle-ci, composée des hommes disponibles du 2ᵉ léger d'Afrique et du 1ᵉʳ bataillon du 13ᵉ de ligne, plus une demi-batterie de montagne, arrivait alors sur le terrain. Les travailleurs du génie, les corvées, les transports chargés de matériaux qu'on ne pouvait avoir sur place, gagnaient aussi le moulin et se mettaient immédiatement à l'ouvrage.

Cependant les Mezaya surpris, mais prompts à se réunir à certains cris de convention, étaient en face de nous. Les tirailleurs zouaves, ceux du 2ᵉ bataillon léger d'Afrique et du 13ᵉ de ligne, soutenus par des fusils de rempart et deux obusiers qui ont eu même l'occasion de tirer à mitraille, gardaient avec vigueur la position. Ils forcèrent à la fin l'ennemi à abandonner la sienne ainsi que les villages de Zeytoun et de Darnassar. En même temps, une charge dirigée par le capitaine Gautier de Rougemont à la tête de cinquante-huit chasseurs du 3ᵉ d'Afrique, reste de l'escadron, culbutait dans la plaine les cavaliers ennemis, et le sous-lieutenant Capdepont tuait de sa main, dans la mêlée, un scheick revêtu de l'uniforme d'un zouave déserteur.

Les travaux, au moulin proprement dit, étaient conduits dans l'intervalle avec la plus grande activité par le capitaine chef du génie Charron. Les brèches de la tour se réparaient dans la journée. L'ouvrage, muni d'abord d'une porte solide, était coiffé du premier étage d'un blokaus, et recevait le soir une garnison d'un officier et 30 hommes du 2ᵉ bataillon d'Afrique. Ces divers succès étaient d'un heureux augure pour le reste des opérations. L'ennemi comptait au moins 10 tués et 30 blessés. Nos pertes se bornaient à deux hommes tués ou blessés mortellement, et six légèrement atteints.

Le 8, l'ennemi déjà épouvanté par la réussite de nos projets et les démonstrations de la veille, n'avait même pas osé, contre les prévisions d'un grand nombre, attaquer la tour dans la nuit, ni mêmes en approcher. La belle position de Darnassar était abandonnée dès le matin, et nos avant-postes purent s'y établir à l'instant. Des obus allèrent même fouiller celle de Tarmina qui lui fait face, et ce village fut sous nos yeux abandonné par ses habitants qui n'y sont plus rentrés depuis qu'en petit nombre. Notre ligne acquérait dès lors plus de sûreté pour bien couvrir les travaux. A la droite, au-dessus de Darnassar, nos tirailleurs prêtaient secours, le long des pentes du Gouraya, à ceux que l'officier qui commandait ce poste, élevé de 671 mètres, avait portés en avant, de rocher en rocher, de position en position. La gauche, comme la veille, s'appuyait à la plaine.

Autour de l'oasis de ce nom eut lieu, vers 10 heures, une nouvelle et brillante charge. 80 cavaliers d'Oulid-Rabah étaient deux fois attaqués et culbutés par nos 58 chasseurs. Dans la mêlée qui fut vive et prolongée, le scheick des Arabes, le marabout Amezayen, est blessé de deux coups de sabre par le sous-lieutenant de Vernon qui, lui-même, reçoit de celui-ci un coup de crosse de fusil sur la tête. Les Arabes se retirent en désordre sur leur infanterie derrière un ravin suspect qui les met à l'abri. Ils ont dû avoir 4 hommes tués et au moins 20 blessés. Cette brillante opération, soutenue par 50 hommes du 13ᵉ et un obusier de montagne le fut aussi, ainsi que la rencontre de la veille, par le canon du brick de l'État le *Liamone* (capitaine Segrettier), embossé dans les brisants, dont les boulets de 18 sillonnaient au loin la plaine.

Le succès des deux journées précédentes rendit celle du 9 très-calme. La position de la veille fut occupée sans obstacles, et les travaux à Démous poussés avec le même ordre et la même activité. Déjà les fronts du fort destiné à entourer l'ancienne tour, lequel devait bientôt prendre le nom du fort Clauzel, se dessinait sur le sol, et laissait prévoir la forme et l'importance future de l'ouvrage. Une reconnaissance poussée à la gauche en avant de l'oasis, au pied du col en face, faillit coûter cher à la garnison. Le commandant-supérieur et quelques officiers qui l'accompagnaient s'étant rapprochés de la rivière Summam, une décharge fut faite à bonne distance de l'autre rive. Le colonel Larochette fut seul atteint d'une balle au bas des reins, mais sa blessure heureusement se trouva légère.

La coalition s'était formée : trois jours sont le délai ordinaire. Les Mezaya occupaient Darnassar le 10 au matin. Il fut question de les en déloger sur-le-champ. Le chef de bataillon du 2⁰ léger d'Afrique (M. Salomon de Musis) et le commandant de l'artillerie (le chef d'escadron Lapène) se concertèrent pour cet objet. L'opération fut brillamment exécutée par le capitaine Davière avec la 5⁰ compagnie des zouaves, et le détachement du sous-lieutenant Lelièvre, du 2⁰ bataillon léger, soutenu par les réserves de ce bataillon. Notre brave infanterie se précipite sur le village de Darnassar, baïonnette croisée ; l'ennemi en est chassé ; les obus accélèrent sa retraite. Ces projectiles poursuivent les Kabaïles sur tous les points de la crête des hauteurs où ils essaient de paraître et de se prolonger. La position nous reste, chose remarquable, sans aucune perte, et la ligne, ainsi balayée, est immédiatement occupée comme la veille.

Les avant-postes restent calmes jusqu'à dix heures. Tout-à-coup les Mezaya sont aperçus débouchant de Tarmina, tandis que des cavaliers et de l'infanterie descendent du col en face de l'oasis, et, gagnant le *marabout du marché* à l'extrémité de la plaine, se répandent dans celle-ci vers la gauche de nos positions. Le capitaine Davière reçoit ordre de se porter sur cette gauche en observation ; un obusier de montagne y est pareillement dirigé. Cet officier ne devait point s'engager, mais attendre le moment opportun. Par le même ordre, une seconde colonne formée du bataillon du 13⁰, des 58 chasseurs et d'un obusier, en tout 250 hommes aux ordres du commandant Sanson du 13⁰, part de la ville et gagne l'oasis. Celui-ci devait, suivant l'occasion, observer, tourner ou attaquer les Kabaïles s'ils se portaient sur les zouaves, en calculant bien la distance que la position ne rend pas moindre de 1,800 mètres entre ces derniers et l'oasis.

L'arrivée de cette colonne à l'oasis sert de signal. Les zouaves abordent les Mezaya avec la plus grande intrépidité. Ceux-ci reculent, tourbillonnent, et poussant des hurlements affreux, remontent les contreforts. Les zouaves s'excitent, s'avancent : l'avantage est décidé ; rien ne leur résiste. Cependant des rassemblements nombreux formés sur le col gagnent bientôt les étages inférieurs, occupent la colonne de l'oasis et la détournent de l'objet de sa mission. Le commandant de cette colonne prend aussitôt ses mesures pour empêcher la jonction de ce nouvel ennemi avec les cavaliers du marabout. Il organise sa ligne de tirailleurs et fait mettre la pièce en batterie. Ces premiers instants passés, la marche de flanc vers le marabout pour occuper les cavaliers arabes, ou une prompte irruption sur leurs derrières, ne parurent au commandant Sanson, à cause de la grande distance, ni prudentes ni faciles. Les cavaliers, au nombre de 100 réunis au marabout, aperçoivent ces derniers poussant alors vivement les Mezaya. Voyant d'ailleurs la colonne de l'oasis engagée pour le moment devant le col, ils devinent qu'il n'y a pas pour eux un instant à perdre. Ils s'élancent donc à bride abattue sur les zouaves. A cette brusque diversion annoncée par des cris forcenés, les Mezaya en fuite se retournent. Bientôt ils sont soutenus par une nuée des leurs, surgissant de toute part pour voler à la mêlée. Celle-ci était affreuse. Les zouaves se défendent en désespérés et font des prodiges ; mais ils ne sont que 65, savoir : 21 français, 26 indigènes et 18 auxiliaires, contre au moins 1,500 assaillants, dont 500 les cernent et les pressent. Forcés de se replier, ils le font toujours en combattant, et passant avec audace à travers les cavaliers, viennent se reformer en arrière sous la protection de l'obusier et d'une réserve. Avec les précautions nécessaires pour éviter, dans cette horrible mêlée, d'atteindre les nôtres, la bouche à feu tira bien, et les obus augmentèrent les pertes éprouvées par les Kabaïles dans cette sanglante rencontre.

Ce mémorable combat était fini à trois heures; les braves zouaves reçurent l'ordre de rentrer à Bougie, ainsi que la colonne de l'oasis.

Les premiers ayant reçu des cartouches demandaient avec instance de remarcher à l'ennemi. Mais les deux officiers et le sergent-major étaient grièvement blessés (celui-ci est mort depuis). Neuf hommes restaient morts sur le terrain. Blessés pour la plupart mortellement, les féroces Kabaïles les avaient achevés. Quant à ceux-ci, ils n'eurent pas moins de 30 hommes tués et autant de blessés. Se tenant, pour la journée, satisfaits de la leçon, ils passèrent le reste du temps à enlever les morts, suivant leur usage. Cela fait, les cavaliers gagnèrent la route du col, et les Mezaya disparurent derrière les hauteurs.

La ligne de la veille en face de Tarmina fut occupée le 11 sans obstacle, et rien devant nous n'indiquait la nouvelle et singulière lutte qui allait s'engager. Le commandant-supérieur s'était porté avec le 2ᵉ bataillon léger d'Afrique, 205 hommes en tout, et un obusier de montagne, au lieu où avaient si vaillamment combattu les zouaves. Son dessein était de faire donner la sépulture aux morts au nombre de neuf. Il s'occupait de ce pieux devoir, et la fosse était à peine creusée par les sapeurs du génie, que des groupes considérables de Kabaïles, hommes à pied et cavaliers, se montrèrent de tous côtés. Le nombre dépassait les réunions les plus complètes. Nul doute que la *guerre sainte* n'eût été plus fortement proclamée que jamais, et que ce grand rassemblement que l'on a su plus tard être de 3,950 fantassins et 320 cavaliers, n'en fût le résultat. Toute cette masse venait sans doute pour couper la tête aux neuf zouaves tués la veille, et faire une terrible distribution à chaque tribu de leurs membres dépecés. Sans se douter peut-être de la présence de nos baïonnettes sur ce terrain ensanglanté, les Kabaïles s'y dirigèrent rapidement et allèrent donner contre le 2ᵉ bataillon léger : cette imprudence ou cette audace devait leur coûter cher.

L'inhumation terminée, les sapeurs du génie et le bataillon reçoivent l'ordre du commandant-supérieur de se replier de ce terrain, raviné et coupé de broussailles, pour gagner un des contreforts à droite, formant la gauche de la position des avant-postes de Darnassar. Le bataillon, après avoir exécuté avec un grand calme des feux de chaussée pour arrêter l'ennemi, et prendre le temps de dégager et rallier ses détachements, s'achemine vers la hauteur indiquée.

L'obusier attaché à cette colonne y était déjà rendu et entrait en action. Un deuxième obusier conduit de la droite par le chef d'escadron d'artillerie en personne, s'était porté rapidement sur l'étage inférieur du contrefort de gauche, et soutenu bientôt par une section du 2ᵉ bataillon, put bien garder sa position, qui se trouvait précisément prendre l'ennemi en flanc.

Arrivé au lieu indiqué, le 2ᵉ bataillon s'y était massé en colonne serrée par peloton, et là, à l'abri des coups de fusils, formait barrière aux cavaliers kabaïles. A sa droite, était une réserve postée dans une masure ruinée qui soutenait en même temps le premier obusier. Le deuxième, grâce à sa position avancée sur l'étage inférieur, se trouvait flanquer juste notre arrière-garde. Celle-ci commandée par le capitaine Nipert, secondé des lieutenants Bucheron et Magnen et du sergent-major des sapeurs Loisy, était alors vivement pressée, attaquée corps à corps, saisie par les vêtements et les gibernes par une nuée de Kabaïles, cavaliers et fantassins, poussant des hurlements affreux. Au loin s'entendaient des voix de femmes les excitant au combat ; tandis que d'autres Arabes non armés, mais prenant part à l'action et poussant les mêmes hurlements, faisaient pleuvoir sur les rangs du deuxième bataillon placés à leur vue une grêle de pierres. Une musique barbare de cornemuses augmentait le caractère sauvage de cette attaque frénétique. C'était une mêlée de Sarrazins au moyen-âge, extraordinaire par sa nouveauté et ses bizarres circonstances.

Cependant les assaillants poursuivaient leur marche avec la plus grande détermination, prenant la retraite sage et calculée du 2ᵉ bataillon léger pour un abandon réel du champ de bataille. Les cavaliers poussant leurs chevaux et gravissant l'escarpement, faisaient reluire leurs yatagans presque au dos des pelotons d'arrière-garde du capitaine Nipert, et avec de tels forcenés la moindre hésitation eût pu entraîner une défaite. Le moment paraissait donc opportun, la distance voulue, la position excellente au deuxième obusier pour agir avec de la mitraille. L'effet des premiers coups sur les cavaliers ennemis qui se présentaient exactement à cette décharge suivant la longueur de leurs chevaux, fut radical ; ils s'arrêtent court ; les pelotons d'arrière-garde font alors face en arrière et par un mouvement électrique, se précipitent en avant sur les Kabyles, baïonnette croisée. Ceux-ci sont poussés avec la plus grande vigueur jusqu'aux ravins inférieurs. L'artillerie poursuit ses effets décisifs, tant que les Kabyles sont à portée de la mitraille ; les obus et les balles de rempart, combinés avec les feux des tirailleurs du 2ᵉ bataillon, continuent et font le reste, jusqu'à ce que les Arabes, entièrement en désordre, se soient portés hors de distance.

Rebutés sur ce point, et ne voyant nulle possibilité d'entamer la ligne d'aucun côté, grâce aux dispositions prises par le capitaine chef du génie à Démous, où les travailleurs avaient volé aux armes, à la présence de nos 58 chasseurs qui, en bataille sur un rang au bas des travaux, les protégeaient, à l'ordre qui régnait aussi sur tout le reste de la ligne de défense, les Kabyles, longtemps errants et déconcertés, commencèrent à la fin leur retraite, que vint accélérer une pluie qui tomba dans la soirée. Tout disparut hors quelques piquets éloignés attendant notre départ de la position pour enlever les morts et les blessés, que leur défaite du matin les avaient forcés de laisser. Le nombre s'en élevait au moins à 150, et chose incroyable après un combat aussi acharné, nous n'eûmes que deux tués et neuf blessés.

Le temps continuant à être mauvais le 12, la journée fut consacrée au repos; du 13 au 19, les Kabyles découragés par leurs pertes surtout dans les actions des 10 et 11, n'ont paru qu'isolément et en petit nombre. Ces pertes, du propre aveu de l'ennemi, dans les cinq affaires, étaient de 100 hommes tués et 200 blessés; les nôtres se bornaient à 13 hommes morts et 33 blessés. Ce calme a permis de pousser les travaux de Démous avec la plus grande activité : outre la restauration complète où l'on trouve le logement de l'officier ; au-dessus, un premier étage de blokaus; dans le bas, le magasin à poudre et une citerne ; le fort Clausel, de forme bastionnée et en maçonnerie, a un pourtour de 210 mètres ; il peut réunir en tout 100 défenseurs avec tous les accessoires qui constituent un casernement complet. Armé de l'artillerie suffisante et approvisionné de suite, ce fort a pu prendre, à l'instant, dans le nouveau système défensif de Bougie, la part que lui attribuent son importance et sa position.

Telle a été, pendant douze jours, la tâche pénible mais glorieuse, imposée à la faible garnison de Bougie; elle l'a remplie avec zèle, activité et courage. Chargé de lourds fardeaux, armé tour à tour d'un outil ou d'un fusil, le soldat a fait gaiement ce qu'on a exigé de lui; les rencontres avec les Kabyles ont servi de passe-temps et jeté une variété enviée au milieu des travaux. Des traits de détermination et d'à-propos, dans tous les grades, ont été recueillis et mis à l'ordre du jour; cette bonne tradition ne sera point perdue. Quant aux résultats qui suivront l'exécution de ces importants travaux, ce qui précède les fait suffisamment pressentir; déjà les efforts infructueux faits par les Kabyles les 28, 29 et 30 novembre, contre le fort Clauzel, défendu par le capitaine du génie Frossard, sont venus justifier pleinement les mesures prises. On est donc enfin maître autour de Bougie, en attendant que des coups encore plus sûrs soient frappés dans l'intérieur même des tribus.

(*Sentinelle de l'Armée.*)

NOTE E.

Circonstances qui ont provoqué et suivi l'assassinat du commandant-supérieur de Bougie (1).

La catastrophe qui fait l'objet de ce qui va suivre, à l'issue d'une conférence au premier aspect si pacifique, présente, sans contredit, le dénoûment le plus extraordinaire depuis l'occupation de l'Afrique. Nous en exposerons les motifs présumés, les apprêts et les horribles détails. M. Salomon exerçait un commandement important; sur sa personne et ses actes reposait une grande responsabilité; il est mort, l'histoire doit commencer pour lui.

L'obtention d'un nouveau grade était l'objet constant de la préoccupation de cet officier-supérieur; il y dirigeait ses idées, ses vues et ses démarches les plus actives. Chef de bataillon de la révolution de juillet, nommé par le général Lamarque, à Bordeaux,

---

(1) Extrait de l'ouvrage de M. le colonel Lapène : *Vingt-six mois de séjour à Bougie*.

où il était employé comme officier du corps royal d'état-major, le commandant Salomon, pour jouir de son nouveau grade, avait dû attendre le terme légal de quatre ans de capitaine. Ce précédent chatouillait son amour-propre; il aimait à calculer l'avenir d'après le passé. Toutefois, une prévention défavorable l'entourait encore; elle était relative à la malheureuse rencontre de la Rassauta, proche la Maison-Carrée, à Alger, le 23 mai 1832. Arrivé à Bougie, le 18 janvier 1834, après que son bataillon y fut tout réuni, M. Salomon saisit avec avidité la première occasion de se distinguer. Le colonel Duvivier la lui offrit le 5 mars suivant, à la retraite de Klaina. Le premier chargea *donc* avec l'escadron de chasseurs, quoique ce ne fût pas là sa place; il eut un cheval tué sous lui. Ce trait lui valut la croix d'officier. Mais des passages poignants relatifs à ce mode de réhabilitation, consignés dans la correspondance officielle, et des renseignements le concernant, étaient tombés sous ses yeux pendant son commandement supérieur. Cela devait mal le rassurer sur sa fortune militaire future. Il n'ignorait pas même que le choix qu'on avait fait de lui pour son nouveau poste à Bougie, n'était dû qu'à ses instantes démarches à faire valoir ses titres, son ancienneté, ce qu'il appelait ses droits, son bataillon étant en effet la seule troupe d'infanterie attachée à la place.

Dans sa préoccupation de détruire les préventions, réchauffer le zèle de ses protecteurs, entraîner le suffrage de l'autorité militaire supérieure d'Alger et du ministre, il était incomplètement rassuré sur le compte-rendu des opérations du mois de juin précédent, bien dirigées cependant et brillantes pour la garnison. Il voulut se signaler par un service plus relevé, plus éclatant; il essaya de la diplomatie avec les Kabaïles. Il exhuma avec apparat ses entrevues tant discréditées depuis un an des Oulid-ou-Rabah, non sans escorte de prévenances et de cadeaux. Quoique spectateur, depuis 18 mois, de ridicules mécomptes sur cette matière, les ayant reconnus, en ayant ri le premier, ainsi que des largesses de certains de ses prédécesseurs, lui-même cédait complètement à cette manie. Enfin, il avait mis des chefs kabaïles sur le pied de lui écrire dans les termes que voici: « Flamar-Bélir au commandant-su-
» périeur de Bougie. — Je vous écris pour que vous sachiez que pour

» la paix et le commerce, je vous avais demandé du calicot, plu-
» sieurs pains de sucre, et vous ne m'avez rien envoyé. Si vous
» m'envoyez tout ce que je réclame, j'aurai quelque chose à vous
» dire. Si, au contraire, vous ne m'envoyez rien, vous êtes chez
» vous et moi je suis chez moi. Tous les scheiks de la tribu sont
» venus vers moi pour me demander les cadeaux que je vous avais
» prié de m'envoyer. Salut. »

Quel était le second acteur du drame dont il s'agit? Ce même Mohammed-Amzian, frère du défunt Oulid-ou-Rabah, n'ayant ni la connaissance des affaires, ni le crédit, je n'ose dire la loyauté de son frère. Les traits de cet homme sont farouches, ses manières ignobles. Il n'est pas dépourvu d'une grossière finesse; mais ce qu'il est surtout, c'est fourbe et méfiant. Le vol, le brigandage, servent à ce chef kabaïle de passe-temps, même parmi les siens, et il n'est pas moins craint que mésestimé. Descendant d'une famille de prétendus marabouts, espèce de marabout lui-même, ce caractère devait lui inspirer une haine sauvage contre les Français, et quelques idées obscures de nationalité, fort altérées du reste par l'appât des cadeaux et de l'argent. M. Salomon l'avait entendu se plaindre, avec assez d'amertume, de la mort du marabout tué le 6 juin, lequel, suivant Amzian, était un personnage de haute distinction ; son ami, son hôte, son *naya;* et ces reproches dans la bouche d'un Kabaïle, pour celui qui connaît le fanatisme de l'union chez certains peuples non civilisés, n'étaient point sans une grande portée. M. Salomon n'ignorait pas non plus que le bey de Constantine, menacé dans sa puissance depuis la nomination du commandant Jussuf-Mameluck à ce titre, toute prématurée qu'était celle-ci, caressait les Kabaïles, et pour les rattacher à sa cause, annonçait un grand effort de la Porte dans le but prétendu de délivrer l'Afrique de la présence des Français. Ce bey reconnut Amzian comme scheik Sâad au décès de son frère, et lui envoya une espèce d'investiture et des cadeaux. Celui devait donc guetter l'occasion de témoigner sa reconnaissance à sa manière par quelque acte d'éclat. Enfin, Amzian avait brutalement souri quand M. Salomon lui reprocha, dans une première entrevue, le 18 juin 1836, ses tentatives du 22 mai précédent contre nos bœufs, pendant une espèce de trève ; et le premier ne semblait regretter que la non réussite.

Après cette entrevue du 18 juin, où des cadeaux avaient été largement distribués, Amzian, comme preuve de sa prétendue sincérité, ou plutôt pour endormir la prévoyance et pousser plus sûrement à exécution son infâme projet, avait fait envoyer par son neveu, le jeune scheik, fils du défunt Rabah, quatorze bœufs à Bougie. Malgré cette démarche pacifique du scheik Sâad, le commandant Salomon n'était pas encore sa dupe ; car il le signalait comme un fourbe renforcé au lieutenant-général, gouverneur par intérim, dans un rapport officiel du 31 juillet. Et cependant le 16 juillet, le commandant Salomon demande à cet homme une nouvelle entrevue. Voici la lettre. « Je te fais savoir pour le bien, si Dieu le
» veut, que je désire te voir et te parler lundi à quatre heures du
» soir, sur les bords de la mer, à la petite rivière. Amène ton
» frère (ou neveu) Ou-Rabah, et nous ferons des choses agréables
» à tout le monde, si Dieu le veut. »

Cette démarche imprudente, fatale, était encore une faute politique. D'un côté elle augmentait, dans l'esprit d'Amzian, l'influence qu'il n'avait pas ; de l'autre, elle lui fournissait le moyen de mûrir et d'arrêter un infernal projet, sûr que l'occasion de le conduire à terme ne pouvait pas lui manquer. Il prend quinze jours pour y réfléchir. Il se rend chez les Beni-Abbès, ou plutôt chez les Fenaïa, pour sonder leurs dispositions. Sa conduite et ses rapports avec les Français sont désavoués. On le menace de retirer les mezrag ; on les retire peut-être.

Les Mezaya continuent de se montrer hostiles, malgré les gages qu'il leur a offerts et la part qu'il leur a faite dans le pillage d'Abder-Rachman. Il se regarde donc comme menacé, attaqué, perdu. La peur ne le domine pas seulement ; le fanatisme travaille, grossit à ses yeux le ridicule, la honte d'avoir laissé impunie la mort de son ami le marabout, son *naya* ; il écoute avec amertume et dépit les reproches que lui adressent les scheiks, non sans intention ; car ceux-ci ont un plan bien arrêté aussi : c'est par un grand éclat, par un grief irrémissible aux yeux des Français, de faire fermer aux gens des tribus les portes de Bougie, afin de laisser cette ville isolée, sans arrivages ni communications du côté de terre, et de dégoûter ainsi les Français de cette possession. Amzian sera leur instrument ; il offrira une garantie sûre à la coalition, un cadeau à la fois digne de celui qui l'offre et de celui qui le reçoit, au bey de Constantine. Il satisfera à la sauvage condition de l'union chez les Kabaïles, il tuera le commandant-supérieur de Bougie. Il recula cependant devant les dangers et les difficultés de l'exécution. Il veut en outre compromettre son neveu, dont l'autorité naissante le blesse, qui est mieux vu que lui des scheiks ses rivaux, annonce quelques dispositions pour se rapprocher de nous, par conséquent fait craindre qu'il ne soit appelé au partage de notre confiance et de nos cadeaux. Il lui fait peur des tribus en lui disant qu'il est cause de tout le mal, parce qu'il a amené quatorze bœufs à Bougie en plein jour, et qu'il s'agit d'expier cette faute en tuant le commandant-supérieur. Le jeune scheik s'épouvante à l'idée d'un tel acte; il est malade, et son caractère n'est pas à la hauteur d'une telle entreprise; il n'accepte point. Rendu à son premier projet, Amzian s'en chargera seul. Dans un premier plan, il avait proposé de tuer seulement le kaïd. Cette garantie à la coalition ne lui paraissant pas suffisante, c'est l'assassinat du commandant-supérieur et de l'interprète qui, décidément, est résolu.

Un tromblon, ou fusil court à bouche égueulée, reçoit dix balles. Le porteur, au signal donné, le déchargera par derrière sur le commandant-supérieur. Un deuxième canon en reçoit huit; il terrassera l'interprète Taponi. Les autres armes sont chargées à l'ordinaire. Les cavaliers, au nombre de vingt-deux, dont trois Fenaïa, appelés pour assister au meurtre, y participer, et en quelque sorte en prendre acte, doivent entourer et faire feu à la fois. Le cas du nombre et de l'escorte à combattre ne donne aucun souci. On se gardera d'avoir affaire à elle; la question n'est pas de livrer un combat incertain, mais d'attaquer et de laisser sur place trois hommes. Amzian écrit donc la lettre étendue et froidement insidieuse que voici; cachant avec adresse ses projets ultérieurs sous une apparence de bonhomie, il y ajoute des récits secondaires, intéressés cependant, mais écartant tout soupçon de trahison, même de fausseté : « Le scheik fait des compliments au nouveau colonel
» de Bougie, et des compliments à notre fils Medani. Je fais sa-
» voir ce qui suit pour le bien, si Dieu le veut.

» J'ai reçu votre lettre. J'ai compris tout ce qu'elle contient. Vous
» me dites que nous aurons une entrevue ensemble, dans laquelle
» nous aurons une heure de paix. Je vous dis encore, mon cher ami,
» que j'ai compris tout le contenu de la lettre et l'endroit désigné
» où doit avoir lieu la réunion; c'est très-bien, cela sera pour le
» bien et pour la paix, pour vous et tous les musulmans : il n'y en
» aura aucun susceptible de s'y opposer. Ceux-ci seront tous comme
» vous, contents et satisfaits. Dans la saison présente, tout le monde
» vous fera du bien, et nous surtout, nous sommes pour vous aider
» à la paix. Il ne faut pas être fâché de notre empressement; tout
» ce que Medani, notre médiateur, vous dira, il faudra le faire, et
» nous aussi, et ne pas y manquer : ce sera dans votre intérêt et
» pour notre tranquillité commune, si Dieu le veut.

» Je vous fais savoir par le porteur de la lettre, Béchir-Ben-Amar,
» que j'étais déjà parti de ma tribu avec Huja-Mohobe, lorsqu'il y
» est arrivé. Il m'a trouvé à Beni-Abbès; c'est de cet endroit que
» j'ai répondu. C'est pour cela que je n'ai pas pu répondre plus tôt
» pour me rencontrer avec vous; mais je viendrai mercredi ou jeudi
» à l'endroit que vous désignerez; et vous, Sidi Medani, continuez
» votre travail et portez avec vous les objets à votre connaissance.
» Vous apporterez aussi les cadeaux pour mes cavaliers; ce sont
» les mêmes qui ont accompagné le porteur de la lettre. Celui qui
» a apporté la lettre, il faudra lui donner quinze francs pour sa
» longue course et les fatigues qu'il a éprouvées pour me trouver à
» Beni-Abbès.

» Salut de la part de Mohammed-Amzian et Hoja-Mohobe.

» *P. S.* Il faudra donner aussi quelque chose à l'officier de cava-
» lerie qui accompagne le porteur de la lettre, et l'habiller. Il faut
» que Béchin-Ben-Amar retourne une autre fois avec la réponse.

» Salut. Je vous prie de m'envoyer du tabac à priser, à la rose,
» pour Huja-Mohobe, et d'autre tabac pour le fils de Rabah, et
» du sucre. Salut. »

Ainsi, non seulement Amzian viendra au rendez-vous, mais il le provoque; il confie la dépêche à l'émissaire Béchir et insiste fortement pour une prompte réponse.

Le commandant Salomon était très-souffrant le 2, quand il reçut cette lettre; il ne peut y répondre ni ce jour, ni les jours suivants. Le 4, il n'est guère en meilleure disposition. (Suit le récit que nous avons donné dans le corps de l'ouvrage.)

. . . .

L'émissaire Béchir était accusé hautement d'avoir conduit le commandant au fatal rendez-vous. On voulait le tuer à l'instant même ; le capitaine de place Peyssard, et immédiatement le commandant Lapène, s'interposent. Un nouvel assassinat est prévenu ; Béchir, arraché aux soldats et déposé au corps-de-garde de la porte Fouka, passait une demi-heure après dans une prison plus sûre. L'agitation et la fureur de la garnison allaient croissant ; la population arabe indigène et celle du dehors, que le génie employait pour ses travaux, étaient fort exposées; il n'était question de rien moins que de l'exterminer. On dut avant tout s'occuper de la préserver de la fureur des troupes. Les Bougiotes, proprement dits, furent consignés et gardés dans leurs demeures : les étrangers, au nombre de trente-neuf, plus suspects, étaient réunis et placés en sûreté au fort Abd-el-Kader.

Cette mesure calma la fureur de la garnison et lui enleva en même temps un aliment pour l'exercer. Les chefs de service et de corps entourèrent immédiatement le nouveau commandant-supérieur, lui accordèrent une confiance, un concours éclairé, et l'aidèrent de leurs sages conseils. La garde nationale, sur l'invitation de M. Garreau, commissaire du roi, ne fut pas en reste de zèle et d'activité. L'autorité supérieure militaire dut être sur pied toute la nuit ; l'agitation se calmait peu à peu; des patrouilles de la garnison et de la garde civique se croisaient dans tous les sens, dissipaient les attroupements sans violence : le calme devint bientôt complet et la nuit fut tranquille.

La position, toutefois, n'était pas rassurante; quelques feux étaient aperçus du côté de la Summam ; la cause en sera déduite plus bas. Un crime si atrocement éclatant supposait un but, un haut intérêt; celui, par exemple, d'une attaque soudaine de Bougie que les Kabyles pouvaient croire sans chefs, découragée; et cette attaque, suivant toute probabilité, devait être complète, sans aucune dissidence. La garnison était, il est vrai, excellente, habituée au succès, ne craignant pas les Kabyles, et puisant dans sa colère et son indignation, à la suite de l'attentat de la journée, de nouveaux éléments de force et de courage. Mais ce sentiment même pouvait trop préoccuper, égarer ; d'ailleurs, cette garnison était réduite de 480 hommes, chiffre, en ce moment, de l'hôpital. Le lendemain, jour des obsèques, et les suivants, pouvaient devenir encore des occasions de perturbation; la mesure prise contre les trente-neuf Arabes était insolite. En définitive, la circonstance était grave, la situation anormale ; il fallait la régulariser au plus tôt. Un petit bâtiment espagnol, la *Virgen del Carmen*, était en rade, encore chargé de marchandises ; on le nolisa non sans peine et sans quelque retard. Des corvées durent même travailler une partie de la nuit à débarquer les objets. A cinq heures du matin, le bâtiment cinglait sur Alger, portant les dépêches pour le lieutenant-général Rapatel, gouverneur par intérim, confiées à l'adjudant Trotchet, du 10ᵉ d'artillerie. On a su plus tard que ce sous-officier avait fait une heureuse navigation, en quarante-huit heures; cependant le 5, au matin, les lignes aux avant-postes, très-calmes depuis les événements de juin, l'étaient aussi, et tout dans la journée se passa à l'ordinaire. Celle-ci fut employée à disposer les obsèques des deux malheureuses victimes de la veille; on arrêta que leurs restes seraient déposés au camp supérieur, occupé par le 2ᵉ bataillon d'Afrique, au pied d'une esplanade formant un lieu apparent dans l'axe du camp; et un monument funéraire fut voté par acclamations. Le calme de la journée permit de tout arranger avec une pompe décente. La cérémonie ne fut interrompue par rien d'étranger à son but, et la garnison ne montra que le douloureux recueillement que comportait la circonstance. Un tribut fut payé par le nouveau commandant-supérieur à son ancien frère d'armes de Bougie, depuis deux ans. Les dernières paroles du discours furent comprises, et le mot « vengeances de l'attentat, sur » les lâches Kabyles qui viendraient se livrer à nos coups sous les » murs de Bougie, » fut accueilli par un cri unanime.

L'occasion ne se présentait pas encore, et la journée du samedi, 6 août, ressembla à celle de la veille. Le commandant Lapène reçut des renseignements très-positifs le lendemain, dimanche 7 ; la marche des assassins avait été suivie pas à pas. Le 4, au soir, la rivière du Bou-Messaoud (Summam) franchie, les meurtriers, comme épouvantés de leur crime, avaient semé l'alarme dans la tribu de ce nom et annoncé l'arrivée des Français. Les Kabaïles de la Summam avaient donc bivouaqué sur la rive droite, toute la nuit; voilà l'explication des feux que nous avions aperçus. Amzian et ses cavaliers y couchèrent; le 5, à dix heures du matin, ils se rendaient, encore ensemble, au village des Smella, limite du Messaoud et d'Oulid-ou-Rabah. Ils y firent fête, et l'infâme Amzian y parut triomphant, montant le cheval de sa victime. Ce lâche assassin se vantait avec emphase d'avoir tué trois chefs; c'est alors qu'il dit que les regards inquiets et l'avis soupçonneux du commandant sur les résultats éventuels de la conférence, l'engagèrent à donner sans délai le signal de faire feu au cavalier qui devait terrasser M. Salomon d'un coup de tromblon.

Des nouvelles d'Alger étaient attendues avec la plus grande impatience, et les jours et les heures se comptaient. Déjà les délais ordinaires étaient passés; on avait atteint le mardi 9. Un bateau à vapeur est enfin signalé, ce même jour, à midi. A deux heures, il arrivait au mouillage; c'était *le Fulton*, chargé exclusivement pour Bougie et remorquant une tartane qui portait cinq compagnies du 2e bataillon du 11e de ligne. La mission remplie, les bâtiments devaient repartir le même jour pour Alger, emportant soixante malades. Le lieutenant-général déplorait vivement l'affreuse catastrophe qui avait ravi à la garnison de Bougie et à l'armée, un officier de mérite et de dévouement. Le commandement supérieur était conservé, jusqu'à nouvel ordre, au chef-d'escadron d'artillerie qui l'avait exercé depuis la fatale rencontre du 4, par ancienneté de grade. Le général Rapatel approuvait aussi les dispositions prises dans les premiers moments, et les régularisait par ses observations et ses ordres. Quant aux mesures militaires, il se bornait à prescrire la plus stricte défensive.

NOTE F.

Traduction littérale d'un chant arabe relatif au voyage d'Abd-el-Kader en Kabylie.

O Dieu puissant qui nous écoutez,
Vous l'unique, le généreux,

Secourez l'homme pieux, pardonnez au repentir!
Qu'il est grand, le bonheur de celui que vous aimez!
Combien est heureux l'homme instruit dans sa religion!
Puissè-je être son voisin au jour du jugement!
Rien ne peut se comparer à la gloire de celui qui s'est armé
Pour faire triompher la religion du prophète.
Le plus glorieux de tous est notre seigneur Abd-el-Kader.
N'est-il pas la terreur de tous les hommes injustes?

Il est sultan, il est chérif (1).
Son père est issu de Hassen.
Vous le trouverez au jour du combat,
Renversant tout ce qui lui résiste.
Les méchants le redoutent; il mérite nos louanges;
Il est venu nous trouver avec des troupes organisées,
Accompagné, suivi de toutes les tribus.

Il a foulé sous ses pieds les pays antiques;
L'antique Tlemcen et Mascara l'ont vu.
Interrogez les montagnes hachées de l'Ouarsenis,
Il a flotté sur l'escarpement des monts;
Interrogez encore les montagnards du Gharb,
Le pays où il y a des rois; la France même l'a reconnu :
Les Tells, les Saharas et les Arabes nombreux,
Tous les Kabyles se sont soumis à lui.
Sultan, il a été précédé par sa gloire et sa clémence,
Et tous ceux qui le voient ne peuvent s'empêcher de l'aimer.

Il est beau de figure, bien élevé, montant bien à cheval;
Il est serré, bien assis sur sa selle en face de l'ennemi.
L'ennemi qui le voit est écrasé comme un roseau pourri,
Et ceux mêmes qui ne l'ont pas vu, lui donnent le respect.
Son cheval, aux tresses pleines d'ornements,

---

(1) Prétention très-contestable d'Abd-el-Kader, mais qu'il est obligé de soutenir pour se rendre apte à exercer le pouvoir souverain.

Au poitrail incrusté d'or, fait peur.
Les chevaux de ses cavaliers sont vifs comme la gazelle qui fuit
Ses réguliers ressemblent à des colliers bien rangés ;
S'ils lancent leurs éclairs, foudres descendantes,
On dirait les lames d'une mer immense.

Ils chargent l'ennemi comme roule un fleuve ;
Qui pourrait s'opposer à la course d'un torrent ?
Tout le monde veut servir notre maître
Nasser-el-Din (1), qui porte le nom de son père.
Kabyles et Djouads (2) se sont soumis à lui.
Et tous les Arabes s'inclinent à ses ordres ;
C'est la lumière qui brille entre les esclaves de Dieu.
A lui tout honneur, à lui la louange ;
Avec son armée il a pris les pays en courant.
Il a tambours, drapeaux, canons. — Il est clément !
Il a envoyé ses lettres à tous les Outhans,
Et tout l'est s'est empressé de lui obéir.
Tribus, villages, peuples des villes,
Tous en masse se sont rendus vers lui.
Ils ont mis pied à terre, ils l'ont entouré ;
Tous avaient des beaux chevaux et des armes riches.
Ils lui ont offert leurs gadas et lui ont dit : appui de tout appui
Nos pays, nos armes, nos biens sont à toi ;
Tes ordres, nous les suivrons ; tes désirs seront les nôtres ;
Car nous te sommes dévoués.
Il leur a répondu : Écoutez, ô Djouads,
Et vous, Arabes et Kabyles, comprenez mes paroles :

C'est moi qui suis El-Hadj-Abd-el-Kader,
Fils de Mahy-ed-Din ; il importe que vous sachiez mon nom.
Je ne vise point à la grandeur, au trône ;
Je ne veux aucun des prestiges que vous pensez.

---

(1) *Nasser-el-Din*, qui fait triompher la religion.
(2) *Djouads*, les nobles.

Mon désir est que vous soyez sous mes ordres comme frères,
Que vous renonciez à tout esprit d'insubordination et d'inimitié.
Voyez votre pays, il est sous le joug de l'impie ;
L'impie y est entré, et il s'est logé dans la terre du Djehad (1) :
C'est une honte pour nous ;
Et tous les peuples et tous les rois l'ont su !
Aidons-nous, et Dieu nous donnera la victoire ;
La guerre sainte nous vengera ;
Nous entrerons dans Alger, nous chasserons l'infidèle ;
Nous y rétablirons la religion du prophète, nous l'élèverons.
C'est à nous que l'éternel a promis le triomphe,
A nous Arabes, qui sommes des enfants de la poudre.
Nos noms doivent acquérir de la gloire.
Les gens qui connaissent Dieu s'en réjouiront les premiers.
Qui ne suit pas mes ordres aura pour demeure la tombe.
Les chrétiens sont chez nous, qui peut vivre près d'un ennemi ?
Ils lui ont répondu : Prunelle des yeux, maître des maîtres,
Nous pensons tes pensées ;
Chérif d'origine, tu dissipes le mal.
Nous nous battrons pour le prophète,
Nous ferons triompher sa religion.
Tu le vois toi-même, on t'obéit, on devance tes ordres,
Tu es de nous, tu es notre maître ;
C'est toi qui régleras nos comptes avec l'impie ;
Par ton secours, nous l'abaisserons et nous habiterons même son
Car notre pays, les impies l'ont habité avec leur croix.   [pays,
Tu es notre sultan, guide-nous,
Et l'écrit de Dieu s'accomplira.
Il leur lut le fatah
Et leur recommanda de faire selon le bien.

Les Chigrs, bien vêtus, vinrent alors lui baiser les mains,
Les kaïds arabes les suivirent,

---

(1) *Djehad*, la guerre sainte.

Ainsi que les grands respectés des tribus.
Les savants des savants,
Les marabouts, les chérifs des chérifs,
Enfin tous ceux de la fête.
Ils s'étaient levés, avaient monté des chevaux de guerre,
Qui sans ailes s'élèvent aux nues,
Avec des selles brodées en or.
Leurs esclaves portaient des armes à fourreaux d'argent,
Et la terre se couvrit d'ombres au bruit des coups de feu.
Chacun faisant luire des éclairs échappés de lui;
Les cavaliers défilèrent les uns derrière les autres
Comme des flots qui se suivent.
Les canons grondaient dans les flammes,
Les rangées de soldats semblaient une averse de pluie,
Bien coordonnés, bien alignés, bien équipés;
Le spectateur ébloui oublie les auteurs de ses jours.
Partout les indices d'un ordre nouveau se manifestent
Au milieu de cette allégresse universelle.
Notre seigneur dominait l'assemblée
Sur un cheval rouge, teint avec la cire d'Espagne.
Les tresses de ses crins balayaient la terre;
Sellé d'une selle toute brodée d'or;
De superbes étendards flottaient sur sa tête;
Partout des tambours, des zarnadjyas (1) étincelant d'argent.
Là il passa la nuit, et ses troupes reçurent la difa somptueuse,
Suivie de prières et d'invocations.
Après la prière du matin et les ablutions
Tout le monde s'assemble et écoute la lecture du Bokhary (2).
Et cette lecture est féconde comme les pluies,
En tombant sur la terre, elle en vivifie la végétation.
Le sultan finit en bénissant toute l'assemblée.
Toute chose il la fait bien; plaise à Dieu que nous tombions pou

---

(1) *Zurnadjyas*, corps des musiciens.
(1) *Bokhary*, livre saint.

Il nomma à des emplois
Et éleva des Khalifas sous lesquels il plaça des aghas fidèles.
Tous marchèrent derrière lui avec des troupes et des cavaliers,
Tous confiants dans sa générosité connue.
A chaque Outhan il donna des chigrs,
Des cadis, des muphtis, pour organiser la justice ;
De chacun il exila les chagrins.
Que Dieu perpétue sa victoire par la bénédiction de son père !
Ce qu'a fait ce sultan
Ne peut être raconté, tout le monde le sait :
Combien de guerres n'a-t-il pas entreprises contre les infidèles !
Les chefs français ne l'oublieront jamais.
Il les a combattus, partout il les a fait fuir,
Semant leurs cadavres en pâture aux bêtes féroces.
Si tu le voyais au jour du combat,
Quand les cavaliers se précipitent l'un l'autre
Comme des éperviers, des aigles
Qui fondent sur des hebars (1), les saisissent,
Et d'eux ne laissent plus que cette parole : — Ils furent.
L'homme injuste ne vit pas; l'homme oppressé trouve un sauveur.
S'il arrange son armée et qu'il se mette à ses angles,
Ses canons sont des éclairs qui foudroient l'ennemi.
Ses soldats sont des colliers dont les canons sont les nœuds.
On sent leur odeur de loin,
Tant est grande la stupeur que jette les troupes du chérif.
L'esprit de ceux qui le voient s'anéantit.
Parmi leurs cent drapeaux s'élance
Un syaf guerrier qui met l'ordre partout,
Un chef de ligne, un khodja intelligent ;
La troupe obéit à leurs ordres.
Comme les lions sur des moutons,
Ils se précipitent sur l'ennemi,
Ils mettent leur confiance en Dieu qui aide ;

(1) *Hebars*, poules de Carthage.

Lorsqu'ils forment le carré,
On dirait une ville aux remparts bien garnis de canons.
Ils font des éclairs, des feux s'allument,
Et il en descend des foudres avec le bruit du tonnerre;
Les nuages sont jaloux de cette fumée,
Ce sont des vapeurs incessantes qui se succèdent,
Ce sont des averses de feu ;
Ne dites pas qu'ils manquent l'ennemi, ils le broient ;
Le sol roule des rivières de sang,
Et c'est pour la gloire des croyants, car celui qu'ils aiment triomphe.
Derrière les troupes des masses de cavaliers,
Montés sur des chevaux qui volent sans ailes,
Et si richement vêtus que tous sont également beaux ;
Ils sont armés d'armes riches et bien trempées.
D'autres les devancent, qui se précipitent à la charge ;
La terre plie sous eux, ils massacrent ceux qui fuient.
Dévoués tous à la guerre sainte, pour la religion de Dieu :
Ambitieux, tous, des palais du paradis,
Combien de fois n'ont-ils pas altéré les chrétiens !
Pour combien de batailles ils répondent : nous les avons vaincus.
Avec eux sont des Kabyles, des Arabes,
Qui ont vendu leurs âmes à Dieu.
Ils ne font qu'un, serrés dans les rangs.
Leur troupe s'est formée des plus braves,
Le choix en a été longtemps médité.
Quel puissant n'ont-ils pas écrasé ?
Ils ont vaincu les rois de Perse, de l'Asie, de l'Yemen,
Du pays des Turcs et du Gharb ;
Ils ont même conquis l'Inde et le pays des Soudans ;
Les Arabes d'Égypte, les Perses, par le prophète, ils les ont punis
Ils ont détruit l'idolâtrie, ils ont fait briller la religion.
Tout cela n'est point caché, on l'a vu, on le sait.
Il y a longtemps de cela ; nos chefs, depuis, se sont endormis ;
Mais dans le sommeil, les hommes n'oublient pas ce qu'ils ont su.

Vint le chériff, le maître des maîtres ;

Il alla de l'ouest à l'est ; avant, on ne l'avait pas fait ;
Puis il pénétra dans le sud. Dans tout ce pays,
Pas un homme aussi sage, aussi courageux que lui.
Sa beauté, sa grâce, sont comme la lumière qui brille dans les yeux.
Sa modestie, sa vertu, font qu'on le suit ;   [meil.
Réveillez-vous et contemplez-le, vous qui vous laissez aller au som-
Il a tiré de leur léthargie ceux qui ont entendu parler de lui,
Et les Arabes Djouads sont venus à son appel ;
Ainsi que les Arabes du Teull, les Kabyles l'ont aimé.
Espérons qu'avec toi nous soumettrons tout pays,
Que du nôtre nous chasserons l'infidèle.
Tout est prêt pour le Djehad.
Avec des armées puissantes, nous te suivrons ;
Avec de la cavalerie et des canons qui ruinent ;
Avec des bombes, nous l'aiderons en toute chose ;
Car notre appui est en Dieu, qui dissipe le mal.
Nous repasserons la mer avec des barques
Et nous prendrons notre revanche.
Au milieu de nous sera celui qui porte le nom du saint de Bagdad (1)
Nous battrons l'infidèle, nous habiterons son pays ;
Il convoquera les siens.
Il enverra l'aman aux insoumis ;
Ils lui conduiront des gadas ; disant ; Seigneurs des Seigneurs,
Nous t'apportons la soumission.
Il leur donnera le burnous, les fera chefs dans chaque pays.
Ainsi, nos pertes seront réparées,
Et ceux dont l'esprit fou oserait combattre,
Aussitôt nos forces se lèveront contre eux,
Et fonderont sur eux comme l'épervier
Sur les petits oiseaux dont ils brisent les ailes.
— Ils s'écrieront : Maïna signor, c'est assez !
Nous envahirons le pays de l'impie et nous nous y établirons,

---

(1) Sidi Abd-el-Kader, dont le tombeau est à Bagdad. C'est le marabout qui influa particulièrement sur la destinée de l'émir.

Nous le sèmerons de mosquées ; nous y chanterons les chants les plus
Le nom de Dieu adoré, nous le proclamerons.   chers.]
La religion de la croix s'éclipsera, rentrera dans le fourreau,
Et la religion du prophète choisi sera connue et confessée.
O mon Dieu, exauce tous nos vœux ;
Le pays de l'impiété soumis, nous y ferons fleurir la clémence.
Nous t'en conjurons par tes attributs, par l'avenir du monde,
Par les prophètes, par les envoyés et par leurs amis,
Par notre seigneur Mohamed, l'envoyé du Dieu des créatures,
Par le paradis, par l'enfer et par tout ce que nous ignorons.

Par les anges, par les livres dont les noms sont connus,
Par le papier, par la plume, accomplis ce que nous demandons ;
Par le soleil, par la lune, par la lumière resplendisssante,
Par les étoiles, par tous les savants,
Nous t'intercédons, ô créateur des hommes !
Accueille nos vœux, ô toi dont nous ferons connaître le nom,
Délivre-nous du mal,
Exile de notre pays l'infidèle,
Que la vengeance s'accomplisse pour tout ce qu'il nous a fait,
Que nous conquérions la terre des chrétiens,
Que notre sol reste musulman
Et que celui des infidèles reconnaisse la foi !
Délivre-nous de toute peine ; que nos cœurs soient joyeux,
Que nos mosquées se repeuplent. — Rétablissons ce qu'ils ont changé.
Que les écoles deviennent des lumières,
Que l'ignorant y puise la science, que la religion triomphe,
Que le passé devienne comme un songe de nuit,
Et qu'il nous soit un enseignement ; nous exalterons notre sultan.
Fais-nous l'esprit juste dans tous nos désirs,
Fais que notre œuvre ait de la durée, conserve-nous le plus grand
El-Hadj-Abd-el-Kader, ainsi nommé,   des hommes,
Préserve-le de tout mal,
Perpétue-le, élève-le sur ses ennemis,
Fais que le mal qui peut le menacer retombe sur nous,
Fais-le triompher comme son aïeul et les princes qui l'ont précédé.

Aide-le, fais triompher ses khalifas,
Gens de bien, et les officiers qui le servent,
Donne à ses sujets un jugement droit.
Les aghas, les caïds de ses conseils,
Les Chiqrrs, nos maîtres les savants, les préférés,
Fais qu'ils s'accoutument à lui, protège-les, ils sont vertueux sur leurs figures;]
Fais que le sultan soit miséricordieux pour moi,
Qu'il soit généreux envers le poète, qu'il chasse sa pauvreté,
Qu'il m'honore de nombreux présents,
Qu'il me donne un cheval, des armes, un vêtement superbe,
Des bêtes de somme, de petites vaches laitières,
Un chameau, des taureaux, des moutons bêlants,
Une maison, des effets de toute sorte.
Bref, un présent de sultan, selon l'usage de son aïeul et de son père.
S'il donne il enrichit; il a dit : Ne vous adressez qu'à moi.
Il est prompt à se décider, il ordonne et dit : Donnez-lui!
Ne me repoussez pas, lumière des yeux!
Dieu garde que le Tout-Puissant refuse à qui s'adresse à lui.
Que Dieu prolonge tes jours dans une suite d'heureux jours,
Que tu sois partout triomphant, que tes victoires se succèdent!
Que la prière soit sur l'envoyé, le meilleur des hommes,
Sur ses parents, ses compagnons, sur ceux qui suivent sa religion!
Que cette prière dure autant que le monde,
Et que les vœux en soient aussi nombreux que les choses innombrables créées par Dieu.]

Salut sur Mohammed!
Sur ses parents, ses amis, sur ceux qui dès l'origine l'ont suivi,
Sur tous ceux qui sont les chefs, sur leurs superbes troupes,
Sur tous les officiers. — Mille saluts.

NOTE G.
Bulletin de l'expédition de l'Est.

Le président du conseil, ministre de la guerre, a reçu de M. le maréchal Bugeaud, Gouverneur-Général de l'Algérie, le rapport suivant :

Bivouac d'El-Tenin, le 13 mai 1844,
rive gauche de l'Oued-el-Neça.

MONSIEUR LE MARÉCHAL,

J'ai eu l'honneur de vous dire que le convoi et le goum arabes avaient enfin franchi l'Oued-el-Neça, et m'avaient rejoint le 11 au matin. Pour ne pas perdre de temps, j'avais fait transporter son chargement par mes mulets, sur les hauteurs où j'étais campé en avant de Dellys.

Dans l'après-midi, un gros rassemblement kabyle vint se former en vue de mon camp, au sud, à environ deux lieues; le défilé au travers des montagnes de l'est dura plusieurs heures. Le soir nous vîmes s'allumer les feux d'un vaste camp; dès lors je soupçonnai à l'ennemi l'intention de m'attaquer quand je repasserais la rivière; et si je n'avais eu hâte de porter mon convoi à Bordj-el-Menaïel pour commencer mes opérations avec toute la colonne, j'aurais marché directement à l'ennemi dans la matinée du 12. D'un autre côté, je n'étais pas fâché de me faire attaquer et de faire descendre cette grosse masse, de points élevés où elle était, sur les pentes inférieures, près de la rivière. Il était possible qu'elle y fût attirée par l'espoir d'enlever mon convoi. Je me décidai donc à me diriger sur le gué par lequel j'avais passé le 7. En arrivant, j'aperçus les cavaliers de l'ennemi qui s'y dirigeaient par une longue arête.

Je fis bien vite passer le convoi, et je l'envoyai sur une butte de la rive gauche, sous la protection d'un bataillon du 48e. Tout le reste de l'infanterie mit sac à terre sur les bords de la rivière et vint se former par bataillon en masse au bas de la pente par laquelle descendait l'ennemi. J'avais embusqué la cavalerie arabe à un quart d'heure sur ma gauche, dans un pli de terrain où elle ne pouvait être aperçue. Au signal d'un coup de canon, elle devait assaillir le flanc droit de l'ennemi.

M. le colonel Regnault du 48e, qui du camp apercevait ce que je ne pouvais pas voir, me fit prévenir que l'on voyait descendre une forte colonne d'infanterie kabyle. Il était alors dix heures et demie; il fallait bien pousser l'ennemi pendant au moins trois lieues, puis revenir à nos sacs pour aller coucher au camp, je n'avais donc pas de temps à perdre ; je donnai le signal, et je fis monter l'infanterie sur le premier plateau. Ma cavalerie arabe, conduite par M. le lieutenant-colonel Daumas et MM. les capitaines Pelté et Gaboriau, du bureau arabe, arriva promptement, bien qu'elle eût à traverser un terrain fangeux. La cavalerie ennemie fut repoussée et chassée de tous les plateaux qu'elle occupa successivement.

J'avais réuni sous les ordres du capitaine d'état-major de Cissey, 50 maréchaux-des-logis ou brigadiers du train des équipages militaires, 9 gendarmes, 20 spahis et quelques chasseurs de mon escorte, pour former la réserve du goum arabe; c'étaient les seuls cavaliers français dont je pouvais disposer, ma cavalerie régulière ayant été laissée à Bordj-el-Menaïel. J'ai eu beaucoup à me louer de cet escadron vraiment d'élite. Vers la fin de la charge, qui s'est terminée à trois lieues et demie de la rivière, il était en tête, et c'est à lui et à quelques officiers énergiques que nous devons d'avoir sabré bon nombre d'Arabes.

L'infanterie kabyle, en voyant ainsi mener sa cavalerie, s'empressa de reployer et de prendre position sur une chaîne de collines élevées qui formait un grand arc de cercle dont l'un des bouts touchait à ma direction, pendant que l'autre bout en était peu éloigné. J'avais donc presque tous les ennemis sur le côté droit de ma ligne de marche. L'infanterie de ma colonne étant arrivée en face du sommet de l'arc, je fis faire tête de colonne à droite, et je fis attaquer le sommet de l'arc par un bataillon du 48ᵉ, sous les ordres de M. le lieutenant-colonel de Comps et par le bataillon de tirailleurs indigènes, sous les ordres de M. le commandant Vergé, pendant que ma cavalerie continuait son mouvement direct et attaquait l'extrémité droite de l'ennemi.

Sa ligne de défense fut bientôt coupée en deux, et il se mit à fuir sur toutes les arêtes et dans tous les ravins en arrière de lui. La cavalerie aborda une grosse masse et en coupa une partie qui eût été prise ou tuée en entier, si, au lieu de cavalerie arabe, nous avions eu les 550 chevaux laissés au camp du général Gentil ; mais nos cavaliers arabes n'agirent pas avec la même décision qu'auraient eue des troupes françaises. Toutefois, il resta sur ce point environ 150 hommes sur le terrain ; on y prit un drapeau, beaucoup de fusils, de yatagans et de flissas (sabres des Kabyles).

Les deux bataillons précités, après avoir enlevé le centre de la position, se rabattirent à droite et à gauche, et chassèrent successivement l'ennemi de toutes les collines dont l'abord n'était pas trop difficile. Cependant l'ennemi tint un instant sur une colline de gauche très-escarpée, au bout de laquelle était un village. J'y envoyai un demi-bataillon d'élite composé de canonniers armés de grosses carabines, sous les ordres de M. le capitaine du génie Jacquin. Cette petite troupe, ne connaissant pas le terrain, s'embourba dans un marais avant d'arriver au point d'attaque. Cette hésitation forcée ranima les nombreux Kabyles qui se trouvaient en face, et ils essayèrent de reprendre l'offensive.

Je fis avancer aussitôt le bataillon du 26°, sous les ordres du commandant Miller. La compagnie de voltigeurs commandée par le capitaine Cavadini, bravant la fusillade de la colline, pénétra à la course dans le village, et prenant la position à revers, elle la couronna bientôt L'ennemi se précipita en masse dans un ravin profond, où M. le capitaine Chabord lui lança des obus qui durent lui faire du mal.

Dans ce moment, les masses ennemies étaient en pleine retraite sur de très-hautes montagnes. Les chevaux étaient harassés, l'infanterie n'avait pas encore mangé ; je n'avais que les cartouches de mes gibernes ; il était trois heures après-midi, je fis cesser la poursuite ; je ralliai les troupes et les ramenai au camp sur la rive gauche de l'Oued-el-Neça.

Ainsi a été dispersé un très-gros rassemblement préparé depuis longtemps et fanatisé par Ben-Salem. Ce résultat a été obtenu par cinq bataillons qui avaient laissé des hommes à la garde de leurs sacs, et par 600 chevaux arabes soutenus par 80 chevaux français.

Cependant, il n'est pas possible d'évaluer la réunion des Kabyles à moins de 8 à 10 mille hommes. Voilà une preuve de plus que, passé un certain chiffre relatif, il ne faut pas se laisser arrêter par la force numérique des masses sans organisation et sans discipline, quelque braves que soient les hommes qui les composent, pris individuellement. Si je n'avais pas compris les désavantages que leur procure l'absence d'harmonie et de force d'ensemble, j'aurais pu hésiter à me jeter au milieu d'elles avec des forces si inférieures, numériquement; mais en les coupant en deux, j'ajoutais encore au désordre qui règne naturellement dans une telle troupe.

Notre perte a été légère pour une affaire de cette importance; nous n'avons eu que trois tués et une vingtaine de blessés. Il est difficile d'évaluer la perte de l'ennemi, si ce n'est sur le lieu où a chargé la cavalerie. Partout ailleurs le combat a eu lieu dans des rochers, des ravins, des villages escarpés, où l'on ne peut apprécier le mal qu'on a fait à ses adversaires; mais on ne l'estime pas à moins de 350 hommes tués.

J'ai lieu d'espérer que ce combat heureux dégoûtera les populations des grands rassemblements que provoquent Ben-Salem et trois ou quatre autres chefs fanatiques. Quand elles n'auront plus l'espoir de vaincre, il est probable qu'elles feront leur soumission; alors la France aura ajouté à ses conquêtes une contrée riche, belle, et probablement la plus peuplée de l'Algérie. Cette partie du pays des Kabyles peut être au moins comparée aux rives du Chéliff; la nature a beaucoup fait pour elle, mais la culture des terres y est aussi barbare qu'ailleurs, ce qui n'empêche pas qu'elles soient en général couvertes de belles et vastes moissons cette année.

Je ne saurais trop vous faire l'éloge, monsieur le Maréchal, du dévouement et de l'ardeur des troupes qui ont été engagées. Voici les noms des officiers et soldats qui se sont le plus particulièrement distingués :

M. le lieutenant-colonel Daumas, qui commandait le goum des Arabes, et a conduit habilement la charge de la cavalerie française et indigène.

M. le capitaine Pellé, adjoint au directeur des affaires arabes, qui a constamment marché à la tête de la charge et a tué cinq Arabes de sa main.

M. le capitaine d'artillerie Rivet, mon officier d'ordonnance, qui a figuré également au premier rang, et a tué trois Arabes de sa main.

M. le capitaine d'état-major Gaboriau, attaché aux affaires arabes.

M. le docteur Amstein, chirurgien du bureau arabe.

M. le capitaine d'état-major de Cissey, commandant la cavalerie de réserve.

MM. les lieutenans Springensfeld et Guillot, du train des équipages militaires, commandant les pelotons de réserve.

Les maréchaux-des-logis Kestel et Betracd, et le trompette Nivière, du train des équipages militaires.

M. Merlet, sous-lieutenant, commandant le peloton de spahis. Les maréchaux-des-logis Merlet et Baba-Aly du même corps.

Le khalifa de Sebaou, Sid-Mohammed-ben-Mahy-ed-Din.

L'agha des Aribs de Hamza, Sid-Lakredar-ben-Taleb.

Le caïd des Aribs de la Maison-Carrée, El-Mekhl.

Ben-Ghredem, Arib du makhzen.

Couidder, id.

Hamoud, mekahali de M. le Gouverneur.

Labossi, id.

Dans le bataillon d'élite :

M. le capitaine du génie Jacquin, commandant le bataillon ; M. le capitaine d'artillerie Bourson, faisant fonctions de capitaine-adjudant-major. les maréchaux-des-logis Damaret, du 7⁰ régiment d'artillerie, et Peter, du 8ᵉ id. ; M. le docteur Volage, faisant fonctions de chirurgien dans le bataillon.

Dans le 26ᵉ régiment de ligne : M. le commandant Miller, M. le capitaine de voltigeurs Cavadini, M. le lieutenant de voltigeurs Pacot, le sergent Rouan, le voltigeur Grevil ; ce dernier, arrivé le premier sur le plateau du village emporté par le bataillon, a été grièvement blessé.

Dans le 48ᵉ de ligne : M. le lieutenant-colonel de Comps, M. le capitaine Vautier, commandant le bataillon ; MM. les sous-lieutenants Montigny et Victor ; les grenadiers Chalut et Baqué.

Dans le bataillon de tirailleurs indigènes : M. Vergé, chef de bataillon commandant ; M. le capitaine de Wimpffen ; MM. les lieutenants Hugues et Martineau Des Chenez, l'adjudant Lacroix, le tirailleur Meçaoud-ben-Mohammed:

M. le commandant Çarragoza, chef d'état-major de la colonne de gauche, M. le sous-lieutenant Sédille, officier d'ordonnance de M. le général Korte.

M. le commandant Gouyon, chef d'escadron d'état-major, s'est aussi fait remarquer d'une manière particulière; non seulement il faisait exécuter mes ordres comme chef d'état-major par intérim, mais il allait avec les troupes, prenait part à leur action et en dirigeait souvent des fractions.

Agréez, monsieur le Maréchal, etc.

Signé : Maréchal BUGEAUD.

NOTE H.

Rapport de M. le Maréchal, Gouverneur-Général, sur le combat du 17 mai 1844.

Du sommet des montagnes des Flissas, le 18 mai 1844.

MONSIEUR LE MARÉCHAL,

Dans ma dépêche du 16, je vous disais qu'il s'opérait devant moi un gros rassemblement que je comptais attaquer le lendemain. Pendant le reste de la journée, nous vîmes très-clairement arriver plusieurs contingents. Les chefs des Issers, qui se trouvent dans mon camp, et qui sont liés de parenté avec les chefs des Ameraouas et des Flissas, avaient envoyé à leurs alliés des émissaires pour les engager à éviter, par la soumission, les malheurs qui allaient fondre sur leur pays; ceux-ci firent une réponse qui prouvait qu'ils étaient bien décidés à en appeler aux armes.

Les envoyés ajoutèrent qu'ils étaient très-nombreux; ils firent une longue énumération des tribus lointaines qui avaient amené leurs contingents. Les seules tribus du bord de la mer, battues à Taourga, le 12, n'étaient pas à ce rassemblement. La position qu'occupaient ces masses était formidable; elles s'appuyaient à droite sur des montagnes inférieures à la crête de partage, mais d'un abord très-escarpé.

De là, elles se prolongeaient sur une arête qui conduit à la grande crête, et qui est couverte, dans tout son parcours, par un ravin très-profond ; elles avaient ajouté, à ces difficultés, des redans en pierres sèches sur tous les abords. La ligne des crêtes forme, avec l'arête qu'occupaient les contingents étrangers, un angle très-ouvert. Ces crêtes étaient défendues par les guerriers des dix-neuf fractions des Flissas, qui devaient être soutenues par d'autres contingents venus par le sud.

Ne voulant pas attaquer de front des obstacles de cette nature, je résolus de monter aux crêtes supérieures, par une arête qui ne me paraissait pas trop difficile, et qui me conduisait au sommet de l'angle rentrant, qui formait la ligne de bataille ennemie. Je passais ainsi parallèlement à sa droite ; mais je n'avais pas à redouter une attaque par mon flanc gauche, à cause du grand ravin dont j'ai parlé plus haut : j'étais également couvert sur mon flanc droit par un autre grand ravin.

Je n'avais donc à livrer, en montant, qu'un combat de tête de colonne, et la vigueur de nos troupes m'en garantissait le succès. Les zouaves marchaient en tête avec la compagnie de carabiniers du 3e bataillon d'Orléans et une section de sapeurs ; suivaient le bataillon d'élite, trois pièces de montagne, cent chevaux français et arabes, commandés par le chef-d'escadron Denoue. Les tirailleurs indigènes, deux bataillons du 3e léger, deux bataillons du 26e, deux bataillons du 48e, des détachements de cacolets étaient répartis le long de cette colonne.

M. le général Korte, au point du jour, devait, par la plaine, menacer la droite de l'ennemi avec le reste de la cavalerie française, six cents chevaux arabes, deux bataillons et une pièce de montagne. Il était à espérer qu'il pourrait atteindre, dans la vallée de l'Oued-Kessub, qui se trouvait derrière la droite des coalisés, les masses que nous allions précipiter des hauteurs.

Ayant à gravir pendant longtemps des pentes très-raides, je fis laisser au camp, sous la protection d'un bataillon et des troupes du train des équipages, les sacs des soldats ; ils n'emportaient que du biscuit pour deux jours, deux rations de viande cuites et les cartouches excédant celles qui sont dans la giberne, le tout roulé dans le sac de campement porté en sautoir.

Je comptais partir à deux heures du matin, afin d'arriver à la ligne qui domine tout le système montagneux, afin que les principales forces de l'ennemi ne pussent s'y opposer. Mais, le soir, nous fûmes de nouveau assaillis par la pluie et un gros brouillard. Je remis le départ à trois heures du matin; j'espérais que la pluie aurait renvoyé les Kabyles à leurs villages, et que je pourrais atteindre le point culminant au petit jour, avant que les ennemis fussent ralliés. Mes prévisions s'accomplirent, et j'arrivai au haut avec une perte assez légère. La résistance n'eut lieu qu'à un gros village qui se trouve sur l'arête, à moitié chemin. L'avant-garde des zouaves et la compagnie de carabiniers d'Orléans, l'enlevèrent avec beaucoup d'impétuosité. J'aperçus en passant une trentaine de cadavres ennemis; à côté d'eux, gisaient trois ou quatre zouaves. Comme je supposais les principales forces de l'ennemi à notre gauche, j'y dirigeai d'abord les zouaves, sauf deux compagnies de la gauche de ce bataillon, que je fis tourner à droite avec une demi-section de sapeurs. Je laissai, à ce point de partage, un officier pour faire appuyer ces détachements par le 48e, lorsqu'il arriverait.

Malheureusement, la cavalerie et les cacolets embarrassèrent la marche de l'infanterie dans le sentier difficile que nous suivions, et le 48e n'arriva pas assez vite pour soutenir les zouaves et les sapeurs de notre droite, contre une grosse attaque des Kabyles venant de ce côté. Ces troupes, emportées par leur ardeur, ayant poussé trop loin les premiers ennemis qu'elles rencontrèrent, se trouvèrent un instant compromises, et éprouvèrent des pertes très-sensibles; peut-être même eussent-elles été détruites, malgré le courage qu'elles déployèrent, si quelques compagnies du 3e léger et le 48e n'étaient arrivées à leur secours.

La ligne de l'ennemi était coupée en deux. Nous voyant maîtres des points culminants, qui débordaient la droite sur laquelle nos troupes n'avaient plus qu'à descendre, toute cette droite prit l'épouvante et se précipita sur l'Oued-Kesseub. Mais la cavalerie du général Korte, qui avait trouvé des chemins détestables, n'arriva que trop tard dans cette vallée, et mes cent chevaux, que je lançai devant moi, au lieu d'aller perpendiculairement dans la vallée, suivirent un chemin à gauche, qui les mena dans des villages et des difficultés inextricables, en sorte que les grosses masses de l'extrême droite purent franchir l'Oued-Kesseub, et se jeter sur des collines escarpées de sa rive droite.

Cependant, une partie de l'aile droite de l'ennemi tenta de défendre des villages placés sur des points difficiles de la pente sud ; ils furent successivement enlevés par les zouaves, le bataillon d'élite et les tirailleurs indigènes. L'ennemi y fit des pertes cruelles ; l'artillerie facilita ces attaques répétées, en lançant des obus dans ces villages et sur des groupes d'ennemis qui auraient pris en flanc les troupes qui les attaquaient.

Voyant que sur cette partie du champ de bataille le combat était décidé en notre faveur, je remontai immédiatement sur la crête de partage avec le 3ᵉ léger et le 26ᵉ, me doutant bien que toutes les forces de cette partie de la chaîne des Flissas arriveraient de ce côté. En effet, les Kabyles remontaient au sommet par toutes les arêtes qu'ils étaient chargés de défendre dans l'ordre primitif, et très-certainement le 48ᵉ, et les détachements de zouaves et de sapeurs, eussent été très-insuffisants sans le renfort que j'amenais.

Nous reprîmes l'offensive à l'endroit où les deux compagnies de zouaves avaient soutenu une lutte opiniâtre; nous refoulâmes l'ennemi par les crêtes et les arêtes qui y aboutissent pendant à peu près une lieue : là, je regardai la bataille comme finie, et je ne songeai plus qu'à laisser reposer les troupes un instant.

J'avais donné l'ordre au général Gentil de rallier les bataillons qui avaient tourné à gauche, de détruire les villages dans cette direction et de rentrer ensuite au camp.

Le temps d'arrêt des troupes qui étaient avec moi fut pris par les Kabyles pour de l'hésitation ; ils jugèrent que nous allions nous retirer, et, de tous côtés, ils se rallièrent pour nous harceler, pendant que nous descendrions des longues pentes qui conduisent à la plaine.

Ce retard donnait à l'ennemi de l'audace : il s'avançait sur les pentes de la position que j'occupais; je crus le moment venu de lancer les troupes. Les Kabyles furent si vivement refoulés qu'ils ne purent pas même s'arrêter sur les belles positions qui étaient en arrière d'eux, et ils prirent la fuite jusques dans les versants opposés.

Croyant les avoir suffisamment dégoûtés du combat, et ayant le projet de revenir camper en arrière, près d'une belle fontaine, je ne voulus pas les poursuivre plus loin ; mais, dès que je commençai ma retraite, ils reprirent l'offensive ; cependant, comme ils n'étaient pas nombreux sur la queue de ma colonne, je continuai mon mouvement et j'atteignis la position que je voulais occuper définitivement.

Dès le matin, j'avais résolu de ne plus abandonner ces crêtes avant d'avoir fait beaucoup de mal aux Flissas, pendant plusieurs jours, en y appelant toutes mes forces.. Je m'en étais emparé avec trop de bonheur pour m'exposer à des pertes considérables, en voulant les reprendre une seconde fois.

J'espérais pouvoir donner ensuite du repos à mes soldats dans le bivouac que j'avais choisi, mais les Kabyles en avaient décidé autrement.

Ceux que j'avais poursuivis revenaient à la charge avec d'autant plus d'ardeur qu'ils voyaient arriver, par mon flanc gauche, un gros contingent des pentes nord du Jurjura : on n'évalue pas ce renfort à moins de 3,000 hommes. Il se réunit, tout près de ma position, dans les bois qui se trouvent sur le poste sud, et s'avança sans bruit près d'une compagnie de voltigeurs, chargée d'observer la crête par laquelle ils arrivaient. La forme du terrain ne nous permettait pas d'apercevoir le bois où se réunissaient les ennemis.

Nous les voyions cependant défiler au-delà, et nous pouvions reconnaître qu'ils étaient très-nombreux.

A la faveur d'une pente très-rapide et très-boisée, ils s'avancèrent à portée de pistolet des voltigeurs du 48e, et les abordèrent par une vive fusillade. Les voltigeurs cédèrent d'abord le terrain ; mais soutenus à l'instant par trois compagnies du même régiment, qui avaient été placées un peu en arrière pour les soutenir, et appuyés par deux bataillons du 3e léger qui arrivaient en ce moment, on reprit une offensive énergique et rapide. Les Kabyles furent jetés en bas et chassés des bois avec des pertes considérables, et refoulés sur une autre colline en face : on les poursuivit jusqu'à ce qu'on les vit en pleine retraite sur plusieurs points.

Dans le même moment, ma droite était attaquée par les Kabyles que j'avais battus précédemment. Le 26e régiment, dirigé par M. le colonel Pélissier, mon sous-chef d'état-major-général, les repoussa avec une grande vigueur.

Il était alors cinq heures du soir, et j'avais envie de continuer le mouvement offensif; mais, voyant que l'ennemi se retirait de toutes parts, et mes troupes étant très-fatiguées, je les fis rentrer au camp. Depuis cet instant, il n'a pas été tiré un seul coup de fusil.

Dans cette dernière attaque, où l'artillerie a joué aussi son rôle, l'ennemi a laissé bon nombre de morts autour de notre camp ; nous aperçûmes, en outre, de longues files de ces montagnards emportant de leurs cadavres. Nous n'avons eu là que deux hommes tués et vingt-cinq blessés.

Cette journée, qui fait grand honneur à la vigueur et à l'expérience de nos troupes, nous a coûté un peu cher, mais elle nous eût coûté bien davantage si, dès le point du jour, nous ne nous étions emparés de la ligne dominante, en coupant l'ennemi en deux.

C'est là une des grandes causes du succès que nous avons obtenu contre des ennemis de quatre ou cinq fois plus nombreux que nous, et postés dans des lieux très-difficiles. Les ennemis, il faut leur rendre cette justice, ont été, sur quelques points, très-vigoureux et très-opiniâtres. Ils nous ont forcés à prolonger le combat plus longtemps que je ne l'aurais voulu, dans le désir de faire reposer mes soldats. Mais il ne fallait pas lui laisser le dernier mot : il est resté de notre côté, d'une manière complètement décisive.

Notre perte est de trente-deux morts et de quatre-vingt-quinze blessés. Un seul officier a été tué, M. Codille, sous-lieutenant du bataillon des zouaves : plusieurs officiers de divers corps ont été blessés.

Dans un terrain aussi haché, où il y a un si si grand nombre de combats partiels sur une ligne de près de deux lieues, il est impossible de calculer les pertes de l'ennemi ; mais en réduisant beaucoup les divers rapports qui me sont faits, le nombre des morts ne peut être évalué à moins de 600 : les blessés doivent être deux fois aussi nombreux. Une seule compagnie du 48ᵉ a tué une cinquantaine d'hommes en enlevant un village. Les pertes matérielles des Kabyles sont énormes ; plus de cinquante beaux villages, bâtis en pierre et couverts en tuiles, ont été pillés : nos soldats et nos Arabes y ont fait un butin très-considérable.

Cette contrée, monsieur le Maréchal, vaut assurément les frais de la conquête ; la population y est plus serrée que partout ailleurs. Nous avons là de nombreux consommateurs de nos produits, et ils pourront les consommer, cas ils ont à nous donner en échange une grande quantité d'huile et de fruits secs ; ils ont aussi du grain et des bestiaux ; ils pourront, par la suite, produire autant de soie qu'ils le voudront. Ces consommateurs, personne ne viendra nous les disputer contre notre volonté. Nous cherchons partout des débouchés pour notre commerce ; et partout nous trouvons les autres peuples en concurrence. Ici nous aurons à satisfaire seuls les besoins d'un peuple neuf, à qui notre contact donnera des goûts nouveaux ; mais, pour obtenir ces résultats sur une grande échelle, il faut rester forts.

Je ne puis terminer ce rapport, monsieur le Maréchal, sans vous faire connaître le nom des braves qui ont le plus puissamment contribué, dans cette journée, à nous donner une victoire qui produira certainement des fruits heureux.

Je citerai, dans l'état-major général :

MM. les généraux Gentil et Korte ;

M. le colonel Pélissier ;

M. le commandant Gouyon, qui a eu un cheval tué sous lui, et dont je ne saurais trop louer le zèle, le courage et l'intelligence ;

MM. les capitaines Anselme, de Cissey, Raoult et Lapasset ;

Le jeune Louis Goër, interprète de l'état-major général.

Dans mon état-major particulier : MM. les capitaines Rivet, de Garraube et Guilmot, qui ont été presque constamment sous les balles en portant mes ordres.

Dans les zouaves : M. le lieutenant-colonel de Chasseloup-Laubat, qui a fait tête de colonne dans la matinée, s'est emparé du village de Ouarezddin et de la crête supérieure des montagnes, avec beaucoup de vigueur et d'intelligence ;

M. le capitaine Corréard, qui a reçu quatre coups de feu, et conservait encore le commandant de la compagnie, après avoir reçu trois blessures ;

MM. les capitaines Paër et Frèche ; M. le lieutenant Rampont qui montra beaucoup d'énergie et de sang-froid, et fut blessé en s'élançant à la charge ; M. le lieutenant Larroux-Dorion ; le sous-lieutenant Rogues ; le sergent Carnot, qui a tué cinq Arabes à coups de baïonnette ; le sergent Morelli ; le fourrier Charpal, atteint de trois coups de feu ; le sergent de Char (blessé) ; le sergent-major de Heusse (blessé) ; le sergent Pols ; le sergent Destouches (blessé) ; les caporaux Desmarais et Leprévost (blessés) ; le zouave Guichard, qui a sauvé la vie au capitaine Corréard et l'a emporté sous une grêle de balles ; les zouaves Boutou, Mounier et Caylus, qui ont tué chacun quatre Arabes à coups de baïonnette ; Agneaux (blessé), Porche (amputé), Amps (amputé), Boudrand (blessé) ; enfin, le zouave Duvivier.

Dans la compagnie de carabiniers du 3ᵉ d'Orléans : M. le lieutenant Hurvoi, commandant la compagnie (blessé) ; le sous-lieutenant Lantard, le sergent-major Revol, le fourrier Gastevin, le caporal Foisy (blessé), le carabinier Bonnet (blessé.)

Dans le bataillon d'élite : M. le capitaine du génie Jacquin, légèrement blessé ; MM. le capitaine Lamarque et le lieutenant Marion, du 8ᵉ d'artillerie. Ces deux derniers officiers ont été déjà remarqués pour être arrivés les premiers dans le combat du 12, sur la position qui a été défendue le plus vivement par les Kabyles : il est important de réparer l'omission par suite de laquelle leurs noms ne se sont pas trouvés dans le dernier rapport.

M. le lieutenant du génie Staniq, qui a combattu sur la droite avec les deux compagnies de zouaves ; les maréchaux-des-logis Damaret et Péter, des 7ᵉ et 8ᵉ d'artillerie ; le sergent du génie Merlin ; le caporal Jacquin, du génie, et le mineur Poligny.

Dans les tirailleurs indigènes : MM. le chef de bataillon Vergé, le lieutenant Ganty, le sous-lieutenant Valantin (blessé.)

Dans le 3ᵉ léger : MM. le colonel Gachot, le commandant Bez, le capitaine d'Auribeau, le sous-lieutenant Hocquet, le lieutenant Vaquer, le sergent Durazzo, le carabinier Lantrin, et le voltigeur Larigaldi.

Dans le 26ᵉ régiment : MM. le lieutenant-colonel Guérimand, les capitaines Cavadini et de Berruyer, le lieutenant Pacaud (blessé), le lieutenant Bergerel ; le sergent-major Dornaud, le sergent Rohan.

Dans le 48ᵉ régiment : MM. le colonel Renault, le chirurgien-major Robert, le lieutenant Fouret, le sous-lieutenant Glaentzer, l'adjudant Tapis; les sergents-majors Benos et Fabre; le sergent Turpin; le caporal Leroux; le voltigeur Chair.

Dans le 53ᵉ régiment : MM. le colonel de Smidt; le capitaine Turpaud.

Dans le 58ᵉ régiment : MM. le lieutenant-colonel Forey; le lieutenant Ferry; le caporal Bauress (blessé).

Dans l'artillerie : MM. le chef-d'escadron Lyautey; le capitaine Chabord; le maréchal-des-logis Raymond, du 12ᵉ régiment.

Dans la cavalerie : MM. le chef-d'escadron Denoue, du 1ᵉʳ régiment; le sous-lieutenant Merlet, des spahis.

Je dois une mention particulière à M. le capitaine du génie Ducasse, commandant les sapeurs d'avant-garde, qui a combattu avec vigueur et opiniâtreté avec les deux compagnies de zouaves qui ont soutenu le combat le plus chaud : cet officier a été grièvement blessé.

Dans le train des équipages militaires, je citerai :

Les maréchaux-des-logis Egrin et Barauque, et le brigadier Bonotte, qui ont enlevé les blessés sous le feu de l'ennemi; M. le chirurgien principal Philippe, dont le zèle ne se dément jamais, cite particulièrement M. le chirurgien-major Ducrouzé, le sous-aide Souville, et l'adjudant d'administration de service aux hôpitaux, M. Suvin.

Je dois aussi des éloges à M. le colonel du génie Charron, et à M. le chef-d'escadron d'état-major L'heureux, votre officier d'ordonnance. Ces Messieurs m'ont accompagné pendant toute cette journée, et ont quelquefois transmis mes ordres.

NOTE J.

Après le brillant combat du 17 mai, le rassemblement kabyle se fondit, et les Zouaouas partirent des premiers avec Sid-el-Djoudi, leur chef. Il est curieux de voir par quels mensonges puérils cet orgueilleux montagnard s'efforçait de pallier sa défaite et de remonter le courage des siens; voici deux lettres adressées par lui à notre khalifa Ben-Mahy-ed-Din, qui entretenait toujours dans le camp ennemi des relations propres à favoriser notre politique :

A notre frère, au plus cher de nos enfants, notre parfum, Sid-Mohammed-ben-Mahy-ed-Din; que le salut et la miséricorde de Dieu soient sur lui!

Vous m'avez écrit à diverses fois dans le but de me rapprocher de vous et de vous aider; je vous ai écrit avec nos chefs et j'ai attendu votre réponse jusqu'à ce qu'elle me fût enfin parvenue; vous m'y donniez rendez-vous à Flissa, pour chercher à établir la paix parmi les musulmans. J'ai pris votre avis, je me suis rendu à Flissa avec la musique et les tambours. J'étais accompagné des grands de mon corps d'armée, et cela pour vous faire plus d'honneur. Nous mîmes pied à terre en face de vous; les Flissas vous entourèrent, ils s'occupèrent de piocher la terre pour former des redoutes, je leur dis : ne vous livrez pas à ce travail, demain j'aurai une entrevue avec nos amis et je ferai régner l'anaya. Là-dessus ils cessèrent leur travail et se dispersèrent ainsi que les autres tribus qui devaient veiller. Quant à nous, nous nous mîmes sous nos tentes et nous nous livrâmes au sommeil. Nous dormîmes comme si nous avions été dans nos maisons. Tout-à-coup les infidèles nous trahirent au milieu de la nuit et il arriva ce qui arriva.

Ceci nous a fort étonnés de votre part et nous a bien embarrassés, moi et mes frères. Nous perdîmes une tente que je tenais de Sid-el-Hadj-Abd-el-Kader, valant 150 dinars, plus un quintal de poudre que nous avions apporté pour montrer notre état, plus un quintal de balles, des pistolets garnis en argent; quant au plomb et aux pierres à fusil, j'en ignore le poids.

Or, si vous êtes mon frère, vous me renverrez ce que j'ai perdu et vous en aurez du mérite auprès de Dieu. Tous les Zouaouas se moquent de moi, de manière que mon autorité et ma réputation en souffrent. Si vous pouvez r'avoir de l'infidèle ce que je vous ai demandé, vous me l'enverrez par le porteur le plus promptement possible; si vous ne le pouvez pas, conservez-moi toujours votre amitié; je la préfère à un monceau d'or. Apprenez-moi ce que fait l'infidèle, etc.....

De Si-el-Djoudi-ben-el-Djoudi à Mahy-ed-Din, khalifa.

Après les compliments :

J'ai reçu votre lettre, je l'ai lue et comprise ; elle avait rapport aux ennemis de Dieu et de son prophète. Quant à vous, que Dieu vous récompense, vous avez craint pour nous ; Dieu garde que nous fassions comme les Arabes, et que nous nous mettions dans le cas que nos familles soient transportées (en France) ! Nous n'avons rien à redouter, Dieu et le prophète nous protègent. Vous seul des musulmans qui sont là-bas, fûtes notre ami ; vous ne devez pas vous réjouir de ce qui peut affliger les musulmans en oubliant le salut de votre âme. Dieu seul accorde la victoire. Si l'infidèle a été victorieux, ailleurs il ne le sera pas.

Je vous engage donc à être des nôtres et non avec les chrétiens ; quittez-les comme le prophète a quitté la Mecque et Médine, donnez m'en avis en secret, et j'irai à votre rencontre. Apportez avec vous toutes vos ressources, tout ce qui peut aider à vaincre.

Je vous informe qu'il nous est arrivé des troupes de Constantinople qui ont fait jonction avec celles de Tunis. Elles traînent huit cents canons et sont au nombre de 300,000 combattants.

Je pense bien certainement que vous ne ferez aucun mal aux Kabyles, et Dieu vous récompensera, etc.....

NOTE X.

Extrait du rapport de M. le Maréchal Gouverneur-Général, sur le combat du 16 mai 1846.

Notre perte dans ce combat a été légère : nous n'avons eu que 57 hommes tués ou blessés ; parmi ces derniers figurent 5 officiers : M. le capitaine Ducrot, qui a eu la cuisse traversée d'une balle, et MM. Renault, capitaine d'état-major ; Bonamy, chef d'escadron d'artillerie ; Vidal, lieutenant d'artillerie ; de Clonard, chef de bataillon au 13e léger, légèrement blessés.

Cela est dû surtout à l'impétuosité et à l'intelligence de l'exécution. La conduite de quelques bataillons engagés a été au-dessus de tout éloge.

Le bataillon de zouaves, conduit par le colonel Ladmirault et le commandant Espinasse, s'est montré digne de la réputation de ce beau corps; le bataillon des tirailleurs indigènes, sous le commandant Vergé, a montré aussi beaucoup de valeur; il en est de même d'un bataillon du 58e, commandé par le chef de bataillon Thierry, et du 6e d'Orléans, aux ordres du capitaine Alix, et des deux bataillons du 13e léger, commandés par le colonel Mollière. J'ai aussi à me louer de l'artillerie, dirigée avec beaucoup de vigueur par le général Lechesne, et particulièrement de deux sections de carabines à tiges, conduites par le capitaine Lamarque et le lieutenant Blot; elles ont toujours été avec les tirailleurs les plus avancés et ont fait beaucoup de mal à l'ennemi.

J'aurais ici beaucoup trop de noms à citer d'officiers, sous-officiers et soldats qui se sont distingués dans les attaques successives de positions presque inexpugnables; mais je ne puis me dispenser de nommer ces messieurs :

Etat-major général : Renault, capitaine de 1re classe.

Artillerie : Noirtin, 1er canonnier (a reçu trois blessures, amputé); Blot, lieutenant : Bonamy, chef d'escadron.

Régiment de zouaves : Bessière, lieutenant, arrivé le premier au sommet du pic d'Azrou; Roux, zouave; Frèche, capitaine; Garridel, sergent.

13e léger : de Lavarande, capitaine-adjudant-major; Violette, sergent-major.

Tirailleurs indigènes : le commandant Vergé; le capitaine Maquin; le fourrier Brignole (blessé mortellement).

6e bataillon de chasseurs d'Orléans : Alix, capitaine-commandant, Roux, lieutenant; Angély, sous-lieutenant.

58e de ligne : Lacam, sergent de grenadiers; Lhotte, grenadier (blessé grièvement).

64e de ligne : M. Ducros, capitaine, directeur des affaires arabes à Aumale, s'est particulièrement distingué à l'attaque de la première position. Il a été grièvement blessé d'un coup de feu à la cuisse.

NOTE L.

Extrait du rapport de M. le lieutenant-général Bedeau, sur les combats des 16 et 17 mai 1847.

. . . .

Dans les deux affaires du 16 et du 17, j'ai eu beaucoup à me louer de l'élan dont les troupes ont donné de nouvelles preuves.

J'ai eu l'honneur de vous signaler déjà les noms de MM. les chefs de corps ou de colonne, qui se sont fait remarquer (1) ; je dois ajouter quelques citations à ces désignations premières.

Dans le 31ᵉ de ligne : MM. Huguet, capitaine ; Robet, sous-lieutenant ; et Ségot, sergent de voltigeurs.

Dans le 38ᵉ de ligne : MM. de Coursy, capitaine ; Kompff, sergent ; Rodolphe, caporal, blessé ; et Bengad, grenadier, blessé.

Dans le 43ᵉ de ligne : MM. de Priel, lieutenant, blessé ; et Amadé, sergent.

Dans le 2ᵉ régiment de la légion étrangère : M. Collineau, capitaine.

Dans le bataillon de tirailleurs indigènes, de Constantine : MM. Lapeyruse, Sanoton, capitaines ; Bilard-des-Portes, lieutenant, tué ; Ahmed-el-Kataby, caporal, blessé pour la troisième fois.

Dans le 3ᵉ régiment de chasseurs d'Afrique : MM. Leforestier, sous-lieutenant ; Avril, brigadier.

Dans le 3ᵉ régiment de spahis : MM. Soliman-ben-Anès, sous-lieutenant, blessé ; Baumann, trompette, amputé ; Mohamed-ben-Abd-el-Azis, spahis, blessé.

Je dois recommander à votre bienveillance particulière, M. le chef d'escadron Desvaux du 3ᵉ de spahis, chargé de la direction des affaires arabes, pour les importants services qu'il a rendus pendant

---

(1) MM. les colonels de Mirbeck, Eynard, de Barral, Regeau, Cornille, le chef de bataillon Thomas.

l'expédition. Cet officier-supérieur s'est d'ailleurs fait remarquer dans la charge de cavalerie, du 16.

Je dois aussi, monsieur le Maréchal, vous faire connaître combien les renseignements préalables recueillis à Sétif par M. le capitaine Robert, nous ont été utiles.

TABLE DES MATIÈRES.

	Pages.
Avant-Propos.	V

Chapitre I. — Préliminaires.

I. Cadre de l'ouvrage. — II. Étymologie du mot kabyle. — III. Langue kabyle. — IV. Résumé historique jusqu'à 1830. 1

Chapitre II. — Tableau de la société kabyle.

Moeurs : I. Aspect et superstitions. — II. Industrie. — III. Caractères et usages. — IV. Famille. — Institutions : V. Soffs. — VI. Amines. — VII. Marabouts. — VIII. Administrés. — IX. Zaouïas. — X. Anaya. — XI. Conclusion. 19

Chap. III. — Occupation de Bougie par les Français.

I. Prise de Bougie. — II. Tribus voisines. — III. Le lieutenant-colonel Duvivier. — IV. La paix ou l'évacuation. — V. Visite du Maréchal Clauzel. — VI. Le commandant Salomon de Musis. — VII. Ses successeurs. 79

Chap. IV. — Géographie et Caractères politiques.

I. La Kabylie à vol d'oiseau. — II. Vallée de l'Adjeb. — III. Vallée du Sebaou. — IV. Vallée de la Summam. — V. Ben-Mahy-ed-Din. — VI. Abd-el-Kader . . . . · . . 129

Chap. V. — Abd-el-Kader en Kabylie.

I. Premières tentatives. — II. Razzia des Zouathnas. — III. Ben-Salem khalifa. — IV. Embarras de son gouvernement. — V. Abd-el-Kader chez les Zouaouas. 161

Chap. VI. — Gouvernement de Ben-Salem (1839—1843).

I. Rupture de la paix. — II. Les Kabyles dans la Mitidja. — III. Embarras de Ben Salem. — IV. Destruction de Bel-Krarouba. 207

Chap. VII. — Rivalité des deux khalifas du Sebaou.

I. Ben-Mahy-ed-Din khalifa du Sebaou. — II. Ses premiers actes.

— III. Décadence de Ben-Salem. — IV. Son homélie adressée aux tribus........................... 241

Chap. VIII. — Préliminaires de l'invasion française.
I. Troubles dans la famille de Ben-Salem. — II. Un voyage chez les Kabyles. — III. Échange de manifestes....... 281

Chap. IX. — Conquête de la vallée du Sebaou.
I. Armée française. — II. Opérations préparatoires. — III. Combats des 12 et 17 mai. — IV. Soumission des tribus.... 311

Chap. X. — Lutte d'Abd-el-Kader et des Français dans la Grande Kabylie.
I. Affaires d'octobre 1844. — II. Agitation de 1845. — III. Retour et fuite d'Abd-el-Kader................. 339

Chap. XI. — Conquête de la Grande Kabylie centrale.
I. Soumission spontanée. — II. Opérations dans la Summam. — III. Camp sous Bougie................. 367

Chap. XII. — L'inconnu et l'avenir.
I. Les Zouaouas. — II. Kueláa. — III. Que deviendra la Grande Kabylie?........................ 397

NOTES.

Note A. Rapport sur l'expédition de Bougie 423
— B. Extrait du rap. du gén. Trezel sur la prise du Gouraya 429
— C. La vérité sur la prétendue paix de Bougie 433
— D. Évènements militaires devant Bougie.......... 441
— E. Circonstances qui ont provoqué et suivi l'assassinat du commandant-supérieur de Bougie............. 450
— F. Traduction d'un chant arabe 458
— G. Bulletin de l'expédition de l'ouest........... 467
— H. Rapport de M. le Maréchal Gouverneur-Général sur le combat du 17 mai 1844................. 473
— J. 481
— K. Extrait du rapport de M. le Maréchal Gouverneur-Général, sur le combat du 16 mai 1846 483
— L. Extrait du rapport de M. le lieutenant-général Bedeau, sur les combats des 16 et 17 mai 1847 485

FIN DE LA TABLE.

www.ingramcontent.com/pod-product-compliance
Lightning Source LLC
Chambersburg PA
CBHW071620230426
43669CB00012B/2007